BIBLIOTHÈQUE ORATORIENNE

VIII

LA VIE

DU

R. P. MALEBRANCHE

PRÊTRE DE L'ORATOIRE

AVEC L'HISTOIRE DE SES OUVRAGES

PAR LE P. ANDRÉ

DE LA COMPAGNIE DE JÉSUS

PUBLIÉE PAR LE P. INGOLD

PARIS

LIBRAIRIE POUSSIELGUE FRÈRES

RUE CASSETTE, 15

—

M DCCC LXXXVI

LA VIE

DU

R. P. MALEBRANCHE

BIBLIOTHÈQUE ORATORIENNE
VIII

LA VIE

DU

R. P. MALEBRANCHE

PRÊTRE DE L'ORATOIRE

AVEC L'HISTOIRE DE SES OUVRAGES

PAR LE P. ANDRÉ

DE LA COMPAGNIE DE JÉSUS

PUBLIÉE PAR LE P. INGOLD

PARIS
LIBRAIRIE POUSSIELGUE FRÈRES
RUE CASSETTE, 15
—
M DCCC LXXXVI

INTRODUCTION

— —

I

L'histoire du P. André a été faite, et trop bien faite [1] pour qu'il y ait lieu de l'entreprendre de nouveau ici. On trouvera, d'ailleurs, dans ce volume même [2], de nombreux détails sur ce célèbre jésuite, dont voici, enfin mise au jour, l'œuvre capitale si longtemps cherchée et désirée.

Ce qui est moins complètement connu et qu'il importe de savoir, c'est l'histoire du manuscrit de la *Vie de Malebranche*.

On se souvient des traverses et des persécutions qui remplirent la vie du P. André, à cause de sa fidélité à la doctrine et à la mémoire de Malebranche. Jeté à la Bastille en 1721, il vit tous ses papiers saisis, et parmi eux la vie de son maître qu'il avait à peu près achevée. Mais comme il survécut à la Compagnie de Jésus, dissoute en 1762, il put ou bien remettre la main sur son manuscrit, ou encore retrouver les cahiers qu'il envoyait dès 1718 à Paris, au P. Lelong et à l'abbé de Marbeuf,

---

[1] COUSIN, *Vie et correspondance inédite du P. André*, dans les *Fragments de philosophie moderne*. — CHARMA et MANCEL, *Le P. André*, deux volumes in-8°.

[2] Voyez surtout le chapitre V°

et, libre d'entraves, reprendre à ce moment son
œuvre favorite. A sa mort, arrivée le 26 février 1764,
M. de Quens, son ami et son disciple de la dernière heure, et héritier de ses papiers, y trouva
la *Vie de Malebranche,* écrite en entier de la main
du P. André. Il songea d'abord à la donner lui-même
au public. Puis ayant renoncé, on ne sait pourquoi,
à se charger de ce soin, il confia l'ouvrage de son
maître à un de ses amis, M. Coquille, bibliothécaire de la Mazarine, lequel le donna, en 1807,
à M. l'abbé Hemey d'Auberive, qui avait consenti
à se charger de la publication de la *Vie de Malebranche.*

Ici s'arrêtaient tous les renseignements sur cet
ouvrage donnés soit par M. Cousin, soit par
MM. Charma et Mancel, quand, en 1873, M. Ber-
trand, professeur de philosophie au lycée d'Arras,
annonça à M. Ollé-Laprune, alors professeur au
lycée Henri IV, et aujourd'hui maître de conférences
à l'École normale supérieure, qu'il avait entre les
mains la *Vie de Malebranche,* par le P. André, et
que ce manuscrit célèbre, propriété d'une certaine
Mme Marmier, allait être mis en vente à Paris. Ce
manuscrit était bien, comme l'indiquait une note
de M. de Quens et une autre de M. Hemey d'Auberive[1], celui qui avait été donné à ce dernier par l'in-

---

[1] Voici ces deux notes qu'on lit sur la garde du commencement
du manuscrit :

De la main de M. de Quens.

Ce manuscrit appartient à M. de Quens, demeurant à Saint-
Étienne de Caen.

De la main de M. Hemey d'Auberive.

M. de Quens, auquel ce manuscrit a été légué par le P. André,
en a fait présent à M. Coquille, bibliothécaire de Mazarin, et

termédiaire de M. Coquille. Mᵐᵉ Marmier avait
trouvé ce manuscrit dans la bibliothèque de son
père, M. Mastrella, bibliophile de mérite, lequel
avait habité Caen et avait dû y trouver ce manuscrit soit dans une vente, soit par un hasard analogue
à celui qui fit découvrir la correspondance d'André
et de Malebranche à MM. Charma et Mancel.

M. Ollé-Laprune obtint, non sans peine, communication du précieux manuscrit. Il l'examina attentivement, le compara à un manuscrit incomplet de
la vie de Malebranche, découvert à Troyes par
M. l'abbé Blampignon, et où le savant professeur de
l'École normale reconnut le premier des notes de la
main du P. Lelong. M. Ollé-Laprune constata aussi
que le manuscrit en question, quoique bien authen-
thique, n'était pas de la main de l'auteur. Mais il ne
poursuivit pas plus loin ses recherches. Induit en
erreur par l'ouvrage de MM. Charma et Mancel, et
croyant que le manuscrit de Quens devait être autographe, il ne trouvait pas son importance en rapport avec les prétentions du propriétaire.

Mis en vente publique[1] et ne trouvant pas d'ac-
quéreur pour le prix demandé, le manuscrit fut retiré des enchères, et enfin proposé à la Bibliothèque

---

M. Coquille m'en a fait présent le 15 juillet 1807. Yves-Marie
André, ex-jésuite, qui en est l'auteur, était né à Châteaulin,
dans le comté de Cornouailles, le 22 mai 1675, et est mort à
Caen le 25 février 1764. A la destruction de son ordre il s'était
retiré à l'hôpital de cette ville ; il n'avait de liaison intime qu'avec
M. de Quens ; ils se voyaient régulièrement tous les jours, et le
P. André mourant laissa à cet ami, non seulement le présent
manuscrit, mais toute sa correspondance avec le P. Malebranche.
M. Coquille m'avait promis de me procurer cette correspondance,
mais il vient de mourir, et je n'ai aucun moyen de suivre cette
négociation. Paris, 20 février 1808, Hemey d'AUBLRIVE.

[1] Dans la vente de la bibliothèque de MM. de Cessole et de
Château-Giron, Paris, Bachelin-Deflorenne, mai 1874

nationale qui en fit l'acquisition et où il est conservé depuis ce temps [1].

Ce manuscrit est incontestablement celui qui fut
envoyé par M. de Quens à M. Hemey d'Auberive
pour être publié [2]. Mais, ainsi que M. Ollé-Laprune
le constata, ce n'est pas l'autographe du P. André.
M. de Quens cependant possédait cet autographe :
il l'affirme dans ses lettres de 1782 et de 1790 [3].
Mais il ne dit nulle part ce qu'ont cru par erreur
MM. Charma et Mancel et à leur suite M. Ollé-
Laprune, que c'est cet autographe qu'il envoya à
Paris. Cet autographe ayant disparu, il importait
de savoir de qui était la copie, afin d'en pouvoir
apprécier l'authenticité. M'étant rendu à Caen, un
examen attentif des autres manuscrits, dits du
P. André, qui y sont conservés, me fit constater que
le manuscrit était de la main de M. de Quens. Il ne
restait donc aucun doute sur son authenticité, et il
n'y avait plus également à craindre que la découverte de l'autographe pût avoir de l'importance et
nécessiter une nouvelle publication : M. de Quens,
évidemment, avait copié le manuscrit tel que le

---

[1] Au Fonds français, Nouvelles acquisitions, n° 1038.— Donnons
ici une courte description de ce manuscrit. C'est un gros in-folio,
relié en parchemin. Les premiers feuillets semblent avoir été
arrachés, mais anciennement, car le commencement y est, et la
pagination, aussi ancienne que le texte, part du chiffre 1. Elle
va jusqu'au chiffre 999, mais il y a, en réalité, 1016 pages. Ces
dernières, non foliotées, contiennent une table des analyses, une
table de l'histoire proprement dite, une table des portraits, puis
une suite de notes non classées sur Arnauld, Nicole, la bulle
Unigenitus, Molina; enfin quelques notes bibliographiques sur
Malebranche.

[2] Outre la preuve que donnent les notes que nous avons citées,
il y a concordance complète avec les descriptions que l'on possédait de ce manuscrit, et que l'on trouve soit dans Cousin, soit
dans Charma et Mancel.

[3] CHARMA et MANCEL, *Op. cit.*, II, p. 156.

P. André l'avait laissé à sa mort. Il n'est même pas vraisemblable que les quelques lacunes de la copie soient comblées si l'on venait à découvrir l'autographe. Ces lacunes en effet consistent surtout en l'absence des lettres écrites par le P. Malebranche, lettres que le P. André ne s'était pas donné la peine de recopier puisqu'il les avait sous la main et qu'il n'avait dessein de les insérer dans son travail qu'au dernier moment.

II

On est donc en possession de la *Vie de Malebranche,* dans la dernière forme que lui donna le P. André. Il ne sera pas inutile de la comparer rapidement avec les divers documents publiés jusqu'ici sur le grand philosophe oratorien.

Le plus complet est sans contredit le travail de M. Blampignon, dont il a déjà été question. Outre le manuscrit de Troyes, M. Blampignon a fait connaître au public la vie de Malebranche du P. Adry. Seulement, au lieu de reproduire intégralement ces deux documents, il s'est borné à en donner une analyse, faite trop à la hâte, comme on le verra tout à l'heure, et à en citer quelques fragments. En parlant de cette *Étude sur Malebranche* dans le *Journal des savants* [1], M. Francisque Bouillier disait que M. Blampignon aurait acquis plus de titres à la reconnaissance du public s'il s'était décidé à publier les manuscrits eux-mêmes. Mais, de plus, le manuscrit de Troyes est incomplet, et celui que

[1] Août et septembre 1863, p. 522 et 590.

nous publions a encore cet avantage qu'il est pos-
térieur au premier et que plusieurs des observations faites sur la première ébauche du P. André
par ses amis de Paris ont été mises à profit dans ce
dernier travail. L'étude de M. Blampignon ayant
servi de base à toutes les biographies de Malebranche qui ont été faites depuis, il s'ensuit que
la présente publication les complète toutes également.

Voilà donc enfin Malebranche mieux connu, et,
par cette histoire définitive, en état d'être plus équi-
tablement jugé qu'il ne l'a souvent été. Il n'y a pas
lieu d'indiquer ici en résumé comment cette intéressante et originale physionomie se trouve complétée.
Qu'il me soit cependant permis de rectifier deux
erreurs capitales dans lesquelles sont tombés la
plupart des historiens de Malebranche.

On a fait de cet illustre métaphysicien un batail-
leur acharné. On a écrit de lui qu'il « avait un caractère trop absolu pour rester calme et serein en
face des critiques de ses adversaires[1] ». On a dit
qu'il « forçait ses contradicteurs à l'attaquer[2] ».
S'il répond, à la sollicitation de ses amis, et pour
défendre la vérité, aux lettres posthumes d'Arnauld,
on prétend qu'il manqua « de la sagesse, de la modération et de la simplicité qui eussent si admirable-
ment convenu[3]. » Enfin, on va jusqu'à dire d'un
seul coup que « durant toute sa vie se révéla cet
esprit absolu, ce caractère impatient de contradiction,
facile à s'aigrir et à s'irriter[4]... » Eh bien, on verra
par cette publication intégrale de l'ouvrage du

[1] M Blampignon, *Op cit*, p 63
[2] *Ibid*, p. 84.
[3] *Ibid.*, p 85.
[4] *Ibid*, p. 95.

P. André[1], combien le véritable caractère de Malebranche a été mal compris, je dirai même travesti.
Tout au contraire, le grand méditatif était, comme
on pouvait *à priori* s'y attendre, le plus doux des
hommes. On le verra, dans cette histoire, toujours
pacifique, commençant toujours par refuser de répondre à ses contradicteurs, ne s'y résignant qu'à la
longue et après les instances répétées de ses amis.
Sa *paresse naturelle*, « laquelle, disait-il souvent,
était la plus forte de ses passions, » lui rendait la
dispute importune. Il y répugnait surtout par principe de charité, craignant de blesser ses adversaires,
et aussi de donner au public « un spectacle plus
dangereux que ceux contre lesquels on déclame
tant ». Les affirmations sans preuves de M. Blampignon[2] ne sauraient prévaloir contre le témoignage
précis et formel du P. André.

[1] Au témoignage du P. André on en pourrait ajouter facilement
d'autres, celui de BATTEREL notamment, *Mémoires mss.*, II,
p 319. « Il était naturellement ennemi de la dispute. » — « Il avait,
à son grand regret, passé la meilleure partie de sa vie les armes
à la main.» (*Ibid*, p 324.) Msr Perraud, dans son livre sur
l'Oratoire, ne s'est pas laissé tromper par l'*Étude* de M. Blampignon : « Malebranche avait un génie essentiellement antipa-
thique à la controverse. » (P. 302.) — « Le dégoût le prenait de
ces querelles publiques dont les résultats contribuent ordinairement si peu aux progrès de la science » (*Ibid*, p 305.)

[2] M. Blampignon ne se contredit-il pas lui-même, page 11,
quand, après avoir cité ces lignes de Malebranche : « Je vous
avoue que l'opposition que je trouve à la vérité me dégoûte fort
d'écrire, et qu'il y a longtemps que je désire le repos et la pratique de la vertu, » il ajoute en note : « Comme ces lignes pei-
gnent parfaitement le caractère de Malebranche ! »

III

Une erreur non moins grave est celle qui consiste à faire de Malebranche un *janséniste décidé*[1], au moins à une certaine époque de sa vie. Il aurait, en 1673, rétracté la signature de soumission à la condamnation de Jansénius, qu'il avait donnée auparavant[2]. Ce fait, accepté ainsi sans contrôle par M. Blampignon après bien d'autres, il faut le reconnaître[3], se trouve avancé pour la première fois dans le recueil de Relations de religieuses de Port-Royal, in-4°, tome Ier. On y lit, à la fin de la relation de la sœur Eustochie de Brégy, ce qui suit : « On a entre les mains les originaux d'un grand nombre de rétractations de la signature du formulaire . On donne ici celle du P. Malebranche... »

Je réponds par une excellente note du manuscrit, ajoutée par M. Hemey d'Auberive, que cette assertion des Relations est « certainement une imposture. Car Malebranche, dans sa réponse au deuxième et au troisième volume des *Réflexions philosophiques*, dit : « Je ne suis *jamais* entré et je n'entrerai jamais « dans vos sentiments sur la grâce, *j'en ai toujours* « *eu de l'horreur.* » Et c'est à Arnauld qu'il dit cela, et l'on aura la simplicité de croire qu'Arnauld, ayant en main un démenti formel, acharné comme il l'était contre Malebranche, l'accablant d'injures,

[1] M. Blampignon, *Op. cit.,* p 175.
[2] Le 24 novembre 1661, avec tous les Oratoriens de Paris. Cette pièce capitale, autographe, est conservée aux Archives nationales, MM 565.
[3] Cousin, par exemple Mais l'illustre philosophe, qui fait aussi du P. André un partisan de l'évêque d'Ypres, a-t-il jamais bien su ce que c'était qu'un janséniste ?

de reproches humiliants, de calomnies ¹, se sera fait
scrupule de lui donner ce démenti! *Credat judæus
Apella!* Cette rétractation est une pièce forgée, *dont
on n'a eu garde de parler du vivant de Malebranche* ²,
et pour lui donner quelque couleur, on l'inséra dans
une lettre d'Arnauld. Car quelque opinion que j'aie
de lui, je ne le crois pas complice de cette indigne
supercherie ³. »

Qu'on me permette ici une remarque qui ne s'applique pas à Malebranche ⁴, qui a signé le formulaire
et n'a jamais rétracté sa signature, mais qui pourrait
être applicable à plus d'un bon catholique de son
temps. Il ne serait point logique de prendre pour des

---

¹ « On est obligé d'humilier cet auteur, écrit Arnauld au
P. Quesnel, car jamais homme ne fut si fier et si plein de lui-
même... On se tient pour assuré qu'il rabattra la moitié de sa
fierté quand il aura vu ce qu'on lui prépare .. Le plus grand ser
vice qu'on puisse lui rendre est de travailler à le guérir de cette
enflure. » Dans une autre lettre il dit encore : « La fierté de ce
bon Père est inconcevable : il se vante, comme d'une belle chose,
d'avoir dit que tout ce que MM de Port-Royal ont écrit de la
grâce est un galimatias auquel on ne peut rien comprendre.. ,
tout le reste du livre est du même air, toujours fier, toujours
fanfaron, toujours impertinent. »

² Ni par conséquent du vivant d'Arnauld.

³ Adry cependant n'hésite pas à accuser, à un autre propos, le
grand Arnauld de fausseté. « Je n'ignore point, dit-il (I, § 16),
que M. Arnauld assure dans une de ses lettres qu'il a bien fait
revenir le prince de Condé et M. le duc, son fils, sur le compte
du P. Malebranche. Mais ce docteur n'est-il point suspect lorsqu'il parle contre le P Malebranche. Les mémoires manuscrits,
qui nous servent de guide, ne nous apprennent rien de semblable, et quelques endroits même de ces mémoires nous per-
suaderaient que *cette assertion est de toute fausseté.* »

⁴ « J'avoue, écrivait-il dans la préface de sa *Réponse à une
dissertation de M. Arnauld,* que je ne me rends entièrement
qu'a l'évidence quand la foi me laisse ma liberté. *Ce n'est qu'à
l'autorité de l'Église que je me fais gloire de me soumettre
aveuglément et sans réserve, parce je sais qu'alors j'obéis certainement a Jésus-Christ, qui nous instruit par son Église plus
sûrement que par l'évidence* »

partisans des doctrines jansénistes tous ceux qui ont eu des doutes au sujet de l'obligation de signer le formulaire. On s'expliquera facilement ces doutes, si l'on songe aux idées qui avaient cours en France à cette époque, même parmi des hommes « attachés par le fond de leurs entrailles à la chaire de Pierre [1] ».

Du reste, tout au long de l'ouvrage que nous publions, on verra Malebranche constamment aux prises avec ceux dont on prétend qu'il aurait partagé les sentiments. Constamment attaqué par le parti janséniste, il mourut, pour ainsi dire, la plume à la main pour réfuter leur système [2]. Il est inutile de citer tous ces témoignages, puisque nos lecteurs les trouveront sans peine à toutes les pages de ce volume. Mais en voici quelques-uns que nous relevons, chose piquante, dans l'ouvrage même de celui qui n'a pas craint d'appeler Malebranche un janséniste décidé. « C'est un livre à voir, écrit Malebranche, que celui du P. Le Porcq [3], pour savoir les sentiments de saint Augustin sur la grâce, *et que Jansénius n'a pas raison* [4]. » Dans une autre lettre : « J'ai fait un petit traité de la nature et de la grâce; j'espère, dans ce traité, faire revenir bien des gens qui ont donné dans les opinions de Jansénius [5]. » Qu'on remarque

---

[1] Bossuet, *Sermon sur l'unité de l'Église.* Certains critiques se seraient épargné plus d'un jugement injuste s'ils avaient consulté un peu plus ce que M. Duchesne appelle excellemment « ce sens du développement qui nous empêche de nous voir toujours nous-mêmes et notre temps dans les personnes, la pensée et les faits des temps anciens » (*Bulletin critique*, 1883, p 438)

[2] Son dernier ouvrage, publie l'année meme de sa mort, fut dirigé contre la *Premotion physique* de Boursier.

[3] L'ouvrage du P le Porcq, de l'Oratoire, parut pour la première fois en 1682.

[4] M Blampignon, *Corresp. inéd.*, p. 4.

[5] *Ibid.*, p. 9.

bien, à propos de cette dernière citation, que c'est
pour ramener les jansénistes à la vérité, que Malebranche composa son traité, et c'est précisément à
propos de la condamnation de ce livre, sollicitée
par Arnauld et les jansénistes, que M. Blampignon fait croire que Malebranche fut un disciple
de l'évêque d'Ypres [1]. En vérité, on ne saurait être
plus inconséquent [2].

IV

Ce que le P. Lelong avait eu dessein de faire [3]; ce
que, à l'origine de la restauration de l'Oratoire, le
P. Adolphe Perraud, aujourd'hui évêque d'Autun
et supérieur général de la congrégation, avait eu
l'espoir de pouvoir entreprendre [4], j'ai donc la bonne
fortune de le pouvoir mettre enfin à exécution. Il me
reste à ajouter un mot sur la manière dont j'ai
compris mon rôle d'éditeur.

Tout d'abord je dois avertir les lecteurs que je n'ai pas
reproduit, sauf dans quelques cas (on verra à leur lieu
les raisons qui expliquent ces exceptions), les longues
analyses des ouvrages de Malebranche où s'attarde
le P. André. Ce n'est pas sans avoir longtemps hésité
que j'ai pris ce parti. Il est incontestable qu'une

---

[1] *Op. cit.*, p 80.

[2] Çà et là, en note, j'ai relevé bien d'autres erreurs du même
ouvrage, mais de moindre importance Le travail de M Blampignon,
où j'aurais préféré trouver moins à redire, est ainsi en bien des
points signalé comme inexact. Il était nécessaire d'en avertir le
public, afin qu'on cesse désormais d'y avoir recours, malgré tout
son mérite, comme à un document authentique.

[3] *Bibl. historique*, I, 11259.

[4] *L'Oratoire de France* XVII et XIX ... ...,
note 1.

analyse de Malebranche, faite par un philosophe de
la valeur d'André, ne peut être sans mérite. Mais
outre que la reproduction de toutes ces analyses eût
démesurément grossi le volume, on ne saurait se
dissimuler, en les lisant, que peu de lecteurs les
goûteraient, et que, d'un autre côté, elles ne répondent pas aux exigences de la critique moderne. Du
reste, pour ceux qui pourraient être désireux de les
connaître, on a soigneusement donné en note les
indications exactes des passages du manuscrit qui
ont été omis.

Je n'ai pas cru devoir non plus reproduire toutes
les notes qui remplissent parfois les marges du manuscrit. Je l'ai fait chaque fois qu'il m'a semblé que
le texte avait besoin de ce commentaire et que ces
notes avaient vraiment de l'intérêt. On remarquera
facilement que plusieurs de ces notes sont, non du
P. André, mais de M. de Quens, quelques-unes
même de M. Hemey d'Auberive. A ces notes j'en ai
ajouté quelques autres de ma façon[1]. On les distin-

---

[1] Soit pour compléter le texte, soit pour signaler quelques
erreurs. — En voici une que j'ai oublié de relever à son lieu,
p. 3. C'est celle qui fait naître Malebranche le 6 août 1638.
C'est le jour précédent qui est la bonne date. (Jal, *Dictionnaire*, p. 825; d'après les Registres paroissiaux de l'église Saint-
Merry où Malebranche fut baptisé le même jour.)

Enfin voici encore un détail intéressant et tout nouveau sur
Malebranche que j'ai retrouvé trop tard pour le mettre à sa
place Lors de la Révocation de l'édit de Nantes, le P. de Sainte-
Marthe mit à la disposition des évêques plus de cent oratoriens
pour aller donner des missions aux Protestants Or, le 6 novembre 1685, un ordre du conseil de la Congrégation envoya le
P. Malebranche « *avec le P Pollet* (c'était un de nos plus fameux missionnaires et dont Bossuet faisait cas) *de Paris a Rouen
pour prêcher les nouveaux convertis.* » (Archives nationales,
MM. 584, page 179.)

Voici ce que rapporte Batterel, dans ses *Mémoires inédits*
(III, 2° t., p. 249) sur la mission à laquelle prit part Malebranche « Nous avions quatre de nos pères à Rouen, savoir : les

guera sans peine des premières qui sont imprimées
en caractères ordinaires, tandis que celles-ci sont en
italique. Quelquefois la moitié d'une note appartient
au manuscrit : le reste, toujours en italique, est de
l'éditeur.

Le P. André avait commencé à partager son manuscrit en *livres* [1]. Pour en faciliter la lecture et
simplifier les recherches, j'ai complété cette division,
en partageant chaque livre en chapitres d'égale
importance, précédés chacun d'un sommaire.

Et là s'est bornée ma tâche [2]. Je me suis rigou-
reusement abstenu, dans mes notes, de prendre fait

PP. d'Urfé, Pollet, Salmon et Malebranche, qui passèrent ensuite
à Dieppe, où ils firent plus de séjour et beaucoup d'exercices de
religion, entre autres une conférence publique de controverse,
dans la salle de l'Oratoire, qui dura trente-six jours, fut suivie
d'une bénédiction singulière sur les anciens catholiques, et du
retour sincère d'un nombre assez consolant de nouveaux, le gros
étant toujours demeuré également obstiné. Le P. d'Urfé écrivit
« qu'il ne se pouvait rien ajouter au zele, aux puissantes exhor-
« tations et à la douceur avec laquelle ses compagnons traitaient
« ces nouveaux convertis ; qu'ils avaient un monde terrible à
« leurs instructions »

[1] Le premier va jusqu'à la page 79 du manuscrit, le second,
de la page 79 à la page 233, etc.

[2] Je ne crois pas qu'il faille longuement indiquer les sources
où a puisé André pour écrire la vie de Malebranche. On les connaît par les ouvrages que j'ai cités. Les plus précieuses, qui
étaient la correspondance du philosophe avec gens qui s'appelaient Bossuet, le grand Condé, Leibnitz, etc, n'a malheureusement pas encore été retrouvée. Quant aux divers mémoires
sur Malebranche de Lelong, du président Chauvin et du marquis
d'Allemans, M. Cousin les a publiés intégralement, d'après une
copie ancienne, dont il n'indique pas l'origine, mais où j'ai reconnu facilement l'écriture du P. Adry. (Biblioth. Cousin,
M. 366, in-12 de 93 p — 2 ffun. Une note d'Adry apprend qu'il
a copié ces documents sur les originaux)

Pour la bibliographie de Malebranche, comme aussi l'indica-
tion de tous les travaux dont il a été l'objet, on la trouvera
dans la *Bibliothèque des écrivains de l'Oratoire* à laquelle je
travaille, bien plus complète même qu'elle ne l'est dans l'*Essai
de bibliographie oratorienne*.

**

et cause, soit pour Malebranche contre les jansénistes, soit pour les cartésiens contre les scolas-
tiques, soit pour André contre les jésuites. Si j'avais
eu à apprécier, au lieu de transcrire, j'aurais peut-
être tenu mes lecteurs en garde contre la réaction
antiscolastique à outrance du P. André; j'aurais
probablement signalé l'exagération de son zèle, si
touchant du reste, pour la défense de son maître;
enfin, sans nul doute, j'aurais ajouté que les mauvais traitements qu'il eut à subir, excusent, sans le
justifier complètement, le ton d'aigreur qu'il prend
malgré lui, quand il parle de ses confrères. Mais j'ai
plus d'un bon motif pour me dispenser d'intervenir
dans ces litiges. Que si, néanmoins, il m'était arrivé
de laisser voir que je pencherais peut-être vers les
doctrines professées par saint Thomas, je trouverais
ma justification dans les invitations si pressantes
de Léon XIII de revenir à cette grande école. Quant
à la sympathie pour la personne et les idées de
Malebranche, si vivement qu'elle ait pu être exprimée,
je ne pense pas qu'un oratorien soit obligé de s'en
excuser.

J'ai la confiance que mes lecteurs reconnaîtront
que j'ai recherché sincèrement la vérité et voulu
pratiquer la justice envers tous, sans distinction
d'orthodoxes ou d'hérétiques, d'oratoriens, de jésuites ou de partisans de Port-Royal.

Sceaux, Petit-Château,

le 13 décembre 1885.

LA VIE

DU

R. P. MALEBRANCHE

CHAPITRE PREMIER

Naissance de Malebranche (1638) — Ses études. — Il entre à
l'Oratoire (1660). — Il découvre sa vocation en lisant le *Traite
de l'homme* de Descartes (1664), et se livre à l'etude de la philosophie — Il publie le premier volume de la *Recherche de la
vérité* (1674). — Succès extraordinaire de cet ouvrage — Il
est attaqué par Foucher, chanoine de Dijon.

Depuis qu'il y a des hommes on a toujours philosophé,
c'est-à-dire toujours raisonné sur la nature des choses,
dont nous trouvons dans nous-mêmes quelque notion
claire ou ébauchée, sur la nature de Dieu, sur celle de
l'âme, sur les ressorts secrets et sur les causes profondes
qui remuent ce vaste univers, dont le bel ordre annonce
à tous les yeux attentifs la gloire de son Créateur. Mais
en philosophant on a suivi diverses routes : les uns,
comme Platon, se défiant de leur propre esprit, ont
couru de royaume en royaume pour demander aux nations les plus anciennes et les plus savantes quelle était
la tradition de leurs pères sur les matières dont ils voulaient s'éclairer. Les autres, plus remplis d'eux-mêmes,

comme Aristote, Zénon, Épicure, ont cru que, sans avoir
besoin de recourir à l'autorité des premiers temps, il
suffisait, pour s'instruire des vérités les plus cachées,
d'ouvrir les yeux et de consulter la raison. Mais, parce
que les uns et les autres n'avaient point de règle sûre,
ni pour discerner les traditions vraies d'avec les fausses,
ni pour distinguer la voix de la raison d'avec le bruit
confus de leurs sens, ils donnèrent tous sans exception
dans les plus folles erreurs. On ne doit pas s'en étonner :
ces philosophes étaient païens, et la philosophie est
chrétienne. Oui, je l'ose dire, elle ne pouvait naître qu'à
la lumière de l'Évangile. Car quoique la foi ne nous soit
pas donnée pour nous apprendre les sciences naturelles,
cependant il est visible que nous avons dans nos livres
saints, sur la religion et sur les mœurs, des principes
de raison qui nous délivrent tout d'un coup, par la voix
courte et abrégée de l'autorité divine, des préjugés qui
ont le plus arrêté les anciens dans la recherche de la
vérité.

Il faut donc être chrétien pour être bon philosophe :
je dis chrétien tout court, qui ne soit d'aucun parti,
d'aucune secte, ni janséniste, ni moliniste, ni cartésien,
ni gassendiste ; en un mot, je dis simplement catholique, parce que la vérité, qui est une et universelle, ne
peut souffrir tout ce qui la borne ou qui la divise. Mais
cela ne suffit pas.

Outre cet équilibre du bon sens, si nécessaire pour
éviter l'erreur, on a besoin encore de bien d'autres avantages pour philosopher avec fruit et avec succès. Il faut
de la pénétration pour découvrir la vérité, de la force
d'esprit pour l'approfondir, de la justesse pour la bien
démêler de la vraisemblance, de la patience pour se la
rendre familière par de fréquents retours sur les mêmes
choses, de la sagesse pour s'arrêter où il faut, de la piété

pour la rendre utile à la religion, de l'agrément pour la persuader, un génie étendu pour en envisager tous les rapports, tous les principes, toutes les conséquences; un cœur tendre pour elle, et un courage intrépide contre les persécuteurs qu'elle ne manque jamais d'avoir parmi des hommes corrompus, dont elle combat les préventions les plus agréables et les passions les plus emportées; sur toutes choses, il faut de la bonne volonté pour employer ces talents à la recherche d'une vérité que peu de gens estiment.

— Tel était le célèbre philosophe dont j'entreprends d'écrire l'histoire. Dans le temps même que l'illustre M. Descartes faisait paraître au jour ses premiers chefs-d'œuvre sous le nom d'*Essais philosophiques*[1], naquit à Paris, le 6 août 1638[2], le R. P. Nicolas Malebranche, prêtre de l'Oratoire, le plus fameux de ses imitateurs dans l'amour et dans la recherche de la vérité. Sa famille est assez connue[3]. Le parlement de Paris et celui de Metz en peuvent rendre témoignage. Son père[4], qui se nommait aussi Nicolas

[1] *Descartes, né en 1596, publia en 1637 le célèbre* Discours sur la Méthode *avec la Dioptrique, les Météores et la Géométrie qui sont les essais de cette Méthode. Il mourut en 1650.*

[2] *Entre trois et quatre heures du matin.* (Adry.)

[3] Il y a une famille de Malebranche à Rome, alliée aux Ursins. — *Des documents contemporains et officiels* (Archives nationales, MM 578, f 1. — Bibliothèque nationale, Cabinet des titres, vol 1819, n° 42,002.) *font précéder le nom du père de Malebranche et celui de l'oratorien de la particule* de. *M. Blampignon décrit ainsi les armes de la famille Malebranche, d'après, dit-il, les listes des parlementaires : de gueule à une patte de lion d'argent, descendante du flanc senestre.* (Op. cit., page 9, note 1) *Cependant, parmi les pièces conservées au cabinet des titres, la 47°, sorte de généalogie de Malebranche, porte des armoiries un peu différentes. Voir encore, dans la* Correspondance inédite, p 117, *un fragment de lettre sur la généalogie de la famille Malebranche.*

[4] Mort secrétaire du roi, le 5 mai 1658.

Malebranche, était sous le ministère du cardinal de Richelieu seul trésorier des cinq grosses fermes. Sa mère, Ca-
therine de Lauzon, était alliée à la maison des Bochart
de Champigny, et avait un frère conseiller d'État [1]. Mais
ce ne sont ni les richesses ni les alliances qui ont rendu
le nom de Malebranche si fameux dans toute l'Europe,
c'est le mérite éclatant de notre philosophe. Il était le
dernier de treize enfants [2], dont il n'y en eut que huit qui
survécurent à leur jeunesse [3]. On peut lui appliquer à la
lettre ce que dit l'Écriture [4] : *L'esprit est prompt, mais la
chair est faible.* Car s'il vint au monde avec un esprit des
plus forts et des plus beaux qui aient jamais paru sur la
terre, il était en même temps d'une faiblesse de corps [5],
qui ne lui laissa toute sa vie presque pas un moment
d'intervalle sans douleur. Cela fut cause qu'on ne l'envoya point au collège avec ses frères. S'il y gagna ou s'il
y perdit, je n'en déciderai pas. Ce qui est certain, c'est
qu'en peu de temps il dévora les premières difficultés des
sciences avec une facilité d'esprit qui étonnait [6]. Ses

---

[1] En 1632, il avait été vice-roi de Canada, intendant de Bordeaux, etc. — *Adry ajoute que le P. de Malebranche était pa-
rent de Mme Acarie. Les Lauzon sont originaires du Poitou.
Dreux du Radier* (Bibliothèque du Poitou) *remarque que le
P. Malebranche et Descartes tirent l'un et l'autre leur origine
maternelle du Poitou.*

[2] *De dix, d'après Batterel et Adry.*

[3] En 1703, un de ses aînés mourut conseiller de la Grande
Chambre et fort estimé dans le Parlement.

[4] S Matthieu, xxvi, 41.

[5] Il avait une conformation particulière : l'épine du dos tortueuse et le sternum extrêmement enfoncé

[6] Il apprit les quatrains de Pibrac où il trouvait du bon sens,
surtout dans ce vers :

> Ce que l'on voit de l'homme n'est pas l'homme

Les Quatrains contenant préceptes et enseignements utiles pour
la vie de l'homme . parurent pour la première fois en 1574, et

frères, qui réussissaient de leur côté, en devinrent jaloux.
La jalousie n'est jamais sans mauvaise humeur. Le jeune
Malebranche en souffrit d'abord beaucoup [1]. Mais, soit
vertu, soit tempérament, sa douceur et sa patience lui
rendirent bientôt leur amitié. C'est ainsi qu'il triompha
de ses premiers adversaires.

La faiblesse de sa complexion commença dès lors à le
dégoûter du monde. Ne pouvant espérer d'y être fort
longtemps, il tourna ses vues et ses désirs vers les objets
de l'éternité. La poésie et l'éloquence, dont il venait d'apprendre les éléments, lui parurent bien frivoles et peu
dignes [2] d'occuper un esprit immortel. On lui promit que
la philosophie aurait plus de quoi le contenter par les
grandes vérités qu'elle enseigne, ce qui lui donna un
désir extrême d'en faire l'expérience. A l'âge de seize ans,
sa santé étant un peu affermie, il alla commencer son
cours dans le collège de la Marche [3], sous M. Rouillard,
fameux péripatéticien. Après quelques jours d'exercice,
le jeune philosophe s'aperçut bientôt qu'on l'avait trompé.
Il ne trouva dans la philosophie ni rien de grand ni
presque rien de vrai : questions de mots, subtilités frivoles, grossièretés pitoyables, équivoques perpétuelles,
nul esprit, nul goût, nul christianisme [4].

---

eurent un succès prodigieux On les traduisit en grec, en latin,
en turc, en arabe, , et on les réimprima constamment pendant les xviie et xviiie siècles

[1] Il l'a avoué lui-même depuis.

[2] *Le texte porte :* lui parurent une viande bien creuse pour
occuper . *La correction, qui est bonne, est de M. Hemey d'Auberive*

[3] *Le collège de la Marche et Winville, fondé au xive siècle,
était situé près de la place Maubert* Les parents de Malebranche
habitaient le cloître Notre-Dame, dit Adry

[4] Idées vagues et abstraites qui se jettent pour ainsi dire à
côté des choses et n'y touchent point (FONTENELLE, Eloge de
M. Tournefort) — Il n'y a désormais presque personne qui ait

Cependant il crut qu'il était de son devoir de s'y appliquer contre son inclination. Il le fit, et son professeur
en était fort content, à une chose près, qu'il demandait
toujours à voir clair, ne voulant rien croire sans raison,
ce qui parut sans doute d'un fort mauvais augure aux
sectateurs d'Aristote. Ayant fait à l'ordinaire son chef-
d'œuvre, dans une thèse publique, il ne laissa point
comme les autres d'être passé maître ès arts [1].

Les impertinences et les inutilités de la philosophie
l'avaient rebuté. Il espéra se dédommager en théologie.
Il alla donc en Sorbonne, bien résolu d'y étudier à fond
sa religion. Car il ne pouvait se figurer que la théologie
ne fût pas la science des choses divines, puisée dans
l'Écriture et dans les traditions incontestables. Il y fut
encore trompé. La théologie n'était principalement en ce
temps-là qu'un amas confus d'opinions humaines, de
questions badines, de puérilités, de chicanes, de raisonnements à perte de vue pour prouver des mystères incompréhensibles; tout cela sans ordre, sans principes,
sans liaison des vérités entre elles, barbarie dans le style,
fort peu de sens dans tout le reste. On n'y donnait presque
rien aux dogmes de la foi, au lieu qu'on s'arrêtait volontiers à ces disputes vaines que saint Paul nous ordonne
d'éviter comme des folies [2]. L'abbé Malebranche (car
c'est ainsi qu'on l'appelait alors, ayant pris depuis peu
l'habit ecclésiastique) fut surpris, au delà de ce qu'on peut
dire, de voir des gens graves traiter sérieusement des
questions la plupart si peu sensées. Accoutumé de bonne

envie d'etudier la métaphysique de l'école, dit Bayle (*Nouv. de
la Rep. des lettres*, mars 1684): elle est si pleine d'epines, de
chimeres et de subtilités

[1] En 1656, il prend les degrés de maître ès arts dans l'université de Stagire.

[2] *Épitre à Tite*, III, 9

heure à réfléchir, voici ce qu'il trouvait bizarre dans la
méthode des écoles. Dans la philosophie, qui est tout
entière du ressort de la raison, on voulait qu'il se payât
de l'autorité d'Aristote, et dans la théologie, qui doit être
uniquement appuyée sur l'autorité divine, qu'il se payât
de raisons ou plutôt de raisonnements qui, pour l'ordinaire, ne sont rien moins que raisonnables [1]. Le voilà
donc encore une fois dégoûté de l'école [2].

Cependant il perdit sa mère [3] : perte bien sensible pour
un cœur aussi tendre que le sien. C'était une dame d'un
esprit rare et d'une grande vertu. Elle s'était appliquée
particulièrement à le former, et l'on peut dire que c'est
à elle qu'il a la première obligation de ce langage brillant et naturel que l'on admire dans ses écrits. Quelque
temps après on lui offrit [4] un canonicat de Notre-Dame
de Paris. Mais les réflexions que la mort de sa mère lui
avaient fait faire sur la vanité du monde, lui firent songer
à un établissement plus solide. Quoique fort agréable dans
le commerce de la vie, il avait toujours pour la retraite
un attrait singulier, qui, étant contre son naturel vif et
tendre, ne pouvait avoir que Dieu pour auteur : son embarras était de se déterminer. Il consulta des personnes
sages [5], qui le tournèrent du côté de l'Oratoire [6], ce qui

---

[1] M. de Fontenelle, en parlant des cours de philosophie et de
théologie du P. Malebranche, dit · Il les fit en homme d'esprit et
non en génie supérieur.

[2] *Il étudia cependant trois ans la théologie scholastique en
Sorbonne.* (Adry.)

[3] Le 18 avril 1658, *et le 5 mai suivant, son père.* (Adry.) —
M. Blampignon dit : « Le 18 août 1658, *et le 5 mai de l'année
qui suivit, il perdit son père* » C'est une double erreur.

[4] *L'abbé de Lauzon* (Lelong).

[5] Il consulta M. de Lauzon, chanoine de Notre-Dame de Paris,
son oncle maternel.

[6] « *Où l'appelaient également la nature et la grâce* », selon
le mot de Fontenelle.

indeed   *more/zele*

en effet lui convenait mieux que tout autre institut. C'est
une congrégation d'ecclésiastiques qui vivent ensemble
sans autre lien que la charité, sans autre engagement que
la bonne volonté, instituée en 1611 par le saint cardinal
de Bérulle, pour imiter le sacerdoce de Jésus-Christ et sa
vie apostolique. Tout y est fondé sur le bon sens. On y
a une honnête liberté, et pourvu qu'on y soit régulier   *provided*
                                                          that
pour les mœurs et catholique pour la foi, on n'a droit,
selon les règlements, de vous contraindre sur rien : institut en cela plus sage que les autres sociétés régulières,
où les particuliers sont obligés de suivre des opinions
qui n'ont souvent d'autres preuves, sinon que l'ordre les
soutient [1].

Ce fut au commencement de l'année 1660 [2], de son âge
la vingt-deuxième, que l'abbé Malebranche entra dans
cette illustre congrégation, laquelle sans doute ouvrit ses

[1] *On a inséré ici, dans le manuscrit, sur une feuille détachée
le « Portrait de l'Oratoire, par M. Bossuet » dans l'oraison funèbre du R. P. Bourgoing, suivi de quelques renseignements,
extraits de divers auteurs, sur le P. Morin et sur Hersent.*

[2] *Le 18 janvier, et non le 28, comme dit en note le P. André,
ni le 21, comme dit M. Blampignon. (Archives nationales,
MM 229, liasse F.) Le même document nous dit que Malebranche
fut « vestu le 26 janvier », et ajoute : « esprit médiocre, boutif
(sic) et pieux; jugé propre. » Notre ami M. Bernus (Richard
Simon, p. 20) a lu, au lieu de boutif, craintif. C'est incontestablement une erreur. Mais comment expliquer ce qualificatif
que l'on chercherait en vain dans les dictionnaires? On se rappelle involontairement le mot* boutade : *un homme* boutif *pourrait
donc être un homme agissant par* boutade, quinteux. *Nous sou-
mettons le problème aux philologues.*

*Cinq mois après son entrée à l'Oratoire, un des frères de
Malebranche, Charles, son aîné de deux ans, suivit son exemple.
Son inconstance lui fit quitter, puis reprendre l'habit de l'Oratoire, et finalement en sortir encore. Pour les distinguer, on appela pendant quelque temps le P. Nicolas,* Malebranche Despe-
riers, *dit Adry. Mais c'est une erreur qu'a répétée M. Blampignon: les deux sont ainsi appelés dans les Registres du conseil.
(Arch. nat. MM 580, p. 121; et MM 581, p. 11 et 47.)*

portes avec joie à un si digne sujet. Après les épreuves
ordinaires [1], ou il se distingua par sa ferveur et principalement par sa dévotion tendre pour Notre-Seigneur
Jésus-Christ [2], il songea aux sciences qui pouvaient convenir à son état. Les plus habiles de l'Oratoire lui voyant
un esprit si grand, si ouvert, si facile, voulurent l'engager chacun dans l'espèce d'étude qu'ils avaient em-
brassée. Les théologiens ne lui prêchaient que leur
scholastique, le P. Lecointe [3] que son histoire, le P. Simon [4] que son hébreu et ses rabbins. Tout bien considéré, le P. Lecointe l'emporta.

Le P. Malebranche savait déjà les historiens profanes.
Il étudia, sous la direction du P. Lecointe, les écrivains
ecclésiastiques [5]. On lui mit d'abord en main l'abrégé
de l'histoire universelle [6] du P. Petau, jésuite, livre
excellent, afin de rapporter toutes ses lectures aux épo-
ques justes qui y sont marquées. Comme il savait parfaitement le grec, on lui fit lire ensuite Eusèbe, Socrate,
Sozomène, Théodoret et tous les auteurs fonciers de

---

[1] *A la maison d'Institution ou de noviciat, et non à Saint-Magloire, comme dit M Blampignon Saint-Magloire n'a jamais été le noviciat de l'Oratoire· c'était le séminaire archiépiscopal de Paris, et les jeunes gens qui se disposaient à entrer à l'Oratoire étaient éprouvés pendant un an dans une maison spéciale appelée l'Institution. M. Blampignon a confondu les deux maisons jamais Malebranche ne recula à Saint-Magloire*

[2] *Voir, d'après une note du manuscrit, les dates de ses ordinations . 1660 , 28 mars, tonsure et quatre ordres mineurs, 1663, en mars , sous-diacre; en septembre, diacre, 1664. prêtre par l'évêque d'Acqs (Notre P Lebout) Ces dates diverses, sauf les dernières, sont confirmées par MM 231 , Archives nationales.*

[3] *Sur le P. Lecointe, voir le II° volume de cette Bibliothèque, p 295.*

[4] *Le célèbre Richard Simon.*

[5] Eloge du P le Cointe, par M Grolley, *Éphémérides*, Troyes, 1764

[6] Le *De doctrina temporum*

l'histoire ecclésiastique. Il apprenait les faits très aisément. Mais il remarqua bientôt le défaut de cette étude,
quoique très belle en elle-même, encore plus agréable que
belle. Il remarqua bientôt que les derniers faits qu'il
avait lus effaçaient les premiers de sa mémoire, et qu'il
n'apprenait presque rien de nouveau qu'aux dépens de ses
anciennes connaissances D'ailleurs il croyait qu'en matière d'histoire on ne finit point ; ce qui le fit résoudre à
l'abandonner, disant qu'il aimait mieux que tous ces
gros volumes qu'on a écrits fussent dans la bibliothèque
que dans sa tête. On ne laissa pas de l'en railler quelquefois, mais en vain. Il demanda un jour à un savant[1]
enivré de cette science : « Monsieur, Adam était-il bien
habile dans le paradis terrestre ? » Ce docte lui ayant
répondu assurément qu'oui, puisqu'il avait eu toutes les
sciences infuses. « Eh bien ! lui dit le P. Malebranche,
cet homme qui savait tout, ne savait pourtant ni histoire
ni chronologie. » C'est pourquoi il borna tout ce qu'il en
voulait savoir à l'Écriture et aux histoires originales qui
concernent l'établissement de la religion chrétienne dans
le monde. M. Simon, qui était alors père de l'Oratoire[2],
profita de cette disposition pour l'engager à l'étude de
l'hébreu et du rabbinisme, sans quoi il prétendait qu'on
ne pouvait bien entendre les Livres saints. La jeunesse
est crédule, les beaux esprits sont curieux, le P Simon
était dans une estime générale. Il n'en fallut pas davantage pour faire un rabbin du P. Malebranche. Mais
n'ayant point trouvé dans l'hébreu, moins encore dans
les rabbins, les ouvertures qu'il y cherchait pour mieux
entendre l'Écriture, il se contenta de la méditer[3]. C'est

---

[1] *Au P. Lecointe, d'après Lelong*
[2] *Il n'en fut exclu qu'en mai 1678, à la suite de la publication de son* Histoire critique
[3] En 1673, le P Malebranche donna à l'hôpital une maison

par là qu'il voulut se préparer au sacerdoce, qu'il reçut à Paris en 1664, âgé de vingt-cinq ans [1].

Dieu, qui destinait le P. Malebranche pour abattre l'orgueil des faux savants aux pieds de la vérité, le conduisait ainsi de sciences en sciences pour lui en faire connaître par lui-même toutes les erreurs et tous les défauts. Il s'y appliquait d'abord avec une ardeur incroyable ; mais, la force de son esprit lui en découvrant bientôt le faible, il tombait dans une tristesse accablante, car, surtout en matière de sciences, on n'aime point à se voir détrompé. C'est redevenir ignorant de savant qu'on se croyait être. Le P. Malebranche ne pouvait donc manquer d'être bien désolé à la vue de cette lumière intérieure, qui ne servait qu'à lui découvrir ses ténèbres. Confus d'avoir fait tant de pas inutiles dans la recherche de la vérité, il était comme un voyageur qui, après avoir longtemps erré par diverses voies, aboutit à l'entrée d'une sombre forêt, où il n'aperçoit ni route ni sentier. Telle était la situation du P. Malebranche lorsque, se promenant un jour sur le quai des Augustins [2], il demanda

situéc proche Saint-Roch, rue Saint-Honoré, se réservant une pension viagère de 1600 livres, abandonnant tout le reste à ses frères du monde. — *Ajoutons à cette note, qui n'est pas tout à fait à sa place, ce détail que, sur ces 1600 livres, Malebranche payait à l'Oratoire une pension de 500 livres.*

[1] *Tout ceci se passait à la maison de l'Oratoire, rue Saint-Honoré, que Malebranche vint habiter à la fin d'octobre 1661, après un séjour de quelques mois à Notre-Dame des Ardilliers, près Saumur.* (MM 231, liasse F.) *Induit en erreur par M. Blampignon, M. Ollé-Lap une fait séjourner Malebranche à Saint-Magloire de 1600 à 1664 (Op. cit., I, p. 6.), et suppose qu'il y a suivi les leçons de Thomassin.* (Ibid., 45 et 51.) *Jamais Malebranche ne fut l'élève du grand théologien de l'Oratoire, mais des PP. Chancelier et Fauconier, qui étaient, le dernier surtout, de très zélés augustiniens.* (Voir le *Prétendu jansénisme du P. de Sainte-Marthe,* p. 10.)

[2] *D'autres disent rue Saint-Jacques.* (Adry.)

à un libraire s'il n'y avait point de livre nouveau.
L'illustre M. de Clersellier [1], mort en 1684, venait tout
récemment de donner au public l'*Homme*, de M. Descartes [2]. Cet ouvrage posthume, tout informe qu'il est,
a des beautés singulières. On le lui présenta. Quoique le
P. Malebranche fût alors extrêmement prévenu contre
ce nouveau philosophe, qu'il ne connaissait encore que
par le mal qu'il en avait ouï dire autrefois à son régent
de philosophie, il en parcourut quelque chose. Il y trouva
du bon sens, il en admira la méthode, il l'acheta. Ayant
commencé à lire cet ouvrage tout de suite avec son application ordinaire, il y découvrit des vérités si lumineuses,
déduites avec un ordre si merveilleux, et surtout une
mécanique du corps humain si admirable, si divine, qu'il
en fut extasié. Je ne saurais mieux exprimer l'impression qu'il en ressentit, qu'en rapportant ce que lui-même
en a souvent raconté à ses amis : la joie d'apprendre un
si grand nombre de nouvelles découvertes lui causa des
palpitations de cœur si violentes, qu'il était obligé de
quitter son livre à toute heure, et d'en interrompre la
lecture pour respirer à son aise [3]. Tout extraordinaire
que cela puisse paraître, je suis assuré que les gens de
bon goût qui connaissent M. Descartes, n'en seront point
surpris, car il faut rendre justice à ce grand homme,
malgré les gens d'école qui ne sont ses adversaires que
parce qu'ils le sont du bon sens. C'est le génie le plus
grand, le plus original qui eût avant lui paru dans le
monde : je n'excepte que saint Augustin [4] On trouve

---

[1] *Claude Clersellier, l'ornement et l'appui du cartésianisme,*
édita plusieurs des ouvrages de Descartes

[2] 1664

[3] L'invisible et inutile vérité, dit M Fontenelle, n'est pas accoutumée à trouver tant de sensibilité parmi les hommes

[4] M Descartes, dit M de Fontenelle, auteur le plus original

dans ses écrits tous les agréments capables de charmer
la raison. Un goût de vérité qui saisit d'abord ; une
clarté qui réveille, un ordre qui enlève ; une manière
d'écrire noble, ferme, courte, précise, avec une liaison
de principes, une étendue d'esprit qui en donne à tous
ceux qui ont les yeux assez forts pour envisager une si
grande lumière Profond dans ses principes et néanmoins
facile, juste dans ses conséquences, son caractère particulier c'est d'être inventif, lié, suivi, raisonné, heureux
en découvertes, ingénieux dans ses hypothèses, fécond
en expédients pour les enchaîner ensemble et pour leur
donner ce tour de système dont, avant la naissance de sa
méthode, on n'avait d'exemple que dans l'astronomie et
encore un exemple bien imparfait. Aussi a-t-il eu la gloire
de changer la face de l'univers par ce goût de bon sens
qu'il a eu le bonheur d'introduire dans toutes les sciences.
Mais à qui en eut-il la principale obligation ? C'est ce
qu'on va voir dans la suite de cette histoire [1].

qui ait peut-être jamais été, est le premier qui ait considéré les
forces centrifuges des corps mus en rond, et le premier qui en ait
prétendu tirer la pesanteur. Cette idée est si belle, si ingénieuse,
si conforme au plan général de la nature, si agréable même pour
ceux qui ont un certain goût de physique, qu'elle mérite de n'être
abandonnée que pour des difficultés invincibles et qu'à la dernière extrémité, et d'autant plus qu'il est fort à craindre qu'en y
renonçant il ne faille aussi renoncer pour jamais à savoir ce que
c'est que la pesanteur des corps.

[1] On avait philosophé trois mille ans durant sur divers principes,
et il s'élève dans un coin de la terre un homme qui change toute
la face de la philosophie, et qui prétend faire voir que tous ceux
qui sont venus avant lui n'ont rien entendu dans les principes
de la nature, et ce ne sont pas de vaines promesses, car il faut
avouer que ce nouveau venu donne plus de lumière sur la connaissance des choses naturelles que tous les autres ensemble n'en
avaient donné Cependant, quelque bonheur qu'il ait eu à faire
voir le peu de solidité des principes de la philosophie commune,
il laisse encore dans les siens beaucoup d'obscurités impéné-
trables à l'esprit humain Ce qu'il nous dit, par exemple, de

La lecture de l'*Homme* de M. Descartes[1] n'avait fait que mettre en goût la curiosité du P. Malebranche. Il voulut avoir tous ses ouvrages : sa *Méthode*, ses *Méditations*, ses *Principes*. Ayant d'abord conçu que ce n'était pas assez de les lire en courant, comme une histoire, il les médita ; et parce que pour les bien entendre il faut savoir les mathématiques, il y joignit l'étude de ces belles sciences, qu'il apprit parfaitement, et afin que la tendre piété qu'il avait toujours eue dès son enfance n'en souffrît pas, il résolut de rapporter toutes ces nouvelles études à la religion. A la faveur de cette lumière qu'il avait toujours en vue, il envisagea la philosophie de M Descartes par tous ses côtés. De quelque manière qu'il la regardât, il y trouvait un agrément singulier : fondée sur des idées claires, elle charmait son esprit, et comme tout y est appuyé sur l'existence d'un Dieu créateur et moteur de la nature, sur la spiritualité et l'immortalité de l'âme, son cœur était pénétré de joie de voir une philosophie si bien d'accord avec la religion, qu'elle ne peut faire un pas sans Dieu

Il donna trois ou quatre années à cette sorte d'étude, en y employant la méditation encore plus que la lecture. C'est par là qu'il se rendit tellement maître de la philo-

l'espace et de la nature de la matière est sujet à d'étranges difficultés, et j'ai bien peur qu'il n'y ait plus de passion que de lumière dans ceux qui paraissent n'en être pas effrayés (NICOLE, *Essais de morale*, t. 1, p 34, *De la faiblesse de l'homme*)

[1] *La lecture de Descartes fit sur le P. Malebranche ce que la lecture de Malherbe avait fait vingt ans auparavant sur le célèbre La Fontaine, qui était entré comme lui dans l'Oratoire, mais qui en était sorti deux ans après sans avoir pu soupçonner le rang qu'il devait tenir un jour sur le Parnasse français; mais qui, ayant lu par hasard une ode du père de la poésie française, se trouva ainsi comme changé en un autre homme, et put dire avec le Corrège, à la vue d'un tableau de Raphaël : Et moi aussi je suis peintre. (Adry.)*

sophie de M. Descartes que, trente ans après, il l'avait
encore assez présente pour pouvoir répondre à coup sûr
si telle ou telle chose y était ou n'y était pas, en se rappelant seulement les principes dont il voyait aussitôt les
conséquences par le moindre effort d'esprit. Ce n'est pas
qu'il eût de ces vastes mémoires, qui retiennent un livre
mot pour mot, et moins encore de ces génies bornés qui
se laissent tellement préoccuper en faveur d'un auteur,
qu'ils n'ont des yeux que pour ses belles qualités sans
en avoir pour ses défauts. Non, le P. Malebranche reconnaissait dans M. Descartes, comme dans les autres
hommes, des marques de la faiblesse de l'esprit humain ;
entre autres choses il ne pouvait goûter quelques endroits
de sa métaphysique, où parmi les vérités les plus lumineuses il apercevait bien des ténèbres, principalement sur
l'essence des choses, sur la nature des idées, sur les
vérités éternelles, etc. Il avait autrefois lu les ouvrages
philosophiques de saint Augustin, où ces matières lui
avaient paru mieux traitées et plus approfondies. Il les
relut ; et, en effet, après une longue méditation il trouva
que le Docteur de la grâce avait mieux connu l'esprit, et
que M. Descartes, qu'on peut justement appeler le docteur de la nature, avait mieux connu le corps : on verra
bientôt en quoi. Il crut donc que de l'un et de l'autre on
pourrait faire quelque chose d'accompli. Dans cette pensée, s'étant rendu maître de leurs principes, il les rap-
procha pour les comparer ensemble. La vérité n'a point
de peine à s'accorder avec la vérité. La métaphysique
sublime de saint Augustin parut toute faite pour la physique de M. Descartes, et la physique de M. Descartes
pour la métaphysique de saint Augustin. Ce premier
succès l'encouragea. Il entreprit d'écrire ses pensées ;
d'abord sans autre dessein que de s'instruire plus à fond,
et aussi pour apprendre à s'exprimer nettement, ce qui

ne s'apprend d'ordinaire que par le travail de la composition. La *Recherche de la vérité* lui paraissait, comme à saint Augustin, d'une obligation indispensable à l'homme, qui est fait pour la connaître ; c'est la matière qu'il se proposa et le titre qu'il donna à son ouvrage. Cet ouvrage, le plus fameux de son temps, fut commencé en 1668 [1], l'auteur n'étant encore que dans sa trentième année. Son dessein général est d'animer tous les hommes à la recherche de la vérité, de leur montrer dans eux-mêmes les obstacles qui s'y opposent, et de leur expliquer les moyens qu'on doit prendre pour y arriver Les obstacles sont les préjugés sans nombre et de toute espèce dont on s'aveugle. Les moyens se réduisent à quelques règles infaillibles pour se former un jugement sûr. Comme cet ouvrage est le fondement de tous les autres livres du P. Malebranche, il est à propos d'en donner ici une analyse exacte : 1° afin de rassembler dans un seul point de vue tous ses principes, dont quelques lecteurs peu attentifs ou peu éclairés ont de la peine à voir la suite ; 2° afin que l'on voie les motifs des oppositions que trouva d'abord le livre dans certains esprits prévenus [2].

---

[1] *C'est à l'année suivante*, 27 mai 1669, *que nous trouvons un ordre du conseil de l'Oratoire envoyant Malebranche à Saumur.* (MM 580, p 121.) *C'était probablement pour le mettre avec son frère, dont l'inconstance donnait des inquiétudes.* « *Mais je doute*, dit Batterel (*dans ses Mémoires, p. 312, et non dans le* Registre du Conseil, *comme dit M Blampignon pour avoir mal lu Adry. je doute que cet ordre ait eu son exécution.* (Voir encore p. 121, note 2, et p 122, note 1)

[2] On demandera peut-être, ajoute ici le P. André, pourquoi, au lieu de pousser les conquêtes du P. Malebranche dans le royaume de la vérité, je m'amuse à les décrire Je réponds : 1° qu'il faudrait en être capable, 2° que je n'ai point les secours nécessaires pour y réussir, 3° il faudrait être à Paris ou dans une grande ville, ou etc. ; je suis en province, etc.. il faudrait

Le P. Malebranche, ayant achevé[1] ces trois premiers
livres de la *Recherche de la vérité*, les montra par forme
de consultation à un de ses amis, qui en fut si charmé,
qu'à l'heure même il conclut à l'impression. La qualité
d'auteur qui a pour l'ordinaire tant d'attraits pour les
jeunes savants, n'en avait point pour notre philosophe.
L'intérêt en avait encore moins. Il fallut donc le prendre
par un autre endroit. On lui dit que le moyen de s'assurer de la vérité de ses principes, c'était de les abandonner
à la censure du public, où, malgré la prévention et la
cabale, il se trouve toujours quantité de personnes éclairées, sincères, équitables, qui ne manqueraient pas de
lui rendre justice. Il se rendit à cette raison, car il aimait
qu'on lui découvrît ses erreurs et ses fautes. Mais comme
il avait en horreur tout ce qui pouvait le distraire, il ne
donna son manuscrit qu'à condition qu'on ne lui parlât
point d'aller mendier des approbations et des privilèges
pour l'impression. Son ami se chargea de tout. Il porta
d'abord l'ouvrage à M. Pirot[2], alors censeur des livres.
Ce docteur, élevé dans les ténèbres de l'école d'Aristote,
ne put voir sans chagrin qu'on y donnât tant d'éloges à
M. Descartes, sans égard ni respect pour les décrets de
la faculté qui l'avait interdit à ses collèges[3]. Il refusa

etre libre, et je me trouve lié En un mot, il faudrait qu'avec beaucoup de pénétration je me trouvasse dans une situation plus favo
rable, etc (*Suit, dans le manuscrit, une minutieuse analyse
de 60 pages in-folio, du premier volume de la* Recherche de la
vérité)

[1] *C'est à Baroy (Seine-et-Oise), où l'Oratoire avait depuis
1624 une maison de repos et d'études, que Malebranche acheva
son livre.* (Adry, *Bibliothèque*)

[2] 1631-1713. *C'était un des théologiens les plus estimés du
temps. Bossuet l'honorait de son amitié.*

[3] Arrêt du Parlement en faveur d'Aristote contre les chimistes,
en 1629. — *Voir* Cousin, *De la persécution du cartésianisme,
dans les* Fragments de philosophie moderne.

tout net son approbation, disant que ce livre sentait fort
le cartésianisme, et qu'il ne voulait pas se mettre en
mauvaise odeur dans l'Université, en approuvant des opinions contraires à toute l'antiquité.

L'ami du P. Malebranche ne se rebuta pas. Il fit courir dans Paris le manuscrit qu'on lui avait confié, de
sorte que de main en main il tomba heureusement dans
celles de M. l'abbé d'Aligre, fils du chancelier de France,
le second de ce nom. Cet abbé avait les deux qualités que
le P. Malebranche souhaitait le plus dans ses lecteurs :
une solide piété jointe à beaucoup de pénétration d'esprit.
Il était même plus habile que ne le sont ordinairement
les plus savants abbés de sa condition. Si l'on en veut
savoir davantage, on peut s'adresser à son abbaye de
Saint-Jacques de Provins, où il mourut il y a cinq ou six
ans[1] dans une si grande réputation de sainteté[2] qu'il
s'est acquise principalement par son esprit de retraite,
par ses austérités extrêmes et par sa prodigieuse libéra-
lité envers les pauvres. Lisant avec ces dispositions la
Recherche de la vérité, cet ouvrage ne pouvait manquer
de lui plaire infiniment. Il y voyait les matières les plus
curieuses traitées d'une manière si chrétienne, qu'il en
fut touché. Croyant donc que ce serait faire au public un
tort considérable que de l'en priver plus longtemps, il en
résolut l'impression. Comme il tenait les sceaux à la
place de M. le chancelier son père, il n'avait qu'à parler.
Mais parce qu'on lui dit que le censeur des livres avait refusé son suffrage à celui-ci, M. l'abbé d'Aligre le manda
pour lui en demander les raisons. M. Pirot avoua sincè-

---

[1] Vers 1710.

[2] M. Arnaud dit d'un gentilhomme normand qu'il était allé à
Provins auprès de M. l'abbé de Saint-Jacques pour mener la même
vie que cet abbé, qui n'est pas moins pénitente que celle de la
Trappe. (*Lettres*, IV, l. 193.)

rement que l'ouvrage ne contenait rien de contraire ni à
la foi ni aux bonnes mœurs, que même il lui paraissait
beau ; mais que, sentant le cartésianisme, il aimait mieux
qu'un autre l'approuvât que lui. « Je ne vous demande
point, dit le pieux abbé, d'autre approbation que l'aveu
que vous me venez de rendre, » et après avoir fait donner l'ouvrage à M. de Mézeray, historiographe de France,
pour examiner s'il ne renfermait rien de contraire aux
maximes de l'État, il fit expédier gratis le privilège nécessaire pour l'impression. Elle se fit chez André Pralard
et fut achevée le 2 mai 1674. A peine ce premier volume
de la *Recherche de la vérité* parut-il au jour, qu'on lui
donna des applaudissements extraordinaires[1]. On y
admirait, entre autres, la beauté du dessein, l'ordre des
matières, la clarté de la méthode, la majesté du style,
la naïveté des tours, la pureté du langage, la pénétration
de l'auteur, la profondeur de ses réflexions, la sublimité
de ses principes, la justesse de ses conséquences, une
éloquence naturelle, brillante, une érudition bien placée,
des écarts de morale bien ménagés pour égayer la métaphysique, une intelligence rare des choses de Dieu, le
fond de la nature découvert, nos facultés approfondies,
les choses les plus abstraites revêtues de couleurs sensibles : raison, esprit, beaux sentiments, belles images,
agrément partout, et, ce qui est infiniment plus estimable

---

[1] Ce livre fit beaucoup de bruit, et, quoique fondé sur des principes déjà connus, il parut original. L'auteur était cartésien ;
mais, comme Descartes, il ne paraissait pas l'avoir suivi, mais
rencontré... La diction, outre qu'elle est pure et châtiée, a
toute la dignité que les matières demandent, et toute la grâce
qu'elles peuvent souffrir Ce n'est pas qu'il eût apporté aucun
soin à cultiver les talents de l'imagination, au contraire, il s'est
toujours attaché a les décrier, mais il en avait naturellement
une fort noble et fort vive, qui travaillait pour un ingrat malgré
lui-même, et ornait sa raison en se cachant d'elle. (FONTENELLE.)

que tout le reste, un certain goût de christianisme qui
pénètre tous les bons cœurs.

Il y eut encore une chose qui ne contribua pas peu au
grand succès de ce livre. M. Arnauld, si connu par son
génie étendu, par sa vaste érudition, par la fécondité de
sa plume et bien plus par ses malheurs, jouissait alors
avec ses amis de la paix que le bon pape Clément IX
leur avait accordée en 1668[1]. Ce docteur, qui régnait
depuis longtemps dans la république des lettres avec une
réputation à laquelle ses persécutions passées donnaient
encore un nouveau lustre, fut un des premiers qui se
déclara hautement pour le P. Malebranche. Il en faisait
l'éloge dans toutes les compagnies. Ses amis, de leur
côté, ne s'y épargnaient pas. Il n'en fallut pas davantage
pour donner à tout Paris la curiosité de le lire, et, pour
peu que l'on eût d'esprit et de bon goût, cette lecture
était toujours suivie d'admiration.

Toutefois on ne peut pas dire que le succès de la
Recherche de la vérité fut entièrement complet. Toute la
pédanterie de collège frémissait à la vue de ces applaudissements que l'on donnait à un mérite qu'elle ne pouvait
reconnaître, parce qu'il obscurcissait, ou plutôt parce
qu'il éclairait trop le sien. Il semblait qu'il prévît ce qui
est arrivé, que cet ouvrage serait sa ruine. Elle voulut
donc en empêcher le débit. Mais, comme ces pauvres gens
savent mieux crier qu'écrire, on ne verra pas sitôt paraître
leurs arguments.

Les plus grands ennemis du P. Malebranche ne seront
donc pas les premiers à lui déclarer la guerre. Un chanoine de Dijon, nommé Foucher[2], en voulut avoir l'hon-

---

[1] *On sait combien cette paix de Clément IX dura peu, et com-*
ment les violents des deux partis rendirent inutiles les essais
de conciliation de ce pape.

[2] *Sur ce philosophe et sa controverse avec Malebranche, voir*

neur ; c'était un philosophe académicien, dont la secte,
qui affecte de ne rien savoir, cherche la vérité, non pour
la trouver, mais pour se convaincre qu'on ne la trouve
pas. Je doute fort que cet homme ait jamais pu ou même
voulu se persuader à lui-même qu'il ne savait rien.
Mais je ne doute pas que son petit ouvrage [1] contre le
P. Malebranche n'en persuade bien des gens, car il y fait
paraître une ignorance profonde et du dessein et des sentiments de l'auteur même qu'il entreprend de combattre.
D'abord il prétend que le P. Malebranche a voulu donner une méthode dans les trois premiers livres de la
recherche, par la plaisante raison qu'il a écrit méthodi-
quement. Il trouve mauvais qu'il ait supposé dans son
lecteur quelque notion du bon sens, qu'il n'ait point
prouvé ni les vérités nécessaires, ni celles de la foi, que
contre la coutume des écoles païennes il ait parlé de
Dieu en philosophant. Il lui attribue la contradictoire de
son opinion sur les idées ; il confond sur la même matière
ses principes avec ceux de M. Descartes, quoiqu'il soit
visible qu'en ce point le maître et le disciple sont diamétralement opposés [2]. On me pardonnera si je n'en dis
point davantage. On peut lire son livre, qui parut sur la
fin de l'année 1674 ou du commencement de la suivante
avec ce titre : *Critique de la Recherche de la vérité où l'on
examine en même temps une partie des principes de M. Descartes, ou Lettre d'un académicien.*

<hr/>

L'ouvrage de M. l'abbé Rabbe (Paris, Didier, 1867, in-8°)
*M. Rabbe reproduit une partie des erreurs de M. Blampignon,
que nous avons signalées.*

[1] Son ouvrage était assez bien écrit.

[2] Il attaque plutôt des propositions incidentes que le fond du
livre Brouillant tout en honnête homme, plus de cœur que d'esprit.

CHAPITRE II

Cependant le P. Malebranche, animé par le succès du premier volume de sa *Recherche*, travaillait fortement au second : ce qui l'obligea à différer sa réponse à M. le chanoine Foucher. Mais une autre main s'arma incontinent pour sa querelle. Le P. dom Robert Desgabets, bénédictin de la congrégation de Saint-Vannes [1], fit la *Critique de la critique* [2]. C'est le titre qu'il donna à son livre, où il fait bien voir qu'il n'entend guère mieux l'auteur qu'il défend que celui qui l'avait combattu. On peut bien juger que celui-ci ne demeura pas sans répliquer [3], ni

---

[1] *Il y était entré en 1636, et y mourut en 1678. C'était un habile métaphysicien, qui se rendit célèbre aussi par sa découverte de la transfusion du sang.*

[2] Imprimée à Paris en 1675.

[3] Réponse à la critique de la *Critique de la Recherche de la vérité* sur la philosophie des académiciens, vers 1685. On avait déjà répliqué sur le reste de la critique de la *Critique*, dès 1679.

celui-là sans repartir; mais cela ne vaut pas la peine
qu'on s'y arrête.

Pendant que ces deux auteurs se battaient ainsi, sans
vouloir entendre le sujet de leur dispute, la *Recherche de
la vérité* se trouva finie et parut tout entière vers la fin
de l'année 1675. Le P. Malebranche mit à la tête du
second volume une préface, où il répondit à M. Foucher
d'une manière assez vive, lui reprochant surtout la négligence avec laquelle il l'avait critiqué, sans se donner
la peine de le comprendre. Et, afin qu'on ne s'avisât
plus désormais de l'attaquer dans l'espérance d'avoir
une réponse, il déclare qu'il n'en fera point à ceux qui
lui paraîtront avoir plus de zèle pour la dispute que pour
la vérité Et tels sont assurément la plupart des critiques.
Ensuite, il reprend ses principes et continue son ouvrage,
dont voici l'analyse des trois derniers livres [1].

Tel était, à peu de chose près, le second volume de
la *Recherche de la vérité,* qui parut à Paris avec une seconde édition du premier, à la fin de septembre 1675.
Comme il ne s'était pas trop fait attendre, il trouva les
esprits dans la situation favorable où les avait mis le
commencement de l'ouvrage. A la lecture qu'on en fit,
les applaudissements redoublèrent. Le premier volume
avait fait dire au public que jamais homme n'avait si
bien connu l'esprit humain que le P. Malebranche, et
celui-ci faisait dire hautement que les replis du cœur humain n'avaient jamais été si bien développés. Sa méthode, qui est celle de M. Descartes, mise dans le plus
beau jour par des exemples propres pour les faire goûter,
charmait également toutes les personnes que le démon

On peut voir, sur cette discussion, l'ouvrage de *M. Rabbe, que
nous avons cité plus haut.*

[1] *Cette analyse va, dans le manuscrit, de la page 79 à la
page 140.*

de la pédanterie ne possédait pas. Les libraires avaient
peine à suffire à la foule des curieux de Paris et des provinces qui leur demandaient la *Recherche de la vérité*. Ce
livre pénétra même jusqu'à la cour, pays pour l'ordinaire
aussi inaccessible à la philosophie qu'à la religion. Le
duc de Chevreuse [1], qui avait hérité de son illustre père
le duc de Luynes [2] toute la pénétration d'esprit nécessaire pour comprendre ces sortes d'ouvrages, fut celui
qui se distingua davantage parmi les plus grands qui
voulurent se défaire, par les leçons du P. Malebranche,
de l'ignorance grossière qui, en ce temps-là, était un
des apanages de la qualité. Nous verrons bientôt que
des princes du sang ne rougirent point de suivre son
exemple.

Les pères de l'Oratoire tenaient alors à Paris leur assemblée générale [3]. On peut bien juger que des per-

[1] *Charles-Honoré-Albert de Luynes* (1646-1712). *Il est surtout connu par sa liaison avec Fénelon. Voir sur lui* SAINT-
SIMON, *qui l'appelle* un ministre d'État incognito.

[2] *Le célèbre ami de Port-Royal.* (Voir SAINTE-BEUVE.)

[3] *La quinzième. Voici le texte de ces félicitations que ne
donnent pas les* Extraits *imprimés :* « L'Assemblée, ayant été informée des ouvrages modernes que plusieurs de nos Pères ont
donnés au public avec beaucoup d'approbation et de succès dans
le clergé et parmi les savants, en a été extrêmement consolée,
et a nommé quelques-uns de ses Pères pour en témoigner sa
satisfaction : au P. Charles le Cointe pour ses *Annales de l'É-
glise gallicane*, au P. Cabassut pour ses ouvrages sur les conciles et sur le droit canon, au P. Pasquier Quesnel pour l'édition nouvelle de *Saint Léon*, pour la *Morale tirée de l'Évangile* et pour ce qu'il a fait sur notre office de *Jésus*, comme aussi
pour le recueil auquel il travaille présentement de quantité d'o-
puscules du feu P. Morin. Pareillement au P. Simon, pour divers
ouvrages pleins d'érudition qu'il a faits ; et enfin *au P. Malebranche pour un traité qu'il a publié et qui est estimé de tout
le monde*. Elle a désiré aussi que le P. Thomassin fût convié et
prié de mettre en lumière l'ouvrage qu'il a fait sur l'*Incarnation*
et autres. » (Page 7 des *Actes originaux, Archives de l'Oratoire*.)

sonnes, que la seule charité unit ensemble, sans intérêt
temporel qui les divise, furent bien sensibles à l'honneur
que répandaient sur eux les succès de leur confrère. Ils
en furent si touchés, qu'ils ordonnèrent tout d'une voix
que l'on ferait des remerciements au P. Malebranche de
ce qu'il travaillait utilement pour le public. C'est ainsi
que ceux qui gouvernent doivent marquer aux sujets qui
sont utiles la reconnaissance que la jalousie n'étouffe
que trop souvent dans le cœur des particuliers.

La réputation de la *Recherche de la vérité* ne se ren-
ferma point dans les bornes de la France. Elle se répandit aussitôt dans tous les États de l'Europe où les sciences
ont quelque accès : en Italie, en Espagne, mais principalement en Allemagne, en Hollande, en Angleterre. En un
mot, partout où la langue française est connue. C'est
pourquoi on fut obligé d'en faire d'abord édition sur édition [1], de sorte que, depuis 1674 jusqu'en 1678, il en
parut presque tous les ans une nouvelle : quatre de Paris, une de Lyon sous le nom de Strasbourg, deux d'Amsterdam, sans parler des traductions latines [2], que l'on en
fit en divers endroits, pour mettre l'ouvrage entre les
mains de tous les savants

Un succès si complet et un applaudissement si général
avaient sans doute de quoi flatter le P. Malebranche,
mais voici une chose qui lui fit infiniment plus de plaisir.
La princesse Élisabeth, fille ainée du fameux électeur
palatin [3], qui disputa si malheureusement la couronne

[1] 1677, nouvelle édition de la *Recherche*, en deux volumes,
avec un troisième d'eclaircissements, achevée d'imprimer le
30 juin 1678. — 1678, nouvelle édition de la *Recherche*, in-4°

[2] En 168., première traduction latine par M. l'Enfant, ministre à Berlin, à Genève Le latin en est peu élégant, même
grossier.

[3] *Frédéric V, qui perdit à la bataille de Prague non seulement la Bohême, ... is t'a- l'Etat*.

de Bohême à l'empereur Ferdinand II, fut si charmée de
la *Recherche*, qu'elle en voulut connaître l'auteur. Cette
illustre héroïne, que la philosophie avait consolée de la
perte d'un royaume, était un de ces génies rares, à qui
rien ne coûte. Joignant toute la délicatesse de l'esprit
des femmes avec toute la force de l'esprit des hommes,
elle brillait également dans les cercles de la cour et dans
les assemblées des savants. Elle avait appris dans sa
première jeunesse, comme par manière de récréation,
tout ce qu'il y a de plus curieux dans les sciences, et ce
que les plus beaux esprits ont bien de la peine à acquérir; elle avait une égale facilité pour les mathématiques
et pour la métaphysique, pour les connaissances les plus
relevées et pour les belles-lettres qui sont à la portée des
moindres esprits. Mais ce qui me paraît plus estimable,
elle avait un courage que toutes les disgrâces de sa maison ne purent ébranler; une humeur toujours contente,
que les plus grands revers ne pouvaient altérer. Belle,
vertueuse, agréable, en un mot, à sa religion près, qui
était la protestante-calvinienne, c'était une princesse ac-
complie. Aussi M. Descartes, qui se connaissait en mérite
autant qu'homme du monde, la choisit, en 1641, préférablement à tous les princes de l'Europe, pour lui dédier
son grand ouvrage des *Principes de la philosophie*. Elle
n'avait plus les agréments de la jeunesse lorsque le livre
du P. Malebranche lui tomba entre les mains. Mais, par
la réflexion et par l'expérience, elle avait acquis une solidité de raison qui lui en fit goûter toute la profondeur.
Depuis M. Descartes, elle n'avait rien lu de si beau. Elle
en voulut connaître l'auteur. Pour cela, elle s'adressa à
Mme l'abbesse de Maubuisson, princesse palatine, sa sœur [1];

---

[1] Voir, sur cette princesse, Saint-Simon (édition Chéruel-Ré-
gnier), VI, p. 258.

et elle voulut honorer l'auteur d'une lettre de compliments, dans laquelle cette grande princesse lui témoignait une estime, une confiance, une bonté tout extraordinaires.

Le P. Malebranche était humble, sans être sauvage. Il
fut très sensible à cet honneur et à tant de marques
d'estime de la part d'une princesse qui passait pour un
prodige d'esprit et de bon goût, d'autant plus qu'il
croyait avoir trouvé la plus belle occasion de signaler
son zèle, en s'efforçant de ramener au sein de l'Église
romaine une princesse, dont la conversion en aurait attiré infailliblement plusieurs autres Dans cette vue, il lui
écrivit, et, après lui avoir marqué sa reconnaissance dans
les termes les plus tendres et les plus respectueux, il lui
parla de philosophie, d'où il passa, selon sa méthode ordinaire, à la religion. La lettre était forte et solide. Mais,
soit que les préjugés en cette matière soient plus forts
qu'en toute autre, soit que l'âge les eût rendus insur-
montables, soit que la haine des ennemis de sa maison, qui étaient presque tous catholiques, eût attaché à
leur religion des idées odieuses, qui lui en faisaient un
monstre, ou plutôt parce que la conversion du cœur
n'est point l'ouvrage du raisonnement ou de l'éloquence
humaine, le P. Malebranche n'eut pas auprès de la princesse Élisabeth le même succès que M. Descartes auprès
de la reine Christine [1].

---

[1] L'entreprise était d'une extrême difficulté. La princesse Élisabeth avait contre l'Église romaine la prevention la plus forte,
soutenue par les passions les plus puissantes Car, sans parler
de son éducation en Hollande, elle se voyait environnée de princes
protestants, la plupart ou ses parents ou ses alliés Les oppres-
seurs de sa maison étaient catholiques. Le pouvoir exorbitant
que les flatteurs de la cour de Rome attribuent aux papes, même
pour les choses spirituelles, par exemple pour les dispenses,
lui paraissait un scandale Quelques abus tolérés parmi nous

La guerre contre le sieur Foucher lui réussit plus
heureusement. Car ce bon chanoine ayant voulu répondre à la préface du second volume de la *Recherche*, où
l'on montrait assez clairement une partie du mauvais
goût de sa critique, le P. Malebranche fit un avertissement de cinq ou six pages dans lequel, n'attaquant que
la première de ses réponses, il l'abattit avec tant de
force, que son ennemi fut contraint de capituler. Un ami
commun s'en mêla : Foucher s'excusa Le P. Malebranche pardonna, et, pour faire voir la sincérité de son re-

dans le culte public, ou plutôt dans les dévotions populaires, la
révoltaient contre tout le reste. « Considérez, je vous prie, lui
écrivit le P. Malebranche, madame la princesse votre sœur, qui
souffre beaucoup sans doute de se voir séparée de communion
d'avec vous. Considérez parmi nous tant d'âmes saintes qui sont
fort troublées de voir qu'une personne, aussi savante que Votre
Altesse, autorise, par son exemple, ceux qui ont fait schisme
avec leurs frères, et vous , etc » Le P Malebranche accompagna sa lettre du troisième volume de la *Recherche de la verité* Mme de Maubuisson envoya l'un et l'autre à Herford, où ils
produisirent des effets bien différents. La princesse Élisabeth admira les *Eclaircissements* du P. Malebranche autant que ses
autres livres. Mais quant à la lettre dont il les avait accompagnés,
elle ne jugea pas à propos de la reconnaître comme de lui Elle
ne remarquait, disait-elle, ni son style, ni sa manière de raisonner C'est ce qu'elle répondit à madame sa sœur, ajoutant qu'elle
priait l'auteur d'entrer avec elle en controverse, « mais s'il veut
bien m'apprendre à aimer Dieu avec plus d'ardeur. »
Les cœurs droits ne sont point à l'épreuve d'un soupçon d'artifice Mme de Maubuisson souffrit impatiemment qu'on la crût
capable d'une fraude. même pieuse, car on appelle ainsi, par
abus, les mensonges les plus exécrables. Mais elle fut encore
plus touchée de l'aveuglement prodigieux où elle voyait sa sœur,
de ne pas comprendre que la foi étant une, selon l'Écriture, il
ne peut y avoir qu'une seule confession qui sauve Néanmoins
elle regarda comme un bon présage que la princesse Élisabeth
voulût bien être instruite sur la morale chrétienne. Elle crut que
c'était une ouverture pour aller à tout le reste. Elle en écrivit
au P Malebranche. Elle le pria de faire une deuxième lettre
Elle espérait qu'elle serait plus efficace que la première. Le P. Malebranche ne fut pas de son avis il avait beaucoup de zèle,

tour, il supprima généreusement, dans les éditions de son
livre qui suivirent sa réconciliation, la préface et l'avertissement qui combattaient la critique et son apologie.
Ceux qui savent combien les auteurs sont idolâtres de
leurs moindres ouvrages pourront juger par là combien
le P. Malebranche était au-dessus de ces petites faiblesses qui déshonorent si fort la république des lettres.

Ce fut environ ce temps-là qu'il entreprit son livre
des *Conversations chrétiennes :* voici à quelle occasion :
Vers la fin de l'été de 1676, étant à Marines [1], proche

mais son zèle était sage Ayant remarqué, par la reponse de la
princesse Élisabeth, qu'elle ne voulait point entrer en controverse, il douta que des exhortations fissent impression sur un
esprit qui était en garde contre la vérité. Il se contenta d'écrire
à Mᵐᵉ de Maubuisson une lettre qui pût lui être envoyee. Il y
traitait, en peu de mots, le sujet qu'elle avait marquée, mais
sans perdre de vue son dessein. Cette lettre n'eut pas plus de
succes que la première La princesse Élisabeth se détrompa volontiers à l'egard de la lettre du P Malebranche Elle n'en fit pas
de même à l'égard de la religion. Elle répondit qu'il était vrai
que Jésus-Christ ne repand son esprit que dans ceux qui lui
étaient unis, comme au chef de l'Église, conservant la charité
avec leurs freres, qui en sont les membres, que cela est clair
dans sa parole; mais qu'il n'etait pas si clair que cette partie
de l'Église, qui est unie au pape, fût l'Eglise tout entière;
qu'ainsi elle s'en tenait à ce qui est indispensable jusqu'à ce que
Dieu lui montrât une meilleure voie; que le changement de
communion, bien loin de l'humilier, comme on lui disait, la
pourrait, au contraire, enfler d'orgueil, parce qu'elle se verrait
applaudie par la plus considerable partie du monde; qu'au reste,
elle convenait avec le P. Malebranche dans les choses essentielles, qu'elle lui était fort obligée du soin qu'il prenait de son
âme; qu'elle se recommandait à ses prières, ne doutant pas qu'il
ne fût un véritable membre du corps de Jésus-Christ; mais
qu'elle ne pouvait se rendre à ses prejugés ni esperer de vivre
assez longtemps pour examiner toutes les controverses En effet,
elle ne survécut à sa réponse que peu de mois. Car elle mourut
vers la fin de 1679

[1] *L'Oratoire y avait un établissement depuis* 1618 *Malebranche
aimait à aller s'y reposer*

Pontoise, chez M. le duc de Chevreuse, dont nous avons
déjà parlé, ce duc, homme d'esprit et fort zélé, qui avait
remarqué dans la *Recherche de la vérité* plusieurs beaux
endroits pleins d'onction, et qui lui semblaient très propres pour démontrer la religion et la morale de Jésus-
Christ, le pria de les recueillir en un petit volume, afin
de les rendre plus utiles au public. La proposition était
trop conforme à l'inclination du P. Malebranche pour
n'être pas acceptée. Il mit aussitôt la main à l'œuvre : et,
pour donner un nouveau tour aux principes qu'il avait
déjà établis dans la *Recherche,* il prit le style des conversations. Il crut que cette manière d'écrire, étant moins
sérieuse et plus éloignée de la méthode ordinaire, serait
plus du goût du commun des hommes, qui voudraient
bien apprendre la philosophie, mais sans philosopher [1].

Le P. Malebranche, ayant achevé les *Conversations
chrétiennes* en 1676, les fit imprimer à Paris la même
année, sans nom d'auteur ; ce qui donna occasion à un
autre de se les attribuer. Voici le fait : on y voit d'une
part un exemple de vanité assez commune, et, de l'autre,
un exemple de modestie fort rare. Cet ouvrage avait été
fait à la campagne avec beaucoup de précipitation. Il
s'agissait de satisfaire la curiosité d'un ami et d'un grand
sur une matière aussi intéressante que la raison et la religion. C'en était trop pour obliger le P. Malebranche à
se hâter. Aussi le style des *Conversations* était d'abord si
négligé, qu'il n'était pas facile d'y reconnaître l'auteur de
la *Recherche de la vérité.* Cependant, comme elles traitaient les sujets du monde les plus beaux et d'une manière
fort ingénieuse, et que d'ailleurs Paris était au goût de
philosopher, la première édition fut bientôt enlevée. Un

---

[1] *L'analyse des Conversations s'étend de la page* 144 *du mss
jusqu'à la page* 199

ecclésiastique de province, apparemment lyonnais, qui
se trouvait alors à Paris, vint s'offrir au P. Malebranche
pour en faire faire une seconde édition à Lyon. Le père
y consentit, retoucha son ouvrage en plusieurs endroits,
et lui en confia l'exemplaire corrigé. Il faut remarquer
que cet ecclésiastique était *binôme,* c'est-à-dire de ces
gens qui ont un nom pour Paris et un autre pour la province. Je ne sais point le premier : Vaugelade était le second. Ayant donc obtenu ce qu'il demandait, peut-être
d'abord sans dessein, car il ne faut juger mal de personne, il fit une lettre pour servir de préface aux *Conversations chrétiennes,* et, pour montrer qu'il en usait de
bonne foi, il l'envoya au P. Malebranche qui, encore
qu'il ne la trouvât pas fort bonne, lui permit de la mettre
à la tête de son livre, de peur de lui déplaire. Mais il ne
laissa pas d'être un peu étonné, quand il apprit que son
ouvrage paraissait à Lyon sous le nom de l'abbé de Vaugelade, qui en recevait les compliments, sans les vouloir
partager avec personne. Voyant toutefois que la vérité
n'en souffrait point, et que son livre, quoique sous un
étendard étranger, lui faisait chaque jour de nouvelles
conquêtes, il demeura dans le silence. Il crut qu'il était
de la charité de ne point révéler au public la honte de
son frère. Mais un libraire de Bruxelles ne fut pas si
scrupuleux : il ne devait pas l'être; il crut qu'il était de
la justice de rendre cet ouvrage à son véritable père. Il
le fit en 1677, dans une troisième édition qu'il intitula,
comme on a fait depuis presque pour tous les livres du
P. Malebranche, par l'*Auteur de la Recherche de la vérité.*
Le mensonge est timide. Vaugelade n'osa s'inscrire en
faux contre le libraire, et, après quelques mois de gloire,
il fut obligé de passer le reste de ses jours dans l'obscurité.

Le P. Malebranche, s'étant aperçu que plusieurs per-

sonnes intelligentes avaient été touchées de ses *Conversations chrétiennes,* résolut de mettre les mêmes vérités qu'il
y avait établies en forme de méditations, pour les rendre
encore plus édifiantes. Il prit pour modèle saint Augustin
dans ses *Soliloques.* qui ne sont autre chose que des entretiens avec la raison universelle, ou le Verbe éternel
qui éclaire tous les esprits, et dont il apprend les plus
beaux principes de la métaphysique et de la religion. Sur
ce plan, le P. Malebranche commença ses *Méditations
chrétiennes.* Les quatre premières étaient achevées sur la
fin de 1676; mais, craignant que cette manière de se
faire instruire par le Verbe divin, quoiqu'il soit évident
que nous ne voyions rien que dans sa lumière, ne cho-
quât certaines personnes peu éclairées, qui sont toujours
prêtes à blasphémer ce qu'elles ignorent, il abandonna
cet ouvrage. Nous verrons, dans la suite, les raisons qui
l'obligèrent à le reprendre sans en changer la forme. Il
se contenta alors de composer de petites méditations,
suivant sa méthode ordinaire. Elles consistent dans une
considération souvent fort courte, mais quelquefois un
peu trop philosophique, et dans une élévation de cœur à
Dieu toujours fort tendre et fort affectueuse. Son dessein
est d'inspirer à l'homme des sentiments d'humilité et de
pénitence. Il savait que l'orgueil et l'amour du plaisir sont
les plus grands ennemis de la religion chrétienne. Il entreprend de les combattre, en nous faisant considérer notre
bassesse et notre corruption; c'est pourquoi il découvre
l'homme à lui-même sous les trois rapports qui le rendent plus digne de mépris et de haine : comme créature. comme fils d'un père pécheur, comme pécheur lui-
même.

Comme créature, l'homme n'est qu'un pur néant, que
faiblesse, que ténèbres, qu'impuissance, etc.;

Comme fils d'un père pécheur, c'est un malheureux,

un réprouvé, un enfant de colère, que Dieu abandonne,
dépouillé et sans armes, à la fureur de ses ennemis, etc..

Comme pécheur lui-même et volontairement coupable,
c'est un apostat, un traître, un monstre volontaire, qui,
séparé de Jésus-Christ, mériterait de porter tout le poids
de la colère d'un Dieu vengeur.

Les conclusions pratiques sont faciles à tirer. Entrons
dans les sentiments de Dieu à notre égard. Comme créature, l'homme n'est rien il faut donc le mépriser;
comme fils d'un père pécheur, il ne mérite aucune grâce :
il ne faut donc lui rien accorder; comme pécheur lui-
même, il est digne de mille supplices il faut donc l'y
condamner, l'y conduire, et nous-mêmes l'exécuter.

A la suite de ces méditations, il y a un traité fort court.
De l'adoration en esprit et en vérité. Le P. Malebranche
la fait consister en deux points : à penser comme Dieu
pense, et à vouloir comme Dieu veut. Penser comme
Dieu pense, c'est-à-dire porter de lui le jugement éternel
qu'il porte de lui-même : qu'il est infini, qu'il est Dieu,
que devant lui nous ne sommes rien, et que, pour avoir
quelque société avec lui, nous avons besoin d'un médiateur Homme-Dieu qui en soit le lien. Vouloir comme
Dieu veut, c'est-à-dire aimer toutes choses dans l'ordre
et à proportion qu'elles sont aimables: Dieu, par exemple,
infiniment plus que ses créatures, et ses créatures, à proportion qu'elles sont plus excellentes, ou par leur nature,
ou par la grâce de Dieu, ou par leurs mérites acquis par
le bon usage de leur libre arbitre. Or ce vrai culte de
Dieu ne se peut trouver que dans la religion chrétienne,
dans laquelle seule nous avons la vraie foi et la vraie
charité. Par la foi nous pensons comme Dieu pense, et
par la charité nous voulons comme Dieu veut.

Par la foi nous pensons comme Dieu pense ; je dis
par la foi en Jésus-Christ, par laquelle nous reconnais-

naissons que Dieu est si grand, qu'il n'y a qu'un Dieu qui
puisse l'honorer et satisfaire pour nous ; en un mot nous
donner avec lui quelque rapport, quelque société.

Par la charité nous voulons comme Dieu veut : je dis
encore par la vérité en Jésus-Christ, en qui seul Dieu nous
aime, et en qui seul nous l'aimons, comme il le mérite,
infiniment plus que toutes ses créatures, et toutes ses
créatures selon l'ordre immuable de la justice, qui est
la loi indispensable des intelligences.

On voit bien que ces vérités ont rapport aux principes
établis dans les *Conversations chrétiennes*. Aussi ne les
avait-on réduites en méditations que dans le dessein de
les y joindre. Mais, quelques personnes ayant souhaité que
le P. Malebranche les fît imprimer à Paris, il y ajouta des
considérations pour tous les jours de la semaine avec
deux excellentes prières Ces considérations et ces prières
me paraissent bien meilleures que les méditations Elles
sont plus dans le goût de ces sortes d'ouvrages ; au lieu
que les autres, en quelques endroits, ont je ne sais quoi
de trop philosophique. Mais on trouvera ici de quoi s'édifier avec moins de peine ; on y voit simplement exposées
les plus grandes vérités de la religion ; des passages de
l'Écriture fort touchants avec un mystère important pour
chaque jour de la semaine. On me permettra d'entrer dans
quelques détails pour faire voir combien le P. Malebranche
était éloigné du sentiment de ces chrétiens superbes qui
ne veulent point s'abaisser jusqu'à se prescrire des pratiques de piété journalières, sans lesquelles j'ose avancer
qu'il est impossible de conserver longtemps l'esprit de
religion que nous devons avoir. Ce grand homme, esprit
fort s'il en fut jamais, n'avait point la ridicule faiblesse
de vouloir se distinguer du simple peuple par le mépris
de ces petites choses, qui lui paraissaient essentielles, car
nous savons qu'il suivait lui-même fidèlement les règles

qu'il donne ici aux autres, de prendre chaque jour quelqu'un de nos mystères pour l'honorer plus particulièrement.

C'en est assez pour mon dessein. Ce petit livre fut imprimé [1], avec l'approbation de M. Pirot, en 1677 [2]. On le lut, on le goûta; on fut surpris de voir une dévotion si tendre dans un philosophe.

Cependant le P. Malebranche jouissait en paix du succès de ses ouvrages, qui semblait augmenter de jour en jour tant à Paris que dans les pays étrangers. Mais comme il aimait la vérité plus que l'estime des hommes, il eût souhaité, qu'au lieu de ces applaudissements, qui ne lui apprenaient rien, on lui fît plutôt de bonnes difficultés, qui lui donnassent occasion de faire l'épreuve de ses principes en y répondant, et de s'instruire plus à fond par la méditation de ces premières vérités, ou même de se rétracter des erreurs qui pourraient lui avoir échappé; car il n'était point de ces orgueilleux philosophes qui ne peuvent souffrir la censure, comme s'ils étaient infaillibles. Il aimait qu'on lui proposât des objections, pourvu qu'on y procédât de bonne foi et avec un esprit d'équité; c'est pourquoi, à l'exemple de M. Descartes, il était le premier à exciter les savants à lui en faire, et à les mettre par écrit. Mais la défaite du pauvre Foucher, qui, après quelques légers combats, avait été obligé de rendre les armes, les tenait tous en respect. Ainsi on ne l'attaqua point dans les formes, si ce n'est peut-être dans des cahiers de collège, où il a toujours été permis d'attaquer tous les bons livres sans que les au-

---

[1] *Il accorda ce livre à l'importunité de la femme d'un libraire* (*Roulland, ajoute le P Lelong*), *qui lui avait autrefois fourni des livres.* (Manuscrit de Troyes, p 15.)

[2] Nouvelle édition en 1701. Paris, in-24, sous le titre : *Réflexions.*

teurs se croient obligés de se défendre contre de pareils
assauts.

Tout ce que le P. Malebranche put obtenir alors fut
donc que ses amis lui rapportèrent de vive voix les difficultés que l'on formait contre ses principes dans les conversations de Paris et dans les conférences des savants.
Par ce moyen, il apprit ce que l'on trouvait à redire dans
sa *Recherche de la vérité*. Ordinairement ce ne sont que des
propositions incidentes, qui ne font rien au système,
mais qu'il est néanmoins à propos de retenir pour la
suite de l'histoire : on trouvait donc à redire :

Dans le Iᵉʳ livre. — 1º Qu'il eût admis d'un côté dans
l'homme un principe actif de nos déterminations, et nié
de l'autre que l'homme fût capable de se donner à lui-
même quelque nouvelle modification physique, réelle,
positive : ce qui parait renfermer contradiction.

2º Qu'il eût dit que la volonté ne peut déterminer
diversement l'impression naturelle qui le porte vers le
bien, qu'en commandant à l'entendement de lui représenter quelque objet particulier, expressions scholastiques et ambigues.

3º Qu'il eût dit qu'il ne faut pas s'étonner si nous
n'avons pas d'évidence des mystères de la foi, puisque
nous n'en avons pas même d'idées. On voit bien qu'il
parle des idées claires, telles que sont les idées du corps
et des figures géométriques. Mais les critiques ne verront jamais ce que tout le monde voit

4º Qu'il eût dit qu'Adam n'était point porté à l'amour
de Dieu et aux choses de son devoir par des plaisirs prévenants, parce que la connaissance qu'il avait de son
bien, la joie qu'il ressentait sans cesse comme une suite
nécessaire de la vue de son bonheur en s'unissant à Dieu,
pouvaient suffire pour l'attacher à son devoir, et pour le
faire agir avec plus de mérite que s'il eût été comme

déterminé par des plaisirs prévenants, c'est-à-dire de la manière que nous le sommes dans notre état, à cause des plaisirs prévenants de la concupiscence, qui ont besoin de contrepoids. Critiquer cette proposition, n'est-ce pas chicaner ?

5° Qu'il eût dit que la délectation prévenante est la grâce de Jésus-Christ, comme s'il eût voulu dire qu'il n'y a point d'autre grâce actuelle que celle-là, vu qu'il y en a que Jésus-Christ ne nous a point méritées, ce qui est une calomnie trop manifeste.

6° Qu'il eût dit qu'il est très difficile de prouver qu'il y a des corps ; il prétend même qu'il est impossible de le démontrer géométriquement. Opinion qui devait également choquer et les péripatéticiens qui sentent, et les cartésiens qui raisonnent.

Dans le IIe livre. — 1° Qu'en expliquant la mémoire et les habitudes corporelles, il n'eût point parlé de la mémoire ni des habitudes spirituelles : comme si les auteurs étaient obligés de tout dire, et de parler de ce qu'on ne peut savoir avec évidence.

2° Qu'il eût expliqué la transmission du péché originel par la communication qui se trouve entre le cerveau de la mère et celui de son enfant : nouveauté inconnue à toute l'antiquité ; mais il ne s'agit que d'une explication et non pas d'un dogme de foi

3° Qu'il eût décrié des auteurs aussi fameux que Tertullien, Sénèque et Montaigne, en les citant pour exemple des imaginations fortes et contagieuses : ce qui doit fort déplaire à nos orateurs tant sacrés que profanes, dont la plupart ne persuadent l'esprit qu'en étourdissant la raison comme Tertullien, ou en l'éblouissant comme Sénèque, ou en la séduisant comme Montaigne.

Dans le III° livre. — 1° Qu'il eût osé dire que c'est Dieu qui nous éclaire, que c'est Dieu qui nous enseigne

toute vérité, et, par conséquent, que c'est en Dieu seul
que nous voyons les idées de toutes les choses, que nous
connaissons comme dans la raison universelle, dont la
lumière partout présente rend tous les hommes raisonnables : erreur nouvelle qui était une vérité fort ancienne
du temps de saint Augustin.

2° Qu'il eût osé avancer que nous n'avons point
d'idée claire de la nature ni des modifications de notre
âme, et que nous ne la connaissons que par sentiment
intérieur : opinion diamétralement opposée à celle de
M. Descartes et par là une hérésie chez les cartésiens.

4° Qu'il eût assuré, contre les usages reçus dans les
écoles, que ce n'est point rendre raison des choses que
de les expliquer par des termes de logique, par des
termes vagues et généraux, c'est-à-dire qui ne réveil-
lent dans les esprits aucune idée particulière ni d'être,
ni de manière d'être, tels que sont les mots de nature,
de forme, de vertu, de facultés, de pouvoirs, termes
scientifiques qui ne sont clairs que parce qu'ils sont familiers; c'est à quoi les péripatéticiens trouvèrent fort à
redire.

4° Qu'il eût semblé faire entendre, dans la conclusion
des trois premiers livres, que nos sens sont en toutes
rencontres plus utiles à la conservation de la santé que
les règles de la médecine ; que notre raison, bien consul-
tée à la lumière de l'Évangile, suffirait absolument pour
nous instruire de nos devoirs, sans que nous ayions fort
besoin de la lumière des autres hommes : d'où certaines
personnes trop promptes à juger concluaient sans façon
que le P. Malebranche regardait les médecins et les direc-
teurs comme des gens assez inutiles dans le monde.

Je ne trouve point qu'on ait relevé aucune des propositions du IV° livre, où il traite des inclinations; du moins
on n'en dit rien à l'auteur; mais on reprit :

Dans le Ve livre. — Qu'il eût distingué l'amour du plaisir et de la joie, comme si cela pouvait souffrir la moindre difficulté pour des esprits attentifs ; mais il y a des théologiens qui, admettant la grâce efficace par elle-même dans un certain sens, auront toujours intérêt de confondre ces trois choses.

Dans le VIe livre. — Qu'il eût ôté aux causes secondes la puissance d'agir par une efficace propre, c'est-à-dire aux corps la puissance d'agir les uns sur les autres, et aux esprits créés la puissance d'agir sur les corps par une efficace propre, pour la donner tout entière à Dieu seul, comme la seule cause véritable qui produit dans l'univers tout ce qu'il y a de réel et de physique.

Voilà les principales choses que l'on trouvait à redire dans la *Recherche de la vérité.* Les théologiens et les philosophes, les cartésiens et les péripatéticiens semblaient avoir conspiré ensemble pour la critiquer ; néanmoins, avec cette différence que les cartésiens parlaient avec beaucoup de modération et en honnêtes gens, suivant leur méthode ordinaire ; au lieu que les péripatéticiens, irrités de voir tous leurs mystères exposés à la risée publique, ne gardaient aucune mesure dans leurs déclamations, aussi suivant leurs anciennes coutumes. Le P. Malebranche en ayant été informé par ses amis tâcha de satisfaire à tout le monde par des *Éclaircissements* [1] *:* la méthode qu'il y observe, c'est de les appeler tous au tribunal de la raison universelle pour s'instruire, et à celui de l'équité naturelle pour lui faire justice, en ne lui prêtant point des pensées qu'il n'eut jamais. En un mot, il y explique ses sentiments avec une telle clarté, qu'ordinairement il n'est pas pos-

---

[1] *Ces* Éclaircissements *forment le troisième volume de la* Recherche, *et dans quelques éditions le quatrième.*

sible de les entendre sans les embrasser. Je n'en dirai
point davantage, parce que nous aurons occasion d'éclaircir ailleurs d'une manière moins ennuyeuse toutes les
opinions critiquées du P. Malebranche qui ont besoin
d'éclaircissements. J'ajoute seulement une chose, que ses
explications eurent dans le monde autant de succès que
son livre lui-même, et qu'elles servirent beaucoup à faire
de nouvelles conquêtes à la vraie philosophie.

CHAPITRE III

Le P. de Valois publie les *Sentiments de M. Descartes touchant
l'essence et la propriété des corps opposés à ceux de l'Église*
(1680). — Ses calomnies contre Malebranche et les cartésiens.
— Le P. Malebranche hésite à lui répondre. — Il le fait par
deux petits traités — Analyse de ces traités. — Lettre de Malebranche à Basnage. — Il publie sa *Défense* (1682).

Le pédantisme était au désespoir. Il y voyait son règne
s'affaiblir de jour en jour, même dans les collèges ; l'obscurité mystérieuse de son langage, qui autrefois le faisait
admirer, commençait à le rendre méprisable ; son air
grave et ses manières décisives, dont il avait coutume de
se parer pour imposer aux ignorants, n'était plus qu'un
masque ridicule qui ne trompait plus personne. Enfin,
chassé de toutes les compagnies sensées, il n'osait plus
se montrer que sur les bancs ; et encore y trouvait-il
quelquefois bien des contradictions de la part de certains
esprits audacieux, qui le venaient insulter jusque sur
son trône. C'était M. Descartes qui lui avait donné le
premier coup, dont il avait été ébranlé. Mais celui que
venait de lui porter le P. Malebranche l'avait atterré. Il
résolut de se venger de l'un et de l'autre. Mais la difficulté
était de leur opposer un adversaire assez hardi pour les
attaquer, assez fort pour leur résister, et qui, par son
esprit ou par le crédit de ses consorts, fût assez bien

soutenu pour... entreprendre une guerre où tant d'autres
avaient déjà succombé[1].

Le P. Louis le Valois, jésuite[2], qui fut depuis confesseur des trois fils de France, les ducs de Bourgogne,
d'Anjou et de Berry[3], crut avoir tous ces avantages, et
il faut tomber d'accord qu'il en avait du moins une
partie. C'était un homme hardi, chaud, entreprenant, qui
ne manquait point d'esprit, ni même d'une certaine érudition, et qui était d'un corps illustre, capable de le soutenir dans toutes ses entreprises. Mais il faut le laisser
lui-même achever son caractère par sa conduite, afin
qu'on ne m'accuse pas de lui prêter quelque trait pour
le rendre odieux.

Étrangement prévenu en faveur des opinions scholastiques, où il avait été nourri dès son enfance, et contre
les sentiments de M. Descartes dont on lui avait fait un
monstre dans sa compagnie, le père le Valois[4] entreprend de le combattre, ou plutôt de l'anéantir avec tous
les cartésiens. Pour réussir dans ce dessein que fait-il?
Attaquer ces messieurs du côté de la raison, cela eût été
trop dangereux : il les prend du côté de la foi, et, parce
qu'ils étaient inébranlables dans la créance des dogmes
qui sont véritablement décidés, il s'appliqua à tirer de
leurs principes des conséquences erronées, pour les
rendre suspects d'hérésie malgré qu'ils en aient. Ce

---

[1] *Exagération.* (P. Lelong.)

[2] Les Jésuites sont assez connus dans le monde pour qu'il soit
besoin d'en faire le caractère; je dirai seulement que, pour en
avoir une juste idée, il ne faut croire ni tout le mal qu'on en dit,
ni tout le bien qu'ils en pensent.

[3] *Les trois arrière-petits-fils de Louis XIV. — Il y a dans le
manuscrit* Artois *pour* Anjou.

[4] Né à Melun, en décembre 1639, professeur de philosophie à
Caen, et depuis père des retraites. *Il mourut à Paris, le 12 septembre* 1700, *supérieur de la maison professe.*

n'est pas tout . il choisit pour le fond de son livre la
matière la plus propre à révolter tous les bons catholiques. C'est la présence réelle et corporelle de Notre-
Seigneur dans la sainte Eucharistie. Je mets en fait,
qu'il n'y a pas un seul cartésien dans l'Église romaine,
qui ne soit prêt de donner tout son sang pour défendre
les vérités que le concile de Trente a définies sur cette
matière. Il tire hardiment des canons du saint concile
de Trente, qu'il explique à sa façon, de prétendues conclusions théologiques, dont il nous fait un nouveau formulaire que nous devons indispensablement signer, si
nous voulons être orthodoxes. C'est la décision de ce
grand casuiste, un peu trop sévère pour un jésuite. Et
pour effrayer davantage les ignorants et les simples,
dont il semble vouloir former un parti contre tout ce qu'il
appelle cartésiens, il intitule son livre : *Sentiments de
M Descartes, touchant l'essence et les propriétés du corps,
opposes a la doctrine de l'Eglise et conformes aux erreurs de
Calvin sur le sujet de l'Eucharistie* [1]. Il dédie ce bel ouvrage
à tous les archevêques et évêques de France, en leur
disant d'un ton de maître : « Messeigneurs, je cite devant
vous M. Descartes et ses plus fameux sectateurs : je les
accuse d'être d'accord avec Calvin et les calvinistes sur
des principes de philosophie contraires à la doctrine de
l'Église ; c'est à vous, Messeigneurs, à en juger » Ce
qu'il leur prouve fort doctement par l'autorité de l'Écriture, des Pères et des conciles. Après quoi il les exhorte à
prononcer leur jugement définitif contre M. Descartes et les
cartésiens, à nous marquer ce qu'il y a de bon et de mauvais dans leur philosophie, à ne les point épargner, sous
prétexte de les retenir dans l'Église, les assurant, au reste,
qu'ils ne hasardaient rien, que le Saint-Siège ne manquerait

---

[1] *L'ouvrage parut en* 1680, *à Paris*

pas d'approuver leurs décisions, que le roi les soutien-
drait ; que tous les théologiens catholiques les en conju-
raient, que c'était le vœu commun de toute la France,
qui, sans cela, ne pouvait s'empêcher de craindre quelque désordre dans l'État. Cela s'appelle parler en jésuite,
qui se croit soutenu de l'autorité du roi. « Mais avant que
vous prononciez, Messieurs, dit-il en concluant, ayez la
bonté de lire la dissertation que je vous présente. Elle vous
fournira toutes les informations nécessaires ; et, si vous
y trouvez peu de politesse, j'espère que vous n'y remar-
querez point de passion. » Il faut qu'il n'eût guère bonne
opinion de la pénétration de nos prélats, car la passion
paraît partout dans son livre ; mais, en récompense, il
en avait assez de celle de ses lecteurs, car dans l'avertissement qui suit son épître exhortatoire, il leur fait une
espèce d'excuse de ce qu'il a peut-être parlé avec trop de
chaleur.

Je viens au corps de son ouvrage. Il est divisé en trois
parties : dans la première, il emploie quatre-vingt-dix-
huit pages, pour prouver que M. Descartes enseigne que
l'essence du corps consiste dans l'étendue, comme si personne en pouvait douter. Dans la seconde, il oppose la
doctrine de M. Descartes sur l'essence de la matière à la
doctrine du saint concile de Trente qui, évidemment,
n'en dit pas un seul mot, et qui même semble avoir
affecté de substituer partout le terme d'espèce ou d'apparence au lieu de celui d'accidents, pour ne point confondre ce qui est de foi avec ce qui ne peut être tout au
plus qu'une simple conclusion théologique bien ou mal
tirée ; dans la troisième, il compare la même doctrine de
M. Descartes avec celle de Calvin sur la nature du corps ;
d'où il conclut, que ces deux auteurs, qu'un catholique
devait rougir de mettre en parallèle, sont donc aussi
d'accord sur le fond du mystère de la divine Eucharistie.

Il me serait aisé de justifier la foi de M. Descartes
contre des accusations si visiblement calomnieuses; mais,
pour me renfermer dans mon sujet, je me borne au récit
de ce qui regarde le P. Malebranche, dans le livre de ce
hardi jésuite ; et, afin d'ôter le scandale qui en pourrait
naître, je vais d'abord découvrir les ressorts secrets qui
ont pu lui faire croire qu'il n'agissait que par le mouvement d'un saint zèle.

On sait assez l'aversion que les jésuites ont pour les
jansénistes, et d'ailleurs il est certain que les premiers
jansénistes de France, les Arnauld, les Nicole, etc.,
furent aussi des premiers à se déclarer pour la philosophie de M Descartes. Ces deux idées de janséniste et de
cartésien sont donc entrées en même temps dans l'esprit
des Pères jésuites, et s'y étaient tellement fortifiées, que
l'une ne se réveillait presque jamais sans l'autre. Il n'est
que trop visible que cela suffit à la passion, pour conclure que tous les cartésiens sont jansénistes. Le P. Malebranche est le plus fameux des cartésiens, il ne peut
donc manquer d'être janséniste. Ajoutez que le P. Malebranche est prêtre de l'Oratoire. Or les prêtres de l'Oratoire sont jansénistes : c'est un axiome chez les bons
Pères ; le P. Malebranche est donc janséniste. Enfin
M. Arnauld en veut à notre théologie; le P. Malebranche,
attaquant notre maître Aristote, en veut évidemment à
notre philosophie. Ils ont donc conspiré ensemble pour
nous détruire. Le P. Malebranche est donc janséniste.
Il ne faut donc point le ménager non plus que les autres.
On a beau se récrier contre les jésuites : ces raisonnements sont naturels dans la disposition d'esprit où ils se
trouvent ordinairement. C'est tout ce que je puis faire
pour justifier les emportements du P. le Valois, à la
faveur d'une ignorance invincible. En voici quelques
traits :

Il accuse le P. Malebranche d'avoir une philosophie hérétique, et une théologie extravagante et même très pernicieuse. Une philosophie hérétique, parce qu'il soutient qu'il est de l'essence du corps d'avoir quelque étendue. La preuve n'est-elle pas bien forte? Une théologie extravagante et même très pernicieuse : pour le prouver, le P. le Valois fait un écart dans lequel, s'abandonnant au feu de sa rhétorique, il demande avec beaucoup de chaleur si ce n'est pas une pernicieuse doctrine que d'enseigner comme le P. Malebranche, dans sa *Recherche de la vérité :* 1° que le péché originel n'est autre chose dans les enfants que le règne ou la victoire de la concupiscence, la concupiscence rien autre chose que l'effort naturel que les traces du cerveau font sur l'esprit pour s'attacher aux objets sensibles ; 2° que les objets matériels n'envoient point d'espèces qui leur ressemblent; 3° qu'il n'y a que Dieu assez puissant pour agir en nous, et pour nous faire sentir le plaisir et la douleur ; 4° que c'est faire une injustice à Dieu que de produire, dans son corps des mouvements qui l'obligent, en conséquence de sa première volonté, c'est-à-dire des lois générales de la nature, à nous faire sentir du plaisir lorsque nous n'en méritons pas; 5° enfin que Dieu punira, par des douleurs qui ne finiront jamais, les injustes plaisirs des voluptueux.

Dans ces deux derniers articles de la théologie pernicieuse du P. Malebranche, le P. le Valois, suivant les règles d'une logique toute particulière, conclut une hérésie formelle dans la morale : C'est, dit-il en propres termes, que tous les plaisirs que reçoit un homme en péché mortel, sont donc autant de péchés : péché s'il mange, péché s'il regarde une fleur, péché s'il lit un bon livre, péché s'il va au sermon et qu'il y trouve du plaisir. Toutes ces conséquences ne sont-elles pas manifestement

contenues dans ce principe : qu'il ne faut point abuser
du pouvoir que nous avons dans cette vie, en nous procurant des plaisirs qui offensent Dieu, et qui nous dérè-
glent? Il est manifeste que c'est là le premier et l'unique
sens que présentent les paroles du P. Malebranche.

Après cette belle digression, le P. le Valois revient
enfin à son sujet, et se donne beaucoup de mouvement
pour montrer que le Père de l'Oratoire est hérétique sur
le mystère de l'Eucharistie : sa preuve est digne de remarque. Le P. Malebranche avait dit deux choses :

1º Que son opinion sur la nature de la matière était
sans doute fausse, si elle était contraire à la foi de la présence réelle de Jésus-Christ dans le sacrement de nos
autels.

2º Que les manières dont on explique les dogmes de la
foi, n'étant point de foi, on peut croire les dogmes, non
seulement sans admettre les explications que les théologiens de l'école ont coutume d'en apporter chacun à sa
façon, mais encore sans comprendre qu'on en puisse
jamais trouver qui soient capables de dissiper entièrement les ténèbres de l'esprit humain. Rien de plus catholique, rien de plus sensé au jugement de toutes les personnes équitables. Cependant le P. le Valois trouve dans
cette vérité incontestable le principe de l'hérésie calvi-
nienne, et voici, en deux mots, son raisonnement. On le
lira, si on le peut, sans indignation.

Calvin dit que Notre-Seigneur a bien parlé distincte-
ment de la présence de son corps et de son sang dans la
cène, mais qu'il n'a point déterminé la manière de cette
présence, c'est-à-dire, comme il s'en déclare, s'il y est
réellement ou en figure. Le P. Malebranche dit aussi
que l'Église a bien décidé la présence réelle du corps et
du sang de Jésus-Christ dans l'Eucharistie, mais qu'elle
n'a rien déterminé sur la manière de cette réalité, c'est-

à-dire si le corps de Jésus-Christ y est sans aucune étendue ou avec quelque étendue. Donc le P. Malebranche et
Calvin sont d'accord ensemble sur le fond du mystère de
l'Eucharistie. Peut-on sans frémir voir faire à un saint
prêtre un pareil outrage, sur un pareil fondement! Est-ce
donc la même chose de dire que le corps de Jésus-Christ
n'est qu'en figure dans l'Eucharistie et de dire qu'il y est
réellement, mais qu'il n'y est pas, comme le prétendent
quelques théologiens scholastiques, sans aucune étendue.
En vérité, quand on voit les auteurs jésuites raisonner de
cette sorte contre ceux qui n'ont pas la complaisance
d'entrer aveuglément dans toutes leurs opinions, je n'o-
serais dire ce qu'on est tenté de croire. Mais nous ne
sommes pas encore à la fin des calomnies du P. le Valois.
Voici un fait qui surprendra peut-être davantage que tout
ce que j'ai rapporté, uniquement par la nécessité indispensable d'une juste défense.

En 1679, il y avait quelques années que cet auteur
avait achevé son livre contre M. Descartes et ses disciples,
mais depuis ce temps-là, dit-il lui-même, la Providence
l'avait occupé à tant d'autres choses, qu'il n'avait eu ni
le loisir de lire ce que les cartésiens auraient pu faire dans
cet intervalle, ni même la pensée de s'informer s'ils
avaient fait quelque chose. Après cela, il faut s'attendre
de sa part à une grande exactitude. Cependant, je ne sais
par quel hasard, il lui tomba entre les mains une troisième édition de la *Recherche de la vérité* en 1677. Il la
lut ; et il s'imagina si fortement que le P. Malebranche
y retractait une erreur qu'il lui reprochait dans son
livre, que la délicatesse de sa conscience en fut blessée.
Néanmoins il ne se crut pas obligé de la retrancher du
corps de son ouvrage. Il se contenta de lui en faire,
comme il parle, une espèce de réparation dans un avertissement au lecteur. On ne sera point fâché de la voir

ici tout entière, car elle est d'un genre tout à fait singulier : « Il est vrai, dit-il, que l'auteur de la *Recherche de la vérité* retracte, dans cette troisième édition, une erreur qu'il avait laissé glisser dans la première sur le sujet du péché originel, et que je lui reproche dans le chapitre V de la première partie de mon livre. Mais il est si vrai qu'il est ou peu savant en théologie ou fort téméraire, qu'il n'a pu se dédire de cette erreur sans en avancer deux autres. N'est-ce pas une erreur de dire qu'il est absolument impossible qu'un enfant naisse d'une mère pécheresse ou pénitente, qu'il ne naisse en péché ? N'est-ce pas encore une autre erreur de soutenir que l'âme d'un enfant est délivrée dans le baptême pour quelque temps de la domination du corps, et qu'elle fait alors un acte libre d'amour de Dieu, sans lequel elle ne pourrait être justifiée. » Il n'y a pas un seul mot de vérité dans tout ce discours. Il est faux que l'opinion du P. Malebranche sur le péché originel soit une erreur, puisqu'on enseigne ordinairement dans les écoles, après saint Augustin, qu'il a suivi avec le Maître des sentences, que le règne ou la victoire de la concupiscence est ce qu'on appelle péché originel dans les enfants, et péché actuel dans les hommes libres. Il est encore plus faux qu'il ait retracté cette opinion ni dans l'édition citée ni dans aucune autre. Il est faux qu'il ait jamais avancé qu'il est impossible qu'un enfant naisse d'une mère pécheresse ou pénitente, qu'il ne naisse pécheur. Il a dit seulement que, selon l'ordre établi de la nature, cela est nécessaire, ce qui est de foi. Enfin il est faux qu'il ait osé dire que, sans un acte libre d'amour de Dieu, les enfants ne pouvaient être justifiés dans le baptême. Il a proposé les deux moyens dont ils le pouvaient être, comme vraisemblables, en donnant une alternative qui se trouve même dans le passage rapporté par le P. le Valois.

Je laisse les réflexions qu'il y aurait à faire sur un
procédé si énorme, pour reprendre le fil de ma narra-
tion. Le livre du P. le Valois parut sous le nom emprunté de Louis de la Ville[1] ; car quelque hardi que fût
ce jésuite, il n'osa y mettre le sien. Tout Paris en fut
ému, chacun selon la disposition de son cœur. Les uns
criaient à l'hérésie, et les autres à la calomnie. Le peuple
crédule, qui ne lit d'ordinaire que les titres des ouvrages
qu'il voit affichés aux coins des rues, se croyait encore
environné de calvinistes d'autant plus dangereux qu'il
ne les connaissait pas. Ceux qui lisent les livres, mais
avec trop de confiance sur la bonne foi des auteurs ou
avec trop peu d'attention pour en découvrir les faux raisonnements, se laissaient abattre et prosterner par les
manières décisives du sieur de la Ville. Mais ceux qui
examinent les choses de près, qui, dans les combats
d'esprit, se font une loi de comparer les faits et les
preuves avant que de porter leur jugement, étaient également frappés d'étonnement et d'indignation. Leur
étonnement était de voir un homme masqué, sans commission et sans aveu, qui osait paraître en public au
nom de tous les théologiens catholiques pour demander
à tous les prélats de France la condamnation d'une hérésie imaginaire; et leur indignation de voir les calomnies
sortir en foule de sa bouche pour accabler tant de personnes de mérite reconnues pour honnêtes-gens. Les
Pères jésuites me permettront d'appeler ainsi ceux qui
admettent sans exception tous les articles de foi décidés
par l'Église, et qui ne veulent faire schisme avec nul
homme qui les admet, quelque opinion qu'il ait d'ailleurs. Si les personnes indifférentes furent si indignées
de cette atroce accusation du sieur de la Ville contre ces

[1] Voir le journal de Trévoux, décembre 1706

bons philosophes, on peut bien juger que les personnes
intéressés, je veux dire les cartésiens, n'étaient point
sans agitation. Ils étaient outrés ; et ils l'étaient à un
point, que l'on voyait assez que leur religion leur était,
comme elle devait l'être, infiniment plus chère que leur
philosophie. Ce n'est pas qu'ils appréhendassent rien de
la part de nos prélats, dont le plus grand nombre était
trop éclairé pour ne point apercevoir que tout ce fracas
n'était qu'un jeu de passion, où l'on s'efforce de venger
Aristote aux dépens de M. Descartes. Mais ils sentaient
bien qu'ils avaient beaucoup à craindre de la crédulité
des peuples qui suivent toujours aveuglément l'impression que leur donnent ceux qui ont l'apparence de la
piété, qui se piquent de sincérité, et qui, en effet, ne
sont établis dans l'Église que pour les instruire de la
vérité.

Le P. Malebranche n'était point sans émotion, il sen-
tit l'outrage qu'on lui faisait, en répandant des soupçons
téméraires sur la pureté de sa foi, surtout dans un siècle
où l'on était si porté à mal penser de son prochain en
cette matière[1]. Il en était d'autant plus offensé, que
tous ses livres ne respiraient que soumission à l'Évangile, que docilité à l'Église, et qu'il faut s'aveugler, mais
d'un aveuglement exécrable, parce qu'il ne peut être que
volontaire, pour ne point voir qu'il n'y a qu'un catholique romain qui puisse parler comme il fait sur tous
les points controversés... Mais ce qui le rendait plus
sensible à l'accusation du sieur de la Ville, c'est qu'il
savait mieux que personne quelle est la force des préjugés

---

[1] *Ces trois derniers mots*, en cette matière, *manquent dans la
copie* (Mss. de Troyes) *communiquée au P. Lelong. Aussi celui-
ci trouvait-il la réflexion bonne à supprimer. Ce qu'il n'eût probablement pas dit de la réflexion rendue moins générale et devenue tout à fait vraie.*

populaires, et que la plus évidente apologie n'en efface presque jamais toutes les mauvaises impressions : la raison n'en est pas difficile à trouver.

Les amis du P. Malebranche étaient encore plus animés que lui, et la plupart voulaient qu'aussitôt il mît la main à la plume pour empêcher la calomnie de se répandre. Ils lui disaient que l'auteur de cette calomnie l'ayant mis au nombre des cartésiens accusés, il devait prendre part à leur querelle. Qu'il était manifeste qu'on lui en voulait plus qu'à aucun autre de ces philosophes ; qu'on avait tâché de rendre ses principes ridicules ; qu'on lui avait même imputé des hérésies particulières. Et enfin que s'il avait assez de patience pour souffrir qu'on le traitât impunément d'une manière si outrageante, c'était une lâcheté criminelle d'abandonner la cause de la vérité, et de laisser prendre aux ennemis de la foi les avantages que le sieur de la Ville ne rougissait point de leur accorder.

Le P. Malebranche trouvait ces raisons fort solides, mais il en avait d'autres pour ne se point presser. Il avait protesté qu'il ne répondrait pas à ceux qui l'attaqueraient sans l'entendre. Comme Louis de la Ville n'est pas fort délicat sur la bonne foi, il espérait de l'équité du public que son livre ferait plus de bruit et d'éclat, que de tort à la vérité. D'ailleurs il voyait les esprits de part et d'autre dans une trop grande agitation. Il se sentait lui-même trop ému, et il craignait que, s'il écrivait dans ce premier mouvement, il ne lui échappât quelque trait qui blessât trop son ennemi, et qui le rendît irréconciliable. Il prit donc le parti d'attendre que les esprits, devenus plus calmes, fussent en état de l'écouter avec la tranquillité nécessaire pour porter un jugement équitable [1].

---

[1] Les philosophes gassendistes ne furent point si patients. Comme ils mettent l'essence de la matière dans la solidité ou

Cependant, pour les mettre dans cette favorable situation, il composa deux petits écrits, qu'il laissa courir anonymes. Le premier est une lettre supposée d'un de ses amis où, par la fâcheuse nécessité d'une juste défense, il fait en peu de mots le portrait du sieur de la Ville, de manière, toutefois, que s'il est désavantageux, cet auteur n'a droit de s'en prendre qu'à lui-même, car le P. Malebranche ne découvre que les traits les plus visibles qui paraissent dans chaque partie de son ouvrage : son insolence dans son épître dédicatoire à tous les prélats du royaume, où, s'imaginant avoir le mot du pape, le secret du roi, l'aveu de tous les théologiens catholiques, l'approbation de toute la France, il les exhorte à condamner son fantôme d'hérésie sur les seules informations qu'il a l'honneur de leur présenter ; sa mauvaise foi dans son avertissement au lecteur, composé en apparence pour faire au P. Malebranche une espèce de réparation, et, en effet, pour lui faire le plus sanglant outrage en lui attribuant la rétractation d'une vérité

---

impénétrabilité de ses parties, d'où suit nécessairement l'étendue, le sieur de la Ville leur avait aussi intenté un procès d'hérésie. Le célèbre voyageur M. Bernier (célèbre médecin, natif d'Angers, voyagea dans les Indes et fut médecin du grand Mogol. Il donna une relation de ses voyages estimée, et un judicieux abrégé de la philosophie de Gassendi dont il était zélé défenseur. Mort à Paris en 1668), qui était alors leur chef, craignant de voir fondre sur eux les anathèmes de l'Église, entreprit au plus tôt de la défendre... Mais ce fut un peu aux dépens des cartésiens qu'il abandonnerait volontiers aux censures, pourvu qu'on épargnât les gassendistes. Car il tâcha de faire diversion en faisant tourner la tête au sieur de la Ville contre d'autres opinions de M. Descartes. Je suis obligé d'avertir que dans les accusations du gassendiste, il y a une ignorance et même une stupidité fort grossière. Car je ne veux pas excuser les défauts de son esprit au dépens de sa bonne foi. Son écrit est intitulé : *Éclaircissements sur le livre de M. de la Ville.* Bayle en parle, mars 1684, dans les *Nouvelles de la république des lettres.* Voir aussi *Œuvres d'Arnauld.* t. XXXVIII.

qu'il a toujours crue très catholique, et deux erreurs
grossières, non seulement auxquelles il ne pensa jamais,
mais dont le contraire se trouve manifestement dans le
passage même que transcrit Louis de la Ville ; sa témérité dans tout le corps de son livre, où, au lieu de s'en
tenir précisément aux articles de foi décidés par le saint
concile de Trente, sur le sujet de l'Eucharistie, il en
forge de nouveaux sous le spécieux nom de conséquences
théologiques tirées à sa manière, pour les faire signer
aux cartésiens, sur peine d'être calvinistes, en croyant
même la réalité.

Cela est étrange ; mais Louis de la Ville parle avec
une hardiesse qui abat les imaginations faibles, en dépit
du bon sens. C'est pourquoi le P. Malebranche, pour les
relever de cet abattement injurieux à la raison, les rappelle au livre de l'*Exposition de la foi*. C'est l'ouvrage du
célèbre M. Bossuet. Ce grand prélat venait de le mettre
au jour[1], avec l'approbation du souverain Pontife et de
tout le clergé de France. Il y expose, avec une admirable
précision, la doctrine de l'Église catholique sur toutes les
matières controversées entre nous, en distinguant, pour
leur ôter tout prétexte de nous calomnier, ce qui est de
la foi, d'avec ce qu'on abandonne aux disputes de l'école.
C'est donc là et non pas dans les ouvrages de je ne sais
quels auteurs ténébreux, que nous devons chercher la
créance qu'il faut tenir sur la présence de Notre-Seigneur
dans le plus auguste de nos sacrements. Or je défie que
l'on y trouve qu'il demande aux calvinistes, pour devenir catholiques, ce que M. de la Ville demande aux cartésiens pour l'être : je veux dire la créance de ce nouvel
article de foi, que le corps de Jésus-Christ est dans
l'hostie consacrée sans aucune étendue.

[1] En 1671.

Le P. Malebranche, après avoir montré qu'il serait
aisé aux cartésiens de convaincre d'hérésie M. de la Ville
sur la même matière, si le bon sens leur permettait de
raisonner comme lui, en concluant qu'il ne tient point la
réalité du corps de Notre-Seigneur dans l'Eucharistie,
puisqu'en y détruisant toute l'étendue, il détruit toute
idée du corps, finit sa lettre par ces paroles judicieuses :
« Nous devrions, Monsieur, imiter la simplicité de nos
pères, conserver les avantages que la tradition nous
donne sur les hérétiques et ne les point combattre avec
armes pareilles ; je veux dire avec la raison qui leur est
commune avec nous. Nous devrions nous unir ensemble
dans les mêmes sentiments de la foi, nous arrêter précisément aux définitions de l'Église et ne pas dominer
injustement sur les esprits, car ajouter à la foi ou obliger à croire des opinions de philosophie, fussent-elles
très claires et très conformes à la raison, n'est pas un
moindre crime que de retrancher quelque dogme défini
par un concile œcuménique. »

Il fallait en demeurer là, car c'était assez d'avoir fait
voir, dans la personne de Louis de la Ville, la folie et l'i-
niquité de ces théologiens brouillons qui, par un zèle également dépourvu de science et de charité, voudraient
qu'on regardât comme hérétiques tous ceux qui n'entrent
point dans leurs sentiments. Mais le P. Malebranche ne
fut pas tout à fait le maître de s'arrêter après l'avance
qu'il avait faite dans sa *Recherche*, que, s'il était à propos,
il expliquerait la manière dont on pouvait accorder l'opinion des cartésiens sur l'essence de la matière avec ce
que les Pères et les conciles nous ont laissé comme de
foi sur le mystère de l'Eucharistie. On le somma de sa
parole, on le pria, on le fléchit. Il trouva un système
dont peut-être le plus grand défaut est de n'être pas ancien, car s'il avait seulement l'âge des accidents absolus

qui ne sont pourtant pas si vieux qu'on le pense, je ne
doute nullement qu'on ne lui donnât la préférence sur
tous les autres, malgré les difficultés qu'il renferme,
comme tous les systèmes que l'esprit humain peut imaginer pour éclaircir nos incompréhensibles mystères.

C'est le sujet du second écrit que le P. Malebranche fit
alors, sous le titre de *Mémoire pour expliquer la possibilité
de la transsubstantiation*[1]. En voici l'analyse[2] que je fais
sur un exemplaire corrigé de sa main, et que je prie
qu'on lise avec un esprit d'équité.

---

[1] Ce mémoire, dit Bayle, mérite d'être lu, car c'est une manière d'explication différente de toutes celles qu'on avait vues. Ce
mémoire a été réimprimé à Amsterdam, chez Marc-Michel Reg,
1769, sous le titre : *L'explication de la possibilité de la transsubstantiation*, 15 pages. Dans le même volume, on trouve,
avant l'*explication*, un *Traité de l'infini créé...* Et à la fin, deux
Traités de la confession et de la communion, de 37 pages. Dans
le titre, il y a, *par le P. Malebranche de l'Oratoire.* Le *Traité de
l'Infini créé*, de 148 pages, petit in-12, est précédé d'une préface
de l'éditeur de 12 pages, d'une vie du P. Malebranche de 22 pages,
d'un catalogue des ouvrages du P. Malebranche de 14 pages,
et d'un mémoire présenté à M. de Sartines, directeur général de
la librairie de France, par un libraire, au sujet de la visite
ordonnée par ce magistrat, et de la suspension de l'impression
du *Traité de l'Infini créé.* Ce mémoire de 12 pages. Voir *Bibliothèque française* ou *Histoire littéraire* de du Sauzet, t. XLII,
1re part., p. 162. *Extrait d'une lettre*, en 1746. M. du Sauzet y
fait mention d'un manuscrit sous le titre de l'*Infini créé*, et en
fait l'éloge. Ce *Traité de l'Infini créé*, rempli d'un bout à l'autre
de paradoxes des plus singuliers et des plus hardis, ne paraît pas
digne du P. Malebranche. Le P. André n'en parle point dans son
histoire (*On voit que cette note n'est pas du P. André.*), mais
seulement de l'explication de la possibilité de la transsubstantiation, que Bayle avait vue imprimée vers 1682, et dont il fait mention dans son *Journal de la république des lettres*, etc. L'éditeur
de l'*Infini créé* semble supposer que l'*Explication* en était comme
une suite, et que ces deux ouvrages n'avaient point encore paru
avant l'édition de 1769.

[2] *Nous reproduisons cette analyse parce qu'elle est courte et
que ces petits traités de Malebranche sont devenus très rares.*

Il y a trois difficultés considérables dans le dogme de la présence réelle et corporelle de Notre-Seigneur dans l'Eucharistie : 1° la multiplication d'un même corps en plusieurs lieux ; 2° la réduction d'un corps humain dans un si petit espace ; 3° la conversion admirable de la substance du pain au corps de Notre-Seigneur. Le P. Malebranche tâche d'expliquer ces trois choses.

La multiplication d'un même corps en plusieurs lieux : parce que Dieu peut produire le même corps en plusieurs lieux à la fois, s'il peut le vouloir en plusieurs lieux à la fois, car sa volonté est sa puissance. Or Dieu peut vouloir le même corps en plusieurs lieux à la fois ; car 1° en cela il ne paraît aucune contradiction ni de la part de Dieu, qui est tout-puissant, ni de la part de la chose produite ou à reproduire qui ne peut lui résister; 2° Dieu, en créant un corps en un lieu, ne s'ôte point le pouvoir de le produire ailleurs en même temps ; autrement il faudrait dire que la puissance de Dieu diminue par l'usage qu'il en fait, et que ce ne serait qu'en détruisant ici cette boule, par exemple, qu'il se rendrait le pouvoir de la créer dans un autre endroit ; 3° Dieu peut reproduire le même corps après l'avoir anéanti durant quelques moments, ce qui n'empêche pas que ce corps ne soit tout le même qu'auparavant. Donc ni la diversité, ni la distance des lieux ne peuvent aussi empêcher que ce corps ne soit partout le même, si Dieu veut le reproduire partout le même en même temps. C'est à ceux qui osent borner la puissance de Dieu à démontrer qu'il y a contradiction, que Dieu puisse en même temps vouloir pour Paris ce qu'il veut pour Rome.

La réduction d'un corps humain dans un espace aussi étroit qu'une hostie, le P. Malebranche l'explique par ce principe évident que l'étendue déterminée ni telle grandeur n'est point de l'essence du corps humain, qui est le

même et dans le sein de sa mère et dans les bras de sa
nourrice, dans sa jeunesse et dans son âge parfait, quoiqu'il n'ait pas toujours la même étendue déterminée ou
la même grandeur. Dieu peut donc réduire le corps de
Jésus-Christ dans l'hostie consacrée à tel espace qu'il
lui plaira, sans lui rien ôter de ce qui est essentiel
au corps humain, c'est-à-dire l'arrangement des parties
nécessaires pour que ce soit un véritable corps humain,
lequel, certainement, doit avoir quelque chose qui le
distingue d'avec le corps d'une plante, le corps d'une
pierre, etc., car il faut que ce soit le même corps qui a
été crucifié pour nous, le même que la sainte Vierge a
porté dans son sein, le même qu'elle a nourri de son
lait, le même qui a été livré aux Juifs, et enfin le même
qui est au plus haut des cieux.

*La conversion admirable de la substance du pain au corps
de Jésus-Christ* s'explique avec la même facilité, confor-
mément à la tradition des Pères, car Dieu peut faire
tout d'un coup ce qui ne se fait que successivement,
selon les lois de la nature. Or, dans les jours de la vie
mortelle de Jésus-Christ, le pain dont il se nourrissait
se changeait en son corps et devenait réellement sa chair
par une conversion successive et naturelle du pain en
chyle, du chyle en sang, du sang en chair, etc. Donc il
n'y a nulle contradiction que Dieu, maintenant, fasse tout
d'un coup et d'une manière surnaturelle une semblable
conversion de pain au corps de Jésus-Christ. De sorte
que ce corps sera toujours le même en France et en
Italie, sur la terre et dans le ciel, comme il demeurait
autrefois le même, soit qu'il mangeât du pain de Judée,
ou de Galilée, ou d'Égypte.

Ainsi n'est-il pas clair et manifeste que tous les articles
de foi décidés par le saint concile de Trente sur le sujet
de l'Eucharistie demeurent inébranlables? Nous y avons

Jésus-Christ tout entier, puisque nous y avons son corps, son âme et sa divinité. Nous y avons son vrai corps et non pas une simple figure de son corps, puisque nous y avons un corps véritablement humain uni à son âme. Nous y avons un corps réel et non pas un corps imaginaire, puisque nous y avons, non pas une substance vague et indéterminée qui n'a aucune propriété du corps, mais une substance particulière et déterminée, qui, ayant les trois dimensions du corps, répond parfaitement à l'idée naturelle qu'en ont nécessairement tous les esprits, même ceux qui la combattent.

C'est l'impression qui reste lorsqu'on lit attentivement le mémoire du P. Malebranche sur la possibilité de la transsubstantiation; je ne sais si on en sera aussi content que de sa lettre anonyme ci-dessus rapportée, mais je sais bien que ce grand homme formait uniquement sa foi sur les décisions de l'Église, qu'il avait fort étudiées, et non pas sur ces sortes d'explications, soit qu'il les trouvât de lui-même ou qu'il les apprît des autres. Outre la connaissance particulière que j'ai eue de ses dispositions par ses entretiens, par ses lettres, par ses manières toujours chrétiennes, j'en ai encore une preuve de fait évidente.

Basnage[1], ministre de Hollande, s'avisa dans son histoire latine de l'hérésie des apollinaristes de lui attribuer un système assez bizarre pour expliquer le dogme de la présence réelle, système, il est vrai, qu'il expose dans son mémoire, mais d'une manière qu'on voit assez qu'il ne l'adopte pas. Aussi l'ai-je trouvé rayé de sa main dans l'exemplaire que l'on m'a communiqué, où il ne paraît plus que le système que j'ai rapporté, qui est

---

[1] *Célèbre auteur protestant, né à Rouen en 1653 et mort en 1723.*

pour le moins fort ingénieux. Le P. Malebranche ayant
su l'iniquité du ministre protestant lui fit tenir ce billet
où il parle de lui-même en tierce personne :

« Je vous donne avis, Monsieur, que les sentiments du
P. Malebranche sur la manière dont se fait la transsubstantiation, n'est point celui que vous lui attribuez dans
votre libre *De hæresi Apollinari*. Si de ces deux manières
qui sont dans le mémoire, dont vous avez pris ce que
vous dites, il était obligé d'en choisir une, ce qui n'est
pas, il se déterminerait plutôt pour la seconde que pour
la première, qui est celle que vous lui attribuez. Mais il
n'est pas de ceux qui veulent expliquer ce mystère. Il se
contente de croire ce que l'Église en a défini, etc. [1]. »

Je rapporte ce fait en passant, pour apprendre aux
philosophes, par un illustre exemple, à croire sans raisonner les mystères de la foi que l'Église nous propose, et pour fermer la bouche, s'il est possible, à
certaines gens qui, étant obligées par leur vocation d'employer tout leur zèle à convertir les hérétiques en orthodoxes, ne l'emploient bien souvent qu'à transformer les
orthodoxes en hérétiques, par leurs atroces calomnies.

Quoiqu'il en soit, les deux écrits dont j'ai parlé ne
servirent pas peu à faire revenir les esprits en faveur des
cartésiens. La mauvaise foi et le peu d'intelligence du
sieur de la Ville y paraissaient dans un jour si éclatant,
que cela, joint au mauvais goût de son ouvrage, le fit
tomber des mains des plus curieux lecteurs. En un mot,
après quelques mois de bruit et d'éclat, on n'en parlait
presque plus que dans le collège d'où il était sorti.
Le P. Malebranche, voyant le public tranquillisé, crut
qu'il était temps de se défendre à visage découvert, et de

[1] *Cette lettre, inédite, ne se trouve pas dans le* Manuscrit de
Troyes.

citer Louis de la Ville à son tribunal, afin qu'on ne l'accusât plus d'abandonner ni la vérité, ni sa réputation à la discrétion des premiers téméraires qui les voudraient attaquer. Il fit donc un écrit fort curieux, auquel il donna ce titre : *Défense de l'Auteur de la* Recherche de la vérité *contre l'accusation de M. de la Ville, où l'on fait voir que s'il était permis à un particulier de rendre suspecte la foi des autres sur des conséquences bien ou mal tirées de leurs principes, il n'y aurait personne qui pût se mettre à couvert du reproche d'hérésie* [1].

Ce petit ouvrage respire un air de politesse et de christianisme, qui fait un extrême plaisir au lecteur, surtout quand il a lui-même les qualités essentielles à l'honnête homme [2].

D'abord, après une courte exposition du fait, le P. Malebranche avoue ingénument que M. de la Ville, en attaquant sa foi, l'a très sensiblement offensé. A l'égard des autres injures par lesquelles cet auteur tache de le noircir : « Je n'ai, dit-il, rien à lui répondre. Je ne le citerai point devant les juges ordinaires pour me faire une réparation publique, et je n'userai point des autres voies permises par la loi naturelle pour me faire rendre ce que je puis, en conscience, lui abandonner. Je suis tout ce qu'il lui plaira, ignorant, visionnaire, mais je ne suis point hérétique. Je ne suis point soupçonné d'hérésie, du moins par ceux qui me connaissent. Si je le suis maintenant, c'est un malheur que je ne puis éviter ; mais, si c'est un crime, ce n'est pas moi qui l'ai commis. » Ensuite, laissant là tous les écarts du sieur de la Ville, il vient au principe de l'étendue essence de la matière, sur quoi il fait remarquer :

[1] *Cet ouvrage parut en 1682.*
[2] *Nous reproduisons encore cette analyse pour les mêmes raisons.*

2*

1° Que ce principe lui est commun avec tous les Pères, qui l'ont toujours supposé comme incontestable, et principalement avec saint Augustin, qui non seulement l'a supposé, mais qui en conclut que l'âme est plus noble que le corps, qu'elle en est distinguée réellement, qu'elle est immortelle, et plusieurs autres vérités de la dernière importance pour la religion.

2° Que c'est évidemment une notion commune, que si Dieu avait anéanti toute l'étendue du monde, toute la matière dont le monde est composé serait anéantie.

3° Que dans la *Recherche de la vérité* il avait dit qu'il ne croyait pas qu'on pût tirer de ce principe aucune conséquence opposée à la foi : ce qu'avant lui, on avait soutenu en Sorbonne et dans des thèses publiques, et dans un temps où cette école n'était point certainement taxée d'être cartésienne.

4° Qu'il désavouait formellement dans ce même ouvrage toutes les conséquences hérétiques, et même le principe s'il les renfermait : ce principe ne pouvant être vrai, si les conséquences en sont fausses. « Je veux néanmoins, continue le P. Malebranche, que M. de la Ville ait raisonné juste, et que des conséquences hérétiques soient parfaitement bien tirées du principe, mais ni moi, ni beaucoup d'autres ne les voyons pas, ces conséquences : et il est certain que la foi ne dépend ni de la pénétration, ni de l'étendue d'esprit. » D'où il conclut qu'encore que l'on soit assuré que certains principes renferment des conséquences impies, nul particulier n'est en droit de traiter d'hérétiques ceux qui soutiennent ces principes, pourvu qu'en même temps ils désavouent ces conséquences.

Autrement, qu'arriverait-il dans l'Église ? Il est évident qu'on pourrait traiter d'hérétique toute la terre. Le P. Malebranche le prouve, et, par une générosité qui

n'est pas ordinaire dans les guerres des savants, il ne tire
point ses preuves de ce qu'il y a de moins raisonnable
dans les sentiments des philosophes scholastiques, pour
les rendre odieux ou ridicules, mais de ce qu'il y a
de plus généralement approuvé et sur quoi ils se croient
si forts, qu'ils insultent sans cesse à leurs adversaires. Il
s'arrête à trois articles, les voici :

1º Que les bêtes ont des âmes qui connaissent, qui aiment, qui sentent, et par conséquent plus nobles que les
corps qu'elles animent.

2º Que les objets sensibles, comme le soleil, le feu, les
aliments, etc., sont, par des vertus qui leur sont propres,
les véritables causes du plaisir et de la douleur, que l'on
sent à leur occasion.

3º Que l'essence de la matière ou du corps, en général,
ne consiste point dans l'étendue.

Assurément, il faut supposer que le P. Malebranche
ait pris ses avantages, pour emporter sur les philosophes
de l'école une victoire aisée. Voyons néanmoins, si de ces
trois principes si généralement reçus parmi eux, on ne
pourrait point tirer des conséquences directement opposées à ce que nous enseigne la foi. On en sera surpris :
mais, si l'on y pense bien, on ne le sera peut-être que de
voir des principes si communément reçus, si féconds en
mauvaises conséquences.

Car, 1º si les bêtes ont des âmes qui connaissent, qui
aiment, qui sentent, et par conséquent plus nobles que
les corps qu'elles animent, ne s'ensuit-il pas, ce qui fait
horreur, que Dieu serait injuste, que Dieu voudrait le désordre, que Dieu ferait des choses inutiles, que l'âme de
l'homme serait mortelle, que presque tous les hommes
sont des cruels et des barbares [1] ?

[1] Bayle dit dans ses *Nouvelles de mars* 1684, sur l'âme des
bêtes : Jamais peut-être rien n'a été plus insoutenable que de

Que Dieu serait injuste, puisqu'il produirait tous les jours une infinité d'âmes pour être malheureuses, véritablement malheureuses, puisqu'elles souffrent de la douleur; malheureuses contre la justice, puisqu'elles sont innocentes; malheureuses, sans espérance d'être consolées dans une autre vie, puisqu'elles sont mortelles. Donc il n'est pas vrai, ce que dit saint Augustin contre les pélagiens, pour leur démontrer l'existence du péché originel [1], que, sous un Dieu juste, on ne peut être misérable sans l'avoir mérité.

Que Dieu voudrait le désordre, puisqu'il ferait des âmes, qui sont plus nobles que les corps, pour les soumettre à des corps et pour les en rendre esclaves, et pour ne leur proposer d'autre bien ni d'autre fin dernière, que la jouissance de ces mêmes corps. Ce qui est visible-

---

.dire que les actions des bêtes partent d'un principe connaissant, et néanmoins que les bêtes n'ont pas la force de conclure une chose d'une autre. La secte de M. Descartes, dit encore Bayle, s'est élevée jusqu'à la nature de Dieu pour y chercher des arguments invincibles contre la connaissauce des bêtes, et on peut dire qu'elle y en a trouvé d'assez bons.

[1] *Quod autem tibi visum est non esse animam in corpore viventis animantis, quanquam videatur absurdum, non tamen doctissimi homines quibus id placuit defuerunt neque nunc arbitror deesse.* (S. Augustin, *De quantit. animæ,* cap. XXX.) Du temps des Césars, plus de trois cents ans avant Auguste, les stoïciens soutenaient qu'il n'y avait que de la ressemblance entre nos actions et celles des bêtes : un lion, selon eux, ne se mettait point en colère quoiqu'il déchirât en pièces tout ce qu'il trouvait devant lui. *Impetus habeat ferox, rabiem feritatem incursum; iram quidem non magis quam luxuriam.* Senèque disait d'un lion qui avait sauvé un malheureux : *Nec voluit facere, nec bene faciendi animo fecit. Irasci non magis sciunt quam ignoscere et quamvis rationi inimica sit ira, numquam tamen nascitur, nisi ubi rationi locus est. Tota ferarum, ut extra, ita intra forma humanæ dissimilis est.*

Et Diogène a dit tout cela plus de trois cents ans avant les stoïciens de Rome. Il a cru et enseigné en termes formels que les bêtes n'ont ni sentiment ni connaissance.

ment contre les lois de la subordination, qui veut que le moins noble soit soumis au plus noble, et que le bien rende meilleurs ceux qui en jouissent.

Que Dieu ferait des êtres absolument inutiles dans le monde, puisqu'en effet les âmes des bêtes ne sont bonnes à rien, ni pour conduire leurs corps, parce que n'ayant point de liberté, elles n'ont sur eux aucun véritable pouvoir ; ni pour l'usage de l'homme, pour qui Dieu a tout fait, car ce n'est point l'âme de mon cheval qui me porte, c'est son corps ; ce n'est point l'âme d'un poulet qui me nourrit, c'est sa chair.

Que l'âme de l'homme pourrait bien être mortelle de sa nature, puisque les âmes des bêtes, quoique distinguées de leurs corps, s'anéantissent naturellement lorsque ces corps se détruisent.

Que presque tous les hommes sont des cruels et des barbares ; des tyrans qui, pour nourrir leurs corps, font tous les jours mourir des âmes ; qui pour flatter une chair pécheresse détruisent des âmes innocentes, et ce qui est plus horrible, s'il est vrai qu'elles aient du sentiment, qui les condamnent malgré leur innocence à des douleurs plus fâcheuses que la mort même, à être égorgées, assassinées, déchirées, massacrées ; en un mot, à des supplices auxquels ils condamneraient à peine les plus grands scélérats. Il y a des peuples entiers qui tirent cette dernière conséquence du principe commun des philosophes, que les bêtes ont des âmes distinguées de leur corps ; si le zèle de M. de la Ville l'eût transporté dans les Indes, il eut peut-être changé de sentiment[1].

---

[1] D'ailleurs, à quoi peuvent servir les âmes des bêtes, puisqu'elles ne sont pas libres On ne peut nier que Dieu ne puisse faire des machines dont tous les ressorts soient si bien disposés qu'elles aient les mêmes opérations que les bêtes ; donc des âmes leur sont inutiles M. Descartes a fait un livre (son *Homme*) pour

2° Si les objets sensibles sont les véritables causes du plaisir et de la douleur que nous sentons à leur occasion, que s'ensuit-il encore? Examinons les choses sans préjugé. C'est une maxime générale, selon laquelle tous les hommes se conduisent, qu'on doit aimer et craindre ce qui a la puissance de nous faire du bien ou du mal, de nous faire sentir du plaisir ou de la douleur, de nous rendre heureux ou malheureux; et qu'on doit aimer et craindre cette cause à proportion du pouvoir qu'elle a d'agir en nous. Donc si le feu, le soleil, en un mot les objets de nos sens ont un véritable pouvoir d'agir en nous, c'est-à-dire de nous faire, comme cause véritable, du bien ou du mal, du plaisir ou de la douleur, nous pouvons les aimer et les craindre. Or l'amour et la crainte sont une espèce de culte et d'honneur que nous rendons à l'objet aimé ou craint, à cause de la puissance qu'il a d'agir en nous. Donc nous pouvons rendre au feu, au soleil, à tous les objets de nos sens, une espèce de culte et d'honneur; donc il n'est pas nécessaire que tous les mouvements de notre âme, ses amours et ses craintes, ses désirs et ses joies tendent vers Dieu : le partage est donc permis entre Dieu et la créature. Mais quel est l'homme, quel est le chrétien, qui ne frémisse pas à la vue de cette conséquence, que bien des personnes trouvent pourtant fort juste et manifestement liée avec le principe de l'efficace des causes secondes.

3° Si l'essence de la matière ou du corps, en général, ne consiste point dans l'étendue, il s'ensuit enfin, mais évidemment, que nous n'avons point d'idée claire et distincte de la matière, et par conséquent que l'essence de

le prouver. *Bestias vero absit ut opinemur pœnæ damnationis obnoxias, quas justum est ut miseriæ sint expertes, quæ nec beatitudinis possunt esse participes.* (S. Augustin, *De pecc. origin*, cap. XL, n° 46)

la matière nous est inconnue, et par conséquent que nous ne pouvons point savoir si la matière n'est point capable de penser, de vouloir, de sentir. Et par conséquent, que nous n'avons plus de preuve démonstrative de la distinction de l'âme et du corps ; et par conséquent, que nous ne pouvons plus démontrer par la raison l'immortalité de nos âmes, en faisant voir aux libertins que nos âmes, substances intelligentes, étant réellement distinguées de nos corps, substances étendues, la dissolution du corps ne peut entraîner la destruction de l'âme. Les philosophes de l'école y pensent-ils, de fournir ainsi des armes aux plus grands ennemis de la religion ?

« Enfin, poursuit le P. Malebranche, de ce principe, que l'essence du corps ne consiste pas dans l'étendue, je pourrais encore tirer bien des conséquences opposées à la foi : mais cela n'est pas nécessaire. Je voudrais bien plutôt, s'il était possible, accorder avec elle toutes les philosophies, et quelque impies que soient les conséquences que je puis tirer des sentiments des philosophes de l'école, je croirais manquer à la charité que je leur dois, si à l'exemple de M. de la Ville, je tâchais là-dessus de rendre leur foi suspecte.

« Toutes les vérités tiennent les unes aux autres ; on ne peut soutenir de faux principes, dont ceux qui savent l'art de raisonner ne puissent tirer une infinité de conséquences contraires à la religion. De sorte que, s'il était permis de rendre suspecte la foi des autres sur des conséquences tirées des principes dont ils sont persuadés, comme il n'y a point d'homme qui ne se trompe en quelque chose, il n'y en a point aussi qu'on ne pût traiter d'hérétique. C'est donc ouvrir la porte aux querelles, aux schismes, aux troubles mêmes et aux guerres civiles, que de laisser ainsi aux hommes la liberté de dogmatiser

et de rendre suspecte la foi de ceux qui ne sont pas de
leur sentiment. Tout le monde a intérêt de regarder,
comme des calomniateurs et des perturbateurs du repos
public, ceux qui tiennent cette conduite; mais la liberté
de philosopher ou de raisonner sur des notions communes, ne doit point être ôtée aux hommes. C'est un
droit qui leur est naturel, comme celui de respirer. »

Le P. Malebranche ajoute ensuite un beau sentiment
dont il a bien fait voir la sincérité par sa conduite toujours pacifique, même à l'égard de ceux qui n'aiment
point la paix. « On peut bien juger par les conséquences
dangereuses que je viens de tirer des principes, sur lesquels les péripatéticiens croient triompher de leurs adversaires, combien j'en pourrais tirer d'autres encore
plus fâcheuses, si je me donnais la liberté de choisir
dans tout le corps de leur philosophie ce qu'il y a de
moins raisonnable; mais, quelque avantage qu'il y ait,
dans les disputes des théologiens aussi bien que dans les
combats des gens de guerre, à attaquer toujours, j'aime-
rais mieux me défendre même faiblement, que de vaincre et de triompher en attaquant. Car enfin je ne com-
prends pas comment, de ceux qui se soumettent à toutes
les décisions de l'Église, on se plaît à en faire des hérétiques et des impies, sur des conséquences qu'ils désavouent. La victoire, ce me semble, est bien funeste, lorsqu'on n'a versé que le sang de sa nation. »

Mais, après tout, il fallait se défendre plus directement.
C'est pour cela que le P. Malebranche soutient, à la fin
de son apologie, avec toute la confiance que donne la vue
de la vérité :

1° Qu'il a démontré dans sa *Recherche*, que l'étendue
n'est point une manière d'être, mais un être véritable,
une chose, une substance, en un mot, matière ou corps;
et qu'il y a répondu en plusieurs manières aux preuves

de sentiment par lesquelles les libertins confondent les deux substances dont l'homme est composé.

2º Que M. de la Ville n'a nullement fait voir, comme il l'avait entrepris, que ce sentiment fût contraire à la transsubstantiation, qu'il ne s'est objecté que les réponses ou les difficultés des cartésiens les plus faciles à résoudre pour triompher plus aisément de ses adversaires, qu'il n'a point combattu les siennes, qu'apparemment il ne les a pas sues, et que de l'humeur dont est ce monsieur, on ne se croit point obligé de les lui dire.

3º Qu'il a eu la hardiesse d'ajouter au concile de Trente plusieurs articles de foi ou plusieurs interprétations que nul particulier n'a droit de donner, après les défenses expresses portées par la bulle de Pie IV, sous peine d'excommunication.

4º Que la réparation d'honneur qu'il fait semblant de lui faire dans son avertissement au lecteur est un affront véritable, une action qui, (pour m'arrêter aux termes charitables du P. Malebranche), a du moins toutes les apparences d'une mauvaise foi qui surprend, et d'une malignité qui révolte. « Cependant, conclut le P. Malebranche, je prie Dieu qu'il lui pardonne ses emporte ments, qu'il modère son zèle, et qu'il lui inspire pour ses frères un esprit de douceur, de charité, de paix ; je ne sais pas s'il a trouvé du plaisir à m'outrager comme il a fait, mais je puis bien l'assurer que j'ai beaucoup de douleur et de peine, que la nécessité de défendre la vérité m'ait obligé de donner quelque défiance de sa bonne foi ; et que j'aurais au contraire bien de la joie, s'il pouvait savoir combien je l'honore, combien je l'aime et le crains sincèrement en Celui en qui nous sommes tous frères. »

C'est ainsi que la vérité doit se défendre, en tempérant ce qu'elle a d'amer pour ses ennemis, par la douceur de la charité ; aussi la défense du P. Malebranche eut-elle

dans le monde tout le succès qu'il en pouvait désirer Le
public fut édifié de voir un modèle de réponse modérée
aux calomnies les plus atroces. Il l'eût été bien davantage, s'il eût su que le P. Malebranche était parfaitement
.nstruit, que M. de la Ville, son accusateur, n'était autre
chose qu'un jésuite masqué. Je crois même qu'il savait
dès lors que c'était le P. le Valois. La belle occasion,
pour un bel esprit calomnié, de faire de lui et de sa société déjà si odieuse, des portraits qui auraient diverti
toute la France à leurs frais, sans qu'ils eussent droit de
s'en plaindre: mais notre philosophe avait pour maxime
de ne se défendre que par la force de la raison, et de se
laisser plutôt accabler, que de mettre dans ses apologies
rien qui ne fût absolument nécessaire pour sa justification, ou plutôt pour la défense de la vérité, qu'il aimait
plus que lui-même. Si la pratique de cette maxime ne lui
fut pas toujours avantageuse, elle le fut en cette rencontre. La modération d'un savant offensé parut si extraordinaire, qu'elle charma tout le monde Les jésuites
mêmes, auparavant fort échauffés, se calmèrent un peu,
ou du moins parurent plus calmes, n'ayant pas le mot à
dire à un homme qui, après avoir seulement paré les
coups de leur confrère, ne faisait précisément que montrer ce qu'il aurait pu faire, si la raison lui eût permis de
les imiter. Il est aussi à croire que le P. le Valois reconnut sa faute. C'est le jugement que la charité veut que
nous en portions; car, s'il ne l'eût point reconnue, se
voyant regardé comme atteint et convaincu de calomnie,
aurait-il pu se taire en conscience? Il est vrai que, s'il ne
se justifia point, il ne fit pas non plus de rétractation de
ce qu'il avait faussement avancé. Mais il est évident qu'il
n'avait nulle raison pour ne se point justifier s'il eût été
innocent, au lieu qu'il en pouvait avoir plusieurs apparentes pour ne se point rétracter, quoique coupable. Car

il est si aise de nous persuader ce qui nous favorise. Il
pouvait prétendre que, n'ayant pas mis son nom à son
livre, il était dispensé de le reconnaître; que le P. Malebranche lui-même, ayant dit dans sa défense qu'il ne lui
demandait pas ce qu'il pouvait en conscience lui abandonner, il n'était pas obligé à une réparation qu'il n'exi-
geait pas; que les calomnies étaient si notoires, que sa
rétractation désormais serait inutile : qu'il y allait de
l'honneur de sa Compagnie, et pour l'intérêt d'un particulier, il ne fallait pas sacrifier la réputation d'un corps
si nécessaire à l'Église. Enfin, qu'il y avait des casuistes
qui l'exemptaient de ce devoir. C'est encore une fois ce
que la charité m'oblige de dire. Car je ne puis croire
qu'un religieux employé au salut des âmes dans les retraites [1], qui fut choisi ensuite pour être confesseur des
enfants de France, qui dans cet emploi édifia toute la
cour, qui au lit de la mort, à Paris, le 12 septembre 1700,
demanda pardon à ses confrères pour n'avoir pas été
assez rigoureux observateur de sa règle, ait été sans repentir à l'égard d'un crime aussi noir, que de supposer à
un prêtre des hérésies dans un livre public.

Mais si la calomnie ne se peut effacer que par la rétractation, que deviendra cette vie édifiante? C'est ce qui
fait trembler pour tous ces esprits brouillons qui, se pa-
rant des apparences du zèle, font dans l'Église métier
d'accusateurs en matière de religion. L'expérience démontre qu'il y en a fort peu qui ne se rendent coupables
de calomnies : et de ces calomniateurs, où sont ceux qui
réparent leur calomnie par le seul moyen que la loi four-
nisse ?

---

[1] En 1696 ou 1697 il a fait un livre intitulé : *OEuvres spirituelles sur divers sujets de piété,* qui fut publié par le P. Bretonneau.

CHAPITRE IV

Portrait d'Arnauld. — Comment il devint l'adversaire de Malebranche (1679). — Le *Traité de la nature et de la grâce*
(1680). — Conférence avec Bossuet — Malebranche publie
ses *Méditations chrétiennes* (1683), et son *Traité de morale*.
— Entretien avec le grand Condé. — L'oraison funèbre de Ma-
rie-Thérèse d'Autriche

Jusqu'ici le P. Malebranche n'avait eu à combattre que
de faibles ennemis : un bon chanoine dont la force ne
consistait que dans l'obscurité de ses raisonnements, et
un jésuite qui n'était à craindre que par l'autorité de son
corps; aussi en était-il venu facilement à bout. Le premier, après quelques légers combats, demanda grâce à
son vainqueur; et le second, après avoir commencé la
guerre avec beaucoup de vivacité fut repoussé avec tant
de sagesse, qu'il ne crut pas qu'il fût de la politique de
revenir à la charge. Il fallait un plus grand adversaire
pour faire paraître dans toute son étendue la force d'esprit de notre philosophe. Il le trouva dans le fameux
Arnauld.

On a parlé dans le monde si diversement de cet auteur,
que je crois qu'il est à propos d'en donner ici le vrai portrait, sans le défigurer comme font ses ennemis, et aussi
sans le flatter comme font ses partisans. Dieu merci, je
ne consulte ni les uns ni les autres, mais seulement

l'idée que m'en fournissent l'histoire assez connue de sa
vie et l'étude de ses ouvrages.

Antoine Arnauld, docteur de Sorbonne, d'une famille
illustre dans la robe et dans l'épée, avait hérité de ses
ancêtres un grand esprit et un grand cœur[1]. Né avec un
génie vif, étendu, pénétrant, soutenu d'une vaste mémoire et d'une imagination forte, il apprit toutes les
sciences avec une rapidité inconcevable. Mais il s'appliqua
particulièrement à celles qui conviennent à l'état ecclésiastique, qu'il avait embrassé dès sa première jeunesse.
Dès lors il étudia à fond l'Écriture sainte, l'histoire de
l'Église, les Pères, les conciles, surtout saint Augustin,
dont il fit toujours son auteur favori. Se trouvant du talent pour écrire, il consacra sa plume à la religion. Il se
proposa deux grands objets : la destruction de l'hérésie
de Calvin, qui désolait en ce temps-là une bonne partie
de la France, et la ruine de ce relâchement affreux, que
les nouveaux casuistes avaient introduit dans la morale
chrétienne et dans la discipline de l'Église; on sait avec
quel succès il y travailla. Il réduisit les calvinistes à ne
pouvoir lui répondre que par des injures. Il réveilla le
zèle des catholiques contre les doctrines relâchées. Il engagea par ses écrits les évèques et les papes mêmes à
prendre pour les exterminer des résolutions assez vigou-
reuses; en un mot, on ne peut nier sans injustice qu'il
n'ait rendu à l'Église des services très importants. Heureux s'il n'en eût point diminué le prix par les troubles
dangereux qu'il y a excités au sujet de Jansénius[2]. Ce qui

---

[1] Le P. Malebranche disait de M. Arnauld que c'était un homme
de beaucoup d'esprit, toujours prêt à dire *contra*.

[2] Après son *Apologie de Jansénius*, publiée avant 1653, la
reine, poussée par le cardinal Mazarin, voulut l'envoyer a Rome.
C'était le soumettre a l'Inquisition; mais le Parlement représenta que cela était contraire à nos usages, que si on voulait

fut pour lui une source de fautes et de chagrins qu'il aurait bien pu s'épargner; mais il fallut satisfaire son naturel bouillant et impétueux, amateur de la dispute, ennemi de son propre repos, perturbateur de celui des
autres. Il est pourtant à croire que ce fut toujours avec
de bonnes intentions, car on ne se fait point juge de son
cœur, et d'ailleurs il est certain qu'il avait beaucoup de
piété. Mais toutes ses bonnes intentions n'empêchèrent
pas que sa vivacité ne dégénérât quelquefois en empor-
tement, qu'elle ne lui fît souvent mal prendre le sens des
auteurs qu'il entreprenait de combattre, et qu'elle ne se
rendît presque toujours trop sujette à vouloir faire passer ses sentiments particuliers pour des articles de foi,
trop prompt à juger désavantageusement de ses ennemis,
trop facile à croire le mal qu'on lui en disait, trop précipité
à le redire lui-même au public, lorsqu'il s'était mis dans
l'esprit qu'il était de la gloire de Dieu qu'il se défendît
aux dépens de ses persécuteurs, qui, en effet, lui en
donnaient bien l'exemple par les calomnies perpétuelles
qu'ils débitaient contre lui, et encore trop entêté à soutenir ce qu'il avait une fois avancé, à moins qu'une démonstration ne le forçât de s'en dédire.

Enfin, on n'en peut disconvenir, M. Arnauld était un
grand homme; mais, on me permettra de le dire, sans
doute qu'il eût été encore plus grand, s'il eût été plus

condamner M. Arnauld il fallait lui faire son procès en France.
Le cardinal avoua qu'il avait ignoré en cela nos usages, et
demanda excuse à tout le monde. Son livre de la *Fréquente
communion*, en 1643, réfuta doctement le P. Semaisons, jesuite.
Dix-neuf évêques de France s'opposèrent à la condamnation que
l'on en poursuivait à Rome. On fit un crime à M. Arnauld de ce
qu'il appelait dans la préface de son livre saint Pierre et saint
Paul les deux chefs de l'Eglise. Les Jésuites firent condamner à
Rome la proposition détachée, et ils en conclurent qu'indirectement le pape avait condamné tout le livre.

modéré et plus maître des saillies de son imagination un peu fougueuse [1].

Tel est l'adversaire que Dieu suscita au P. Malebranche en 1679, de la manière que je le vais rapporter, en reprenant les choses de plus haut pour les faire mieux entendre. Nous avons dit que M. Arnauld fut un des premiers qui donnèrent vogue au livre de la *Recherche de la Vérité*. Je ne doute doute nullement que ce ne fut par une estime sincère pour ce bel ouvrage; mais il y a toutes les apparences du monde qu'il y entra un autre motif plus puissant sur l'esprit de ce docteur. Le P. Malebranche était un homme qui pouvait faire beaucoup d'honneur à son parti. On songeait à le gagner : on y travailla, on crut même y avoir réussi, lorsqu'il arriva plusieurs petits incidents qui firent voir qu'ils s'étaient trompés.

Dans les entretiens que le P. Malebranche eut avec ses amis sur les matières de la grâce, il lui échappa souvent de dire que ce que MM. de Port-Royal en avaient écrit était un galimatias où l'on ne pouvait rien comprendre. De plus il avait fait un éclaircissement à la fin de sa *Recherche,* dans lequel il prouvait que Dieu agit toujours par les voies les plus simples par rapport à ses desseins. Il y établissait ce grand principe, qu'il y a certaines lois générales selon lesquelles Dieu prédestine et sanctifie ses élus en Jésus-Christ; que c'est là ce qu'on appelle l'ordre de la grâce; comme les volontés générales selon lesquelles Dieu produit et conserve tout ce qui

---

[1] *J'ai fait un caractère de M. Arnauld, écrivit le P. André à M. de Marbeuf, dont les premiers traits plairont beaucoup aux jansénistes et les derniers aux jésuites, et tous ensemble aux personnes raisonnables qui ne cherchent que la vérité sans prévention ni pour ni contre.* (Cousin, *Fragments de philosophie moderne*, p. 251.)

est dans ce monde visible, ce qu'on appelle l'ordre de la
nature. Après quoi il ajoutait modestement qu'il laissait
aux autres à tirer les conséquences. Il ne fallait pas autant d'esprit que l'on en donne aux jansénistes pour voir
qu'elles étaient contraires à leur théologie. Mais voici un
événement qui leur ôta tout lieu d'en douter.

Il y avait à Paris, dans la maison de l'Oratoire de
Saint-Honoré, un jeune père fort entêté des sentiments
de Jansénius. Il arriva comme par hasard que le P. Malebranche eut avec lui une dispute dans laquelle il eut le
bonheur de le convaincre [1] et de la solidité de ses principes et de la fausseté des sentiments de l'Augustin
d'Ypres, qu'il lui montra être bien différent de l'Augustin
d'Hippone. Quelque temps après, ce jeune père [2], fort
habile dans l'histoire, fut nommé par son général pour
enseigner dans le séminaire de Saint-Magloire la théologie
positive, c'est-à-dire celle qui consiste dans la simple
exposition des dogmes de sa foi tirés de l'Écriture, et décidés par les conciles. Il demanda au P. Malebranche un

----

[1] *Il se rendit au sentiment de son adversaire, ce qui est bien
rare dans les disputes de théologie.* (Adry.)

[2] C'était le P. le Vassor, janséniste, malebranchiste, enfin calviniste. Il écrivit en Hollande l'*Histoire de Louis XIII*; il disait
de Jansénius *qu'il avait lu saint Augustin avec les lunettes de
Calvin...* Né à Orléans vers 1648, quitte l'Oratoire vers 1690, se
retire en Hollande en 1695; sa mort en Angleterre en 1718. Il
était d'une grosseur et d'une graisse énorme .., vante beaucoup
le livre du P. le Porc, son confrère, contre Jansénins. (*Aussi
Jurieu, dans l'Esprit de M. Arnauld, raconte-t-il que quelques
ecclésiastiques lui firent la malice de mettre sur la porte de sa
chambre : Céans on vend du porc frais à l'enseigne du veau gras.*)
Le P. le Porc passant par la Flèche, bien reçu chez les Jésuites,
fait faire une nouvelle édition, vers 1700, de son livre : *Les sentiments de saint Augustin sur la grâce, opposés à ceux de Jansénius,* (gros in-4°), augmenté d'une dix-septième preuve pour
faire voir l'opposition des sentiments de saint Augustin avec l'esprit de piété. Voir *Histoire des ouvrages des scav.* mars 1700,
p. 124.

petit traité sur la grâce pour lui servir de guide en cette
matière. Il l'obtint et en suivit les principes. Il se déclara
hautement contre Jansénius. La chose même alla si loin,
que, dans ses conférences, il avait coutume de dire que
cet évêque n'avait lu saint Augustin qu'avec les lunettes
de Calvin. Cela fit grand bruit à Paris. On ne parlait que
de la conversion du professeur de Saint-Magloire, jusque-là
reconnu pour un parfait janséniste. On lui demanda qui
avait fait ce miracle, et il eut la générosité de dire que
c'était au P. Malebranche qu'il en avait l'obligation.

M. Arnauld, qui comptait beaucoup sur ce professeur,
fut très sensible à la perte qu'y faisait son parti, d'autant
plus qu'elle fut accompagnée de plusieurs autres. Car on
vit alors la différence qu'il y a entre combattre les
hommes par autorité, et les combattre par raison. Les
molinistes, qui, depuis quarante ans de guerre, n'avaient
presque employé contre les jansénistes que l'épée des
souverains, n'avaient fait que les confirmer dans leurs
opinions dangereuses, au lieu que le P. Malebranche,
par la voie pacifique des entretiens particuliers, et en ne
leur parlant que raison, en convertit plusieurs en peu de
jours.

Pendant que les conversions se multipliaient et que les
nouveaux convertis déclaraient partout, à l'exemple du
professeur de Saint-Magloire, l'obligation qu'ils avaient
à l'auteur de leur changement, tous les bons jansénistes
en murmuraient, surtout MM de Port-Royal. Mais ils
n'avaient point lieu de se plaindre. Le P. Malebranche,
en combattant leurs erreurs, savait toujours dédommager
leur amour-propre en parlant de leurs personnes avec
beaucoup d'estime, de sorte que M. Arnauld ne put encore se résoudre à se fâcher contre un homme qui en
usait si honnêtement.

Le professeur de Saint-Magloire, voyant ces bons effets

de la science et de la vertu du P. Malebranche, s'imagina
qu'une conférence entre ces deux grands hommes les
pourrait réunir dans les mêmes sentiments. Il connaissait particulièrement M. de Roucy [1], marquis de Saint-
Preuil, homme d'esprit et de mérite, ami commun de
l'un et de l'autre, et de plus allié de M. Arnauld, dont
il avait épousé une parente. Il lui déclara son dessein. Le
marquis le goûta et offrit sa maison pour la conférence.
M. Arnauld et le P. Malebranche, qui, malgré l'opposition de leurs sentiments, avaient jusqu'alors été fort bons
amis, acceptèrent la proposition avec joie. On prit jour.
On vint au rendez-vous. M. Arnauld, accompagné du
fameux P. Quesnel [2] et de M. le comte de Tréville [3]; et le
P. Malebranche avec le professeur de Saint-Magloire,
qui avait engagé l'affaire [4].

Ce fut le comte de Tréville, de simple soldat avancé
par son mérite à la charge de capitaine des mousque-
taires à cheval sous Louis XIII, qui ouvrit la séance. Il
avait de l'esprit, de la science, et surtout une estime
infinie pour saint Augustin. Il fit d'abord un long discours fort étudié pour montrer ce que nul bon catholique
ne peut contester que, sur les matières de la grâce et de
la prédestination, ce grand docteur est l'oracle qu'il faut
interroger, puisque l'Église, dans tous les temps, lui a
fait elle-même cet honneur.

[1] Branche de la Rochefoucauld. *C'était le fils de ce Saint-
Preuil, qui fut décapité par ordre de Richelieu, en décembre
1641.*

[2] *Quesnel, à ce moment, n'était fameux que dans le bon sens
du mot.*

[3] *Ou de Troisville, qui quitta le monde brusquement à la
mort d'Henriette d'Angleterre. Voir dans* SAINTE-BEUVE, *Port-
Royal, de curieux détails sur lui.*

[4] D'après Adry, c'est le P. Quesnel qui avait lié la partie. *Le
dîner où l'on se rencontra fut offert par le marquis de Roucy,
en mai 1679.*

Le P. Malebranche, aussi grand admirateur de saint
Augustin que M. Arnauld, n'eut point de peine à convenir de ce principe. Il ajouta seulement qu'il fallait
bien entendre ce Père, c'est-à-dire selon les règles de la
bonne critique et selon l'analogie de la foi, que saint
Augustin a eu à défendre contre les hérétiques. Après
être convenu de cette première vérité qui est fondamen-
tale dans les disputes de la grâce, quoi qu'en disent
certains théologiens, le P. Malebranche commença avec
son air tranquille et modeste à exposer ses sentiments
sur cette matière. Mais à peine avait-il ouvert la bouche
pour dire une parole, que la vivacité de M. Arnauld ne
lui permettait point de passer outre. Le principe de son
système était que Dieu agissait presque toujours dans
l'ordre de la grâce aussi bien que dans celui de la nature
par des lois générales. Le docteur l'interrompit là. Il
essayait en vain de prouver et d'expliquer ce beau principe qui est évident pour quiconque est capable de réflexion. Mais on ne l'est plus, dès là qu'on est préoccupé.
M. Arnauld ne voulut entendre ni preuve ni explication.
Il avait toujours à y opposer tantôt une question, tantôt
une conséquence, tantôt un passage de saint Augustin,
et par-dessus le tout une prévention de cinquante années
pour le sentiment de Jansénius, où il avait été élevé
presque dès son enfance, tellement que le P. Malebranche, qui n'avait ni les forces ni la volubilité de
langue de son adversaire, fut obligé de n'être que simple
auditeur, dans une conférence qui n'avait été résolue que
pour le faire parler. Enfin, las d'une dispute où l'on
n'avançait point, il dit que puisqu'on ne lui permettait
pas de s'expliquer de vive voix, il s'engageait à mettre
par écrit ses sentiments et à les communiquer à M. Arnauld, à condition qu'il les examinerait avec une attention sérieuse, et qu'il lui proposerait aussi par écrit ses

difficultés Ce parti fut approuvé par toute la compagnie,
et l'on se retira aussi bons amis qu'on le pouvait être
au sortir d'une contestation assez échauffée. Ainsi finit la
conférence du P. Malebranche avec M. Arnauld. Elle se
tint au mois de mai 1679 : ce qui est à remarquer pour
la suite.

Le P. Malebranche songea incontinent à exécuter sa
promesse. Il y avait longtemps que ses amis, qui le
trouvaient par expérience aussi profond théologien que
philosophe pénétrant, le sollicitaient à écrire sur la
grâce. Les mouvements de sa conscience, qui lui disait
de communiquer à ses frères les lumières que Dieu lui
donnait, ne le pressaient pas moins. Mais jusque-là
plusieurs raisons l'avaient empêché de s'y rendre. Il avait
une aversion extrême pour les contestations : il craignait d'exciter les passions des hommes sur une matière
sur laquelle ils n'étaient que trop animés. Il voyait dans
les deux partis qui divisaient l'Église un acharnement
furieux à traiter d'hérétiques tous ceux qui n'entraient
point dans leurs opinions; et surtout, dit-il lui-même,
il sentait un chagrin mortel quand il était obligé de
monter sur le théâtre et de parler au public. En un mot
il fallait un engagement aussi sacré qu'une parole donnée
pour vaincre là-dessus toutes ses répugnances. Il en
apporte un autre motif encore plus chrétien dans sa
réponse au premier volume des *Réflexions philosophiques
et théologiques* de M. Arnauld :

« Si dans ce siècle on n'était pas si obstiné à soutenir
que Dieu n'a point une volonté sincère de sauver tous les
hommes, il ne serait pas si nécessaire d'établir des
principes propres à détruire cette malheureuse opinion
Mais la nécessité de combattre les erreurs fait découvrir
les principes qui sont propres à cet effet. Je proteste devant Dieu que ç'a été le motif principal qui m'a pressé

d'écrire. J'espère qu'on me croira sur ma parole touchant ce qui s'est passé dans mon cœur [1]. »

Après donc avoir tout de nouveau bien médité à la lumière de l'Ecriture et des conciles qui ont décidé ce que nous en devons croire comme de foi, il commença son *Traité de la nature et de la grâce,* qui a tant fait de bruit dans le monde. Il y a bien de l'apparence qu'il en trouva le plan tout dressé dans le petit écrit qu'il avait donné sur cette matière au professeur de Saint-Magloire, dont nous avons parlé. Quoi qu'il en soit, il se propose principalement dans ce traité deux choses : la première, de justifier les anathèmes des souverains pontifes contre les cinq fameuses propositions ; et la seconde, d'empêcher les cartésiens, qu'il avait toujours dans le cœur, de se perdre éternellement en outrant les droits de la raison aux dépens de la foi, dont la raison même démontre la nécessité. Mais afin de n'offenser personne, voici les règles de modération qu'il se prescrivit : de parler de la grâce, comme si jamais l'on n'en eût disputé, de ne s'attacher nommément à aucun auteur humain, ni pour le soutenir, ni pour le combattre ; de ne citer que des autorités infaillibles, l'Écriture sainte, parce que MM. les jansénistes en font une étude particulière, et la raison parce que les cartésiens entendent parfaitement ce langage ; enfin, de se contenter d'établir la vérité toute pure, sans attaquer ni directement ni indirectement ceux qui venaient troubler son repos après avoir troublé celui de l'Église par leurs contestations indiscrètes. Ces règles établies, le P. Malebranche intitula son livre *Traité de la nature et de la grâce,* parce qu'en effet dans les trois discours qui le partagent, il parle tour à tour de l'une et de l'autre par rapport à son dessein.

[1] *Lettres du P. Malebranche* (Paris, 1709), p. 189

Dans le premier discours, il prouve la nécessité des lois générales de la Providence, dans l'ordre de la nature, et dans celui de la grâce.

Dans le second, il traite de la grâce du Créateur qu'on peut appeler naturelle, parce qu'elle appartient à la première institution de la nature, et de la grâce du Sauveur, qui est surnaturelle, parce qu'elle est donnée à des indignes par la médiation d'un Dieu réparateur de la nature.

Dans le troisième, il explique la liberté naturelle à l'homme, et la manière dont la grâce la fortifie depuis que le péché l'avait rendue si faible et si impuissante pour le bien.

Son dessein général c'est de rendre Dieu aimable à ses créatures, en leur montrant que dans la construction de son Eglise par Jésus-Christ, il agit constamment de la manière la plus sage, la plus juste, la plus miséricordieuse qui se puisse, en se comportant toujours selon ce qu'il est, c'est-à-dire en Dieu, en être infiniment parfait.

Dans l'exécution de ce dessein par rapport à la grâce, le P. Malebranche devait faire trois choses : faire connaître Dieu, qui en est l'auteur; faire connaître Jésus-Christ, qui, en tant qu'homme, en est le distributeur; faire connaître le cœur humain, qui en est le sujet. Mais parce qu'il ne suffit pas de consulter ici la raison, il fallait encore, en traitant de la grâce, faire voir aux Pélagiens qui ne sont encore que trop communs, sa nécessité, sa gratuité, son efficacité.

Sa nécessité, c'est-à-dire, comme le dit partout saint Augustin après Notre-Seigneur lui-même, que l'on ne peut faire aucun bien sans elle.

Sa gratuité, c'est-à-dire qu'elle n'est point due aux mérites naturels, ni aux vertus humaines les plus héroïques.

Son efficacité, c'est-à-dire que sa force lui vient d'elle-
même, puisqu'elle n'est autre chose que l'action de Dieu
sur notre cœur[1].

Voilà, en substance, tout ce que renferme le *Traité de
la nature et de la grâce,* où l'on voit en peu de paroles
plus de vraie théologie, c'est-à-dire plus de raisonnements
solides et sans équivoques sur les vérités de la foi, que
dans les plus gros volumes qui ont paru de nos jours sur
cette matière. Il ne tiendra qu'au lecteur équitable d'en
faire la comparaison pour vérifier par lui-même la proposition que j'avance; mais ce qu'il y eut en cela de plus
étonnant, c'est qu'un ouvrage si profond, si bien soutenu
dans toutes ses parties, si plein d'agréments pour les
personnes capables de goûter la belle métaphysique,
n'ayant été commencé qu'au mois de juin 1679, se trouva
fini au mois d'août de la même année, ce qui fit dire
quelque temps après au premier auteur de la *République
des lettres*[2] ces paroles sensées que je rapporte ici pour

---

[1] *Suit dans le manuscrit une longue analyse du* Traité de la
nature et de la grâce, *qui va de la page* 240 *à la page* 278.

[2] Bayle, dans les *Nouvelles du mois d'août* 1684. Bayle faisait
imprimer, à ce qu'on dit, les ouvrages du P. Malebranche en
Hollande, chez Reinier Leers Le P Malebranche disait que Bayle
approuvait tous les principes de la *Recherche de la vérité.* M. de
Crouzas, fils d'un colonel, devint professeur de philosophie Il était
protestant, natif de Lausanne. Il a beaucoup écrit surtout contre
le pyrrhonisme. M. de Fouché, secrétaire de l'Académie, dans le
volume de 1730, en faisant son éloge, rapporte ce fait : Un jour,
étant à Leyde, il eut plusieurs conversations avec Bayle sur le
pyrrhonisme, sur quoi insistait fort ce dernier. M. Bayle, peu de
temps après, fut attaqué d'une migraine violente. M. de Crouzas
alla le voir, et lui dit en entrant Assurément, Monsieur, vous
ne nierez pas que la migraine soit un mal. Bayle répondit qu'il
ne voyait pas pourquoi on tirait cette conséquence. On disputa
de part et d'autre, et Bayle ne convint de rien. L'historien
ajoute qu'apparemment, si la dispute eût duré plus longtemps,
l'argument de M. Crouzas fût devenu encore plus fort.
Le fameux Scot, cordelier, raisonnait à peu près de même

faire connaître ce que les plus beaux esprits en pensèrent
alors, excepté néanmoins ceux qui avaient intérêt de
penser autrement.

« Quand même, dit-il, on ne conviendrait pas de l'hypothèse de l'auteur, on serait contraint d'avouer qu'on
n'a peut-être jamais formé en si peu de temps un système si bien lié sur aucun point de théologie de la profondeur du mystère de la grâce; et on ne lui rendrait
point justice, si on ne reconnaissait qu'on ne peut avoir
le génie plus vaste, plus étendu, plus net et plus pénétrant. Ainsi, ceux qui se plaignent qu'on ne comprend
rien dans ses livres, s'en doivent prendre ou à la petitesse
de leur esprit ou au peu d'habitude qu'ils ont avec les
matières abstraites. » Il pouvait ajouter sans crainte,
ou à leur prévention ou à leur peu d'équité.

Le P. Malebranche, ayant achevé son traité, songea
incontinent à s'acquitter de sa parole. Il en envoya une
copie à M. de Roucy, sur la fin d'août 1679, pour la faire
tenir à M. Arnauld, le priant en même temps d'écrire à
ce docteur que s'il voulait bien se donner la peine de
lire cet ouvrage et d'en dire son avis, ce fût sous cette
condition qu'il n'en jugeât qu'après l'avoir examiné de
telle sorte, qu'il fût assuré de l'avoir entendu parfaitement. Mais il arriva un contretemps qui fut cause de
bien des malentendus de part et d'autre.

Ce docteur avait jugé à propos de sortir de France [1]
pour se dérober aux nouvelles persécutions que ses ennemis commencèrent à lui faire au mépris de la Paix de

---

contre ceux qui nient la liberté de l'homme. Après en avoir donné
différentes preuves il conclut ainsi : « Si nos adversaires ne se
rendent point à toutes ces raisons, qu'on prenne un bâton, et
qu'on les frappe jusqu'à ce qu'ils conviennent qu'on est libre de
ne les plus frapper. »

[1] Il était parti le 17 juillet 1679 pour les Pays-Bas.

Clément. Ils avaient trouvé le moyen de prévenir le roi, et on sait assez que ce prince avait, comme la plupart, le défaut de ne revenir guère de ses préventions. Il en avait beaucoup contre tout ce qu'on appelle jansénisme : une mère espagnole et un premier ministre italien l'y avaient élevé. Les jésuites, ses confesseurs, n'avaient rien oublié pour l'y entretenir. Il n'en fallut pas davantage pour l'irriter contre M. Arnauld. On lui disait que ce docteur tenait chez lui des conférences très préjudiciables au bien de la religion [1], que sa maison était un rendez-vous de jansénistes; que tous les ecclésiastiques mécontents du royaume s'adressaient à lui comme à l'oracle du parti, et y trouvaient infailliblement un asile tout prêt contre leurs évêques; que c'était une chose fort contraire à la paix de l'État et à l'autorité du roi. Voilà l'endroit sensible et délicat Le docteur ne pouvait ignorer ce qui se tramait à la cour contre sa personne. Il y avait un neveu ministre d'État. C'était l'illustre M. de Pomponne [2]. C'est pourquoi il prit le dessein de se cacher, non plus en France, qui commençait à n'être plus un pays de franchise, mais dans quelque pays libre, où les jésuites fussent moins puissants. Il choisit la Flandre. Il en fit confidence à trois ou quatre personnes affidées qui lui gardèrent si bien le secret, que le P Malebranche n'en sut rien.

Je ne sais si M. de Roucy en était mieux informé; ce qui est certain, c'est qu'il ne manqua point de mettre le *Traité de la nature et de la grâce* en main sûre [3] pour l'envoyer à M. Arnauld, avec un billet en date du mois

---

[1] Voir les *Lettres de M Arnauld*, t III, lett 177, etc.
[2] *Simon Arnauld, second fils d'Arnauld d'Andilly.*
[3] *C'est Nicole qui se chargea de faire remettre à Arnauld le manuscrit de Malebranche.* ' Adry.'

de mars 1680. Mais soit qu'on eût négligé de le faire,
ou que le livre ne pût atteindre ce docteur, qui, dans
les commencements de son séjour dans les Pays-Bas,
changeait assez souvent de demeure, il ne lui fut
rendu que vers le commencement d'avril de l'année suivante.

Cependant le P. Malebranche, qui ne savait pas la
retraite de M. Arnauld, était fort surpris de ne point
entendre de nouvelles de son traité, d'autant plus que
les amis de ce docteur affectaient d'en répandre des bruits
fort désavantageux. Cela lui donnait bien à penser, et on
ne peut disconvenir que tout philosophe qu'il était, il ne
fût un peu en peine, jusqu'à ce qu'il apprit que M. Arnauld s'était retiré de France, et que son traité l'avait
suivi de fort près. Il fut bien aise de pouvoir justifier le
silence de son censeur. Mais voyant qu'il y demeurait
trop longtemps, il pria M. de Roucy de lui en écrire. On
lui écrivit, point de réponse. Il lui en écrivit lui-même,
point de nouvelles encore; les amis du P. Malebranche,
plus ardents que lui pour ses intérêts, se lassèrent enfin,
et interprétèrent fort mal ce silence, attendu que les
partisans de M. Arnauld ne le gardaient pas trop bien [1].
Tout Paris en était témoin. Il y en eut même qui lui
rapportèrent qu'ils savaient ·de très bonne part que
M. Arnauld avait parlé de son livre avec le dernier mépris. C'est pourquoi ils le conjurèrent d'en permettre
l'impression, afin que le public en jugeât et que la
vérité fît taire les faux bruits qui en couraient de toutes
parts. Le P. Malebranche, qui ne pouvait croire tout ce

---

[1] *Le P. Quesnel reçut une lettre d'Arnauld, la lut à ses amis,
et répandit partout que le P. Malebranche avait des sentiments
erronés... Le P. Quesnel est donc la véritable cause de la dispute, au moins publique, du P. Malebranche et de M. Arnauld.*
(Adry.)

qu'on lui rapportait de M. Arnauld, désaprouva ce parti, et, après avoir remercié ses amis de leur zèle et de leur charité, se résolut de prendre encore patience; mais enfin, ne recevant de Flandre aucune nouvelle, ses amis revinrent à la charge armés d'un si grand nombre de raisons, que le P. Malebranche ne put résister à leurs attaques.

Le plus ardent de ces messieurs, comme le plus habile, était le célèbre abbé de Catelan[1], un des premiers membres de l'Académie royale des sciences, bel esprit, agréable et pénétrant, grand méditatif, et instruit à fond des principes de la *Recherche de la vérité*. C'est à lui que le P. Malebranche, partant pour la campagne au printemps de 1680, confia son manuscrit pour en faire ce qu'il lui plairait. Il y avait ajouté une courte préface dans laquelle il demandait au lecteur deux choses : 1° qu'il ne regardât son traité que comme un essai; 2° qu'il n'en jugeât point par prévention, sans l'avoir parfaitement compris.

L'abbé de Catalan ne perdit point de temps. Sans s'amuser à chercher en France[2] des reviseurs et des privilèges pour le *Traité de la nature et de la grâce*, il en écrivit en Hollande à Elzévir, qui, certain du succès, n'en différa point l'impression.

M. Arnauld avait enfin reçu, vers le commencement d'avril 1680, la copie qu'on lui avait envoyée[3]. Vers la mi-juin suivant, il vint à Amsterdam avec un de ses amis pour faire imprimer la seconde partie de sa réponse au fameux M. Mallet. Je dis *fameux*, par le mépris où ce

---

[1] De Bretagne.

[2] *On ne passera point cela ici.* (P. Lelong.)

[3] *Ainsi Arnauld avait bien reçu le traité de Malebranche, et M. Blampignon fait une grave erreur en disant le contraire.* (Op. cit., p. 56.)

docteur a fait tomber les écrits qu'il avait faits contre le
Nouveau Testament de Mons, fameux dans un autre
sens, et qui peut-être méritait un autre sort [1]. M. Arnauld
avait trop bien battu le calvinisme, qui est en Hollande
la religion dominante, pour vouloir y être connu. Il
chargea donc son ami de traiter avec Elzévir, pour l'impression de son nouvel ouvrage. L'imprimeur le pria
d'attendre qu'il eût achevé le *Traité de la nature et de la
grâce,* qu'on lui avait dit être du P. Malebranche, de l'O-
ratoire. A ce nom, l'ami de M. Arnauld, surpris et
frappé, demanda communication de cette pièce. Le moyen
de refuser à un homme qui parlait en qualité d'ambassa-
deur du grand Arnauld ! Elzévir le lui donna pour deux
jours. On peut juger, par le caractère de cet illustre docteur de Sorbonne, quels furent ses sentiments, quand il
apprit qu'un ouvrage, qu'on lui avait envoyé pour examiner, était déjà sous la presse. Il le lut pour la première
fois dans cette disposition si peu favorable à l'auteur, ou
plutôt, comme il l'avoua lui-même, il le parcourut avec
beaucoup de précipitation. Cela ne l'empêcha point d'en
porter son jugement. Un livre, dont les principes sur la
nature et sur la distribution de la grâce étaient si contraires aux siens, ne pouvait manquer d'être mauvais. Il
fit donc prier l'imprimeur d'en suspendre l'impression,
jusqu'à ce qu'on eût un nouvel ordre de l'auteur, ce qui
lui fut encore accordé. Car la grande et juste réputation
qu'il avait acquise dans la république des lettres, lui
donnait presque partout une autorité despotique. Aussitôt

---

[1] *Mallet fit deux écrits contre la version de Mons, à laquelle
Bossuet reprochait surtout* « qu'elle affectait trop de politesse,
et qu'elle voulait faire trouver dans la traduction un agrément
que le Saint-Esprit a dédaigné dans l'original ». (*Lettre au ma-
réchal de Bellefond,* édit. Lachat, xxvi, 175.)

il écrivit très fortement au célèbre P. Quesnel, qui demeurait alors à Saint-Honoré [1] avec le P Malebranche. Il
lui manda en propres termes, qu'il avait été obligé de
parcourir le *Traité de la nature et de la grâce* avec beaucoup de précipitation, et que les conséquences lui en paraissaient terribles : d'où il concluait qu'il fallait engager
le P. Malebranche à la suppression de son livre [2].

L'abbé de Catelan ne s'endormit pas. Le P. Quesnel,
ayant lu la lettre de M. Arnauld à un de ses amis, qui
apparemment en avait un autre, cet abbé en fut informé.
Il écrivit incontinent au P Malebranche, pour le conjurer
de ne point se laisser fléchir, puisqu'il était assez manifeste que le silence de M. Arnauld était un silence affecté, qui ne méritait point d'égard. On se rendit à ses
instances, et le *Traité* parut sur la fin de l'année [3].

Je suppose que le P. Quesnel, qui était alors des amis
du P. Malebranche, exécuta la commission de M. Arnauld, mais, n'en ayant point de connaissance certaine,
je ne l'assure pas. La seule chose que j'en ai pu découvrir, c'est qu'au lieu d'en écrire d'abord, ou à M. de
Roucy, ou au P. Malebranche, il s'en ouvrit à des personnes qui ne furent pas plus discrètes que lui, car elles
répandirent dans l'Oratoire et dans Paris que le livre du
P. Malebranche renversait le vrai système de la prédestination et de la grâce. On en murmurait assez publiquement, lorsque le *Traité* parut en France. On le lut avec
tant d'avidité, qu'il en fallut faire quatre éditions en

---

[1] Il fut renvoyé de Paris à Orléans par ordre du roi, en 1681.
M. de Harlai en fut le porteur.

[2] Le *Traité de la nature et de la grâce* ayant fait connaître à
MM. de Port-Royal que l'auteur de la *Recherche de la vérité* n'était
point janséniste, comme ils l'avaient cru, n'eut pas le bonheur de
leur plaire. (Bayle, *Recherche des lettres,* août 1684.)

[3] 1680

moins de quatre ans, mais aussi avec tant de prévention,
qu'il eut dans les commencements presque autant de
critiques que de lecteurs. La plupart n'étant point instruits des principes d'une solide métaphysique, n'y entendaient rien, et le condamnaient par cette seule raison.
D'autres, ne se mettant point à la place de ceux pour
qui principalement on l'avait composé, je veux dire les
philosophes, qui ne se payent que de raisonnements profonds, trouvaient mauvais que dans un traité de théologie, on n'eût point cité les saints Pères. Les uns demandaient : qu'est-ce que ces volontés générales par lesquelles
Dieu fait tout, et le moyen de les reconnaître? Les autres,
plus ignorants ou de plus mauvaise foi, disaient que le
système des volontés générales détruisait les miracles. Il
y en eut même qui trouvèrent à redire que le P. Malebranche eût avancé que le principal des desseins de Dieu,
dans la création du monde, était l'incarnation de son
Fils unique, comme si, disaient-ils, elle était nécessaire
pour sanctifier son ouvrage et pour le rendre digne de
son action divine. Ceux-ci trouvaient à redire qu'on eût
établi dans la sagesse de Dieu le principe de la prédestination et de la distribution de la grâce; ceux-là, qu'on n'eût
point donné à Jésus-Christ, en tant qu'homme, une
connaissance actuelle assez parfaite et assez étendue, ou
plutôt infinie. Enfin, plusieurs, qui aimaient les ténèbres,
ne pouvaient souffrir qu'on eût entrepris d'éclaircir nos
mystères par la raison. Point de grâce efficace par elle-
même, disaient les thomistes, qui voyaient avec indignation leur prémotion physique renversée. Point d'indifférence active, disaient les molinistes, qui devaient être
assez contents de l'auteur, s'ils l'eussent bien entendu, ou
s'ils s'entendaient bien eux-mêmes. Ils ne le furent pourtant pas, parce qu'il semblait qu'il détruisait leur grâce
universelle, avec quelques autres de leurs dogmes favoris.

Point de grâce irrésistible, disaient les jansénistes. Ceux-ci étaient les plus scandalisés de tous : et ce qui les scandalisa davantage, fut que le traité du P. Malebranche leur enleva plusieurs bons esprits, sur lesquels ils comptaient beaucoup, et les empêcha d'en gagner plusieurs autres qui avaient de l'inclination pour leur système, parce qu'en effet, à quelque chose près, ces théologiens raisonnent beaucoup mieux que ni les thomistes, ni les molinistes. On peut juger par là quelles furent leurs clameurs en cette occasion, car il faut leur rendre cette justice : les jansénistes sont les premiers hommes du monde pour crier haut, si peu qu'on les blesse.

Quoiqu'il en soit, ils suscitèrent à notre auteur des ennemis de toutes parts, et de toute espèce, des prélats, des moines, des ecclésiastiques, des séculiers. Mais le chagrin le plus sensible que le P. Malebranche eut à dévorer, fut de voir son général déclaré contre lui. C'était alors le P. de Sainte-Marthe, rigoureux thomiste, et si rigoureux, qu'il était fort soupçonné de jansénisme : fatale réputation, qui, jointe à un petit démêlé [1] qu'il eut

---

[1] Du temps de M. de Harlay, il y avait à Paris un fameux prédicateur nommé Soanen, oratorien, depuis évêque de Senez, grand moliniste et fort ami de l'archevêque. On dit qu'il lui rapportait ce qui se passait dans son corps, et qu'un jour il lui donna un écrit capable de le convaincre qu'il y avait dans l'Oratoire plusieurs jansénistes M de Harlay manda M. de Sainte-Marthe, général de l'Oratoire, qui se rendit à l'archevêché Au commencement de leur conversation, on vint demander le prélat pour quelque affaire. Il sortit de l'appartement et laissa seul notre général. Celui-ci, dit-on, aperçut sur une table l'écrit qu'on voulait lui montrer Il le mit a sa poche, le prélat étant rentré dit à M de Sainte-Marthe pourquoi il l'avait mandé, l'autre répondit tranquillement qu'il faudrait des preuves Eh bien, dit le prélat, je vais vous en donner, il chercha son écrit, et ne l'ayant point trouvé, il pria M. de Sainte-Marthe de revenir une autre fois. L'archevêque tourna tout et ne trouva rien. Il en fut extrêmement irrité car il soupçonna le général d'avoir enlevé la pièce

avec M. l'archevêque de Paris, lui valut, quelques années après, une lettre de petit cachet. Voyant que le P. Malebranche n'entrait point dans ses vues, comme on l'avait espéré dans l'Oratoire, il entreprit de lui susciter des adversaires puissants, qui arrêtassent dans le monde le progrès de ses principes. Il y réussit. Il trouva moyen de lui attirer sur les bras le célèbre M. Bossuet, évêque de Meaux. Ce prélat était un homme d'un génie rare, d'un savoir profond, connu par divers ouvrages, histoires, controverses, pastorales, oraisons funèbres, etc., dans lesquels on admire avec une grande politesse, un bon sens toujours soutenu, et une majesté naturelle, où l'art ne saurait atteindre[1].Le roi l'avait autrefois nommé pour

Il lui en fit de vifs reproches, lui soutenant fortement qu'il n'y avait que lui seul qui pût avoir pris son écrit. Le Père, sans rien avouer, se défendit de son mieux; mais quelque temps après on lui envoya la lettre de cachet dont on parle ici. — *Nous avons prouvé dans le* Prétendu jansénisme *du P. de Sainte-Marthe*, p. 75 et suiv., *que c'est une erreur de la poste qui mit le général de l'Oratoire en possession de cette dénonciation.*

[1] M. Bossuet disait du livre de Jansénius que s'il était mis à l'alambic il n'en sortirait que les cinq propositions. Le P. André m'a dit le savoir de M. l'abbé de Cordemoi, dont le père avait été lecteur de M. le Dauphin. Le prélat en était le précepteur. (*Cette note, comme on le voit, est de M. de Quens.*) Né à Dijon en 1627, mort en 1706, il était d'une famille de robe considérable au Parlement de Metz. M. Bossuet fit donner des avertissements à M. Arnauld d'être plus circonspect dans ses écrits, et qu'il prît garde qu'il ne l'entreprît. On dit que depuis ce temps-là le parti fut plus modéré. (Note de jésuite.) M. Bossuet fut prié d'examiner le livre de Quesnel par M. de Noailles, qui y avait donné son approbation; il fit des notes sans liaison, toutes séparées, et les donna au cardinal. Elles n'ont point paru pendant la vie de M. Bossuet; mais, en 1714, M. de Noailles les laissa imprimer en petit livret, sous le titre de *Justification des réflexions morales* qu'on leur a donné depuis. M. Bossuet avait plusieurs fois refusé d'examiner ce livre, parce que, disait-il, il y avait trop de cartons à y mettre... Cette note n'est pas exacte; pour en juger, lisez l'écrit de M. Bossuet.

être le précepteur de monseigneur le Dauphin, et en formant l'esprit du fils, il avait si bien jugé le cœur du
père, qu'il avait à la cour un crédit qui le rendait formi-
dable; avec cela grand théologien, mais élevé dans l'obscur thomisme, dont il était chaud défenseur. Il se trouvait placé dans un point de vue, d'où il n'est pas possible
de voir clair dans les principes de la vraie philosophie.
Ayant lu le *Traité de la nature et de la grâce* avec tous les
préjugés de cette école, il entra sans peine dans le dessein du P. de Sainte-Marthe. Il résolut d'écrire contre
l'auteur.

M. le duc de Chevreuse, à qui il en parla, quoique ami
du P. Malebranche, ne l'en dissuada pas, mais avant
que d'en venir à une dispute publique, il fut d'avis qu'il
fallait tenter la voie d'une conférence, pour y expliquer
d'abord chacun ses sentiments. M. de Meaux y consentit,
et ils allèrent de ce pas trouver le P. Malebranche, qui
ne s'attendait à rien moins qu'à une pareille entrevue.
Le prélat, qui était franc et sincère, ne biaisa point. Il
débuta par lui faire entendre que, pour être catholique
sur la grâce, il devait embrasser la doctrine de saint
Thomas, et que c'était pour l'y amener qu'il voulait avoir
avec lui une conférence sur le nouveau système qu'il
avait donné sur cette matière. Le P. Malebranche était
trop sage pour accepter la proposition. M. de Meaux
était fort vif dans la dispute, et on craignait, en l'imi-
tant, de lui manquer de respect. Il parlait avec autorité,
et on ne pouvait lui répondre sur le même ton. D'ailleurs,
son crédit à la cour et dans l'Église de France, donnait
lieu de craindre que s'il allait mal prendre les choses, il
ne décriât le système aux dépens de l'auteur. Enfin, soit
préjugé, soit défaut de méditation, il ne paraissait point
assez au fait. Le P. Malebranche se contenta donc de lui
dire, en général, que tous les thomistes ne sont point

disciples de saint Thomas ; que la matière de la prédestination et de la grâce étaient trop difficiles à débrouiller
dans une conversation. En un mot, qu'il ne dirait rien
que par écrit, et après y avoir bien pensé « C'est-à-dire,
lui répliqua M. de Meaux, que vous voulez que j'écrive
contre vous hé bien ! il sera aisé de vous satisfaire. —
Vous me ferez beaucoup d'honneur, » lui répondit le
P. Malebranche. Après quoi on se quitta dans les dispositions que l'on peut juger.

En effet, M. de Meaux, piqué du refus du P. Malebranche, écrivit contre le *Traité de la nature et de la
grâce ;* mais, ayant montré son ouvrage à M. de Chevreuse [1], cet ami, homme d'esprit et un peu plus que lui
au fait de ces matières, lui fit si bien entendre qu'il avait
mal pris le sens de l'auteur, que, de peur de risquer
sa réputation, il abandonna son dessein [2]. Cependant,
comme il persistait toujours à croire que ce traité contenait des sentiments dangereux, il le décria partout avec
beaucoup de zèle [3], ce qui anima si fort M. le chancelier

---

[1] *Au marquis d'Allemans, d'après le* Manuscrit de Troyes.

[2] *M. Bossuet supprima aussi une lettre fort longue qu'il
adressait à un disciple du P Malebranche, et que l'on trouve
dans la dernière édition de ce prélat Il paraît que les éditeurs
n'ont pu la donner que d'après le brouillon. Elle était destinée
à M. d'Allemans.. Le P. Malebranche y est fort maltraité.
Quelques lettres de M d'Allemans au P Malebranche nous portent à croire qu'elle ne lui fut pas envoyée. On peut croire que
M Bossuet jugea à propos de la supprimer. Peut-être commen-
çait-il déjà a revenir sur le compte du P Malebranche, c'est la
dernière lettre où il en parle d'une manière peu favorable. Ce
qu'il y a de certain, quoique les éditeurs de Bossuet n'en parlent
point, c'est que ce prélat, qui reconnut à la fin la candeur et
la simplicité du P Malebranche, chercha dans la suite l'occasion de se rapprocher de lui.* (Adry.)

[3] Voir *Lettre de M. Bossuet à M. l'évêque de Castorie,* vers
1683, citée dans la lettre 235 de M. Arnauld, t. III. Il y témoigne
être fort satisfait du *Traité des idées,* dont il exhorte l'auteur

contre cet ouvrage, qu'il en fit arrêter les exemplaires.
Le prélat fut assez content de ce premier succès, mais
avant que de mettre encore la main à la plume, il fit demander à l'auteur une seconde entrevue. Le P. Malebranche, qui n'était que trop bien averti de son procédé
un peu violent, lui écrivit en ces termes pour s'en dispenser :

« Monseigneur,

« Je ne puis du tout me résoudre à entrer en conférence avec vous sur le sujet que vous savez. J'appréhende, ou de manquer au respect que je vous dois,
ou de ne pas soutenir avec assez de fermeté des sentiments qui me paraissent, et à plusieurs autres, très
véritables et très édifiants, etc. »

Cette lettre, bien loin d'apaiser M. de Meaux, l'irrita
extrèmement. Il recommença dans Paris ses accusations
contre le P. Malebranche, qui, en ayant été instruit, s'en
plaignit à M. le duc de Chevreuse[1]. Tandis que M. de
Meaux et ses amis se déchaînaient contre notre philosophe, ceux de M. Arnauld ne s'endormaient pas. Le

de combattre avec la même force le système de la nature et de
la grâce, qu'il dit contenir *tam nova, tam falsa, tam insana,
tam exitiosa circa gratiam Christi et tam indigna de ipsa Christi persona, sanctæque ejus animæ, ecclesiæ suæ structuræ in-
cumbentis scientia.* M Bossuet ne veut pas consentir que cette
lettre soit rendue publique. — *Elle est dans Lachat*, xxvi, 321.

[1] *Dans une lettre que je mets ici, parce qu'elle sert à faire
connaître le caractère de l'auteur :* « Monseigneur, j'ai un chagrin extrême de ce que je viens d'apprendre de M de Meaux.
Je ne puis m'empêcher de vo s le témoigner, comme à son ami,
etc. » (Mss de Troyes.)

P. de Sainte-Marthe et le P. Quesnel, chacun à sa manière, le chagrinaient dans l'Oratoire comme un homme
qui avait des sentiments contraires à saint Augustin, ce
qui le rendit fort odieux à ses confrères [1]. Il faut avoir

[1] *Ceci a besoin d'explication. « Les confrères du P. Malebranche, dit Adry, appréhendaient que ce livre ne leur fit de
mauvaises affaires. » Voilà la vraie raison des difficultés que
rencontra un moment Malebranche à l'Oratoire. Et il faut convenir, quand on se rappelle quelle était à ce moment la situation
difficile de l'Oratoire et l'influence de ses ennemis, il faut convenir que les Oratoriens n'avaient pas tout à fait tort. Du
reste, qu'on le remarque bien, ce n'est pas seulement M. Arnauld et les jansénistes qui s'élevaient contre le* Traité de la
nature et de la grâce, *mais encore* Bossuet, *mais* Rome, *qui
mit cet ouvrage à l'index. La conduite des Supérieurs de l'O-
ratoire fut donc ce qu'elle devait être, sage et prudente.*
*Enfin il est encore important que l'on sache ce qu'a pu être
cette prétendue persécution, qu'eut à souffrir un moment Malebranche à l'Oratoire. Elle a dû se borner à des difficultés qu'on
lui suscita pour la publication de ses livres. D'autres tracasseries sont impossibles à l'Oratoire. Le bon P. André, qui eut bien
autre chose à souffrir dans sa Compagnie, et que son vœu d'obéissance obligeait bien de se soumettre à toutes les exigences de ses
supérieurs, oublie ici que la liberté dont on jouit à l'Oratoire y
rend impossible une persécution analogue à celle qu'il eut à subir.
M. Francisque Bouillier est donc totalement dans l'erreur quand
il écrit (page* VIII *de l'Introduction de son édition de la Recherche): « On a regret de dire, pour l'honneur de l'ordre dont
il était la plus grande gloire, qu'il y a été l'objet de bien des
tracasseries et qu'il a éprouvé plus d'un chagrin, surtout pendant sa longue querelle avec Arnauld, de la part de ses chefs
attachés à la cause du jansénisme. » S'il est incontestable que
le P. de Sainte-Marthe vit d'un mauvais œil la publication du*
Traité de la nature et de la grâce, *et la polémique avec Arnauld, il n'est pas moins incontestable :* 1° *que le jansénisme
ne fait rien dans cette affaire :* Bossuet *et les théologiens de
l'Index ne patronnaient certes pas le jansénisme;* 2° *le mécon-
tentement du général de l'Oratoire ne put se traduire autrement
que de la façon que j'ai indiquée. Jamais on ne pensa même à
reléguer Malebranche en province* (voir la note de la page suivante), *ce que cependant la règle permettait, et ce que l'on fit
cette année-là pour le P. Quesnel.*
Ajoutons qu'une fois ce moment difficile passé, « il est cer-

vécu dans une communauté, pour bien comprendre les peines que causent ces persécutions domestiques, car il n'est rien de si sensible à un bon cœur, que de se voir haï dans un corps que l'on aime, et où l'on s'est mis par inclination ; mais ne nous arrêtons point sur un objet si révoltant. En un mot, on lui causa dans l'Oratoire mille chagrins, qu'il a toujours refusé de dire à ses meilleurs amis ; mais qui, nonobstant la fermeté de son courage, lui firent prendre la résolution d'en sortir. Cependant, pour ne rien précipiter dans une affaire de cette importance, il voulut consulter le Seigneur, plutôt que son chagrin. Il ouvrit donc l'Évangile, et après en avoir mûrement délibéré avec ce directeur, qui ne trompe point, il reconnut que le parti le plus sage était de souffrir ; que peut-être ailleurs il trouverait d'autres peines encore plus amères, et enfin que les croix, étant le partage des véritables chrétiens, n'étaient pas une raison légitime pour abandonner sa vocation. Ces motifs l'arrêtèrent[1].

---

tain, dit Lelong (cité par Adry), que ceux même qui étaient le plus prévenus contre Malebranche, tels que le P. Fouré, assistant et homme d'une très grande piété, ouvrirent les yeux .., et devinrent même ses partisans »

[1] *L'éditeur des œuvres de M Arnauld prétend qu'on exigea dans l'Oratoire une rétractation de son Traité de la nature et de la grâce, et que sur le refus que fit le P. Malebranche de la donner, on le punit en l'envoyant faire la philosophie à Saumur Cette anecdote est fausse. Niceron, t XXXVI, p 82, dit néanmoins « que le P. Claude Ameline, après son institution en 1660, fut envoyé a Saumur pour y étudier en théologie, et que ce fut là, dit-il, qu'il connut le P. Malebranche, avec lequel il contracta une étroite amitié » Cette époque de 1660 ne peut pas davantage se concilier avec ce qui a été dit ci-dessus, que le P. Malebranche, au sortir de l'Institution, en 1660 ou 1661, fut envoyé à la maison de Saint-Honoré On voit bien dans les registres du conseil de l'Oratoire : Le P Nicolas Malebranche-Desperiers va aux Ardilliers (de Saumur) pour y résider; mais cette espèce d'ordre est daté du 27 mai 1669, et le secrétaire du conseil ajoute qu'il ne croit pas qu'il ait été cré-*

Le P. Malebranche, se voyant une si grande foule
d'ennemis sur les bras, et d'ailleurs, étant incapable
d'abandonner le parti de la vérité connue pour éviter la
persécution, songea au plus tôt à se fortifier contre leurs
attaques. Le vrai moyen, c'était de mettre ses principes
dans un si beau jour que l'on ne pût y résister sans un
aveuglement grossier et sans une iniquité manifeste. Il
avait supposé, dans son livre de *la nature et de la grâce*,
certaines vérités qui paraissent évidentes à ceux qu'il y
avait particulièrement en vue. Il résolut d'en faire un
qui ne supposât rien, ou rien que d'évident, pour être
utile à plus de personnes.

Nous avons dit qu'en 1676 il avait commencé l'ou-

cuté. *Nous avons même vu que la maison de Saint-Honoré fut
la résidence du P. Malebranche jusqu'à sa mort. Je dis plus :
Ce fait est absurde. En supposant que cet ordre de faire une
philosophie fût une punition, est-il vraisemblable que le P. de
Sainte-Marthe eût envoyé pour enseigner les jeunes élèves de
l'Oratoire un homme dont la doctrine lui paraissait contraire
à la sienne, et peut-être hérétique par cela même.* (Adry.)

*J'ai cité ce passage d'Adry bien qu'il contienne plusieurs er-
reurs, ou plutôt à cause de cela même, car il importe de les
rectifier. Adry est dans le vrai en affirmant qu'on n'exigea point
de rétractation du P. Malebranche, et qu'il ne fut pas relégué
à Saumur. On a vu, dans la note précédente, que le P. de
Sainte-Marthe aurait pu, en effet, envoyer Malebranche en
province. Au lieu de cela les Registres du conseil et les Listes
triennales le marquent toujours en résidence à Saint-Honoré.
Mais Nicéron à son tour a raison en disant que Malebranche
se lia d'amitié avec le P. Claude Ameline à Saumur : on a vu
(p. 11) que Malebranche y passa quelques mois après son institution. Ameline s'y trouvait à ce moment, et c'est ensemble
qu'ils revinrent à Paris continuer leur théologie.*

*Quant à l'ordre inexécuté du 27 mai 1669, le bon Adry se
trompe étrangement en s'arrêtant à prouver que ce ne put être
une punition du P. de Sainte-Marthe; à cette date, 1669, Malebranche n'avait encore rien publié, et le P. de Sainte-Marthe
n'était pas général de l'Oratoire.*

*M. Blampignon, naturellement, répète toutes les erreurs
d'Adry* (p. 76).

vrage de ses *Méditations chrétiennes,* et les raisons pourquoi il les avait abandonnées. Il en eut d'autres, qui l'obligèrent à les reprendre en 1682.

Quoiqu'il sût assez bien que cette manière d'écrire n'était pas au goût de certaines gens, il ne laissa pas de s'y déterminer : 1° Parce qu'il avait déjà quatre méditations toutes faites, ce qui est une bonne raison, quand on est pressé de se défendre; 2° parce que ses amis qui les avaient lues, l'exhortèrent de les achever; 3° parce que, se voyant abandonné des hommes, il prenait plaisir à converser avec Dieu, qui n'est jamais plus près de nous, que lorsque nous sommes dans la tribulation; 4° parce qu'il avait éprouvé que cette manière d'écrire l'édifiait, et qu'il espérait aussi qu'elle serait propre à édifier les autres; enfin, parce qu'il fallait changer de tour. Voilà les seuls motifs qui le portèrent à reprendre ses *Méditations chrétiennes.* Mais, afin de les mieux travailler, il crut devoir quitter pour quelque temps le tumulte de Paris.

Le P. Malebranche, depuis que ses livres lui eurent fait dans le monde un si grand nombre de connaissances, avait cette pratique de s'aller quelquefois enfermer dans des solitudes, tantôt pour faire des retraites, tantôt pour méditer plus en repos sur les vérités de la religion et de la philosophie, tantôt pour composer des ouvrages, ou pour les retoucher. La Trappe, dont le saint et fameux abbé, le Bernard de nos jours, fut un de ses grands admirateurs, le vit plus d'une fois avec édification. Mais Raroy, maison de l'Oratoire, solitude du diocèse de Meaux, et Perseigne, abbaye de Bernardins réformés, dans le diocèse du Mans, étaient ses asiles les plus ordinaires contre les importunités que lui attirait à Paris sa grande réputation. Ce fut dans ce monastère qu'il acheva le livre de ses *Méditations chrétiennes et métaphysiques.* Il avouait lui-même qu'il les avait prodigieusement travaillées [1].

Tout son dessein est renfermé dans cette belle parole du Sauveur à son Père, imprimée au-dessous du titre, et qui contient tout le fond de la religion chrétienne : *Hæc est vita æterna ut cognoscant te solum Deum verum, et quem misisti Jesum Christum* [2]. Voilà, Seigneur, en quoi consiste la vie éternelle, c'est vous connaître, vous qui êtes le seul Dieu véritable, et celui que vous avez envoyé au monde, Jésus, qui est votre Christ. Dans l'exécution l'on trouvera un excellent abrégé de la théologie et de la morale évangélique ; une profonde connaissance des notions primitives, qui doivent servir de fondement à toutes les sciences ; plusieurs allusions ingénieuses à la situation où il se trouvait alors par la persécution suscitée contre son *Traité de la nature et de la grâce ;* mais le meilleur éloge que l'on puisse faire de cet ouvrage, c'est d'en donner une analyse [3] où l'on ait le plaisir de voir les démarches suivies d'un esprit juste et pénétrant dans la recherche des vérités les plus sublimes. On y remarquera que l'ouvrage est dédié au Verbe : *Dico ego opera mea regi* [4]; et sans doute le bon goût du P. Malebranche dans le juste discernement qu'il fait entre ce qu'il met dans la bouche du maître et ce qu'il fait dire au disciple.

---

[1] *Ce n'est que des quatre premières qu'il a parlé ainsi.* (P. Lelong.)

[2] S. Jean, XVII, 3.

[3] *Cette analyse va de la page* 289 *à la page* 348. *Bayle dit de cet ouvrage :* On y trouve un précis de la métaphysique cartésienne et de tout ce qu'il y a de meilleur dans les méditations de M. Descartes. Il semble même que tout y soit mieux digéré, plus court et plus moelleux que dans celle de M. Descartes, et qu'on soit allé plus avant que lui. (Mars 1684.)

[4] *Psaume* XLIV, 2.

Cet ouvrage, d'abord, choqua bien des personnes par
le terme que l'auteur a pris de se faire instruire immédiatement par le Verbe éternel et incréé[1]; mais, d'ailleurs, il a des beautés, qui, à mon gré, en effacent
toutes les taches. Beaucoup d'élévation, plus encore de
profondeur; un style noble, juste, poli, tendre, plein
d'onction et de sentiments, nourri de l'Écriture, dont les
passages heureusement appliqués se trouvent toujours à
leur place ; et, ce qui m'en plaît infiniment, un soin
extrême de ne mettre dans la bouche de Jésus-Christ que
des vérités évidentes ou les propres maximes de son
Évangile. Quoiqu'il en soit, voici les aventures de ce
fameux livre.

Le P. Malebranche l'ayant achevé dans le monastère
de Perseigne, revint à Paris en 1682, le lut à quelques-
uns de ses confrères, et, voyant qu'ils en approuvaient le
fond et la manière, il le leur mit entre les mains pour en
faire ce qu'ils jugeraient à propos. Telle était sa méthode
ordinaire. Il travaillait à ses ouvrages et d'autres à l'impression, qui demandait des mouvements dont sa paresse
naturelle le rendait incapable. Comme son *Traité de la
nature et de la grâce* avait fait beaucoup de bruit en France
par le talent qu'ont MM. les jansénistes, autant à tout le
moins que ceux qu'ils en accusent, de remuer tout l'univers contre ceux qui leur déplaisent, on n'eut garde de
solliciter un privilège pour l'édition de cet ouvrage, qui
n'était qu'une explication de l'autre. On prit donc d'autres

---

[1] Du reste, dit M Fontenelle, on peut assurer que le dialogue
a une noblesse digne, autant qu'il est possible, d un tel interlocu-
teur : l'art de l'auteur, ou plutôt la disposition naturelle ou il se
trouvait, a su y répandre un certain sombre, auguste et majestueux, propre a tenir les sens et l'imagination dans le silence,
et la raison dans l'attention et le respect. *Adry ajoute que le
ministre Jurieu eut l'impiété de dire que le Verbe était devenu
cartésien sur ses vieux jours.*

mesures : ce fut d'écrire à un imprimeur des Pays-Bas.

Cependant il arriva, je ne sais par quel hasard, qu'une copie manuscrite des *Méditations chrétiennes* tomba entre les mains d'un savant homme que son mérite et sa vertu avaient élevé à la dignité de suffragant de Mayence, sous le nom d'évêque d'Ascalon. Je parle de Walther de Strevesdorf, nom allemand qui n'empêchait point qu'il n'eût les mœurs très françaises. Curieux de beaux livres, il dévora celui-ci avec une avidité extraordinaire. Il en fut si charmé que, par reconnaissance pour l'auteur qui lui avait donné tant de plaisir, il y voulut joindre son approbation. Après avoir témoigné l'extrême satisfaction qu'il avait eue en le lisant, il atteste qu'il a trouvé les *Méditations chrétiennes* du P. Malebranche bien fondées sur les principes de la philosophie et de la théologie ; qu'elles pourront être fort utiles pour ouvrir les yeux à ceux qui se sont laissés prévenir par les nouvelles erreurs ; qu'elles serviront enfin à faire voir aux impies la vérité et la nécessité de la religion chrétienne. D'où il conclut à l'impression. Témoignage d'autant moins suspect, qu'il ne fut sollicité ni par l'auteur, ni par personne de sa part, mais par la seule équité de ce prélat. Il était étonné qu'en France on goûtât si peu les belles choses, qu'un ouvrage de ce mérite fût obligé de s'exiler de sa patrie pour avoir la liberté de paraître.

L'évêque d'Ascalon n'en demeura pas là. Il donna les *Méditations chrétiennes* au censeur des livres de Mayence, qui, en ayant porté le même jugement, ils envoyèrent leurs suffrages à l'imprimeur pour les mettre à la tête du livre, ce qui s'exécuta ; mais cela ne fut pas capable d'en faciliter le débit en France, lorsqu'il fut achevé d'imprimer, au commencement de 1683 [1].

---

[1] *A trois mille exemplaires.* (Mss. de Troyes.)

Le P. Malebranche, outre les jansénistes, qui, comme nous l'avons dit, étaient ses ennemis déclarés, avait une partie secrète à la cour : c'était le célèbre évêque de Meaux. Ce que l'on peut assurer, c'est que la manière dont il parlait du P. Malebranche donna lieu de croire qu'il fut le premier mobile de ce que l'on fit alors contre ses *Méditations,* et depuis, à Rome, contre son *Traité.* On en jugera par les faits que nous rapporterons fidèlement dans le cours de cette histoire, en donnant le certain pour certain et le douteux pour douteux

Les *Méditations chrétiennes* étant donc imprimées, le libraire en envoya plusieurs ballots à Paris et à Rouen. Le prélat, qui en fut informé, sans doute par les émissaires de M. Arnauld, et qui savait, d'ailleurs, que cet ouvrage contenait les mêmes principes que le *Traité de la nature et de la grâce,* en fit avertir, dit-on, les parlements de ces deux villes. Les exemplaires furent saisis à Paris par arrêt de la cour On prit patience. Mais à Rouen, pays de liberté pour les livres [1], les libraires intéressés se remuèrent tant, qu'ils obtinrent main-levée pour mettre celui-ci en vente, moyennant une approbation qu'ils avaient eue de deux grands vicaires qui l'avaient examiné. Tout cela s'était conclu en l'absence du premier président Pelot, si je ne me trompe. Mais ce magistrat, qui avait apparemment des ordres d'en haut, ou peut-être sollicité par les amis de M. Arnauld [2], qui en avait partout, donna deux jours après un arrêt, par lequel il

---

[1] *Pourquoi donc? Mme de Longueville cependant ne vivait plus, elle qui, du temps qu'elle était gouvernante de cette ville, protégeait les Oratoriens.* (Voir le Prétendu jansénisme du P. de Sainte-Marthe, *p.* 46.)

[2] *C'est ce que croyait le P. Malebranche : « J'ai quelque partie secrète, écrivait-il le 27 février 1684, et je ne plais pas à certaines personnes : avant ce que vous savez, je n'avais trouvé personne en mon chemin* (Corresp. inédite.)

était ordonné de remettre les exemplaires à la garde
d'un huissier du Parlement, jusqu'à ce qu'on eût demandé un privilège du roi, quoiqu'il y ait une loi très
sage de n'en point donner pour un livre déjà imprimé.

Malgré toutes ces chicanes, il y eut bien des exemplaires qui se sauvèrent des mains de la justice; et
presque en même temps Lyon en fit paraître une seconde
édition [1] qui se débita sans obstacle, mais non pas sans
bruit. M. de Meaux renouvela ses murmures, les jansénistes leurs contradictions et M. Arnauld ses menaces,
qui firent toujours plus de mal au P. Malebranche que
ses coups, car l'autorité de ce grand homme était telle
qu'il n'avait qu'à parler pour animer ses hommes contre
ses adversaires. En effet, jusqu'alors on l'avait vu si
souvent triompher de ses ennemis, qu'il lui suffisait
de menacer pour qu'on le crût vainqueur. On publiait
donc partout qu'il allait entrer en lice contre le P. Malebranche, ce qui excitait déjà dans son parti mille cris de
victoire.

Toutes ces oppositions et cette iniquité de la prévention
publique dégoûtèrent un peu notre philosophe du métier
d'écrivain, comme il le témoigna lui-même dans quelques-unes de ses lettres. Mais parce qu'il agissait par
des vues plus relevées que la gloire humaine, il ne s'en
laissa point abattre.

La princesse Élisabeth lui avait fait proposer autrefois
de composer un traité de morale sur de meilleurs principes que celle de l'école. Ses amis lui en firent de nouveau la proposition; il y avait lui-même du penchant. Il
avait toute sa vie étudié à fond cette science, dont il ne
voyait que des essais informes dans les meilleurs auteurs,
tant anciens que modernes. De plus, une morale, démon-

---

[1] En 1683.

trée ou expliquée par principes, lui paraissait d'une conséquence infinie pour la religion, qui était la fin unique
de tous ses travaux. Il en forma donc le dessein, et, en
attendant que M. Arnauld lui fît les attaques dont il le
menaçait depuis environ trois ans, il se retira à Raroy,
solitude du diocèse de Meaux, pour travailler plus com-
modément à ce nouveau rempart de son *Traité de la
nature et de la grâce.*

L'ouvrage se trouva fini en 1683. L'auteur ne l'appela
qu'un *Essai*. Mais, si on le compare aux autres livres de
morale, on peut bien dire que c'est un chef-d'œuvre [1] et
par lui-même et plus encore par les grandes ouvertures
qu'il donne pour faire quelque chose de plus achevé.
Pour se mettre en état d'en juger plus sainement, il faut
rappeler l'état où se trouvait la morale au temps où le
P. Malebranche écrivait son traité.

Elle se trouvait livrée, comme autrefois la loi de Moïse,
aux interprétations des scribes et des pharisiens, dont
les uns, sévères à outrance, la portaient souvent au
delà de l'Évangile, et les autres, en bien plus grand
nombre, indulgents à l'excès, la retenaient violemment
beaucoup en deçà du paganisme. D'ailleurs tous ces
moralistes avaient quatre défauts essentiels : de parler
sans principes, je veux dire sans remonter aux premières
notions des choses ; de raisonner sans idées claires, ni de
Dieu, ni de l'homme, ni de la loi, ni de la vertu ; d'user
d'un langage ou plutôt d'un jargon d'école, si plein d'é-
quivoques et d'embarras, que plus on avait d'esprit,
moins on était capable de l'entendre ; enfin de ne mettre

---

[1] On imprime sa morale, qui est assurément un chef-d'œuvre,
disait Bayle dans la *République des lettres,* au mois de mai
1684. Comme l'auteur est un esprit original, s'il en fut jamais,
on doit s'attendre dans ce traité de morale d'y trouver des pensées toutes neuves.

ni suite, ni enchaînement entre les matières qu'ils mettaient en question. Le P. Malebranche n'avait donc garde
d'en être content, ni de les prendre pour modèles. L'antiquité lui en fournissait trois qui étaient beaucoup meilleurs, mais qui, néanmoins, n'avaient pas encore de
quoi le satisfaire. Cicéron a écrit ses Offices d'une manière qui le fera toujours admirer ; mais n'étant point
chrétien, il n'a pu en toucher le principe qui est le vrai
Dieu, alors inconnu dans les nations. Saint Ambroise a
composé sur la même matière d'un style fort chrétien;
mais, n'étant point philosophe, il se contenta d'établir
nos devoirs sur l'autorité de l'Écriture. Saint Augustin,
qui était l'un et l'autre, s'est heureusement servi de la
raison et de la foi pour appuyer sa morale sur des fondements inébranlables. Mais quoique ce Père, le plus fort
génie des siècles passés, ait lui seul plus de principes
que tous les autres ensemble, comme on le peut voir
dans ses ouvrages philosophiques et dans la plupart de
ses lettres; cependant il faut convenir qu'il ne leur a
point donné cet arrangement de système, ni ce beau jour
auquel la méthode admirable de M. Descartes a maintenant accoutumé les esprits.

Il fallait donc un travail et un génie extraordinaires
pour finir ces traits qui ne sont ordinairement qu'ébau-
chés dans les anciens moralistes et qui sont très souvent
défigurés dans les modernes. Mais il en fallait bien plus
pour y ajouter ceux qui manquaient pour établir des
principes, pour éclaircir les idées, pour lever les équivoques, pour mettre de la raison partout [1].

---

[1] *Analyse du* Traité de morale, *pages* 353 *à* 441. — Voici comment parlait Bayle dans ses *Nouvelles du mois d'août* 1684 : Cet
auteur a tant fait connaître qu'il va plus loin que les autres dans
toutes les parties de la philosophie qu'il a examinées jusqu'ici,
qu'on a pu raison d'espérer, dès qu'on a su que sa morale était

Pendant que le P. Malebranche composait à Raroy
son *Traité de morale* [1], il semble que Dieu le voulut en-
courager par une marque sensible de sa protection, car
dans le temps même que M. de Meaux et M. Arnauld lui
suscitaient tant d'ennemis de toutes parts par l'autorité
qu'ils s'étaient acquise dans le monde, il eut la consolation de trouver, sans l'avoir cherché, un appui considérable. M. le prince, le grand Condé, qui était un génie
universel et aussi héros en matière de science qu'en matière de guerre, n'entendant parler d'autre chose que du
Traité de la nature et de la grâce, eut la curiosité de le lire.
Il le goûta si fort, qu'il avoua que de sa vie il n'avait lu
livre qui lui eût fait plus de plaisir. Mais pour en mieux
comprendre tout le système, il manda l'auteur à Chan-
tilly où il était alors [2]. Le P. Malebranche le trouvant
instruit des principes de sa *Recherche* n'eut pas beaucoup

sous la presse, qu'on verrait bientôt un ouvrage fort singulier et
fort élevé; on y trouve, en effet, la morale traitée d'une manière
fort nouvelle; mais ce qu'il y a de plus édifiant, c'est qu'on n'a
jamais vu aucun livre de philosophie qui montrât si fortement
l'union de tous les esprits avec la divinité, et l'obligation où ils
sont d'aimer et de craindre cet Être infini. Cela ne peut faire
qu'un très bon effet; parce qu'il y a de très malhonnêtes gens au
monde et de faux savants, qui tâchent de faire accroire au peuple
que les philosophes de grande pénétration ne croient pas les vérités importantes qui sont le fondement de la piété. On verra le
contraire dans cet ouvrage; on y verra le premier philosophe de
ce siècle raisonner perpétuellement sur des principes qui sup-
posent de toute nécessité un Dieu tout sage, tout-puissant, la
source unique de tout bien, la cause immédiate de tous nos
plaisirs et de toutes nos idées. C'est un préjugé plus puissant en
faveur de la bonne cause que cent mille volumes de dévotion
composés par des auteurs de petit esprit.

[1] Le P. André disait de cet ouvrage qu'il était un peu croqué.
[2] Au dire de M. Fontenelle, le héros, entouré de gens d'esprit et de
savants, vivait comme aurait fait César oisif. — « *M. le Prince me
manda il y a environ trois semaines; je fus le trouver à Chan-
tilly, où j'ai demeuré deux ou trois jours. Il souhaite de me
connaître à cause de la* Recherche de la vérité *qu'il lisait ac-*

de peine à résoudre ses difficultés, ni à répandre la lumière
dans un esprit si ouvert. Le prince y prit tant de goût,
qu'il le retint plusieurs jours auprès de lui. Le philosophe,
de son côté, ne voulant point perdre son temps, ne les
employa qu'à lui parler de religion, de la justice divine,
de sa providence, de sa miséricorde, etc., ce qui fit dire à
un des officiers du prince qui s'était trouvé à tous leurs
entretiens, que le P. Malebranche lui avait plus parlé de
Dieu en trois jours que son confesseur en dix ans. On ne
doute pas que ces conversations saintes n'aient bien
contribué à la conversion de ce grand héros, qui éclata
quelque temps après. Ce qu'on sait très certainement,
c'est que le P. Malebranche s'en retourna, comblé d'honneurs, achever son *Traité de morale* à Roroy.

Mais, tandis que le premier prince du sang de France
lui témoignait tant de bontés [1], le plus fameux prélat
du royaume ne songeait qu'à le décrier. M. de Meaux
n'avait mal parlé du P. Malebranche que dans ses con-

tuellement. Il a achevé de la lire et en est extrêmement content, et du Traité de la nature et de la grâce *qu'il trouve si beau,
ce sont ses termes, que jamais livre ne lui a donné plus de
satisfaction. Il m'écrit qu'il me fera l'honneur de m'en écrire
encore plus particulièrement. M. le Prince est un esprit vif, pénétrant, net, et que je crois ferme dans la vérité, lorsqu'il la
connaît; mais il veut voir clair. Il m'a fait mille honnêtetés. Il
aime la vérité, et je crois qu'il en est touché.* (Lettre de Malebranche du 18 août 1683, *Corresp. inéd.*, p. 21.)

[1] *M. d'Allemans dit que le prince de Condé envoya chercher
plusieurs fois le P. Malebranche depuis ce premier voyage. Il
lui donna même un bénéfice, qu'il remit sur-le-champ à la
maison de Saint-Honoré avec la permission du prince, qui admira son désintéressement. L'auteur de la Recherche de la vérité et le vainqueur de Rocroy étaient aussi en commerce de
lettres : on a vu entre les mains du P. Malebranche plusieurs
lettres que lui écrivait le grand Condé; on est porté à croire
qu'elles doivent être bien intéressantes, et nous désirons* (ajoute
Adry) *ardemment de les recouvrer pour en faire part au public.*

versations particulières ou dans ses lettres ; il voulut le
faire en public et dans une occasion où cela ne venait
pas fort à propos ; car, ayant été nommé par le roi pour
faire l'oraison funèbre de la reine, il s'avisa d'y peindre
le P. Malebranche ou plutôt le fantôme qu'on s'en était
formé. C'est en parlant de la Providence qui distribue
les rangs et les couronnes, que ce prélat, plus orateur
que philosophe, entreprend de combattre, en passant, le
système des lois générales mal entendu et encore plus
mal énoncé. Voici l'endroit ; on jugera : « Que je méprise,
dit-il, ces philosophes qui, mesurant les desseins de Dieu
à leurs pensées, ne le font auteur que d'un certain ordre
général d'où le reste se développe comme il peut ! comme
s'il avait, à notre manière, des vues générales et con-
fuses, et comme si la souveraine intelligence pouvait ne
pas comprendre dans ses desseins les choses particulières
qui, seules, subsistent véritablement, etc. » M. de
Meaux était si content de ce petit morceau d'éloquence,
qu'il le lisait volontiers à ses amis, en nommant toujours celui qu'il avait voulu peindre. En effet, tout
homme de sens aura bien de la peine à l'y reconnaître.
Ce fut la nouvelle qu'apprit le P. Malebranche à son
retour de Raroy. Il n'est guère agréable de se voir ainsi
défiguré aux yeux de la cour et de la ville. Mais ce ne fut
point la seule épreuve que sa patience eut à essuyer. Le
prélat lui envoya lui-même son oraison funèbre. Le
P. Malebranche se connaissait trop bien en hommes
pour ne point voir que c'était une insulte ; mais il fut
assez chrétien pour ne point s'en ressentir, et assez sage
pour ne s'en point apercevoir. La connaissance qu'il
venait de faire avec M. le prince, dont la protection lui
était assurée, ne le rendit pas plus fier ; il alla tout simplement remercier M. de Meaux de l'honneur qu'il lui
avait fait de lui envoyer un si beau présent. Ses amis ne

se crurent pas obligés à une conduite si modérée : ils se plaignaient hautement de l'indigne procédé du prélat ; de sorte que le P. Malebranche fut souvent contraint de les consoler de ses propres malheurs, ce que nous apprenons de plusieurs de ses lettres. Je rapporterai seulement ce qu'il en disait à un de ces messieurs, dans une lettre que voici en propres termes : « Je vous avoue, Monsieur, que j'ai un très grand chagrin des dispositions de M. de Meaux à mon égard, et que je voudrais fort pour le bien de la vérité..., etc...[1]. »

C'est par la vue de ce Dieu crucifié que le P. Malebranche se consolait avec ses amis, lorsqu'il reçut une nouvelle marque de la protection du ciel en qui seul il mettait sa confiance. M. de Harlay de Champvallon, grand esprit et plus grande mémoire[2], était alors archevêque de Paris, aimé dans son diocèse, tout-puissant à la cour, connu et adoré dans toute la France, tant à cause de ses belles manières toujours obligeantes[3] qu'à cause de son zèle pour la foi, pour la gloire de l'Église romaine et pour la défense de nos libertés contre les entreprises de la cour de Rome. Il était fort opposé au jansénisme et un peu même au thomisme, qu'il est assez difficile d'en bien distinguer, je dis, du jansénisme avoué, pour peu qu'on ait d'intelligence et de bonne foi. Ce prélat ayant appris ou plutôt voyant de ses propres yeux l'orage excité contre le P. Malebranche sur des matières de sa compétence, le fit venir pour lui rendre compte de

---

[1] *Encore une lettre dont nous n'avons malheureusement que ce court fragment.*

[2] *Cela ne le caractérise pas assez.* (P Lelong)

[3] Les refus de M. de Harlay valent mieux que les grâces de M de Noailles : celui-ci avait un air sérieux Il y a une scène dans le *Festin de Pierre* (*Don Juan*) de Molière ou M. Dimanche vient demander de l'argent, laquelle, disait-on, peint à merveille M. Harlay (*C'est la ~~scène~~ IIIe du IVe acte.*)

sa doctrine, en qualité de son archevêque. Lorsqu'on se
sent innocent, on ne craint point son juge. Le P. Malebranche partit au premier ordre pour l'audience qu'on
lui avait marquée. Il y trouva le prélat, accompagné de
cette bonne grâce qui le rendait si accessible à tout le
monde, et où la grandeur et la bonté, jointes ensemble,
faisaient voir des charmes dont il n'était guère possible
de se défendre. Cet air affable rassura fort le P. Malebranche qui lui exposa tout son système de la nature et
de la grâce, en posant d'abord pour fondement tous les
articles décidés dans l'Église, puis, expliquant son
dessein, établissant ses principes, apportant ses preuves
que M. de Harlay n'interrompait que pour les confirmer
par quelques passages de saint Augustin, qu'il citait toujours à propos et avec une mémoire étonnante. Enfin, le
P. Malebranche ayant fini, le prélat lui dit que son
traité était fort beau et très fondé en saint Augustin ; que
dans le fond il ne disait rien de nouveau, si ce n'est dans
la manière d'expliquer les dogmes de la foi, et que cette
manière elle-même était parfaitement belle. Ce fut le
succès de sa première conférence avec M. de Harlay.
Nous en verrons encore une autre dans la suite qui ne
lui fut pas moins avantageuse.

Le P. Malebranche s'en retourna fort consolé d'avoir
contre lui son général, ayant pour lui son archevêque ;
après quoi il ne songea plus qu'à faire imprimer sa
morale, qui le fut en effet bientôt après. Mais voici un
plus grand objet qui nous appelle et que nous attendions
depuis longtemps.

CHAPITRE V

M. Arnauld, après avoir souvent menacé d'écrire
contre le P. Malebranche, commença enfin la guerre,
dans les circonstances les plus favorables pour intéresser
le public dans la querelle de ces deux auteurs. La France
avait la paix avec tous ses voisins, de sorte qu'elle était
disposée à occuper sa curiosité naturelle du premier spectacle qui se présenterait. Celui de deux combattants, tels
que M. Arnauld et le P. Malebranche, avait de quoi ré-
veiller toute son attention, car depuis la fondation de la
république des lettres, on croit pouvoir avancer que jamais on n'avait vu paraître sur la scène deux adversaires d'un si grand mérite, ni d'une réputation si bien
établie. M. Arnauld, connu depuis près de cinquante ans
par ses beaux ouvrages, l'était encore par tant d'événe-
ments mémorables, qui en troublant même sa vie, ne
l'avaient rendu que plus illustre, de sorte qu'il lui suffi

sait d'avoir paru dans une affaire, pour attirer les regards des moins curieux. Le P. Malebranche n'avait pas
encore une réputation si étendue, mais il en avait assez
pour se faire craindre au grand Arnauld, qui jusqu'alors
n'avait craint personne. On en verra la preuve dans la
suite. Une des choses qui piquaient le plus la curiosité
publique, était la matière de leur contestation : il s'agissait de la grâce, dont on parlait tant depuis plus de quarante années; et on espérait que de si grands génies
pourraient, en disputant de bonne foi, donner quelque
jour à un mystère, qui, dans tous les systèmes qui
avaient été encore publiés, ne présentait que des difficultés à la raison.

La bruit s'étant donc répandu que M. Arnauld avait
enfin écrit contre l'auteur du *Traité de la nature et de la
grâce,* tout le monde se réveilla. Mais, sans avoir vu
l'ouvrage, on en parlait déjà fort diversement. Les jansénistes, accoutumés à crier victoire, triomphaient à leur
ordinaire; les molinistes, toujours attentifs à leurs démarches, ne savaient pas trop s'ils devaient se réjouir ou
s'alarmer de cette nouvelle. Mais je sais qu'il y eut des
jésuites qui, suivant le génie de leur société, dirent assez
hautement que toute cette contestation n'était qu'un jeu
joué entre M Arnauld et le P. Malebranche, pour établir
le jansénisme avec plus de succès C'est ainsi que chacun parle selon ses préventions. Les personnes équitables, et qui lisent les livres avant que d'en juger,
disaient au contraire qu'il fallait avoir perdu le sens, ou
être jésuite à outrance, pour avoir cette pensée Enfin, ce
bruit de guerre entre ces deux auteurs était l'entretien
non seulement des savants de profession, mais des
grands même et des gens de la cour qui avaient quelques lumières. M. le Prince, qui en avait plus que la
plupart des philosophes et des théologiens ordinaires, dit

à cette occasion que la querelle de ces deux grands
hommes, ne pouvant manquer de servir à l'éclaircissement des matières en question, lui ferait un plaisir extrême, l'un étant, ajoutait-il, le plus grand logicien, et
l'autre, le plus grand métaphysicien de l'Europe.

Telle était l'attente et la disposition du public. Mais
on fut bien surpris, lorsqu'au lieu d'un ouvrage contre
le *Traité de la nature et de la grâce,* on ne vit paraître
qu'un livre hors-d'œuvre, contre le sentiment du P. Malebranche sur la nature des idées [1], ce qui n'avait nul
rapport au sujet de la dispute; mais c'était une ruse de
guerre.

M. Arnauld était trop habile homme, pour ne point
voir que la réputation de bel esprit, de génie profond et
de solide écrivain dont le P. Malebranche jouissait depuis dix ans, lui ferait quelque tort. Il fallait donc affaiblir son adversaire par cet endroit, et il jugea bien qu'il
ne pouvait mieux s'y prendre qu'en attaquant d'abord
celle de ses opinions qui est la plus abstraite, la plus
élevée au-dessus de la portée commune, et par là même
la plus propre à ranger de son parti le petit peuple des
savants toujours présomptueux, toujours prêt à condamner ce qu'il n'entend pas. Ce procédé n'est donc pas si
étrange qu'il le parut à bien des gens, d'autant plus, dit
M. Arnauld lui-même, que l'auteur du *Traité de la nature
et de la grâce* nous avertit, dans la seconde édition de son
ouvrage, que, pour le bien entendre, il serait à propos de
savoir les principes établis dans la *Recherche de la vérité.*

---

[1] *Des vraies et des fausses idées contre ce qu'enseigne l'auteur de la Recherche de la vérité,* par Antoine Arnauld, docteur
de Sorbonne. Cologne, chez Nicolas Schouters, 1683, in-12 de
339 pages. « Ce livre servira, si je ne me trompe, à diminuer la trop
bonne opinion que beaucoup de gens ont de la solidité de l'esprit
de notre ami, et ce sera un préjugé qu'il aura bien pu se tromper
dans la matière de la grâce si l'on peut montrer que dans les

C'est par où il tâche d'excuser sa fausse attaque. Mais ce qui doit surprendre tout le monde, c'est la manière dont M. Arnauld écrivit contre cette opinion, que c'est Dieu lui-même qui nous éclaire par l'efficace de ses propres idées. Ce fut d'un style fort négligé, prêtant à son adversaire des sentiments et des termes, supposant partout ce qui est en question, savoir que nos perceptions sont la même chose que nos idées, n'étant presque jamais au fait des idées dont il parle le plus décisivement, tirant les conséquences les plus odieuses des principes qui les renferment le moins, abusant sans cesse de l'équivoque des termes, faisant indiscrètement des railleries qu'on peut lui rendre mot pour mot, en substituant son opinion à la place de celle du P. Malebranche; s'égarant à droite et à gauche par des discours qui ne viennent souvent à rien, sans ordre, sans lumière, sans tour. En un mot, pour peu qu'on ait lu l'auteur qu'il réfute, on se demande à soi-même, presque à chaque page: à qui en veut-il? et où est la logique de M. Arnauld [1]?

Ce livre a pour titre : *Des vraies et des fausses idées*, ce qui n'exprime pas trop bien ce qu'il veut dire.

Le P. Malebranche ne tarda point longtemps à y répondre [2]. Voici de quelle manière : il fallait d'abord dé-

---

questions de métaphysique, dont il a toujours fait son fond, il s'est étrangement égaré. Or je ne saurais me mettre hors de l'esprit que tous les habiles gens n'en demeurent d'accord. » (*Lettre d'Arnauld à Quesnel*, t III.)

[1] Dans les *Nouvelles* du mois d'avril 1684, Bayle dit lui-même que M. Arnauld propose des difficultés au P Malebranche quoiqu'il ne l'ait pas toujours bien entendu, et qu'elles avaient cela d'incommode pour lui qu'on pouvait les retorquer.

[2] *Réponse de l'auteur de la Recherche de la vérité au livre de M. Arnauld.* Cette réponse, achevée au mois d'octobre 1683, fut imprimée à Rotterdam, chez Reinier Leers, 1684, in-12, et en 1685, 2e édition. Le *Traité de la nature et de la grâce* ayant fait connaître à MM. de Port-Royal que l'auteur de la *Recherche de la*

truire certains bruits qui avaient couru dans le monde;
c'est par où il commença en faisant lui-même toute l'histoire de son traité à quelques circonstances près, qu'il a
jugé à propos de supprimer, et que nous avons cru ne
devoir pas omettre. Il proteste qu'il n'a jamais cru que
la grâce, qui n'a son efficace que d'elle-même, ait par
elle-même l'effet qu'elle opère, lorsque nous en suivons
les mouvements; c'est-à-dire qu'il n'a jamais cru que la
grâce fût invincible, ainsi que le soutiennent les jansénistes. « Je dis ceci en passant, continue-t-il, pour me
justifier du prétendu changement dont on m'a injustement accusé, changement néanmoins que je préférerais
infiniment à l'obstination malheureuse dans laquelle vivent tranquillement bien des personnes, sous l'autorité
infaillible de M. Arnauld et de quelques autres. »

Il n'était pas moins nécessaire de faire voir que M. Arnauld, ayant à combattre le *Traité de la nature et de la
grâce,* ne devait pas, sous de vains prétextes, prendre le
change, ou le donner au public, en attaquant ce qu'il y
a de plus abstrait dans le livre de la *Recherche de la vérité,* et qui n'a nul rapport au sujet de leur dispute. C'est
ce qu'il démontre fort aisément, quoiqu'il avoue que le
tour n'est pas mauvais pour le décrier dans l'esprit de la
plupart du monde, qui ne pardonne guère aux auteurs
des sentiments un peu extraordinaires, lorsque d'ailleurs
ils sont contraires à leurs préjugés, et difficiles à comprendre.

Mais ce qui était le plus important, c'était d'obliger
M. Arnauld à venir au fait. Le P. Malebranche s'efforce
donc de l'y ramener, en lui prouvant par des raisons de

---

vérité n'était point janséniste, comme ils l'avaient cru, n'eut pas
le bonheur de leur plaire, c'est pourquoi ils donnèrent commission à M. Arnauld de le réfuter. (Bayle. avril 1684, *République
des lettres.;*

justice, de charité, de religion et d'honneur, qu'au lieu
de s'amuser à une question étrangère à leur controverse,
il devait écrire au plus tôt contre le *Traité de la nature et
de la grâce;* et pour donner plus de poids à toutes ces
raisons en le piquant par son endroit faible et sensible,
il lui reproche nettement qu'il dogmatise sur ces matières, puisque dogmatiser n'est autre chose qu'avancer
de nouveaux dogmes, ou donner ses opinions particulières pour des articles de foi, en traitant d'hérétiques des
gens que l'Église ne reconnaît point pour tels; ce que
M. Arnauld venait de faire tout récemment dans un livre
contre M. Mallet, en disant que les mérites des saints ne
sont pas l'effet d'une grâce, dont ils usent bien ou mal,
comme il leur plaît, et qu'il n'y a que des pélagiens qui
puissent avoir cette pensée, mais qu'ils sont l'effet d'une
grâce absolument efficace et invincible.

Le P. Malebranche fait sentir ensuite à tout lecteur
équitable que la conduite de M. Arnauld l'avait réduit à
prendre cette voie, pour l'obliger à venir au point dont il
était question. « En effet, Monsieur, dit-il à M. le marquis
de Roucy, à qui il adresse sa réponse, à l'exemple de
M. Arnauld, qui lui avait adressé son attaque, j'ai sur les
bras deux puissants adversaires : M. Arnauld et sa réputation. M. Arnauld, la terreur des pauvres auteurs, mais
qu'on ne doit pas néanmoins beaucoup craindre, lorsqu'on défend la vérité; et sa réputation, qu'on a grand
sujet d'appréhender, quelque vérité qu'on soutienne, car
c'est un fantôme épouvantable qui le précède dans les
combats, qui le déclare toujours victorieux, et par lequel
je me vois déjà depuis trois ans au nombre des vaincus.
Mais, comme les coups que donne un fantôme ne sont
point mortels, que la lumière les guérit, et qu'elle fait
même évanouir le fantôme qui les a portés, j'espère
qu'enfin on s'appliquera sérieusement à l'examen de mes

principes. » C'est tout ce que le P. Malebranche a toujours demandé à ses lecteurs, et ce qu'on ose dire que la
plupart lui ont toujours refusé.

Il ne se contenta pas ici de solliciter M. Arnauld, jusqu'alors son ami, à devenir son critique. Il veut bien encore avoir la bonté de lui marquer en détail ce qu'il doit
faire pour combattre son traité par les fondements; le
voici :

« Je prétends, dit le P. Malebranche, faire taire les libertins qui attribuent à une nature aveugle les dérègle-
ments de l'univers, et certains théologiens ou philosophes outrés, qui veulent que Dieu n'ait pas une volonté
sincère de sauver tous les hommes. Voilà mon dessein,
mon principe : c'est que Dieu agit ordinairement par des
lois générales; principe que je prouve *à priori*, ou par
l'idée de la cause, qui est Dieu; *à posteriori*, ou par les
effets du monde visible, qui n'arrivent qu'en conséquence
des lois de la communication des mouvements; *per re-
ductionem ad absurdum*, ou par les absurdités qui suivent
du sentiment contraire au mien, etc. Voilà donc ce que
doit renverser M. Arnauld, et pour couronner son ouvrage, il faudra encore qu'il fasse voir que j'ai mal entendu l'Écriture, qui me confirme plus que toute autre
raison dans mes principes. » Le P. Malebranche en apporte ici quelques passages.

Après quoi il montre bien à M. Arnauld que c'est par
justesse d'esprit, et non par impuissance, qu'il souhaite-
rait de n'avoir à lui parler que du vrai sujet de leur dispute. Car il répond à son livre des vraies et des fausses
idées d'une manière à ne lui laisser rien de raisonnable
à répliquer. On en fait juge le lecteur attentif, qui va
voir ici le pour et le contre.

Parce que, dans les disputes, il est surtout important
de bien connaître l'état précis de la question, le P. Male-

branche commence par l'établir fort nettement. Il s'agit
entre lui et M. Arnauld de savoir en quoi consiste la nature de nos idées, ou de ces images spirituelles qui représentent à notre âme des objets différents d'elle-même
ou de ses modifications, comme l'idée de ce monde visible, l'idée du carré, l'idée du cercle, etc. Si elles ne sont
autre chose que les perceptions ou les modifications de
notre âme, ou si elles en sont réellement distinguées et
subsistantes, indépendamment de nos esprits, dans la
substance divine qui nous les communique, ainsi qu'il
lui plaît.

Le P. Malebranche prétend que nos idées sont réellement distinguées de nos perceptions, qu'elles subsistent
indépendamment de nos esprits dans la substance divine;
que c'est Dieu qui nous les communique ainsi qu'il lui
plaît, et que c'est par là qu'il est véritablement notre lumière : *lux vera quæ illuminat omnem hominem* [1].

M. Arnauld prétend, au contraire, que nos idées ne
sont autre chose que les modifications de notre âme,
qu'elles ne sont point réellement différentes de nos perceptions, de nos pensées, de nos sentiments même les
plus obscurs et les plus confus; en un mot, que nos perceptions sont essentiellement représentatives, et par conséquent, que toutes nos modalités sont lumineuses par
elles-mêmes.

Qui des deux a raison ? C'est à la raison même à le décider. Le P. Malebranche, bien convaincu que son sentiment est une vérité de la dernière importance, en apporte ici plusieurs preuves [2], qu'il tire mot pour mot de

---

[1] Bayle dit que c'est la plus incompréhensible de toutes les pensées de cet auteur, mais qu'il ne s'ensuit pas que tous ceux qui
la condamnent soient bien fondés. S'il se trompe, c'est à force
d'avoir l'esprit pénétrant, et il y a peu d'hommes au monde
capables de telles erreurs. (Avril 1684.)

[2] Le même dit : On a de la peine à comprendre qu'une opinion

ses autres ouvrages. Pour éviter les redites, nous ne faisons que les indiquer.

La première est tirée de l'idée de l'infini, que nous avons très certainement, et qui ne peut être une modification de l'âme, qui est finie.

On tire la seconde preuve de ce raisonnement naturel : on peut assurer ce que l'on conçoit clairement. Or on conçoit bien clairement que l'étendue que l'on voit, ou qui est l'objet immédiat de l'esprit, est une chose distinguée de soi ou de son âme; car on y conçoit des propriétés qui ne peuvent convenir à l'âme; donc, on peut assurer que l'étendue, qui est l'objet immédiat de mon esprit, lorsque j'y pense, en est réellement distinguée.

La troisième preuve se prend de ce que nous avons des idées universelles, c'est-à-dire qui représentent généralement tout ce qui est de même genre ou de même espèce. Or il est évident que les modifications d'un être particulier ne sauraient être universelles ou générales, et que l'âme, qui n'est qu'une espèce d'être, ne peut trouver en elle-même, je dis dans sa propre substance, de quoi représenter toutes les espèces d'êtres ; donc, etc.

Une quatrième preuve, c'est que notre âme ne contient pas éminemment les perfections de tous les êtres qu'elle connaît; par exemple, celles de la matière, celles de Dieu, etc... Donc elle ne peut les voir dans elle-même, ou dans ses propres modalités. Il n'y a que Dieu, continue l'auteur, qui puisse, en se considérant lui-même, connaître toutes choses, parce qu'il ne peut y avoir que lui qui les contienne éminemment; c'est-à-dire, qui renferme dans l'immensité de son être quelque chose

comme celle-là puisse être appuyée de quelques preuves; cependant il faut demeurer d'accord que cet auteur (le P. Malebranche) n'en manque point. (Avril 1684.)

de plus noble qu'elles, et qui néanmoins les représente, parce que les créatures sont toutes faites à son image, ou sur le modèle de ses idées.

Mais pour fermer la bouche à M. Arnauld, ou du moins pour le rendre plus retenu dans ses attaques, le P. Malebranche lui oppose pour cinquième preuve l'autorité de saint Augustin [1], qui dit en termes formels que notre âme n'est point sa lumière à elle-même; qu'elle n'est tout au plus que l'œil qui la contemple; que Dieu seul est cette lumière, qui dissipe nos ténèbres; lumière commune qui n'appartient en propre qu'à la nature d'aucun de nous en particulier, lumière immuable, que ceux qui l'aperçoivent ne convertissent point en leur substance, lorsqu'ils s'en nourrissent; lumière souveraine qui préside à tous les esprits, etc..., de sorte que s'il y a quelque différence entre le sentiment du P. Malebranche et celui de saint Augustin, ce ne peut être qu'en ce que le P. Malebranche, qui est venu dans un siècle plus éclairé que celui de saint Augustin, a mis dans son plus grand jour le principe évident de cet incomparable docteur.

Il est temps de venir aux difficultés de M. Arnauld, qu'il appelle démonstrations, mais que tous ceux qui entendent les termes appelleront peut-être *paralogismes* [2].

---

[1] On ne sait que dire après cela de saint Augustin : il semble qu'il y ait eu deux hommes en lui. Sa philosophie en certains endroits est la plus petite du monde; mais en d'autres elle s'élève jusqu'aux plus hautes spéculations. (Bayle, avril 1684.)

[2] Comme M. Arnauld trouve bientôt le fort et le faible d'une opinion, on ne peut pas croire qu'il ait formé de petites difficultés contre le sentiment de son adversaire. Il lui en a proposé d'extrêmement embarrassantes. Mais elles avaient cela d'incommode pour lui qu'on pouvait les rétorquer, et c'est ce qu'on n'a pas manqué de faire quand on l'a pu. Par exemple, il a fait remarquer à son adversaire qu'il s'ensuivrait de son sentiment que lorsque nous regardons un cheval, ce n'est point un cheval que

Il s'agit de prouver géométriquement (car c'est en propres termes le dessein de son livre) que les idées qui nous représentent les choses ne sont point distinguées de nos perceptions. Pour y réussir M. Arnauld met à la tête de ses démonstrations prétendues un grand attirail de définitions, d'axiomes, de demandes, etc. Voilà qui promet beaucoup; voici ce qu'on a tenu :

« Je prends, dit-il, pour la même chose, l'idée d'un objet et la perception d'un objet; » c'est la troisième définition de ce grand géomètre, d'où assurément il est aisé de conclure que nos idées ne sont point distinguées de nos perceptions. Mais par malheur, dit le P. Malebranche, c'est évidemment supposer ce qu'il fallait prouver, pétition de principe dans laquelle M. Arnauld tombe au moins cinq ou six fois dans ses définitions, sans parler ni de ses axiomes, ni de ses demandes, qui la plupart ne sont dans son livre que pour l'étalage; il serait bon de s'en convaincre par ses propres yeux.

Malgré ce défaut régnant de la méthode géométrique de M. Arnauld, le P. Malebranche se donne la peine de réfuter une à une toutes les démonstrations, avec une patience que je ne dois point avoir, de peur de la faire perdre à mes lecteurs par des redites continuelles. Je me contenterai donc de rapporter ici en peu de mots la réponse que le P. Malebranche fait au reste du livre des vraies et fausses idées. Cela me paraît moins ennuyeux et, pour les matières mêmes, beaucoup plus digne de notre attention. Je ne m'arrêterai qu'aux choses principales.

---

nous voyons, mais Dieu lui-même. On lui a répondu entre autres choses qu'il s'ensuivait aussi de son sentiment que, lorsque nous regardons un cheval, ce n'est point un cheval que nous voyons, mais une modalité de notre âme. En effet, M. Arnauld ne croit pas que les couleurs que nous voyons soient autre chose qu'une perception de notre esprit (Bayle, avril 1684.)

M. Arnauld emploie à tout le moins les deux tiers de
son ouvrage à décrier son adversaire par toutes sortes
d'endroits. Il lui objecte par exemple des variations et
des contradictions perpétuelles sur la nature des idées,
qu'il a prises, dit-il, tantôt pour des perceptions comme
dans le premier et le deuxième livre de sa *Recherche* et
tantôt pour des êtres représentatifs distingués de nos
perceptions, comme dans le troisième; or il faut remarquer que le mot d'*êtres représentatifs* présente à l'esprit
un faux sens, aussi est-il tout entier de la façon de
M. Arnauld.

Le P. Malebranche, sans s'y arrêter, lui montre que
ce qu'il appelle *variations* et *contradictions* n'est rien autre
chose qu'une manière d'écrire dont on ne peut s'écarter
sans s'éloigner du bon sens, car le bon sens veut que
lorsqu'un terme peut avoir deux significations différentes,
on en use différemment selon l'exigence des matières ou
des occasions où l'on parle; car si les cartésiens, qui
nient dans leurs livres la connaissance des bêtes, ne
laissent point de dire, comme les autres, dans les discours
ordinaires, qu'un chien connaît son maître, certainement quiconque en conclurait qu'ils se contredisent, si
ce n'était un Arnauld, il passerait avec raison pour ridicule; donc le P. Malebranche ne se contredit pas plus
que ces philosophes, lorsque dans ses premiers livres de
la *Recherche*, où il ne parle point encore de la nature des
idées, il emploie le mot *idée* dans son sens vulgaire, et
que dans le troisième, où il en traite expressément, il
prend ce même terme dans son sens philosophique, qu'il
lui donne après saint Augustin.

Il fallait donc un coup plus rude pour blesser notre
auteur. M. Arnauld entreprend de le lui porter. De ce que
le P. Malebranche appelle quelquefois l'idée que Dieu a
de l'étendue ou de la matière, l'étendue intelligible qui

selon lui est le modèle des corps ou l'archétype des corps,
suivant toujours l'exemple de saint Augustin qui admet
en Dieu un mode intelligible, qui est l'image sur laquelle
a été formé ce monde matériel et visible, il en infère
hardiment plusieurs absurdités : que cette étendue intelligible serait une créature et n'en serait pas; qu'elle serait Dieu et ne le serait pas; qu'elle serait divisible et
indivisible ; qu'elle serait en Dieu, non seulement éminemment, mais formellement, et néanmoins qu'elle n'y
serait qu'éminemment, c'est ce que M. Arnauld tâche de
prouver fort au long.

Le P. Malebranche lui fait voir, ou du moins au public, qu'il n'y a pas un mot de sens commun dans toutes
ces conséquences; car n'est-il pas évident, dit-il, que Dieu
a l'idée de l'étendue ou de la matière qu'il a créée?
N'est-il pas évident que cette idée de l'étendue lui représente l'étendue? N'est-il pas évident qu'elle ne peut représenter à Dieu l'étendue sans lui en représenter les
attributs et les propriétés essentielles? il faut donc
que cette idée les renferme en quelque manière, ces propriétés, non pas formellement, ni grossièrement, comme
l'entend M. Arnauld, mais éminemment, comme on
parle dans l'école; mais spirituellement, mais intelli-
giblement, comme parle saint Augustin. Il est donc permis d'appeler cette idée de l'étendue créée, l'étendue
intelligible, ainsi qu'il a été permis à ce saint docteur
d'appeler monde intelligible l'idée ou le modèle éternel
et incréé sur lequel Dieu a créé ce monde visible et matériel? d'où il s'ensuit que l'étendue intelligible n'étant
autre chose que l'idée que Dieu a de l'étendue qu'il a
faite, n'est pas une créature; qu'elle est en Dieu formellement, quoique l'étendue créée ou la matière qu'elle représente ne soit en Dieu qu'éminemment; qu'elle est
indivisible comme Dieu même, quoiqu'elle représente

une étendue divisible. Enfin que tout ce qui est en
Dieu étant réellement Dieu, on ne peut pas nier que
·l'idée que Dieu a de l'étendue, ou l'étendue intelligible
soit réellement Dieu, quoique ce fût mal parler que de
dire qu'elle fût formellement Dieu : c'est-à-dire que ce
soit là l'idée propre de la divinité qui certainement renferme toute autre chose. La preuve en serait très facile;
mais il vaut mieux revenir à notre critique.

M. Arnauld ayant triomphé à son ordinaire du fantôme ridicule que son imagination lui avait présenté à la
place du P Malebranche, s'avise enfin de l'attaquer par
des endroits plus réels. Il combat trois préjugés qui
étaient trop favorables à son adversaire pour ne pas s'ef-
forcer de les détruire.

1° L'estime générale où il était dans le monde; 2° la
piété qui paraît dans son opinion sur la nature des idées;
3° l'inconvénient où il semble que l'on tombe dans le
sentiment contraire.

Le P. Malebranche répond à ces trois préjugés d'une
manière à y confirmer tout le monde :

Au préjugé de sa réputation, il dit modestement que
plût à Dieu que celle de M. Arnauld ne fît pas plus de tort
à la vérité que la sienne.

A celui de la piété, qui paraît dans son opinion sur la
nature des idées, il démontre que ce n'est rien moins
qu'un préjugé favorable, de la manière que les hommes
sont faits, car cette pensée : que nous voyons en Dieu
toutes choses, ne peut être de leur goût; c'est les appro-
cher trop de Celui qu'ils n'aiment pas, ou qu'ils n'aiment pas assez pour souhaiter d'avoir avec lui une société si étroite; que Dieu, qui est leur juge, soit en même
temps le maître qui les instruit par la raison, ou plutôt
qu'il soit leur raison même, cela les effraye, cela les
révolte. Ils ne peuvent se résoudre à invoquer Dieu sous

une qualité si redoutable, mais il faut écouter les propres termes du P. Malebranche : « Qu'on invoque les Muses au commencement d'un poème, dit ce grand philosophe, qu'on mette en mouvement le sang et les esprits par la mesure des vers ; que l'on mette l'âme en fureur par une peinture vive des objets de nos passions : voilà le goût du siècle corrompu. Mais qu'on invoque la raison, qu'on exhorte les hommes à rentrer en eux-mêmes pour y entendre la voix basse, mais pure et intelligible, de la vérité qui leur parle, on devient le sujet de la risée des imaginations hardies, ou l'objet de la frayeur des imaginations faibles, etc... »

Au troisième préjugé qui est l'inconvénient où l'on tombe dans le sentiment contraire ; c'est-à-dire que n'admettant pas le sentiment du P. Malebranche sur les idées, on est réduit à dire en termes vagues que notre âme pense, parce que telle est sa nature et qu'elle en a la faculté, on répond que cet inconvénient est visible, mais que bien qu'il n'y ait en cela aucun préjugé qui favorise l'opinion du P. Malebranche, tous les préjugés des hommes lui sont manifestement opposés. « Je dis, Monsieur, continue la réponse, qu'on voit en Dieu toutes choses. M. Arnauld dit au contraire, que l'âme connaît la vérité parce que telle est sa nature. Lequel des deux sentiments est conforme aux préjugés ? Selon M. Arnauld lui-même, mon sentiment est un paradoxe ; selon tout le monde, le sien ou celui qu'il autorise est fort commun. Donc tous les préjugés lui sont évidemment plus favorables qu'à moi, cela est clair ou rien ne le peut être. »

M. Arnauld prend encore un autre tour pour combattre le P. Malebranche. Il entreprend de lui prouver que selon ses principes il a dû dire que nous voyons notre âme en Dieu et dans son idée aussi bien que les choses matérielles. Car enfin l'idée de notre âme n'est-elle pas en Dieu aussi bien que celle de l'étendue? Pourquoi donc notre âme ne la verrait-elle pas en Dieu, qui d'ailleurs lui est présent?

Le P. Malebranche lui répond que c'est qu'il n'a pas plû à Dieu de lui découvrir l'idée ou l'archétype des esprits, sur lequel il l'a formée.

Mais, reprend M. Arnauld, qui vous a appris que Dieu veut que je voie l'étendue par son idée et non par mon âme?

« C'est mon expérience, lui réplique le P. Malebranche, le sentiment intérieur que j'ai de la manière dont je connais les choses. Par là il est certain que je connais l'étendue par idée; car l'on connaît une chose par son idée, lorsqu'en s'y rendant attentif, on peut voir de simple vue ses propriétés générales, ce qu'elle renferme et ce qu'elle exclut, et lorsqu'en s'appliquant à méditer ses propriétés générales, on y peut découvrir encore des propriétés particulières à l'infini, comme il arrive à l'égard des nombres et des figures géométriques. Mais tant s'en faut que je connaisse mon âme de cette manière lumineuse; au contraire, plus je rentre en moi-même, plus j'y découvre des ténèbres; j'ai beau méditer pour apprendre si mon âme est capable de voir des couleurs ou d'entendre des sons. Ce n'est point la méditation, c'est l'expérience qui me l'apprend; et si j'étais né aveugle ou sourd, il est évident que je n'aurais nulle idée ou connaissance de ces deux espèces de sensations. Donc je me sens, mais à proprement parler je ne me connais pas. Je sens que mon âme existe, puisque c'est moi-même; mais je ne connais point par idée quelle est sa nature, ni ses propriétés générales, ni ses propriétés particulières, comme je sais clairement celle du triangle, du cercle, du carré, en un mot celles de l'étendue.

Mais n'appréhendez-vous point contre votre principe

de l'uniformité des voies de Dieu, d'y admettre des iné-
galités, en disant d'un côté qu'il vous donne l'idée du
corps et d'un autre qu'il vous refuse l'idée de l'âme?

« Nullement, répond le P. Malebranche, car ce n'est
point là ce qu'on appelle inégalité. Voici mon sentiment :
Je dis que l'uniformité de la conduite de Dieu à l'égard
des idées par lesquelles il nous éclaire et des sentiments
par lesquels il nous touche, consiste en ce que par des
lois générales il a uni notre âme à la raison universelle
pour en être instruite, et au corps pour être averti de ses
besoins. Je dis que la raison par sa lumière parle à
l'esprit en conséquence de son attention, et que le corps
parle à l'âme par des sentiments confus, non en conséquence de ses désirs, mais en conséquence des ébranle-
ments qui arrivent dans les fibres du cerveau. Je dis
enfin que l'uniformité de la conduite de Dieu consiste en
ce qu'il suit exactement ces lois. Ainsi, prétendre que
Dieu doit manifester à l'âme l'idée qui la représente
puisqu'il lui manifeste l'idée de corps, afin qu'il y ait de
l'uniformité dans sa conduite, c'est ne pas concevoir le
principe dont on tire des conséquences. »

Mais n'est-il pas de l'ordre, qui selon vous est la loi
inviolable de Dieu, que l'âme soit pour le moins autant
éclairée à l'égard d'elle-même, qu'à l'égard des choses
matérielles ?

Non sans doute, car maintenant l'homme est pécheur;
et l'ordre veut que celui qui a volontairement abandonné
la lumière, soit abandonné aux ténèbres; d'ailleurs
quelle comparaison fait ici M. Arnauld? car supposer
que Dieu veuille unir une âme à un corps, il est absolument nécessaire qu'il lui donne l'idée de ce corps; cela
est visible. Mais pour mille raisons profondes Dieu peut
lui refuser l'idée d'elle-même, ne fût-ce que pour l'empêcher de s'occuper trop d'elle-même.

Mais puisque la manière dont vous dites que nous voyons en Dieu ses ouvrages est si utile pour nous faire sentir notre dépendance, pourquoi excepter notre âme d'une proposition si générale? pourquoi voulez-vous qu'elle soit dans une entière dépendance de Dieu pour connaître le soleil, un arbre, une mouche, et qu'elle ne soit pas dans la même dépendance, pour se connaître soi-même.

« Que voilà de petites armes pour un grand homme, dit ici le P. Malebranche, comment s'en peut-il servir? Je vous avance, Monsieur, que ces raisonnements-là me désolent; car je ne puis y répondre sans qu'on s'imagine que je prends plaisir à rendre ridicule celui qui en est l'auteur. En effet, s'il y avait quelque solidité dans le raisonnement de M. Arnauld, je vous prouverais en forme que vous êtes empereur. Car la raison qui vous fait croire que vous tenez de Dieu tout ce que vous avez dans le monde, c'est que cela vous met à son égard dans une entière dépendance. Je vous prie donc, pourquoi exceptez-vous l'empire d'une proposition si générale? Quoi! vous voulez dépendre de Dieu pour dix mille livres de rente, plus ou moins, car je n'ai point compté avec vous, et vous n'en voulez pas dépendre pour l'empire du monde entier? Assurément cela n'est pas raisonnable. »

M. Arnauld ayant de plus avancé que si nous n'avions pas une idée claire de notre âme, nous n'en pourrions démontrer clairement. ni la spiritualité, ni l'immortalité, ni la liberté, le P. Malebranche lui répond en démontrant tous ces attributs de l'âme dans son opinion et par son opinion même. Ce qui est trop évident pour nous y arrêter[1].

---

[1] Nous apprenons, dit Bayle (avril 1684) sur cet endroit, qu'encore que nous connaissions très certainement l'existence et l'im-

Enfin M. Arnauld a tant envie de vaincre qu'il ne se
contente pas d'attaquer son ennemi de front, il se jette
à droite et à gauche pour le prendre en flanc, et quelquefois même il fait de longs circuits pour le battre à revers. C'est le dessein qu'il a dans le dernier chapitre de
son livre, où il combat le P. Malebranche par un endroit,
qui, en bonne guerre, devrait être épargné, n'ayant aucun rapport au sujet de leur querelle.

Ce philosophe a dit qu'on ne peut démontrer géométriquement l'existence des corps. M. Arnauld jugeant
bien qu'en cette matière il aurait pour lui le peuple, qui
ne croit rien de mieux démontré que ce qu'on voit de ses
yeux, prétend au contraire qu'elle se peut démontrer
même en rigueur mathématique. En effet, il en apporte
les meilleures preuves qu'on en puisse avoir, qui sont
celles de M. Descartes un peu étendues.

Le P. Malebranche, après avoir fait remarquer la ruse
de M. Arnauld, avoue que ces preuves sont bonnes, mais
qu'elles ne sont pas démonstratives, parce qu'elles ne
sont tirées, ni de l'idée du corps, ni d'une liaison[1]
nécessaire entre la cause qui est Dieu, et son effet qui est
le monde.

La conclusion du livre de M. Arnauld est si curieuse,
que je ne la puis omettre : « Si j'ai réussi dans cet ouvrage, dit-il en finissant, je ne prétends point en tirer de

mortalité de notre âme, nous n'en avons point d'idée, c'est apparemment ce que l'on trouvera de mieux prouvé contre les objections de M. Arnauld, qui sont assez faibles sur ce sujet. Il
en propose d'incompréhensiblement plus fortes contre ce qu'a
dit cet auteur en parlant des actes de la volonté, des perceptions
de l'entendement et des preuves de l'existence des corps.

[1] Cette dernière preuve est démonstrative, même en rigueur
mathématique; cet endroit du P. Malebranche n'est pas des plus
forts, car il semble qu'il n'admette pour démontré que ce qui
l'est de simple vue, sans avoir besoin de longs raisonnements.

gloire ; car je ne saurais dire comment tout cela m'est
venu dans l'esprit, ne m'étant jamais formé aucun senti-
timent sur la nature des idées, » aveu indiscret qui
donna droit à son adversaire de lui dire trois choses
assez mortifiantes. La première, que lorsqu'on se met
ainsi sur le tard a philosopher, on ne prend pas bien toujours facilement le sens de ceux qui méditent, et que cela
même est moralement impossible quand le chagrin est
de la partie ; la seconde, que le sentiment de saint Augustin sur les idées, que lui, P. Malebranche, a suivi
après beaucoup de méditation, doit être naturellement
plus raisonnable que tout ce qui lui est venu dans
l'esprit, à lui, M. Arnauld, sans qu'il puisse même dire
comment ; la troisieme, qu'il devait lui faire l'honneur
de lui écrire d'un style un peu moins négligé sur des
matières si importantes [1].

---

[1] On attend au premier jour, disait le journaliste (avril 1684),
la réplique de M. Arnauld à l'ouvrage dont nous venons de
parler. On assure qu'elle est sous presse actuellement à Amsterdam. Tous ceux qui aiment la métaphysique apprendront cette nouvelle avec joie, car assurément ce serait dommage que deux aussi
grands philosophes que M. Arnauld et l'auteur de la *Recherche
de la verité* se quittassent après la première escarmouche La
continuation de leurs démêles pourra produire de trop beaux
éclaircissements pour qu'on ne soit pas bien aise que les afflic-
tions de M Arnauld ne l'empêchent pas de faire des livres Il a
perdu depuis peu la mère Angélique, sa sœur, cette célèbre supérieure de Port-Royal, et MM. de Sacy et de Lusancy, et il a vu
M. Nicole, ce grand pilier du parti, s'accommoder avec les jésuites. On ne compte pas certains ouvrages qui depuis un an
l'ont maltraité coup sur coup d'une manière epouvantable. Il a
pu expérimenter s'il ressent plus vivement les attaques de ses
propres frères que celles des hérétiques, puisque deux celebres
docteurs de Sorbonne se sont élevés contre lui, savoir : M. Des-
lyons, théologal de Senlis, celebre par son traité du *Roi-boit,*
qui l'a accablé d'un gros *factum,* et M. le Fèvre, qui a parlé
peu obligeamment du livre du *Renversement de la morale,*
celui de tous les ouvrages de Port-Royal auquel M. Arnauld
prend le plus d'intérêt Toutes ces raisons de se dépiter contre

Je ne sais ce qu'on pensera de cette analyse, mais si
l'on pense que j'ai voulu rapporter tous les endroits
faibles du livre de M. Arnauld, je puis assurer que l'on
se trompera, car j'en ai omis du moins les deux tiers, et
enfin qu'on ne m'en croie point sur parole, en voici quelques exemples : je n'ai parlé ni de l'ignorance avec
laquelle ce fameux critique dit que saint Augustin n'entendait que certaines vérités de morale, quand il a si souvent assuré comme évident que nous voyions en Dieu
les vérités éternelles ; ni de la méprise grossière où il est
tombé, lorsqu'il s'est allé mettre dans l'esprit que le
P. Malebranche pense qu'on voit les nombres dans l'é-
tendue intelligible ; ni de la présomption qui lui a fait
avancer qu'il faudrait voir Dieu face à face, comme les
bienheureux, c'est-à-dire tel qu'il est en lui-même et
sans rapport, pour voir en Dieu l'idée de l'étendue. Ce
qui est peut-être la moins solide objection qu'on ait
jamais faite au P. Malebranche ; ni enfin de bien d'autres
faiblesses de M. Arnauld que ce philosophe a relevées
dans sa réponse, parce qu'elles y étaient nécessaires,
mais qui étaient ici fort ennuyeuses.

Cette réponse du P. Malebranche ayant paru presque
en même temps que la critique de M. Arnauld, elle
trouva les esprits encore en mouvement. Il est facile de
juger quel effet elle produisit dans le monde. Ses amis,
qui avaient craint pour lui, se rassurèrent. M. le prince
lui fit savoir qu'il en était charmé, surtout de la modération avec laquelle il répond à une attaque aussi vive
que celle de M. Arnauld. C'est le jugement qu'en portèrent après lui presque toutes les personnes qui étaient

le métier ou d'y renoncer n'empêchent pas que ce fameux écrivain
ne veuille continuer la dispute contre l'auteur de la *Recherche*,
en quoi sans doute le public lui a bien de l'obligation.

au fait des choses. Entre autres l'ingénieux auteur de la *République des lettres,* qui en fit un éloge magnifique. Il dit, en parlant de cette réponse, « qu'on y peut voir la modestie et l'honnêteté du P. Malebranche, la grandeur et la pénétration de son esprit, la finesse et l'agrément de son style avec des manières inimitables, quand il faut toucher délicatement son adversaire. » Je ne trouve en ce temps que MM. les jansénistes qui ne convinrent pas de la vérité de ces louanges; ils avaient leurs raisons. Ils étaient piqués au vif du reproche, en effet un peu trop fort, quoique peut-être nécessaire, que le P. Malebranche venait de faire à leur maître, de dogmatiser sur la grâce; et depuis ce moment ils le regardèrent toujours dans la suite comme le plus redoutable de leurs ennemis; je dis le plus redoutable par son esprit, car ils en avaient d'autres qu'ils jugeaient bien plus redoutables par leur autorité.

M. Arnauld, à qui le P. Malebranche avait envoyé sa réponse par son libraire[1], ne fut pas moins sensible qu'eux à ce reproche, d'autant plus qu'alors il eut encore à souffrir plusieurs autres disgrâces. Il venait de perdre la célèbre Mère Angélique, sa sœur, cette illustre supérieure de Port-Royal, si connue par son bel esprit et par sa vertu. Presque en même temps, il avait appris la mort de MM. de Sacy et de Luzancy[2], ses neveux. M. Nicole, sur qui il avait tant compté, l'avait abandonné pour s'accommoder avec les jésuites, ses plus mortels persécuteurs. Il paraissait tous les jours des ouvrages contre lui, qui le maltraitaient cruellement : catholiques, hérétiques, grands et petits auteurs, tous semblaient

[1] A la fin de décembre 1683.
[2] *Sur tous les personnages dont il est ici question, Sainte-Beuve donne les détails les plus intéressants.*

4[1]

avoir conjuré la ruine d'un homme dont le mérite, un
peu trop éclatant pour son malheur, les effaçait la plupart depuis quarante ans. Enfin M. Arnauld avait eu
beau s'enfuir et se cacher, pour se dérober à leurs coups,
ils arrivaient jusqu'à lui dans sa retraite. Mais il faut lui
rendre justice, rien ne fut capable d'ébranler son courage attaqué de toutes parts ; il faisait face de tous
côtés, et s'il ne triomphait pas toujours réellement de
ses ennemis, il se donnait du moins la consolation de se
croire toujours triomphant.

C'est la situation où le trouva aussi la réponse du
P. Malebranche, qui, étant aussi une attaque, l'obligea à
se mettre sur la défensive, mais sur la défensive à la
manière de M. Arnauld, qui était toujours d'attaquer en
se défendant. Il crut qu'il ne pourrait se justifier d'une
erreur qu'on lui attribuait, qu'en prêtant une impiété à
son adversaire, dont il nous donne lui-même une idée
que je n'ose pas qualifier de son nom propre, par respect
pour l'estime que le public a pour ce fameux auteur. Il
vaut mieux que chacun, après l'avoir entendu, l'appelle
comme il lui plaira.

On peut, dit-il, distinguer trois choses dans cet ouvrage [1] :

---

[1] Il est intitulé : *Défense de M. Arnauld, docteur de Sorbonne, contre la réponse au livre des Vraies et des fausses idées*,
Cologne, chez Nicolas Schouters, 1684, in-12 de 623 pages.
Voici ce qu'en dit Bayle : On peut fort bien dire par prévision
et en attendant les nouvelles défenses de l'auteur de la *Recherche*,
que M. Arnauld raisonne dans ce dernier livre d'une manière
très rigoureuse, qu'il développe bien les choses, qu'il détourne
adroitement ce qui lui est moins favorable, et qu'il forme des
arguments subtils contre ce qu'il veut combattre. (*Nouvelles*,
septembre 1684.) Il y a beaucoup d'apparence qu'on trouvera cet
ouvrage de M. Arnauld un peu trop diffus. Il l'a prévu lui-même.
(*Idem.*) Il fait encore l'apologie de ce qu'il n'a pas gardé la
même douceur et la même modération qu'il croit avoir gardé dans
le livre précédent, et..., il déclare ensuite qu'il se trouve tout disposé à

1º la lettre qui y sert d'entrée et dans laquelle on a cru devoir dire quelque chose de la doctrine des idées , parce qu'on pensait n'en parler que là, en remettant à un autre temps une plus ample réfutation de la réponse.

2º Les quatre premières parties qui contiennent ma justification contre les reproches personnels.

3º La cinquième et dernière partie qui n'était pas du premier dessein, telle qu'elle est maintenant. J'avais eu seulement en vue de joindre à la quatrième partie six ou sept exemples remarquables, qui fissent voir d'une part combien l'auteur de la réponse est injuste dans ses reproches, et de l'autre combien il est faible dans ce qu'il dit pour soutenir ses paradoxes touchant les idées. Je me suis engagé insensiblement à y en mettre tant d'autres , que cela a fait une juste réfutation de la réponse. Et c'est de là qu'est arrivé, que j'ai appelé *Exemples* ce que sans cela on aurait mieux fait d'appeler chapitres.

On voit assez par cette entrée, qui répond à tout le reste de l'édifice, que M. Arnauld ne s'est point défait, selon l'avis du P. Malebranche , de cet air négligé qui ne sied guère à ceux qui montent sur le théâtre ; mais encore moins s'est-il dépouillé de cet air triomphant qui l'accompagne dans tous ses combats. Pour s'en convaincre il n'y a qu'à lire les titres pompeux de ces exemples, qu'il valait sans doute mieux appeler *chapitres*, ne fût-ce qu'à cause de leur ennuyeuse longueur. Voici les premiers, par où l'on jugera facilement des autres.

reprendre ce premier caractère de modération et de douceur, et qu'il a fait plus des deux tiers de la réfutation au *Traité de la nature et de la grâce* dans ce premier esprit, et qu'il est résolu de continuer de même... Je crois, dit le journaliste, qu'il aura un peu de peine à tenir cette parole, car mille duretés qu'il a dites à l'auteur de la *Recherche* témoignent qu'il est fort piqué. (Septembre 1684.

1ᵉʳ exemple. — Faux principe du P. Malebranche que les corps ne sont pas intelligibles par eux-mêmes ; que ma première démonstration le contraint d'abandonner.

2ᵉ exemple. — Autre faux principe que notre âme ne peut voir les objets éloignés, que ma seconde démonstration lui a fait désarmer, etc.

Après cela ne peut-on pas dire que M. Arnauld, quoique battu, dit-on, en bien des rencontres, est toujours un héros de triomphante mémoire. Ce qui est évident, c'est qu'il se bat en désespéré dans cet ouvrage, accusant, récriminant, injuriant, tournant sans cesse en ridicule les philosophes sous le nom de méditatifs, de manière que, s'en étant lui-même aperçu à la fin, il a cru devoir faire l'apologie de ce qu'il n'a point gardé la même modération qu'il pensait avoir eue dans son livre précédent ; déclarant, au reste, qu'il est tout disposé à reprendre ce premier caractère de douceur.

Il ne faut pas oublier que c'est dans la préface de cet ouvrage, qu'à l'occasion du reproche de mauvaise foi, qu'on lui a fait si souvent, il proteste devant Dieu qu'il s'est toujours trouvé fort éloigné et qu'il l'est encore plus que jamais de déguiser ou d'altérer les sentiments de ses adversaires ou de les rapporter infidèlement en quelque manière que ce soit[1]. Je rapporte ici volontiers cette

---

[1] A l'égard des devoirs de la justice, M. Arnauld dit avec beaucoup de raison qu'on ne doit jamais employer des moyens injustes, quoiqu'ils nous paraissent avantageux à la cause de la vérité..., employer des soupçons sans preuves et des jugements téméraires sur ce qui est caché dans le cœur des gens, comme de dire qu'on n'écrit point pour l'amour de la vérité, mais..., ou par une complaisance pour des amis, ou par chagrin pour quelqu'un, ou pour se maintenir en considération dans un parti. On sait qu'il est personnellement intéressé à blâmer cette conduite, cela n'empêche pas qu'il ne soit bien à louer de proposer une si belle morale à tous ceux qui veulent réfuter quelqu'un. (Bayle, septembre 1684.)

fameuse protestation de M. Arnauld, dont on a tant parlé
en divers écrits et fort diversement, pour empêcher autant
qu'il m'est possible qu'on n'attribue ces erreurs et ces
méprises à aucune malignité.

La défense de M. Arnauld ne laissa point d'embar-
rasser le P. Malebranche, non pas qu'il fût difficile d'y
répondre, car, à fort peu de chose près, elle ne fait que
répéter les mauvais raisonnements de son livre des idées,
ou les confirmer par d'autres dont le plus grand mérite
est le nombre. Mais dans cette foule de matières mal
digérées, l'embarras était de choisir à quoi se fixer dans
sa réplique. Après y avoir bien pensé, il jugea que le
meilleur parti à prendre était d'abandonner son critique
dans ses égarements et de ne le suivre que dans ce qui
avait un rapport direct au sujet de la guerre, vu que
c'était absolument nécessaire pour se justifier. C'est
pourquoi il réduisit le gros livre de M. Arnauld à trois
chefs principaux et y répondit en trois lettres fort courtes
et fort belles, adressées comme sa réponse à M. de
Roucy. On y admire partout la justice de son discernement et la droiture de son cœur [1].

Dans la première, il justifie son sentiment sur la nature des idées, contre l'accusation de M. Arnauld, qui
est évidemment une calomnie; dans la deuxième, ce qu'il
a dit dans sa réponse contre le sentiment de M. Arnauld
sur la grâce, qui paraît très bien fondé; dans la troisième,
le récit de certains faits qu'il avait avancés dans la même

---

[1] On ne serait pas équitable, dit le journaliste, septembre 1684,
si on jugeait de ce différend avant que d'entendre encore une
fois l'auteur de la *Recherche de la vérité*; car, comme M. Arnauld
a déjà publié deux livres fort longs et fort travaillés pour plaider
sa cause, et que son adversaire ne lui a opposé encore qu'une
assez courte réponse, il faut supposer que le procès est plus amplement instruit pour l'un que pour l'autre, et qu'ainsi il n'est
pas encore temps d'absoudre ni de condamner.

réponse, qui se trouvent tous vérifiés, à une erreur de calcul près, où il met quatre ans pour trois[1].

Après avoir ainsi répondu à tout ce qu'avait dit M. Arnauld, et par avance à tout ce qu'il pouvait dire contre son système, le P. Malebranche renouvelle la protestation qu'il avait faite autrefois, au sujet de M. Foucher, son premier adversaire, qu'il ne répondrait plus à tous ceux qui l'attaqueraient sans l'entendre, ou qui, en l'attaquant, paraîtraient n'avoir d'autres desseins que l'éclaircissement de la vérité. Il avoue que la réputation de M. Arnauld l'avait obligé de violer son serment; mais il promet que désormais il y sera plus fidèle, et que même il ne fera point de réponse aux trois volumes que ce docteur prépare contre lui depuis si longtemps: 1° parce que sa dissertation, qui n'a été composée qu'après les deux premiers volumes de ce grand ouvrage, fait voir évidemment que M. Arnauld ne comprend point encore ses opinions; 2° parce qu'il croit avoir suffisamment rempli ce qu'il devait à la réputation de son critique; 3° parce qu'il en a dit assez dans cette réponse pour mettre les personnes éclairées en état de juger qui a raison. « Si donc, ajoute-t-il, on est assuré de l'avoir bien comprise, que l'on décide en faveur de M. Arnauld, j'y consens volontiers. Car je souhaite moi-même extrêmement, non de m'être trompé, mais, si je me suis trompé, de désabuser ceux que je puis avoir engagé dans l'erreur; et je proteste que si je le puis découvrir, je ne manquerai pas de me rétracter publiquement, si Dieu me conserve, comme je l'espère, l'amour qu'il me donne pour la vérité. Il me semble que j'aurais plus de satisfaction et que je me ferais même plus d'honneur devant Dieu et devant toutes

---

[1] *Ces trois lettres furent achevées le 26 septembre 1684, au Mesnil-Simon, chez son frère. Le P. André en donne ici une longue analyse, qui va de la page 462 à la page 514.*

les personnes dont je fais le plus de cas de l'approbation
et de l'estime, d'avouer généreusement que je me suis
trompé, que de soutenir ce que je crois véritable. Et,
quand j'y pense, je sens quelque peine à m'empêcher de
désirer que la vérité soit du côté de M. Arnauld, à cause
du plaisir que j'aurais de me rendre et de sacrifier à
la vérité et à la charité une vaine réputation... qu'assurément je n'estime guère[1]. Plût à Dieu que M. Arnauld, de sa part, voulût bien reconnaître que les sentiments qu'il a sur la grâce sont insoutenables[2], ou
plutôt qu'il pût faire voir que je lui ai attribué des
sentiments qu'il n'a pas : qu'il le dise seulement, sans
le prouver, et l'affaire est finie. Qu'il me traite sur ce
point de calomniateur, et je le regarde comme mon frère
ou comme mon père en Jésus-Christ. » Voilà des sentiments qui valent mieux sans doute que d'avoir raison
dans une dispute.

Le P. Malebranche, voyant que la dissertation de
M. Arnauld, publiée avec beaucoup d'éclat et distribuée
avec beaucoup de soin, prévenait extrêmement les esprits
contre ses sentiments, n'attendit pas que sa réponse fût
achevée pour la montrer à ses amis, afin qu'ils eussent
de quoi dissiper la prévention qui lui était contraire, ou
du moins de quoi l'arrêter dans les personnes qu'elle
n'avait point encore séduites. Car telle était alors la situation de ses affaires : à la raison près qui paraît lui
avoir été toujours favorable, il avait tous les désavantages
dans la guerre périlleuse qu'il soutenait contre M. Arnauld. Il avait en tête un homme aguerri par ses victoires et par ses défaites mêmes, qui, ayant saisi le public, était maître du terrain depuis près de cinquante ans,

---

[1] C'est avoir, dit Bayle, une disposition d'esprit plus admirable
que tout le savoir du monde. (Juillet 1685.)

[2] *C'étaient, on s'en souvient, ceux de Jansénius.*

qui avait à sa solde des armées nombreuses ou plutôt
des peuples entiers, et qui, d'ailleurs, payait de sa personne ou du moins de sa réputation, qui, dans les combats littéraires encore plus que dans les autres, est d'un
grand poids pour faire pencher la victoire. Il est vrai que
le P. Malebranche était dans une grande estime, mais
sans crédit et sans autorité. Son adversaire parlait le
langage des sens, ce qui mettait la foule dans son parti,
pendant que lui, avec son langage de raison, se voyait
presque seul, abandonné, à la merci de cette populace
dont le nombre aurait étonné les plus hardis. M. Arnauld
avait encore un autre avantage : étant en Flandre, il lui
était facile de faire imprimer ses critiques, au lieu que
le P. Malebranche ne trouvait point dans le royaume
d'imprimeries pour ses réponses; de sorte que ses réponses étaient fort rares, tandis que les critiques de
M. Arnauld étaient fort communes; souvent même, par
la difficulté de l'impression, il se vit obligé de se défendre
par des manuscrits contre les imprimés qui couraient
toute la France; c'est ce qui lui arriva dans la circonstance dont nous parlons. Pour arrêter le cours de la prévention, il prêta le commencement de sa réponse à un de
ses amis qui la donna à un autre, qui la fit voir à
M. Nicole [1]. C'était un des plus fameux partisans de Jansénius, qui joignait à un esprit fort délié un goût fin et
délicat, beaucoup d'érudition ecclésiastique avec un raisonnement subtil qui incommoda bien souvent les calvinistes [2]. Il était alors brouillé avec M. Arnauld. On en
apporte plusieurs raisons. La plus vraisemblable, c'est
que la retraite de ce docteur en Flandre ayant rendu la

---

[1] M. Nicole était de Chartres; il fut refusé à l'examen pour les
Ordres par les grands vicaires de Paris, ce qui les rendit ridicules. Il avait déjà écrit avec succès.

Selon Bayle même.

cause et le parti moliniste qui y régnait plus attentifs aux
démarches de ses amis, M. Nicole, pour se tirer d'affaire,
s'avisa d'admettre, contre les principes qu'il avait soutenus autrefois, une espèce de grâce suffisante donnée à
tous universellement[1]. Cela lui réussit; on le laissa en
repos. Mais l'inflexible M. Arnauld, qui avait sacrifié le
sien pour soutenir le contraire, ne pouvait manquer d'être
fort mal satisfait de sa conduite. C'est ce qui donna lieu
au bruit qui courut en ce temps-là, que M. Nicole s'était
réconcilié avec les jésuites aux dépens de la cause commune. Mais, quoi qu'il en soit, la mésintelligence de ces
deux célèbres jansénistes ne dura pas longtemps; et il
paraît que le P. Malebranche ne servit pas peu à les
raccommoder ensemble de la manière que je vais dire.

M. Nicole, ayant lu le commencement de la réponse à
la dissertation de M. Arnauld, en fit une petite critique
où il blâme fort l'auteur de ce qu'il attribue de mauvaises
adresses à son adversaire. Du reste, il ne fait qu'effleurer
les choses, et, aussi bien que son ami, il paraît ne pas
trop entendre les sentiments qu'il condamne. Ce que j'y
trouve de mieux, c'est une espèce de bon mot par où il
tâche de rendre ridicule le système du P. Malebranche
sur la nécessité des lois générales. Il est bon de le rapporter ici, afin qu'on ne m'accuse point de partialité.

« Le P. Malebranche, dit-il, veut que Dieu ait prévu
par une science moyenne ce que chaque ange aurait
fait, s'il lui avait donné le peuple juif à gouverner, qu'il
ait ainsi considéré les divers systèmes de la conduite des
anges, et qu'ayant reconnu par cet examen que saint
Michel serait le plus ménager en matières de miracles,
il l'a choisi. C'est comme s'il disait que Dieu a donné le
peuple juif à gouverner aux anges au rabais des miracles,

---

[1] Il a fait un livre là-dessus

et qu'ayant trouvé que saint Michel s'en acquitterait à
meilleur marché, il l'a préféré à tous les autres. » Une
raillerie ne fut jamais une raison, et lorsqu'elle tombe
sur des matières sérieuses, elle doit faire pitié ou causer
de l'indignation. Cependant je puis dire que ce petit mot
de M. Nicole fit plus de tort au P. Malebranche que tous
les grands discours de M. Arnauld. Aussi ce docteur, qui
savait bien ce qui fait impression sur le peuple, ayant
reçu la critique de son ancien ami, ne manqua point
d'en faire usage. Il la fit imprimer à la tête de son grand
ouvrage contre le traité du P. Malebranche. Nous voici
enfin au fort de la guerre de ces deux célèbres antago-
nistes. Il faut en expliquer les progrès, les suites et les
issues de part et d'autre.

Cet ouvrage de M. Arnauld a pour titre général :
*Réflexions philosophiques et théologiques sur le nouveau
système de la nature et de la grâce.* Il est divisé en trois
volumes : dans le premier on attaque le P. Malebranche
sur l'ordre de la nature ; dans le second sur l'ordre de la
grâce ; dans le troisième sur ce qui regarde Jésus-Christ
en tant que distributeur de ce don céleste et divin.
Comme ils ne furent pas publiés tous à la fois, nous
ne parlerons de chacun en particulier que selon l'ordre
des temps où ils virent le jour et où le P. Malebranche
y a répondu.

Ce fut vers le milieu de 1685 que le premier volume
parut enfin à Paris[1]. On peut bien juger avec quels
applaudissements de la part de MM. les jansénistes : ils
n'oublièrent rien pour lui donner vogue et ils y réussirent. Leurs cris redoublés, qu'on entendit de toutes
parts, animèrent le public contre le P. Malebranche, qu'on
faisait regarder sous deux formes bien horribles, et

---

[1] Cologne, chez Nicolas Schouters, 1685, in-12, 418 pages.

comme le destructeur de la Providence de Dieu, et comme
le nouveau protecteur de la grâce molinienne, c'est-à-
dire, ainsi qu'ils l'entendirent, d'une grâce qui reçoit son
efficace de la volonté. M. de Meaux, qui était grand thomiste, se déclarait ouvertement contre lui, et ses disciples, se joignant au parti de M. Arnauld, formaient un
parti si nombreux et si puissant, qu'il fallait un courage
intrépide pour entreprendre seulement de leur résister.

Le P. Malebranche en fut d'abord si étonné, qu'il résolut de suivre le conseil du sage, qui défend de parler
lorsqu'on n'est point disposé à nous entendre. Ce n'est
pas que le dernier livre de M. Arnauld l'attaque mieux
que les autres; on n'y voit, non plus que dans les premiers, qu'une inique obstination à tout confondre, à
établir de grandes maximes que nul ne lui conteste, à
vouloir que son adversaire ait des sentiments qu'il n'a
pas; et, sur ce beau principe, à lui prouver en forme avec
un appareil d'érudition extraordinaire, philosophique,
théologique, rabbinique, qu'il ne les doit point avoir. Il
lui était donc bien facile de réfuter un tel ouvrage. Mais
le P. Malebranche s'étant expliqué suffisamment dans sa
réponse à la dissertation de M. Arnauld, y ayant même
renouvelé la protestation qu'il avait faite autrefois de ne
point répondre à ceux qui l'attaquent sans le vouloir
entendre, et de plus ayant prouvé par plusieurs bonnes
raisons qu'il serait inutile de réfuter un auteur qui ne
comprenait point ses sentiments, voulut s'en tenir à son
serment. Ses amis en cela ne furent point de son avis.
Ils lui dirent que si le livre de M. Arnauld ne méritait
point de réponse, sa réputation en méritait bien une;
qu'il devait avoir cet égard pour le public qui ne veut
pas qu'on lui paraisse mépriser ceux qu'il estime; qu'on
interpréterait son silence à son désavantage et que la vérité en souffrirait. C'était prendre le P. Malebranche par

son endroit sensible, car, pour ce qui regardait sa personne, il y était fort indifférent. Il n'y avait que l'intérêt
de la vérité qui le touchât. Cependant, comme il croyait
déjà avoir assez fait pour la mettre dans tout son jour,
il ne se rendit pas à leurs instances. Il fallut qu'une
force majeure s'en mêlât.

Ce fut M. de Harlay, son archevêque. Ce grand prélat
avait trop de pénétration pour ne point s'apercevoir que
tout ce fracas venait du parti des jansénistes. Il n'aimait
point ce parti, qui, outre qu'il lui était suspect en matière de foi, l'avait, dit-on, fort décrié dans le monde [1].
D'un autre côté il était convaincu, et avait tout sujet de
l'être, que les sentiments du P. Malebranche sur la grâce
étaient orthodoxes. Il crut donc avoir trouvé un adversaire propre à opposer au jansénisme. Il le manda une
seconde fois, et, après lui avoir fait encore expliquer ses
principes, il lui ordonna de répondre incessamment à
M. Arnauld [2]. Le prélat accompagna cet ordre d'un air si
gracieux, si engageant, si cordial, que le P. Malebranche
ne put y résister. Il le regarda même comme un ordre
du ciel, puisqu'il lui venait d'un homme qui lui tenait la
place de Dieu.

Mais pendant qu'on lui ordonnait en France de se défendre, on le défendait en Hollande, sans qu'il en sût
rien. Heureux si la main qui repoussait les coups de son
adversaire n'eût été une main calviniste. C'était le fameux
Bayle, auteur des *Nouvelles de la république des lettres*,
bel esprit... par ses premiers écrits, qu'on ne peut lire
sans déplorer son malheur d'être né dans une religion
hérétique et d'en avoir trop suivi les principes jusqu'à

---

[1] *Il faut convenir que le mauvais renom de ce prélat avait
quelque fondement. Le fait qu'il patrona Malebranche rend le
P. André vraiment trop indulgent pour lui.*

[2] *Je ne sais si le fait est bien avéré. (P. Lelong.)*

leurs dernières conséquences. Dans l'extrait qu'il donne, dans les *Nouvelles* du mois d'août 1685, du premier volume des *Réflexions philosophiques et théologiques* de M. Arnauld, contre le P. Malebranche, il embrasse en un point le parti de ce dernier. Car après avoir loué le docteur de Sorbonne de sa vaste érudition et surtout de ce qu'il parle ordinairement un certain langage sensible que la plupart des lecteurs entendent bien mieux que celui de la vérité, il le critique fort honnêtement sur ce qu'il dit contre le philosophe sur les plaisirs des sens [1].

[1] Voici le passage de Bayle : « M. Arnauld emploie quatre grands chapitres sur ce point; mais ceux qui auront compris tant soit peu la doctrine du P. Malebranche s'étonneront sans doute qu'on lui en fasse des affaires, et s'ils ne se souviennent pas du serment de bonne foi que M. Arnauld vient de prêter dans la préface de ce dernier livre, ils croiront qu'il a fait des chicanes à son adversaire, afin de le rendre odieux du côté de la morale. Car enfin il est aisé de connaître qu'il n'y a rien de plus innocent et de plus certain que de dire que tout plaisir rend heureux celui qui en jouit pour le temps qu'il en jouit, et que néanmoins il faut fuir les plaisirs qui nous attachent au corps. S'imagine-t-on qu'en disant aux voluptueux que les plaisirs où ils se plongent sont un mal, un supplice, un malheur insupportable, non seulement à cause des suites, mais aussi pour le temps où ils les goûtent, on les obligera à les détester. Bagatelles; ils prendront un tel discours pour une parodie ridicule et pour une pensée outrée d'un homme entêté, qui s'imagine fièrement qu'on déférera plus à ses paroles qu'à l'expérience. Le plus sûr est d'avouer aux gens qu'ils sont heureux pendant qu'ils ont du plaisir, aussi bien le croiront-ils, quelque chose qu'on leur pût dire. Il faut seulement, après cet aveu, leur représenter que, s'ils n'y renoncent, ce bonheur présent les damnera. Mais, dit-on, c'est la vertu, c'est la grâce, c'est l'amour de Dieu, ou plutôt c'est Dieu seul qui est notre béatitude : d'accord, en qualité d'instrument ou de cause efficiente, comme parlent les philosophes; mais en qualité de cause formelle, c'est le plaisir, c'est le contentement qui est notre seule félicité. Que par une supposition impossible on se représente un homme aussi vertueux que saint Paul et condamné pour toujours aux mêmes tourments qu'un diable, aura-t-on l'imagination assez fausse ou assez subtile pour trouver que cet homme est moins malheureux qu'un diable?

Le P. Malebranche soutient que tout plaisir rend actuellement heureux ceux qui jouissent, pour le moment qu'ils en jouissent et autant qu'ils en jouissent; mais que néanmoins il faut s'en priver dans cette vie à cause des suites qu'ils ont par rapport à l'éternité.

M. Arnauld veut au contraire que cette proposition soit une maxime épicurienne, capable de corrompre toute la morale et que la restriction qu'on y ajoute est illusoire. .

M. Bayle, en parlant de ce hors-d'œuvre du livre de M. Arnauld, où il ne devait être question que de combattre la nécessité des lois générales dans l'ordre de la nature, fait voir clairement l'innocence et l'évidence de la maxime du P. Malebranche, la plus raisonnable que l'on puisse avoir en cette matière. Car c'est une folie de raisonner contre l'expérience manifeste. Chacun expérimente qu'il est heureux lorsqu'il jouit du plaisir et d'autant plus heureux que son plaisir est plus grand, donc, etc... Ainsi raisonnait M. Bayle, ce qui, joint à un petit soupçon de mauvaise foi qu'il jette en passant sur M. Arnauld, lui attira un avis public et fort sérieux de la part de ce docteur.

Le P. Malebranche profita de leur querelle, et, laissant alors à M. Bayle le soin de le défendre sur l'article des plaisirs qui ne venait à rien dans les réflexions critiques de son adversaire, il s'attacha uniquement à ce qu'elles contenaient d'essentiel ou dont il crut que le public voulait qu'il se justifiât. Voyons s'il a montré dans le choix des matières cette justesse d'esprit qui le distingue si fort de la plupart de nos auteurs.

on le pourra dire de bouche, mais on ne comprendra rien à ce qu'on dira. Tant il est vrai que la seule voie que nous concevions, que Dieu puisse mettre en usage pour nous rendre actuellement et formellement heureux, c'est de communiquer à notre âme la modification qu'on appelle sentiment de plaisir. » (Août 1685.)

Le premier volume des *Réflexions philosophiques et
théologiques* de M. Arnauld contient en substance :

1° Un avis touchant la réponse du P. Malebranche à
sa dissertation dont néanmoins il ne parle que sur la foi
de M. Nicole; un avant-propos où il rend raison de la
méthode qu'il a suivie dans son livre; un grand chapitre
préliminaire pour expliquer les termes de la dispute, où
nous allons entrer.

2° Plusieurs longs discours qui tendent à prouver que le
P. Malebranche ruine la Providence divine par l'établissement de ses lois générales par rapport à l'ordre de la nature.

3° Diverses objections par-ci par-là répandues contre
le système de ces mêmes lois [1].

Tout le reste du livre (qu'on l'examine) est absolument
hors-d'œuvre et d'un esprit faux qui s'éloigne de son
but, si toutefois son but n'est pas de brouiller, car pour
cela il faut convenir que M. Arnauld a un talent rare
dans la métaphysique.

C'est pourquoi le P. Malebranche qui ne veut pas le
suivre dans ses égarements se borne à ce qui a un rapport direct avec lui ou avec son traité. A ces trois chefs
que nous venons de marquer, il répond par trois lettres
adressées à M. de Roucy, comme les *Réflexions* de M. Arnauld, pour décider juste, s'il a eu raison de s'en tenir là;
que l'on compare la critique et la réponse, ou qu'on ait
la bonté de croire ce que je vais dire ou plutôt transcrire
en abrégé sur l'une et sur l'autre [2].

[1] Les deux derniers chapitres du livre de M. Arnauld sont
employés à examiner les nouvelles preuves dont le P. Malebranche
s'est servi dans sa réponse au *Traité des vraies et des fausses
idées*. M. Arnauld y fait voir aussi bien que partout ailleurs un
raisonnement fort net et une vigueur d'esprit toute telle que s'il
n'avait que quarante ans. (*Journal d'août* 1685.)

[2] *Nous croirons sur parole le P. André, et omettrons cette
analyse qui n'a pu* unités *de la chapt pag* ... *22 à 59),*.

Pendant que le P. Malebranche écrivait ses trois lettres au marquis de Saint-Preuil, en réponse au volume
des *Réflexions philosophiques et théologiques,* M. Arnauld
en écrivait neuf à lui-même, pour l'accabler du moins
par la multitude de ses écritures; c'était pour répliquer
à deux répliques de son adversaire : l'une à sa défense,
l'autre à sa dissertation. Il semblait que M. Arnauld
voulût fatiguer le P. Malebranche, en ne lui laissant
point le loisir de se reconnaître; car ses lettres parurent
coup sur coup, de sorte que toutes les neuf se trouvèrent,
en trois mois, composées, imprimées, publiées. Le docteur y prend un certain air d'honnête homme, doux,
chrétien, modéré, qui plaît toujours; et il sait si bien
d'ailleurs profiter de l'ascendant qu'il avait pris sur le
public, que, pour peu qu'on cesse d'être attentif au fond
des choses qu'il traite, on est entraîné par ses manières
imposantes à lui donner gain de cause. Mais quel est le
dessein de ces lettres? Voilà ce qu'il faut exposer en peu
de mots.

Dans la première, M. Arnauld exhorte le P. Malebranche à la paix, à la charité, à la modération, vertus dont
ce grand docteur, comme bien d'autres, donne toujours
plus de leçons que d'exemples.

Dans les trois suivantes, il recommence la guerre en
répondant à la réponse du P. Malebranche à sa dissertation. Il emploie bien des efforts pour se laver du reproche
de calomnie, de déguisements, de ruses, etc., que lui
avait fait son adversaire. Mais il ne se sauve que par
mille détours, où il n'est pas besoin de le suivre. J'avoue
cependant que dans sa troisième lettre, il me paraît victorieux du P. Malebranche en un point : ce père, pour
montrer non seulement qu'il admet en Dieu des volontés
particulières pour tous les bons effets qui arrivent dans
le monde, mais encore que Dieu en produit quelques-uns

par des volontés particulières, et sans l'entremise des
causes occasionnelles, a distingué deux choses dans l'ancienne Loi. Le Décalogue, dont il est dit qu'il fut gravé
sur la pierre par le doigt de Dieu, *digito Dei*, et les lois
cérémoniales ou figuratives, qui devaient être abrogées à
la venue de Jésus-Christ. Il croit que Dieu a écrit sur la
pierre le Décalogue ou la loi morale par une volonté particulière, à cause de cette expression de l'Écriture : *digito
Dei;* mais il prétend que les lois cérémoniales ou figuratives qui devaient être abolies par l'Évangile, n'ont été
données de Dieu que par le ministère des anges, et par
conséquent, par des volontés générales.

M. Arnauld lui montre 1° par l'Écriture, que la loi
morale et la loi cérémoniale sont également attribuées à
Dieu, comme auteur, et aux anges, comme ministres.
Donc il faut dire que Dieu les a données l'une et l'autre
également par des volontés particulières, ou que Dieu ne
les a données ni l'une ni l'autre par de semblables volontés.

2° Par la raison que s'il fallait choisir entre ces deux
sortes de lois, laquelle on devrait dire avoir été inspirée
aux anges par une volonté particulière de Dieu, et laquelle par des volontés générales, il est évident qu'on le
devrait assurer de la loi figurative, qui est arbitraire,
plutôt que de la loi morale, qui est nécessaire. Car les
anges, ayant reçu ordre de gouverner les Juifs, pouvaient facilement trouver la loi morale dans la raison qui
les éclairait, puisque les autres législateurs l'y ont bien
trouvée sans miracle ; au lieu que la loi cérémoniale,
étant destinée à figurer Jésus-Christ et son Église en une
infinité de manières différentes, demandait une étendue
de connaissances prodigieuses · connaissances de la nature, connaissances de la grâce, connaissances des évé-
nements futurs, de plusieurs volontés libres de Dieu, de

plusieurs actions libres de Jésus-Christ, etc... Je ne
crains point de fortifier l'argument de M. Arnauld, parce
que la vérité et la justice doivent l'emporter sur toute
autre considération.

Après avoir fait de grands efforts pour justifier sa dissertation contre la réplique du P. Malebranche, Arnauld
en fait de plus grands dans les trois lettres qui suivent,
pour répondre à celles qu'on avait opposées à sa défense,
en 1684. Il y défend ses opinions sur la grâce, et attaque
celles de son adversaire, l'accusant de calomnie, non pas
pour lui avoir imputé des sentiments qu'il n'eut pas, mais
pour l'avoir voulu faire passer dans le monde pour un
novateur qui dogmatise, à cause qu'il soutient la grâce
invincible, laquelle il prétend faire partie de la foi catholique. Sur quoi M. Arnauld l'exhorte fort chrétiennement
à lui faire au plus tôt réparation d'honneur.

Dans la huitième et dans la neuvième lettre, le docteur critique entreprend de démontrer qu'il a eu raison
d'imputer au P. Malebranche qu'il admettait en Dieu,
non pas à la vérité une étendue matérielle, ce qu'il n'a,
dit-il, jamais avancé, mais une étendue formelle. On voit
ici que le grand Arnauld sent bien qu'il a tort, mais
qu'il n'ose tout à fait en convenir.

Le succès de ces neuf lettres, surtout des sept premières qui sont les mieux écrites, fut considérable. On
admirait la fécondité de la plume de M. Arnauld, qui, à
l'âge de soixante-quinze ans, enfantait tous les mois quelques nouveaux ouvrages sur les matières les plus difficiles
de la philosophie et de la théologie. On pensait moins au
mérite de ses pièces qu'à leur nombre, on était si accoutumé à lui applaudir, qu'on le faisait par habitude, souvent même sans savoir de quoi il était question. Les amis
du P. Malebranche en furent alarmés : ils craignaient que
ces applaudissements tumultuaires n'achevassent de met-

tre tout le public dans le parti de son critique. C'est
pourquoi il y en eut qui lui conseillèrent d'interrompre
quelque temps sa réponse aux *Réflexions* de M. Arnauld,
pour répondre à ses lettres. Car, lui disait-on, comme
elles sont courtes et qu'elles paraissent une à une, elles
sont beaucoup lues, au lieu qu'on ne lit guère son gros
volume contre le *Traité de la nature et de la grâce*.

Le P. Malebranche ne fut point de cet avis; il crut
qu'il fallait continuer de battre M. Arnauld dans son fort,
ou qu'il regardait comme tel, espérant que s'il avait le
bonheur de l'y vaincre, tout le reste ne tiendrait pas. De
plus, comme les petites lettres de son impétueux adversaire se suivaient quasi d'aussi près que les paroles d'un
même discours, il jugea qu'il était de la bienséance d'attendre, pour lui répondre, qu'il eût cessé de parler. Enfin, quoique ces lettres lui fussent adressées, il était
presque toujours le dernier à les recevoir. Il acheva donc
sa réplique aux *Réflexions* de M. Arnauld. Mais pendant
qu'il parait un coup, on lui en portait plusieurs autres.
Les lettres justificatives de M. Arnauld se multipliaient
de jour en jour; on les lisait ardemment, surtout les
trois qui regardent la grâce. M. de Meaux en ayant eu
connaissance, et se figurant le P. Malebranche tel qu'il
y était représenté, comme s'il eût fait un nouveau système d'hérésie des erreurs contradictoires de Luther et
de Pélage, souhaitait avec lui une seconde conférence sur
les matières en question. Le P. Malebranche ne craignait
rien de ce côté-là; il ne soutenait autre chose que la doctrine du saint concile de Trente sur la liberté de l'homme,
sur le pouvoir de résister à la grâce, de la rejeter, d'y
manquer, de la rendre inutile. Néanmoins, connaissant
M. de Meaux pour thomiste rigide, il appréhenda de se
commettre avec le prélat. Il s'en excusa d'abord par l'i-
nutilité ordinaire de ces sortes d'éclaircissements de vive

voix. Il allégua le respect qu'il devait avoir pour un
évêque d'un si grand mérite, et auquel il craignait de
manquer dans une dispute, où l'on s'égale naturellement
à son adversaire, quel qu'il puisse être. Il ajouta que ses
ouvrages parlaient assez clairement pour tous ceux qui
ne cherchent que la vérité, et que pour les autres, il n'y
aurait jamais moyen de les satisfaire. Mais, comme on le
pressait un peu vivement, il refusa tout net la conférence. Le prélat fut extrêmement piqué de ce second
refus. Le P. Malebranche lui écrivit, pour l'apaiser, en
ces termes [1]...

M. de Meaux était honnête homme, droit, bienfaisant,
et se piquait d'une équité inaltérable. Il dit donc à un
ami du P. Malebranche (c'était le marquis d'Allemans),
que, puisqu'il ne voulait point conférer avec lui, il allait
relire tous ses ouvrages pour en examiner de nouveau
les principes, mais qu'après avoir tout examiné sans
prévention, il ferait sans égard tout ce qu'il jugerait être
à la gloire de Dieu. Le P. Malebranche fut ravi d'apprendre la résolution du prélat. Car le plus grand de ses
désirs a toujours été qu'on l'examinât de près, pourvu
que ce fût sans prévention. Pour mettre donc son illustre
critique en état de mieux juger de ses sentiments sur
la grâce, il entreprit dans sa réponse aux lettres de
M. Arnauld, d'éclaircir à fond la matière, et de se borner là pour rendre le public plus attentif au vrai sujet de
la controverse. Ainsi, les quatre premières de ses lettres,
ne contenant presque rien que des justifications ou des
accusations personnelles qui n'intéressent pas fort le
monde, il en abandonna le jugement aux lecteurs équitables. Les deux dernières eurent le même sort à peu
près pour la même raison, et parce que leur propre gali-

---

[1] *La lettre manque malheureusement dans le manuscrit.*

matias suffit pleinement pour les réfuter. Au reste, on
s'en rapporte à quiconque les lira avec une connaissance
médiocre des sentiments du P. Malebranche, ou seulement de saint Augustin sur les idées. Les cinquième,
sixième, septième, sont les meilleures en tout sens, et
pour les choses, et pour la manière. Le P. Malebranche
crut donc avoir droit de s'y attacher uniquement, d'autant plus que ces lettres, réduisant le jansénisme au thomisme, augmentaient considérablement les troupes de
son ennemi. Afin de les combattre avec succès, il fait
trois choses :

1° Après avoir attaché des idées distinctes aux termes
de la question sur la grâce efficace par elle-même, il
établit son sentiment et en démontre la conformité avec
celui de saint Augustin, le grand maître en cette matière.

2° Il découvre manifestement l'énorme iniquité du reproche que lui fait M. Arnauld, que ses sentiments sur la
grâce sont un mélange monstrueux des erreurs de Luther et de Pélage.

3° Il prouve, au contraire, que c'est avec raison que,
dans la nécessité de se défendre contre un si redoutable
adversaire, il lui a reproché, avec beaucoup d'autres,
qu'il dogmatisait sur la grâce.

Ces trois points nous donnent quatre lettres, parce
que le dernier en fournit deux. Elles sont toutes fort
belles; et de tous les ouvrages qui ont été écrits sur
cette matière, c'est celui qui est le plus capable de mettre au fait sur les disputes de la grâce, sur le jansénisme,
sur le molinisme et sur le sentiment moyen qui est le
seul véritablement catholique[1].

---

[1] *L'analyse qui suit va de la page* 563 *à la page* 590 Dans
le temps que le P. Malebranche écrivait la troisième de ses lettres, il paraissait divers ouvrages contre M. Arnauld, entre
autres un volume d'observations sur la nouvelle défense de la

Le P. Malebranche met fin à cette lettre, en disant
qu'il est las d'écrire pour répondre à des livres qui n'attaquent, au lieu de lui, que de purs fantômes. « J'ai,
poursuit-il, exposé mes sentiments le plus nettement que
j'ai pu ; j'en ai donné des preuves suffisantes. Le procès
que M. Arnauld me fait est de ma part tout instruit, que
l'on décide. Il est vrai qu'il nous fait encore espérer
deux volumes, outre les quatre premiers et les neuf lettres. Voilà bien des écritures. C'est de quoi différer longtemps le jugement de l'affaire, et fatiguer les plus patients lecteurs. Cependant, si on veut attendre les deux
derniers livres, à la bonne heure. Mais pour moi, je déclare que les premiers auxquels j'ai répondu, me donnent la hardiesse de dire que je consens que l'on juge,
sans attendre les réponses que je pourrai faire à ces deux
autres [1]. »

Cela est bien hardi, mais il est bien permis à un auteur de l'être, quand il y a évidence que la justice est
pour lui, et qu'il a de l'équité du public la bonne opinion
qu'on en doit avoir. Le P. Malebranche se trouvait dans
ces termes. Il voyait manifestement que M. Arnauld l'a-

version du *Nouveau Testament* de Mons. Elles sont du P Letellier, jesuite, fameux ennemi des jansénistes, vrais ou prétendus ; mais qui certainement n'eût jamais été si fameux s'il
n'eût été depuis (*quand il devint confesseur du roi*) en état de
les combattre autrement que par ses livres On peut bien juger,
par le caractère de cet auteur assez connu dans le monde, que
sa bile artificieuse n'épargnait pas dans ses observations M Arnauld, fléau de la société (de Jésus) depuis plus de quarante ans
En effet, il le presse très vivement, et quelquefois assez bien,
principalement sur l'article de la grâce invincible.

[1] *On sent, dit Fontenelle, que le génie de M. Arnauld était
tout à fait guerrier, et celui du P. Malebranche fort pacifique.
Il dit même en quelque endroit qu'il était bien las de donner
au monde un spectacle aussi dangereux que ceux contre lesquels
on déclame le plus.*

vait jusqu'ici critiqué sans le vouloir entendre, qu'il
n'avait bien réfuté aucun de ses principes ; que souvent
même il ne les attaquait pas, mais seulement des propositions incidentes qu'on pouvait lui abandonner sans préjudice du traité ; qu'il ne s'était amusé qu'à déplacer de
ses livres quantité de passages, pour leur faire dire hors
de leur place tout ce qu'il lui plaisait ; qu'il avait même
tronqué quelques-uns de ces passages ; qu'il leur avait
presque toujours donné un sens odieux que les termes ne
portent point ; qu'il avait son fort à tout embrouiller par
des raisonnements vagues, par des citations de Pères ordinairement fort mal entendues ; par des conséquences
vingt fois désavouées, et dont les prémisses, ou ne les
contenaient pas, ou n'étaient que dans l'imagination du
docteur qui les prête à son adversaire, pour avoir le
plaisir de remporter sur lui, ou du moins sur son fantôme, une victoire facile. Supposant donc dans le public
de l'intelligence et de l'équité, l'auteur crut ne pouvoir
mieux faire que de solliciter un prompt jugement. D'ailleurs, il voyait que le monde se désabusait de jour en
jour, à mesure que ses principes devenaient familiers.
On ne s'effarouchait plus tant à la vue des idées claires
qu'il présentait à l'esprit, au lieu des ténèbres péripatéticiennes. La religion, qui paraît dans ses livres dans le
plus beau jour où elle eut jamais paru, lui faisait des
admirateurs de ceux qui n'osaient être encore de ses
partisans. La guerre qu'il soutenait depuis si longtemps
contre le redoutable M. Arnauld, relevait beaucoup le
lustre de sa réputation, qui avait un peu souffert, avant
qu'ils en vinssent aux mains. Ses réponses, qui contenaient toujours ou quelque nouvel éclaircisssement, ou
même quelque nouvelle preuve de ses principes, lui attiraient une estime générale. On les lisait volontiers, et on
s'en laissait convaincre avec plaisir.

Les amis du docteur en furent effrayés, et la fierté si
ordinaire à MM. les jansénistes ne les garantit point de la
peur en cette rencontre, surtout lorsqu'ils virent imprimer les quatre dernières lettres du P. Malebranche, qui
mettaient en plein jour l'erreur de leur système. Elles
jetèrent parmi eux l'alarme, et y causèrent une espèce
de schisme. Les uns déclamaient contre l'auteur, le regardant avec indignation comme le nouveau protecteur
de la grâce résistible. Le fameux P. Quesnel fut de ce
nombre. Les autres s'en prenaient à M. Arnauld, qui, par
ses imprudentes attaques, s'était attiré sur les bras un
ennemi d'autant plus terrible, qu'il était plus pacifique
de son naturel, et par là plus croyable dans ses défenses.
Entre ceux-ci il y en avait encore de deux sortes : la
plupart, craignant M. Arnauld, se contentaient de mur-
murer tout bas; mais il y en eut d'autres qui, l'aimant
plus qu'ils ne le craignaient, le blâmèrent hautement [1].
Celui qui le fit avec plus d'éclat, ce fut M. de Laval de
Boisdauphin, évêque de la Rochelle [2], qui était trop sincère pour dissimuler sa pensée, et trop généreux pour appréhender les jansénistes. Il demandait publiquement de
quoi s'avisait M. Arnauld, à son âge, de s'attaquer à
un adversaire du mérite et de la vigueur du P. Malebranche.

---

[1] *Plusieurs lui écrivirent pour l'engager à abandonner la dis-*
pute, à laisser là le P. Malebranche, et à combattre d'autres
adversaires, tels que l'auteur de la Politique *du clergé, qu'on*
attribuait au ministre Jurieu. On ne put rien obtenir sur M. Ar-
nauld, qui répondit souvent qu'il était persuadé qu'il n'y avait
rien au monde de plus important que de combattre le P. Ma-
lebranche. Ses amis revinrent plusieurs fois à la charge, mais
toujours inutilement. (Adry.)

[2] *Ce prélat fut-il vraiment aussi janséniste que le fait sup-*
pose le P. André? j'incline à croire que non. On trouvera sur
lui quelques détails dans les Archives de l'évêché de Luçon.
(Paris, Poussielgue, 1885.)

C'est tout ce que j'ai pu apprendre de ce temps-là, par rapport aux jansénistes. On peut bien juger que les molinistes ne se taisaient pas. L'occasion était trop belle pour ne pas se déchaîner contre M Arnauld, qui les traitait d'hérétiques. Mais, comme les mémoires qu'on m'a fournis n'en disent rien de particulier, je viens aux thomistes.

M. de Meaux, qui était à leur tête, s'en tenait toujours au premier jugement qu'il avait porté du *Traité de la nature et de la grâce :* il y trouvait à redire qu'on y raisonnait trop. Cependant, comme, selon la promesse qu'il en avait faite, il l'avait relu plus exactement avec les autres ouvrages de l'auteur, il commençait un peu à revenir ; ce qui, joint à la favorable disposition du public, donna lieu à un ami du P. Malebranche de lui en parler fortement pour le désabuser, s'il était possible, de ses anciennes préventions. Voici comme on raconte la chose que l'on sait très certainement.

Pendant que tout Paris et toutes les grandes villes du royaume où l'on se pique de science, ne s'entretenaient que de la guerre de nos deux illustres auteurs, M. de Meaux fit un voyage à Versailles avec quelques beaux esprits. On ne fut pas longtemps sans tomber sur l'entretien à la mode. Il y avait parmi eux un partisan du P. Malebranche, M. d'Allemans, qui avait bien médité sa doctrine. Voyant que ces messieurs ne l'entendaient guère et qu'ils applaudissaient un peu trop vite à la censure qu'en faisait le prélat, il leur demanda un moment d'audience en faveur de l'accusé. On le lui accorda. Il exposa les sentiments de l'auteur, tels qu'ils étaient ; mais par cela même, tels que M. de Meaux ne les reconnut pas. Il en convint ; sur quoi l'ami du P. Malebranche répondit qu'on le lui déguisait par malice ou par ignorance, quand on le faisait parler autrement : ce furent

ses propres termes. Pour convaincre M. de Meaux, il reprit l'explication du traité de son ami, il en établit tous
les principes, il en tira les véritables conséquences, il en
fit voir tous les avantages.

Le prélat avait de très grandes qualités : beaucoup
d'esprit, un grand sens, un cœur droit avec beaucoup de
science. Avec tout cela, il n'est pas difficile de concevoir
le P. Malebranche; il se mit donc son système dans la
tête, et il le répéta si juste [1], que l'ami commun s'écria :
« Pour le coup, Monseigneur, vous voilà bien près du
royaume de Dieu. » Là-dessus on arrive à Versailles, et
on se sépare fort contents l'un et l'autre : M. de Meaux
d'avoir compris, et l'ami du P. Malebranche d'avoir fait
comprendre. Mais apparemment ils se trompaient tous
deux.

Car, le lendemain, s'étant retrouvés ensemble avec
M. le duc de Chevreuse, ils recommencèrent à contester.
Il semblait que la nuit eût réveillé tous les préjugés de
M. de Meaux. Il proposa contre les sentiments du P. Malebranche les mêmes difficultés qu'il avait cru dissipées
la veille par les réponses qu'on lui avait données. M. le
duc de Chevreuse, qui se mêlait aussi d'être thomiste, se
rangea de son côté. On disputa chaudement, mais, selon
la méthode ordinaire, sans convenir de rien. Enfin l'ami
du P. Malebranche s'avisa de leur lire le quatrième chapitre de la réponse à M. Arnauld sur *les Vraies et les fausses
idées.* L'auteur y expose, avec une clarté merveilleuse,
tous les principes de son *Traité de la nature et de la
grâce,* et marque à son critique les points qu'il doit attaquer pour bien réfuter cet ouvrage. Tout cela fut inutile

---

[1] *Sans doute, dit avec raison M. Blampignon, pour convaincre l'ami du P. Malebranche qu'il avait su le comprendre,
car la plainte la plus ordinaire du philosophe était qu'on ne
saisissait pas ses principes. (Op. cit, p. 72)*

contre des esprits si préoccupés, qu'ils regardaient leurs préjugés comme des axiomes. Ils en revenaient toujours à dire que la théologie devait être traitée par la positive ou par la science des faits dogmatiques, par l'Écriture et par les saints Pères, ajoutant qu'on avait éprouvé dans les derniers siècles combien l'école, avec ses raisonnements creux, avait fait tort à la religion, et qu'il était à craindre qu'on ne lui en fît encore, si on abandonnait ses mystères à la direction de la raison humaine. Telle était la pensée de M. de Meaux, quoique fort habile dans la scholastique ordinaire.

Mais on lui répliqua que si l'école avait fait tort à la vraie théologie, c'est qu'elle y avait introduit des principes faux, en y admettant les principes d'une philosophie païenne. Mais que ceux du P. Malebranche étant très certains, et presque tous de leur propre aveu (car le duc et le prélat se piquaient aussi de cartésianisme), il était évident qu'il n'y avait rien à craindre de ce côté-là.

M. de Chevreuse parut ébranlé de cette raison, d'autant plus qu'il venait de lire la première des quatre lettres dont nous venons de faire l'analyse, et où le P. Malebranche, après avoir exposé très nettement ses sentiments sur la grâce, en montre la conformité avec ceux de saint Augustin. Ce duc la fit voir à M. de Meaux, qui la lut deux fois de suite, et en fut charmé. Après quoi il déclara expressément à l'ami du P. Malebranche, que si cet auteur ne voulait dire dans son traité que ce qu'il disait dans sa lettre, on n'avait rien à y reprendre sur l'article de la grâce; qu'il expliquait parfaitement saint Augustin, qu'il avait pris tout juste dans son vrai sens, et que dans ce petit ouvrage il était un théologien véritablement positif, tel qu'il eût souhaité tous les docteurs catholiques.

L'ami du P. Malebranche, voyant le prélat en si beau
train, ne s'en tint pas là : il le jeta incontinent sur le
point fondamental du *Traité de la nature et de la grâce*,
c'est que Dieu agit généralement par des voies générales ;
pour peu qu'on ait d'esprit et de bonne foi, il n'est pas
possible d'en discouvenir. La nature a ses lois constantes,
la grâce a les siennes. L'expérience le prouve aussi bien
que la raison. M. de Meaux en convint; il avoua même
qu'il était plus digne de Dieu d'agir par des vues générales, simples, constantes, uniformes, que par toute
autre voie qui n'aurait point ces divins caractères; que
ce qu'en avait dit le P. Malebranche, dans l'ordre de la
nature, était vrai, et que ce qu'il en disait dans l'ordre
de la grâce, le serait aussi, pourvu qu'il ajoutât que
Jésus-Christ, qui en était la cause occasionnelle ou dis-
tributive, était déterminé en tout et partout dans son action, par les ordres de son Père. Pour le contenter, on
n'eut qu'à lui répéter les propres paroles de l'auteur, qui
ne nia cette vérité que dans les livres calomnieux de ses
adversaires. Voilà où finit la dispute. M. de Meaux en
parut content; mais, dans le fond, il avait toujours sur le
cœur le refus que lui avait fait le P. Malebranche de
conférer avec lui sur son traité autrement que par
écrit.

Les choses en étaient en ces termes, lorsque les deux
derniers volumes des réflexions de M. Arnaud vinrent à
paraître. Il était temps, car sa réputation commençait un
peu à souffrir de ce qu'après tant de fanfares il n'avait
attaqué le *Traité de la Nature et de la grâce* que par les
dehors, ou par les girouettes, ou du moins par les endroits qu'on lui pouvait abandonner sans risquer le corps
de l'ouvrage. Tout ce qu'il avait dit dans son premier
volume sur la nature n'avait point touché à la question
principale. Mais dans ses deux derniers livres il venait

plus au fait, et quoique de temps en temps il s'égare au
gré de sa plume comme tous les écrivains rapides il ne
laisse pas quelquefois de prendre son homme par le défaut de la cuirasse.

Dans le deuxième volume des *Réflexions philosophiques
et théologiques*, M. Arnauld attaque le traité du P. Malebranche par trois endroits.

1° Sur ce qu'il prétend que le principal des desseins
de Dieu dans la création du monde, c'est l'Incarnation de
son Fils et par conséquent que le Verbe divin se fût in-
carné quand même le premier homme n'eût point péché.
Le docteur cite là contre dix Pères de l'Église, mais dont
la plupart ne veulent rien dire autre chose, sinon que le
Verbe n'eût point pris une chair mortelle, si nous n'a-
vions point eu de péché à expier par sa mort. C'est une
opinion fort ancienne dans l'Église Aussi voilà déjà bien
de l'érudition perdue, pour montrer que c'est une nouvelle pensée du P. Malebranche.

2° Sur ce qu'il prétend qu'il n'y a point, comme le
voudraient MM. les jansénistes, de prédestination absolue, purement arbitraire et indépendante de la sagesse
et de la prescience divines. M. Arnauld est là-dessus plus
fort que sur tout le reste. Mais qu'on y prenne garde,
c'est ordinairement parce qu'il impute au P. Malebranche de soutenir que Dieu ne veut point en particulier le salut de ses prédestinés, car ce docteur, dont la
grande mémoire embarrasse un peu le jugement dans les
matières abstraites, n'a jamais su distinguer entre avoir
des volontés particulières et agir par des volontés particulières. Ce qui est pourtant essentiel au système qu'il
attaquait et ce que peu de personnes veulent bien comprendre.

3° Sur ce qu'il prétend que la nature de la grâce est
telle, que la volonté humaine la peut accepter ou rejeter,

comme il lui plaît, pour la rendre inutile par sa résistance, et par conséquent que toute grâce n'a point l'effet pour lequel elle est donnée, puisque toute grâce n'emporte point le consentement de l'homme, qui est évidemment la fin unique dans l'intention de Dieu. On ne dit pas toujours le consentement d'une conversion totale, car on avoue que, selon le cours ordinaire de la Providence, Dieu ne convertit le cœur que par degrés. La foi commence, l'espérance perfectionne, l'amour achève. Mais on soutient qu'il y a des grâces de Jésus-Christ qui ne sont point efficaces et qu'il n'y en a aucune qui soit invincible. Les lecteurs qui sont au fait du jansénisme devineront bien que M. Arnauld attaque ces principes avec toutes les forces de son esprit et avec toutes les adresses de sa rhétorique. On les avertit qu'ils trouveront dans ses discours plus de raisonnements que de raisons.

Mais cela n'est rien au prix de ce qu'on voit dans le troisième volume des *Réflexions*. Le docteur y entreprend le P. Malebranche sur ce qu'il veut que Jésus-Christ, en tant qu'homme, soit non seulement la cause méritoire, mais encore la cause occasionnelle de la grâce. Là il trouve des mystères, des contradictions, des absurdités, des erreurs et même des hérésies. Et comme dans son second volume il avait songé de prouver au monde que le *Traité de la nature et de la grâce* était pélagien, parce qu'il n'admet ni la grâce invincible ni la prédestination gratuite au sens des jansénistes, il tâche ici de montrer qu'il est nestorien, parce qu'il distingue à toute heure la personne de l'Homme-Dieu, ses deux natures et ses deux volontés ou opérations ; c'est-à-dire parce qu'il ne veut être ni eutychéen ni monothélite. M. Arnauld paraît si effrayé de ce fantôme hérétique à qui il donne le nom de son adversaire, qu'il fait trembler par contre-

coup tous ses lecteurs. Surtout il admire que le P. Malebranche ose chercher hors de la volonté arbitraire de
Dieu des raisons de la prédestination des saints et de
l'inégale distribution de la grâce. Il en paraît tout de
bon fâché et là-dessus il lui applique le beau passage
de saint Augustin : *Tu quæris rationem, ego expavesco altitudinem; tu ratiocinare, ego miror; tu disputa, ego cre-
dam; altitudinem video, ad profundum non pervenio.* Ajou-
terai-je, continue M. Arnauld ce qu'ajoute ce Père
et qui est encore plus terrible : *Si inscrutabilia scrutari
venisti, si investigabilia investigare venisti, crede, nam pe-
risti.* Après quoi, laissant là M. le marquis de Saint-
Preuil, à qui jusqu'alors il avait toujours parlé dans
son livre, il s'adresse tout à coup au P. Malebranche,
pour l'exhorter enfin à se rendre et à rétracter ses erreurs. Il les réduit à deux qui sont véritablement des impiétés abominables. Mais nous en parlerons en temps et
lieu.

Par ce qu'on vient de dire, on voit bien que ces derniers volumes de M. Arnauld devaient avoir plus de succès que tous les autres. Les matières qu'il y traite sont
plus intéressantes, la manière un peu plus nette et plus
méthodique, le style plus serré, les tours plus ingénieux,
les coups qu'il frappe mieux conduits, quoique pour l'ordinaire il ne touche pas aux parties nobles du livre
qu'il attaque; je veux dire aux principes. Car M. Arnauld
s'arrête presque toujours à des propositions incidentes;
mais il a l'adresse de les confondre avec les fondements
du système de son adversaire, comptant beaucoup, en
homme expert, sur la crédulité de la plupart des lecteurs. Il ne se trompe point. Ses deux livres et ses deux
avis qu'il y avait mis à la table pour le P. Malebranche
eurent tout l'effet qu'il s'en était promis. Ils s'imposè-
rent au public, ils effrayèrent quelques gens de bien, ils

regagnèrent à M. Arnauld plusieurs de ces sortes d'esprits qui dans les disputes des savants sont toujours pour
le dernier qui parle.

Les jansénistes triomphaient ; ils crurent pour le coup
le P. Malebranche terrassé, et en effet il devait l'être.
Les nouvelles réflexions qui venaient d'être publiées
avaient causé à son égard un bouleversement effroyable
dans les esprits, car on ne pouvait se figurer ni que le
grand Arnauld n'entendît pas le P. Malebranche, ni que,
l'ayant bien entendu, il lui attribuât des sentiments qu'il
n'eut jamais : c'était un double paradoxe trop révoltant
pour qu'on le voulût éclaircir. De plus le petit nombre de
ceux qui se désabusaient par la confrontation des livres,
n'osaient presque parler. La réputation du grand Arnauld, l'autorité de M. de Meaux, les clameurs d'un
parti nombreux leur inspiraient le silence. Enfin les
choses étaient au point que nous l'apprend le P. Malebranche lui-même dans une de ses lettres, où il avoue
que M. Arnauld avait une armée de partisans et que
pour lui il n'était seulement pas en état de lever des
troupes. Mais on dira que le P. Malebranche n'avait donc
qu'à répondre aux *Réflexions critiques* de son adversaire;
mais il fallait auparavant les trouver. Ce qui n'était pas
si facile qu'on le pouvait croire. Les nouveaux livres de
M. Arnauld ne se vendaient point publiquement à Paris.
Il n'y avait que des libraires affidés, ou des amis qui les
eussent. Il est vrai qu'ils avaient soin de les distribuer,
mais c'était à d'autres personnes affidées qui les donnaient à leurs semblables, qui se chargeaient en récompense de les vanter à tout l'univers. De sorte que le
P. Malebranche, d'ailleurs fort difficile à remuer, se
voyait contraint de laisser M. Arnauld maître de la campagne. C'est ce qui lui fit dire un jour avec cet air tranquille qui ne l'abandonna jamais au plus fort de la mê-

lée : « Assurément M. Arnauld gagnera, car il joue tout
seul. »

Cependant le grand bruit réveilla enfin sa paresse naturelle. Il fit faire tant de recherches qu'il trouva le
troisième volume des *Réflexions :* c'est le plus fort des trois.
Comme il parle de Jésus-Christ, le sujet du monde le
plus intéressant pour des lecteurs chrétiens, il était fort
lu, et comme naturellement on se fie aux auteurs pour
les faits qu'ils rapportent, sur ce préjugé naturel on y
prenait du P. Malebranche une idée qui faisait peur.
Lui-même ne le put lire sans frémir, à la vue du fantôme
horrible qu'on lui avait substitué pour effrayer le public. Il résolut donc de le dissiper au plus tôt et de montrer le vrai Malebranche à tous ceux qui voudraient ouvrir les yeux. Deux choses le portèrent à ne point attendre
qu'il eût trouvé le deuxième volume, avant que de répliquer au troisième : premièrement parce que la matière de la grâce avait été suffisamment éclaircie dans
ses derniers écrits, et en deuxième lieu parce que M. Arnauld lui-même estimait ce troisième volume plus que
tous les autres : il était le premier à le dire. On le redit
au P. Malebranche, qui ne différa point y répondre, espérant que s'il le réfutait bien, ce qui était très facile, il
renverserait la plus forte batterie de M. Arnauld, et que
par là désormais la victoire de son innocence ne serait
plus douteuse [1]. Mais pour se justifier avec succès il ne
fallait point faire un gros livre; il aurait couru risque de
n'être point lu, il était donc nécessaire qu'il se bornât.
M. Arnauld dans son troisième volume des *Réflexions*
avait fait une chose qui autorisait le P. Malebranche à
prendre ce parti. Exact et précis contre sa coutume, qui

---

[1] *Phrase extraordinaire.* (P. Lelong.)

est en écrivant d'être un peu vague et diffus, il avait
dans la conclusion de son ouvrage réduit à deux points
capitaux tout ce qu'il trouvait le plus à redire dans le
traité de son adversaire sur la personne adorable de
Notre-Seigneur Jésus-Christ. Le docteur se croyait là-
dessus si assuré de vaincre, qu'il n'appréhenda point de
borner à ces deux articles toute la dispute qui regardait
la cause occasionnelle de la grâce. Le P. Malebranche en
fut ravi et s'y arrêta volontiers à son exemple, bien sûr
de son côté que M. Arnauld avait tort; mais comme l'avis
qu'on lui donne à la tête du volume était des plus propres à lui fournir un exorde, c'est par là qu'il entre en
matière. Et parce que dans ses réponses il n'avait point
encore parlé directement à son terrible critique, il se
résout ici à lui adresser la parole [1].

Il paraît que le P. Malebranche écrivait encore cette
lettre, lorsque, après bien des recherches, il trouva le second volume des *Réflexions*. Nous en avons donné une
idée suffisante. Avant que de le lire il avait dessein d'y
répondre. Mais l'ayant lu et n'y ayant vu, comme dans
les autres, que des méprises grossières, que des écarts
infinis ou des raisonnements vagues, déjà renversés plusieurs fois, il changea de résolution. Il envoya sa première lettre toute seule à l'imprimeur, néanmoins, parce
que ce volume n'avait pas été mal reçu du public et qu'il
portait en tête un avis que M. Arnauld adressait à lui
personnellement, il en écrivit une seconde fort courte à
son importun moniteur. Voici en deux mots ce qu'elle
contient :

1º Le P. Malebranche répond à l'avis de M. Arnauld
qui lui conseillait de faire à ses critiques de plus amples
réponses, qu'il espère que sans se donner tant de peine,

---

[1] *L'analyse qui suit va de la page* 398 *à la page* 631.

ni aux lecteurs, le public lui rendra justice, que de sa
part le procès est suffisamment instruit; que les mé-
chantes causes ont besoin de grands discours pour se
soutenir du moins par l'embarras des paroles, mais qu'il
n'en est pas ainsi de la vérité, et qu'il suffit de l'exposer
nettement pour la faire triompher.

2° Pour ce qui est du livre lui-même, il déclare à
M. Arnauld qu'il croit déjà l'avoir réfuté par avance dans
sa réponse à la dissertation; que si néanmoins il veut lui
marquer précisément ce qu'il y trouve lui-même de plus
fort, il tâchera aussi d'y répondre exactement; qu'au
reste ce n'est point par mépris, ni pour ses critiques, ni
pour sa personne qu'il demeure dans le silence, après
lui avoir si longtemps parlé; mais uniquement par la
confiance que lui donne la vue de la vérité et par quelques autres considérations : par où il me semble qu'il
désigne les égards qu'il était obligé d'avoir pour sa Congrégation, où M. Arnauld avait des amis considérables
par leurs mérites et par leurs emplois.

Quoi qu'il en soit, le P. Malebranche eut tout lieu d'être
content du succès de ces deux lettres et des quatre précédentes qui furent imprimées presque en même temps[1].
M. Arnauld ne jugea pas à propos d'y répliquer ni de
montrer à son adversaire, comme on l'en avait prié, le
plus fort endroit de son second volume, afin qu'il y répondît. Il persista toujours à vouloir qu'on le suivît pied
à pied dans tous ses écarts et, si j'ose ainsi parler, dans
toutes les caracoles qu'il fait sans cesse autour de la question principale. Le P. Malebranche, au contraire, crut
qu'il était de son avantage, ou plutôt de l'avantage de la
vérité qu'il soutenait, de se tenir ferme dans son poste
sans prendre le change; de sorte qu'il se contenta d'y

---

[1] Rotterdam, Leers, 1687.

attendre l'ennemi. M. Arnauld ne l'y vint point attaquer;
et contre toute espérance on vit entre ces deux héros une
espèce de suspension d'armes qui dura environ dix ans.
Du côté du P. Malebranche on n'en fut pas surpris, on
était persuadé qu'il n'aimait que la paix : on le sent assez
par ses défenses. Mais on doute fort que M. Arnauld fût
demeuré dans le silence, si ses amis, quoique toujours
triomphants en apparence, ne lui eussent fait entendre
que dans cette guerre il n'y avait qu'à perdre pour lui.
En effet, si les livres de ce docteur véhément remuaient
d'abord le public en sa faveur, les réponses de son adversaire apaisaient aussitôt l'orage ou le faisaient même re-
tomber sur celui qui l'avait excité. Mais ce qu'on y trouve
de plus admirable, c'était la justesse avec laquelle il prenait dans les critiques de M. Arnauld le point précis à
quoi il fallait répondre [1]; son application à demêler toutes
les équivoques du langage, qui sont toujours les plus
forts arguments qu'on lui propose, son ingénuité, sa
bonne foi, sa candeur, sa piété humble et modeste,
jointes à la plus haute élévation d'esprit, et enfin sa facilité extraordinaire à résoudre par un petit nombre de
principes simples les plus embarrassantes difficultés de
la théologie. Ce dernier talent fut celui qui lui attira le
plus de lecteurs. On ne pouvait se lasser d'admirer une
philosophie, qui, réunissant l'ordre de la nature et de la
grâce dans un même dessein sous la conduite d'un
Homme-Dieu, donnait une si grande idée de la Providence. C'est ce qui fit dire à un bel esprit de ce temps-là,
que la facilité avec laquelle le P. Malebranche répond
par des principes aux difficultés les plus désespérantes de
la théologie, n'était pas une petite preuve de la vérité de

---

[1] Ses lettres sont vives, serrées, et frappent toujours droit au
but. (Bayle.)

sa doctrine. Quand je considère ce beau système, ajoutait-il, j'ai de la peine à me persuader qu'un monde où il paraît tant de sagesse ne soit pas celui que le Créateur a fait.

Ce jugement avantageux devint alors assez commun dans Paris, et une conversation qui se tint chez M. le Prince n'aida pas peu à la confirmer. C'est ce que nous apprenons d'une personne qui s'y trouva. Elle raconte ainsi la chose · ayant suivi le duc de Chevreuse à l'hôtel de Condé, alors le rendez-vous de tous les beaux esprits, on ne fut pas longtemps sans tomber sur le chapitre à la mode de la guerre de M. Arnauld et du P. Malebranche. On se partagea, comme il arrive d'ordinaire, selon ses lumières ou ses inclinations. M. le Prince avait tout lu de part et d'autre; ce qui, joint à la pénétration extraordinaire de son génie supérieur, le mettait en état de raisonner en maître sur le sujet de la dispute, mais en même temps avec une modestie qui lui seyait d'autant plus qu'il était plus élevé au-dessus des personnes à qui il parlait. On ne laissait point de l'entendre, lorsqu'il finit en propres termes (ce sont les paroles de mon auteur), « qu'il fallait avouer que M. Arnauld et le P. Malebranche avaient tous deux de l'esprit infiniment; qu'il n'y avait que M. Arnauld qui pût écrire contre le P. Malebranche et que le P. Malebranche qui pût répondre à M. Arnauld; qu'à la vérité M. Arnauld avait cet avantage sur le P. Malebranche, qu'il l'avait fait expliquer, quoique bien glorieusement pour ce père et utilement pour tout le monde; qu'enfin le P. Malebranche était le plus grand métaphysicien qui fût sur la terre et qu'il ne connaissait pas de meilleur logicien que M. Arnauld, ajoutant néanmoins, toujours, qu'il n'était pas assez habile pour se faire le juge de leurs démêlés théologiques. » Cela veut dire en bon français que M. Arnauld

5*

dans les matières abstraites est un grand raisonneur et le P. Malebranche, l'homme du monde le plus pénétrant pour saisir les premiers principes de la raison. Je souscris volontiers à ce jugement.

La conversation de l'hôtel de Condé se répandit bientôt ailleurs et donna lieu à une pareille qui se tint chez M. de Meaux. On y convint de toutes les qualités que M. le prince avait données au P. Malebranche, en ajoutant de plus qu'il était l'auteur du siècle qui écrivait le mieux. M. de Meaux était vif, mais naturellement bon comme le sont tous les grands hommes. On ne peut croire que la jalousie d'écrivain entrât dans l'aversion qu'il avait prise pour les principes du P. Malebranche, car certainement de ce côté-là il n'avait rien à envier à personne. Il témoigna donc à ceux qui lui en parlaient si avantageusement, qu'il estimait beaucoup ce philosophe, qu'il était comme il avait toujours été, dans la disposition de lui rendre justice en toute rencontre; que pour cela il avait souhaité de conférer avec lui sur son *Traité de la nature et de la grâce*, et qu'il le souhaitait encore malgré ses refus; qu'on n'avait qu'à l'en informer.

En effet, on rapporta au P. Malebranche ce qu'avait dit M. de Meaux, que ce prélat était bien revenu à son égard, qu'il avait relu ses ouvrages plus exactement, qu'il paraissait enfin disposé à écouter raison. Le P. Malebranche dont un des principaux talents était de se connaître en hommes, avait beaucoup de peine à croire un changement si prompt dans un évêque, bel esprit et habile, qui se voyait regardé comme l'oracle dans l'Église. Néanmoins, animé par la faveur du public qui revenait de jour en jour de ses préventions par la lecture de ses défenses contre M. Arnauld, se sentant d'ailleurs fortifié par les nouvelles méditations, que son fameux critique lui avait donné lieu de faire sur ce qui parais-

sait le plus faible dans son traité, et voulant aussi contenter un prélat dont il estimait le mérite et révérait la dignité, il se rendit aux instances de ses amis. Il alla voir
M. de Meaux : grands compliments, quelques petits reproches et puis on entra en matière. Le prélat réduisit à
deux points toutes ses difficultés sur le *Traité de la nature
et de la grâce*. Le premier regardait la puissance qu'a Dieu
de faire un autre ordre de choses. Le P. Malebranche y
répondit par ses principes, de manière que M. de Meaux
n'insista plus sur cet article. Il passa au second qui regardait la prédilection de Dieu pour ses élus, laquelle ne lui
semblait pas compatible avec le système des volontés générales. Il faut convenir que M. de Meaux prenait le traité
par son faible le plus apparent. On disputa là-dessus près
d'une heure assez vivement de part et d'autre ; mais enfin
le P. Malebranche, ayant développé ses principes, qui
démontrent que, dans son système, Dieu a autant de prédilection pour ses élus que dans celui des congruistes
si bien reçu dans les écoles, M. de Meaux lui dit qu'il
penserait à ses réponses et que, s'il y trouvait encore de
la difficulté, il les lui proposerait. On se quitta sans aller
plus loin, assez contents l'un de l'autre. Mais les difficultés qui vinrent au prélat après le départ du P. Malebranche le lui rendirent plus contraire que jamais. Bel
esprit et habile, plus accoutumé aux controverses qu'à la
métaphysique, il ne pouvait se figurer que personne
comprît ce qu'il ne comprenait pas, ou qu'on dût regarder comme vrai ce qui lui semblait faux. Sur ce grand
principe il se résolut d'écrire contre notre auteur. Il
écrivit en effet, mais ayant montré son ouvrage à un ami
sincère, cet ami lui fit voir qu'il ne prenait pas bien les
sentiments du P. Malebranche; que cela lui ferait un
tort infini dans le monde, et que M. Arnauld en était un
exemple qui devait faire trembler quiconque. Il n'en

fallut pas davantage pour faire tomber la plume des
mains de M. de Meaux, docilité rare dans un homme de
son mérite et de son caractère; car, en matière d'ouvrage, qui est-ce qui demande conseil pour le suivre?

CHAPITRE VI

Arnauld publie contre Bayle ses *Dissertations sur le prétendu bonheur des sens* (1687). — Nouveaux adversaires du *Traité de la nature et de la grâce*. — Malebranche compose les *Entretiens sur la métaphysique et sur la religion* (1688). — Dom Lamy en communique une copie à Bossuet. — Condamnation à Rome du *Traité de la nature et de la grâce* (1690). — Le rapporteur du consulteur de la congrégation de l'index.

Cependant M. Arnauld, au lieu de faire tête au P. Malebranche qui venait de le mettre encore sur la défensive, tournait ses armes d'un autre côté. Il faut se rappeler ici ce que nous avons dit ailleurs[1] de l'auteur des *Nouvelles de la république des lettres*, qui avait osé prendre contre ce docteur le parti de son adversaire sur la question du plaisir : savoir si de sa nature il rend l'homme formellement heureux dans le temps qu'il en jouit et autant qu'il en jouit; que cet auteur avait fait entendre que ceux qui comprennent un peu le sentiment de notre philosophe, pourront regarder comme une chicane la querelle que lui fait là-dessus M. Arnauld, s'ils ne se souviennent du serment de bonne foi qu'il prête à la tête de son premier volume des *Réflexions;* qu'il avait ajouté que M. Arnauld ne croyait ni science moyenne ni

----
[1] Page 144.

liberté d'indifférence; enfin que tout cela lui en avait
attiré un avis fort sérieux, en octobre 1685. Il y avait
répondu fort honnêtement, ayant même envoyé sa réponse manuscrite à M. Arnauld. Il y démontre la thèse
du P. Malebranche qui sera toujours une notion commune. Il y fait voir au docteur avec un tour ingénieux,
mais bien à lui, qu'il a aussi raison sur le second article, quoique pour lui il ne soit pas du nombre de ceux
qui le soupçonnent de chicane. Il y témoigne sa surprise
de ce qu'il trouve mauvais que l'on dise que l'on ne tient
point de science moyenne, vision espagnole, dit-il, s'il
en fut jamais, et que pour ce qui regarde la liberté d'indifférence, qu'il n'avait prétendu dire autre chose, sinon
que M. Arnauld était bon thomiste sur la liberté; mais il
conclut assez malignement que les calvinistes sont en
cela aussi catholiques que lui[1]. On jugera bien que
M. Arnauld ne laissa point sans réplique cette réponse
de M. Bayle. Il y opposa un écrit intitulé *Dissertation sur
le prétendu bonheur des sens* (1687), titre certainement qui
promet plus que l'ouvrage ne donne; on en sera surpris
si on veut bien prendre la peine de le lire. Mais on le sera
bien plus de voir que M. Arnauld, après avoir prouvé par
mille chicanes qu'il n'avait point chicané le P. Malebranche sur la nature du plaisir, témoigne être content
de l'explication de M. Bayle sur ce qu'il lui avait attribué
de ne point tenir de liberté d'indifférence.

« Je n'ai plus rien à vous dire, Monsieur, dit-il, en

[1] Bayle dit ailleurs qu'il n'y a point de détour, ni de faux
fuyant dans le système des thomistes (pouvoir prochain qui n'a
jamais d'effet) dont les protestants ne se puissent servir s'ils
veulent; et, par conséquent, ils se pourront accommoder de la
décision du concile de Trente sur la liberté aussi bien que les
Jacobins et le Port-Royal, preuve certaine qu'il est quelquefois aisé
de se jouer des saints canons. — C'est un protestant qui parle.

concluant sa réplique, sur ce que vous avez attribué à
M. Arnauld de ne point connaître de liberté d'indifférence. On est content de la déclaration que vous faites
que vous n'avez pas là prétendu rien autre chose que de
marquer qu'il n'était point du sentiment des molinistes,
mais de celui des thomistes sur la nature de la liberté. »
On sera, dis-je, sans doute surpris de ce qu'un docteur
catholique et qui se piquait si fort de l'être, n'a rien répondu à l'odieuse comparaison que fait M. Bayle du
thomisme avec le calvinisme. Il devait pour le moins
dire ce qu'un certain auteur met à la bouche d'un thomiste en pareille rencontre, pour le tirer d'un si mauvais
pas, que puisque l'Église condamne les calvinistes et
qu'elle ne condamne pas les thomistes, il faut bien qu'il
y ait entre eux de la différence; mais cela n'eût point
accommodé son jansénisme, qui se trouvait alors en
France, dans l'esprit de bien des gens, dans le même
cas que le calvinisme.

Nonobstant son embarras, qui n'est que trop visible
dans sa prétendue dissertation, M. Arnauld ne laisse pas
de se vanter en passant que le P. Malebranche n'avait
rien répondu à ce qu'il lui avait objecté sur la nature des
plaisirs sensibles et sur bien d'autres articles. Mais les
moins éclairés s'aperçurent bien que c'est là une ruse de
guerre, pour faire sortir l'ennemi hors de ses retranche-
ments. Le P. Malebranche avait l'esprit trop fin pour s'y
laisser prendre. Il crut avec bien d'autres qu'il ne fallait
point suivre son adversaire dans toutes ses caracoles,
qu'il suffisait de le combattre dans le champ de bataille
que lui-même avait choisi, et qu'il valait mieux s'en tenir
là que de s'égarer avec lui dans des questions étrangères.

M. Arnauld ne fut pourtant point sans consolation
dans sa déroute. Car outre que son parti criait toujours

victoire, il lui vint un nouveau renfort des deux partis
contraires de la chrétienté; M. de Villemandi[1], du côté
des hérétiques, et M. de Fontenelle, du côté des orthodoxes, se déclarèrent contre le P. Malebranche : le premier dans son livre de l'*Efficace des causes secondes*, et
l'autre dans ses *Doutes sur le système des causes occasionnelles*.

C'était attaquer par les fondements le *Traité de la
nature et de la grâce;* car si Dieu n'est point la seule cause
véritable qui agisse d'elle-même par une efficace propre,
tout le système tombe. Mais la difficulté est de prouver
aux cartésiens que les démonstrations de M. Descartes
sont des paralogismes; c'est néanmoins ce qu'avaient entrepris ces deux messieurs : l'hérétique par la foi et le
catholique par la raison. Je renvoie aux livres mêmes
ceux qui douteraient du paradoxe que j'avance. Car si
peu qu'on ait d'esprit pour ces matières, on trouvera
qu'ils ne peuvent rien ni l'un ni l'autre par rapport à
leur fin principale, qui est de montrer que les êtres créés
peuvent agir hors d'eux-mêmes par une force véritablement efficace ou qui réellement influe quelque chose
dans son effet. Le P. dom François Lamy, bénédictin,
dont nous parlerons dans la suite, en démontra le faible
dès ce temps-là par divers écrits qui ont été depuis imprimés[2] sous le nom de *Lettres philosophiques*. Je ne sais
pourquoi ils ne le furent pas alors, car ils sont très
solides, assez bien écrits et d'une clarté qui fait plaisir.

Mais quoique ni M. de Villemandi, par ses vieux préjugés qu'il prenait pour autant d'articles de foi, ni M. de
Fontenelle[3], par son style badin, dont l'agrément sen-

---

[1] Réfugié français.
[2] A Trévoux, chez Ganeau, en 1703.
[3] Le livre de M. Fontenelle parut peu solide à Bayle. « L'au-

sible fait toute la force, ne prouvassent rien contre le
P. Malebranche, ils ne laissèrent pas de faire quelque
impression dans le monde chacun de son côté : l'un sur
les vieux professeurs de collège, qui reconnaissaient les
sens pour leurs maîtres ; et l'autre sur certains beaux
esprits, qui vont à la vérité un peu au delà, mais qui
n'approfondissent rien.

De plus, les jansénistes, accoutumés à crier victoire,
affectaient toujours de donner un mauvais sens au silence que l'auteur avait gardé sur les objections de
M. Arnauld qui lui avaient paru hors-d'œuvre, ou d'une
telle faiblesse qu'il était plus à propos de les mépriser
que de les relever par une réponse. D'un autre côté,
M. de Meaux ne se taisait pas ; la préoccupation est un
malheur dans un bel esprit. Elle lui rappelait continuellement ses anciennes difficultés et lui en fournissait,
disait-on, de nouvelles. Il les proposait vivement dans
les compagnies ; il les écrivait même à ses amis soit en
cour, soit en province. Le P. Malebranche en fut informé,
et il y eut même une personne assez généreuse pour lui
envoyer des extraits de plusieurs lettres du prélat, pour
lui donner lieu de se défendre. Il y avait plus : les car-

teur, dit-il, est un bel esprit, si honnête homme, que je suis
assuré qu'il ne trouverait pas mauvais que je dise mon sentiment
sur son chapitre quatrième, comme je l'ai dit sur le troisième,
mais je suis contraint de finir. Je dirai pourtant qu'il me semble
qu'on ne saurait donner à un auteur une plus grande marque
d'estime que quand on dit franchement sa pensée sur ce qu'il
écrit : c'est être persuadé qu'il ne s'entête pas de ses productions,
maladie si ordinaire parmi les faiseurs de livres que ceux qui ne
l'ont pas méritent les premiers honneurs de la *République des
lettres*. Ce n'est donc pas par respect ou par amitié pour eux qu'on
s'abstient de dire tout ce que l'on juge de leurs ouvrages. C'est
bien souvent que l'on a trop mauvaise opinion de leur esprit
pour croire qu'ils fassent ce qu'un honnête homme doit faire en
cette rencontre. » (Mars 1686.)

tésiens étaient partagés à son occasion. Les uns se déclarèrent ouvertement pour lui, mais il y en avait d'autres
qui ne pouvaient souffrir qu'il eût attaqué le sentiment
de M. Descartes sur la nature des idées et sa démonstration de l'existence des corps. Tout cela, joint au désir
d'éclaircir les matières, lui fournit l'idée d'un nouvel ouvrage qui est, si je ne me trompe, un des plus beaux qui
soit jamais sorti de sa plume. Ce sont ses *Entreticns sur
la métaphysique et sur la religion*, dont il faut maintenant
que je raconte la naissance. La voici en peu de mots.

Il y avait longtemps que ses amis lui demandaient
une métaphysique où ses principes fussent liés d'une
manière plus sensible que dans sa *Recherche* et dans ses
Méditations chrétiennes; c'était lui demander un grand
service pour le public, car cette admirable science est la
clef de toutes les autres, celle qui donne à l'esprit sa
véritable beauté, l'élévation, la pénétration, la précision, la justesse. Mais il fallait autre chose que des
prières souvent équivoques pour vaincre sa paresse naturelle, à laquelle il trouvait toujours une excuse toute
prête dans la faiblesse de sa santé. Ses amis le prirent
donc par un autre endroit. Ils lui firent concevoir qu'il
était nécessaire d'opposer une réponse générale à tout ce
qu'on lui avait jamais objecté, pour achever la défaite de
ses injustes critiques[1]. Le P. Malebranche entra dans
cette raison, mais il ne voulut point entreprendre une
réponse directe et en forme de réplique, tant à cause que
cette méthode a je ne sais quel air de dispute, qui, hors
le cas d'une absolue nécessité, déplaît fort aux honnêtes
gens, qu'à cause que lorsqu'on adresse la parole à des
adversaires manifestement injustes, l'indignation prend

---

[1] *Le P. Malebranche prit sa résolution et son plan de lui-
même, assure le P. Lelong.*

quelquefois aux écrivains les plus modérés, de sorte
qu'il leur échappe malgré eux des termes qui blessent et
la charité qu'on doit à ses ennemis mêmes et le respect
qu'on doit au public devant qui l'on parle.

Quoiqu'il eût toujours été en garde contre ce défaut,
en répondant à ses plus cruels adversaires, il avait néanmoins lâché contre eux de temps en temps quelques
traits un peu vifs que sa religion attaquée semblait lui
demander, mais que la délicatesse de sa conscience avait
peine à lui pardonner. Car il n'était nullement de l'opinion de nos écrivains de controverse qui se croient tout
permis contre un fâcheux antagoniste. Bien loin de regarder la représaille comme une action licite, en matière
de calomnie, il ne la pouvait mettre en usage; et ce
n'était même qu'à regret que ses adversaires lui arra-
chaient des vérités un peu tristes. Les jansénistes et les
jésuites s'en sont quelquefois bien trouvés. Ce n'est pas
qu'il s'attendît à leur reconnaissance, il connaissait trop
bien les hommes pour ne point savoir que les gens de
parti ou de communauté ne se fléchissent guère par la
modération. Mais il craignait d'offenser Dieu; c'était
assez pour le retenir. Ne voulant donc rien faire qui pût
exciter ni les passions de ses ennemis, ni les siennes,
qu'il appréhendait encore davantage, il se résolut, en
traitant les matières, de se renfermer scrupuleusement
dans la pure défense de la vérité. C'est pourquoi il pré-
féra la forme de dialogue à toutes les autres manières
d'écrire. Car tel est l'avantage de cette méthode : on en
bannit aisément toutes les contentions personnelles, en
ne faisant paraître sur la scène que des personnages
inconnus. On y peut exposer le pour et le contre avec
plus d'agréments et moins de contrainte; on y parle, on
y agit; on attaque, on se défend, on cède enfin lorsqu'il le
faut sans perdre la bataille. Ce qui, joint à la diversité des

caractères des combattants, produit une variété qui,
pourvu qu'on sache manier les matières, va au-devant
du dégoût des critiques les plus difficiles. Témoin Cicéron
parmi les anciens, et parmi nous le fameux Pascal [1], qui
serait peut-être au-dessus de toute l'antiquité en ce
genre, si un zèle un peu trop vif lui eût permis de garder
les règles de la charité chrétienne. En un mot, le dialogue
est une espèce de poème dramatique, où le lecteur a le
plaisir d'être en même temps auditeur et spectateur, et,
s'il le veut, acteur même.

Ce furent ces raisons qui déterminèrent le choix du
P. Malebranche. Mais, pour exécuter son dessein, il avait
besoin de solitude. Il alla donc à Raroy, sa retraite ordinaire, où il composa quatorze entretiens sur toutes les
matières qui lui avaient été contestées, principalement
par M. Arnauld. Il y joignit une préface dans laquelle il
fait trois choses :

---

[1] *On sera peut-être curieux de lire ici un portrait de Pascal
que j'ai trouvé dans un manuscrit du P. André.* (Recueil Jésuites, *Bibl. de Caen, nº 207, page 22.*) « *En général, voilà ce
que je pense de l'auteur des* Lettres : *il a toute la véhémence de
Démosthène, tout l'agrément de Cicéron, toute la pénétration
de saint Augustin, toute la sublimité de saint Chrysostome, la
solidité de M. Arnauld, la délicatesse de M. Nicole. En un mot
(je suis fâché de le dire, mais la vérité l'emporte), je ne vois
rien, ni parmi les anciens, ni parmi les modernes, qui le sur-
passe; j'en vois peu qui en approchent; mais qui est-ce qui l'é-
gale, à tout prendre? Quel style, quelle douceur, quelle force,
quelle profondeur, quelle précision, quelle finesse dans ses tours
et dans ses railleries; que deviennent ici les Corneilles, les Ra-
cines, les Boileaux, les Molières, etc. Il a une naïveté vive, en-
gageante, ingénieuse, qui passe tout ce qu'on peut dire.* » D'a-
près M. de Quens (Ibid., 33), le P. André, vérifiant l'exactitude
des citations de Pascal, aurait été « *surpris de voir non pas
les paroles mêmes des auteurs cités, mais tout le sens de pages
entières réduit en peu de mots.* » Un autre jésuite, le P. Aubert, aurait dit également : « *Il ne faut point crier à la calomnie contre Pascal, j'ai vérifié les citations.* »

1º Pour arrêter certaines gens qui se piquent d'être augustiniens, il y démontre encore une fois que saint Augustin a toujours cru que nos idées sont réellement distinguées de nos perceptions, c'est-à-dire que c'est Dieu même qui nous éclaire immédiatement par la présence intime de ses idées divines qui deviennent les nôtres, lorsqu'il nous les manifeste. J'ai fait remarquer ailleurs qu'en effet ce grand saint a composé des ouvrages exprès pour prouver cette vérité, qu'il la suppose dans tous ses livres, et qu'il la démontre en plusieurs par les mêmes raisons que le P. Malebranche. Apparemment cette vérité, qui a révolté tant d'esprits contre notre philosophe, ne choquait personne du temps de saint Augustin, soit qu'on eût alors plus de pénétration ou moins de malice que maintenant, soit qu'on y fût plus accoutumé. Car saint Justin, Clément d'Alexandrie, et plusieurs auteurs ecclésiastiques avaient rendu cette opinion fort commune parmi les chrétiens. On sait même que les Juifs accusaient Platon de l'avoir dérobée à leurs sages et principalement aux livres de la Sagesse, des Proverbes de Salomon, de l'Ecclésiastique, etc.

2º Le P. Malebranche raconte la manière dont elle lui vint dans l'esprit en lisant saint Augustin, et pourquoi il ne craignit point de l'exposer en public, tout persuadé qu'il était qu'elle ne lui ferait pas honneur dans l'esprit de bien des gens. « C'est, dit-il, qu'elle me paraît très propre pour faire comprendre aux esprits attentifs que notre âme ne peut être directement et indirectement unie qu'à son Créateur ; que Dieu seul est notre bien et notre lumière ; que toutes les créatures ne sont par elles-mêmes que ténèbres et que faiblesse ; qu'elles ne sont rien par rapport à nous ; qu'elles ne peuvent rien sur nous. En un mot cette vérité me parut de si grande conséquence par rapport à la religion et à la morale, que je

crus alors la devoir publier et que j'ai cru depuis la devoir soutenir. »

3° Quoique souvent ailleurs il eût prié le public de ne
pas toujours regarder comme ses véritables sentiments
ceux qu'on lui attribue, il renouvelle ici la même prière.
Voici à quelle occasion. Une espèce de fou¹ que je ne
nomme point, parce que je n'en puis dire que du mal,
venait depuis peu de faire imprimer un livre, où, entre
autres impertinences, il assure que le P. Malebranche
prouve par des preuves de métaphysique que Jésus-Christ
était beau de corps sur la terre; c'est-à-dire que ce bon
Père a recours aux idées platoniciennes pour décider quelle
a été la taille, la figure, la couleur de cette portion de
matière que le Verbe s'est uni dans son Incarnation. Il
cite le *Traité de la nature et de la grâce,* liv. I, n°s 28,
29. Voilà une citation bien marquée. Cependant, qu'on
le lise tant qu'on voudra, on n'y trouvera pas un seul
mot, ni là ni autre part, sur la question de la beauté
extérieure de Jésus-Christ. En vérité les auteurs sont
bien à plaindre d'avoir quelquefois à répondre à tous ces
petits écrivains, que leur inclination basse à médire, à
critiquer, à mordre les grands hommes devrait faire mépriser comme la canaille de la république des lettres.
Celui dont je parle fut traité encore plus mal; il fut mis
à Saint-Lazare pour expier, dit-on, les impiétés de son
livre et son style de malhonnête homme. Le P. Malebranche le relève encore sur une autre infidélité. Mais
peut-être c'en est trop pour la préface, venons au corps
de l'ouvrage ².

¹ Faydit, *Remarques sur Homère,* p. 499. L'abbé Faydit, né à
Riom, entra à l'Oratoire en 1662, en sortit en 1671; publia en
1696 un *Traité sur la Trinité,* pour lequel il fut enfermé à
Saint-Lazare à Paris. Dans la suite, il reçut ordre de se retirer
en son pays, où il est mort en 1709.

² *André : l'analyse de la page* 641 *à la page* 712.

On trouve dans les *Entretiens* du P. Malebranche des
beautés sans nombre, mais d'un caractère qu'on avoue
n'être pas toujours à la portée des lecteurs. Tout y est
plein d'idées sublimes, de réflexions fines, de raisonnements profonds, de sentiments chrétiens. On y voit entre
autres choses un tour d'esprit si noble, une abondance
de pensées toutes neuves, quoique naturelles, une étendue
de pénétration, une force de génie si frappante, qu'on
se trouve comme anéanti en sa présence. Mais rien ne
s'y fait plus admirer que ce talent inimitable qu'a l'auteur, de rendre les matières les plus abstraites non seulement sensibles, mais agréables et touchantes. On ne
s'accoutume point à cette merveille.

Le P. Malebranche acheva ses *Entretiens* à Raroy, au
mois de février 1688. Ce livre fini, avant que de le faire
imprimer, il le mit entre les mains de quelques-uns de
ses amis [1], pour le mettre à l'épreuve de la critique. Il en
avait promis une copie manuscrite au marquis d'Allemans, esprit fort étendu, fort pénétrant et même plus
théologien qu'il ne sied dans le monde à un homme de
qualité; il la lui envoya; il en donna une autre au P. dom
François Lamy, bénédictin, bon connaisseur en ces matières, et qui, malgré son génie naturellement critique,
difficile, pointilleux, était un de ses plus grands admirateurs.

Ce Père, qui demeurait alors au diocèse de Meaux,
avait une liaison particulière avec le grand Bossuet, qui
en était évêque. Ils s'accordaient fort bien ensemble; ils
aimaient tous deux la dispute, ce qui n'est pas rare dans
les beaux esprits; mais, ce qui l'est infiniment, ils étaient
assez honnêtes gens pour se pardonner, la dispute finie,

---

[1] *Lesquels manquèrent le perdre.* (Lettre de Malebranche, du
janvier 1688, *Corresp. inéd.*, p. 6.)

tous les termes durs ou peu mesurés qu'elle pouvait
leur avoir inspirés dans la chaleur de la contestation. Le
P. Malebranche en était le sujet le plus ordinaire; M. de
Meaux l'estimait toujours beaucoup, surtout depuis qu'il
l'avait vu sortir avec tant d'avantage de sa guerre contre
M. Arnauld. Comme il sentait bien au fond de sa conscience que le P. Malebranche avait sujet d'être mécontent de lui, cela lui donnait par contre-coup cette espèce
d'aversion que l'on a d'ordinaire pour ceux que l'on a
offensés. Il n'était pas difficile de s'en apercevoir. La
vertu ne peut pas cacher tous les défauts, principalement
dans un homme aussi franc que ce prélat. Cependant
cette aversion diminuait tous les jours. La modération
du P. Malebranche, qui ne s'en était jamais plaint qu'en
termes fort respectueux, y contribua plus que tout le
reste. En un mot, on voyait bien que M. de Meaux commençait à se reconnaître. Le P. dom Lamy, qui s'en
aperçut, prit ce temps favorable pour lui montrer les
Entretiens sur la métaphysique, mais sous le secret, parce
que l'auteur les lui avait communiqués sous le même
sceau. Cela même piqua la curiosité du prélat. Apparemment que ses vieux préjugés lui faisaient espérer qu'il
y trouverait bien des mystères. Il se désabusa par la
lecture qu'il en fit; il n'y trouva que des questions fort
simples. Il comprit enfin la nature des idées, l'étendue
intelligible, etc., il témoigna beaucoup d'estime pour
l'ouvrage, déclarant au P. Lamy qu'il en avait été fort
content, à quelque chose près qui avait rapport à son
Traité de la nature et de la grâce. Car son thomisme revenait toujours à la charge sur cet article. Le P. Lamy en
écrivit au P. Malebranche. Le marquis d'Allemans, qui
venait de lire les mêmes *Entretiens,* mit la dernière main
à la conversion de M. de Meaux. Il le fit convenir qu'il
était allé un peu trop vite dans le jugement qu'il avait

autrefois porté de l'auteur Le P. Malebranche, qui était
informé de tout par ses amis, rendit ensuite au prélat
une visite qui le lui gagna pour toujours. M. de Meaux,
qui avait le plus beau naturel du monde, eut même la
générosité de confesser hautement qu'il ne trouvait plus
rien à condamner dans le sentiment du P. Malebranche
sur la grâce. Générosité rare dans un homme de son
mérite et de son rang, surtout après les déclamations
qu'il avait faites contre ce philosophe; ce qui, dans ces
sortes d'occasions, devient pour les petits esprits et pour
les âmes basses un engagement funeste à soutenir toujours leurs préventions, dans la crainte de se déshonorer
par un humble aveu de leur faute.

Ce prélat ne fut pas le seul que les *Entretiens métaphysiques* désabusèrent. Dès qu'ils eurent paru dans le public, on les regarda comme une réfutation complète et
démonstrative de toutes les calomnies que les jansénistes
et quelques jésuites ignorants avaient lâchées contre l'auteur. Il n'y avait donc plus moyen de réussir en France
à décrier le *Traité de la nature et de la grâce* : M. de Paris
l'approuvait, M. de Meaux ne le condamnait plus. Les
autres prélats du royaume gardaient un silence qui faisait assez voir qu'ils n'en pensaient point désavantageusement. Le public, qui l'avait tant de fois condamné et
tant de fois justifié selon ce qui avait paru pour et contre,
commençait à rougir de l'instabilité de ses arrêts et à
s'en tenir à la justification du P. Malebranche. M. Arnauld était depuis deux ans réduit à se taire malgré les
instances que lui avait faites le P. Malebranche, de montrer, dans le deuxième volume de ses *Réflexions*, ce qu'il
y avait de plus fort, promettant de le confondre là-dessus, comme sur tout le reste.

Mais si M. Arnauld se taisait en France, ses amis parlaient pour lui à Rome ou, sur la fin de 1687, ils avaient

déféré le *Traité de la nature et de la grâce*. La manière
dont cette affaire y fut traitée mérite bien d'être connue,
la voici.

Depuis longtemps les amis de M. Arnauld menaçaient
le P. Malebranche de le faire condamner à Rome : ils en
vinrent enfin aux effets : ils employèrent pour l'obtenir
deux hommes d'intrigues, M. Dirois[1], docteur de Sorbonne et un docteur de Louvain, nommé le P. Le Drou,
Flamand, de l'ordre[2]... Ils étaient tout deux à Rome : le
premier à la suite du cardinal d'Estrées, alors notre am-
bassadeur en cette cour; le second pour des affaires
qu'on ne dit pas; peut-être uniquement pour celle dont
je parle; car en ce temps-là il était ami de M. Arnauld.
Le P. Le Drou est un des approbateurs de la dissertation
de M. Arnauld sur les miracles de l'ancienne loi, et en
cette qualité-là fort opposé au P. Malebranche. M. Dirois
avait un frère pour qui les jansénistes venaient d'obtenir
un bénéfice[3] par le crédit de Mlle la princesse de Longueville[4], qui, de notoriété publique, était toute à eux. Cela,
joint à quelques vieux préjugés, ne lui fournissait que
trop de raisons de les servir à son tour dans une affaire
qui leur paraissait capitale. Ces deux docteurs s'unirent

---

[1] *Après avoir été lié avec Port-Royal, ce docteur s'en sépara
publiquement. Mais à ce moment il avait, comme on va le voir,
des raisons de témoigner sa reconnaissance au parti.* « *Pour
moi, écrivait le P. Malebranche, je ne peux faire à personne
ni bien ni mal, ainsi je ne puis avoir beaucoup de raison en
ce monde; nous verrons dans l'autre ce qui en sera.* » (Corresp.
inéd., p. 6.)

[2] *Dominicain, dit Adry, plus croyable que M. Blampignon,
qui en fait un augustin.* « *Ce religieux a sollicité ma condamnation, écrivait Malebranche, apparemment parce qu'il m'a
cru tel que M. Arnauld me représente dans ses livres.* » (Adry.)

[3] *La cure de Braches.* (Corresp. inéd., p. 6.)

[4] *La princesse de Longueville étant morte en* 1679, *ce fait,
s'il est exact, remonterait à quelques années plus haut.*

donc ensemble pour dénoncer le *Traité de la nature et de grâce* au tribunal de l'inquisition. Mais, afin de n'être point tracassés par des apologies hors de saison, ils tinrent la chose fort secrète. Le tribunal, où ils paraissaient en qualité d'accusateurs, leur était en cela favorable, car ceux qui le composent ont une loi de s'obliger par serment à garder le silence inviolable sur tout ce qui s'y passe. Il est vrai que Rome païenne en avait une autre différente : c'était de ne condamner personne sans lui confronter ses accusateurs et sans donner lieu à une juste défense [1]. Mais je ne sais par quelle bizarrerie de l'esprit humain Rome chrétienne est devenue moins scrupuleuse sur cet article. Quoiqu'il en soit de cette horrible coutume de l'inquisition, le P. Malebranche y fut très longtemps accusé sans le savoir; et il l'eût encore plus longtemps ignoré, si un ami inconnu qui avait lu ses ouvrages n'eût eu l'adresse de pénétrer le secret du Saint-Office. C'était un certain M. Lupé, qui demeurait au palais Farnèse, bel esprit et fort honnête homme. Il en écrivit au P Malebranche, qui songea incontinent aux moyens de se défendre. Mais, pour le faire avec succès, il avait besoin de protection; car, à Rome, comme ailleurs, l'innocence est un faible appui, lorsqu'on a de puissants adversaires. De plus, les lettres d'Italie lui faisaient des Romains une peinture qui eût effrayé les auteurs les plus intrépides : que c'était tous gens incapables de l'attention nécessaire pour entendre ses ouvrages; qu'ils étaient fort entêtés d'Aristote et prévenus contre M. Descartes; qu'ils étaient d'une ignorance grossière, excepté dans les formules du droit canonique nouveau, qui était presque

---

[1] *Pour condamner des personnes, remarque ici avec raison M. Hemey d'Auberive, il faut des preuves du délit; mais un livre les porte avec lui.*

leur seule étude; que néanmoins ils aimaient à décider et
surtout à condamner; qu'ils en avaient donné des preuves
en mettant dans leur Index tant d'ouvrages fort catholiques et qui n'avaient d'autre défaut que le malheur de
n'être pas dans les principes ou de leur philosophie ari-
stotélicienne ou de leur théologie ultramontaine, ou même
seulement d'avoir été déférés à leur tribunal par quelque
hardi calomniateur; qu'ainsi on devait s'attendre que le
Traité de la nature et de la grâce y étant accusé, ne
manquerait point d'y être censuré. D'autres ajoutaient
qu'au reste le P. Malebranche ne devait pas s'alarmer
de pareilles censures; que ses ouvrages n'en seraient que
mieux débités, même en Italie, où ils avaient déjà grand
cours, principalement à Rome et à Naples; et enfin que
s'il avait besoin d'artifice pour se mettre en vogue, il devait plutôt solliciter une condamnation de telles gens que
de s'y opposer.

Il y avait toutes les apparences du monde que ces
lettres ne disaient que la pure vérité : car au premier
rapport qu'on avait fait aux consulteurs du traité en
question, ils avaient pris parti contre sans autre examen.
Mais le P. Malebranche s'était fait une habitude de ne se
rendre qu'à l'évidence; il n'en voulut rien croire, jusqu'à
ce que son expérience l'en eût convaincu. D'ailleurs
comme il respectait avec raison tout ce qui vient de la
cour de Rome et de ses tribunaux, il jugea plus convenable de les mettre dans leur tort en parlant ou du moins
en promettant de parler, si on voulait l'entendre, que de
leur donner lieu de se justifier par son silence. Il fit donc
écrire à M. le cardinal d'Estrées qu'il était prêt de répondre à toutes les difficultés que l'on trouverait dans
son *Traité de la nature et de la grâce,* le priant sur toute
chose de faire en sorte que l'on ne substituât point à sa
place le fantôme que M. Arnauld avait combattu dans ses

critiques. Il écrivit lui-même à Rome à diverses personnes : à M. Lupé qui l'avait averti de la dénonciation
de son livre, au P. Leblanc[1], prêtre de l'Oratoire et à
Mgr le cardinal de Bouillon dont on lui avait promis que
sa lettre serait bien reçue[2]. Elle le fut en effet, comme

---

[1] *Le P. Honoré Leblanc (de Marseille), le second des trois
freres oratoriens de ce nom (1627-1712). Il passa quarante ans
à Rome à servir la congrégation, dit Batterel (II, p 267), avec
bien du zele et utilement, par la consideration qu'il s'était acquise dans cette cour et la sagesse de sa conduite*
[2] *Voici cette lettre, que le manuscrit nous donne en marge*

MONSEIGNEUR,

L'amour que Votre Altesse a pour les lettres et pour ceux qui
tâchent de les cultiver m'a fait penser que je pourrais peut-être
m'adresser à elle, quoique je n'aie point l'honneur d'en etre connu.
Le P. le Vassor, que Votre Altesse honore de sa bienveillance,
m'a persuadé que je le pouvais faire sans manquer de respect. En
effet, plus on est elevé au-dessus du commun des hommes et
qu'on a le cœur aussi généreux que vous l'avez, plus se fait-on
de plaisir de s'abaisser jusqu'à des personnes qui me ressemblent
Il y a environ dix ans que j'ai composé un petit livre qui a
pour titre : *Traité de la nature et de la grâce* Mon dessein est
de justifier la sagesse et la bonté de Dieu dans la construction de
son ouvrage, nonobstant les desordres de la nature et le dére-
glement des mœurs J'avais principalement en vue certains philosophes qui outrent la métaphysique et qui prétendent que Dieu
fait le mal comme le bien, en un mot, qu'il est auteur du péché
et qu'il ne veut point le salut de tous ceux qui périssent. J'ai
combattu ces philosophes en me servant de leurs principes et leur
parlant un langage qui paraît nouveau, mais c'est celui qu'ils
entendent Si je les eusse combattus par les principes et par le
langage de l'école, mon ouvrage n'aurait point eu l'effet qu'il a
eu et que je voulais qu'il eût . Dans l'avertissement qui est à la
tête du traité je marque précisément que c'est pour eux que je
l'ai composé, et nullement pour ceux qui ne sont point dans les
principes que j'y suppose. Car, enfin, il faut parler aux hommes
selon leurs idées, et il est bon de procurer la religion à tout le
monde. . Cependant M Arnauld s'est élevé contre moi, apparemment parce qu'il trouvait que je réfutais les sentiments que l'É-
glise a condamnés dans Jansénius, quoique je ne dise pas un seul
mot dans mon traité qui marque, ni directement, ni indirecte-

celles qu'il avait adressées aux autres ; mais au reste, le succès n'en fut pas plus grand On ne sait pas ce que fit le cardinal d'Estrées ; le cardinal de Bouillon fit d'abord arrêter les procédures du Saint-Office, mais, s'étant absenté de Rome, on les recommença. On ne doute pas que M. Lupé ne s'employât généreusement pour un auteur dont il connaissait la catholicité mieux que personne ; mais il n'obtint rien : le Saint-Office ne voulant point s'engager, ni à recevoir les explications du P. Malebranche, ni à lui déclarer précisément ce qu'il trouvait à redire dans son traité. Cela les eût menés trop loin ; il s'agissait de faire une censure et non pas un si scrupuleux examen.

Le P. Leblanc fut plus heureux. Il demanda au secrétaire de la congrégation qu'on lui apprît du moins les motifs qui animaient si fort les consulteurs contre un traité fait exprès pour défendre, contre les partisans de Jansénius, les décisions du Saint-Siège. On lui répondit, mais avec un déchaînement furieux contre l'auteur, qu'il ne fallait point s'en étonner ; que le traité en question avait été imprimé en Hollande, qu'on y voyait les principes de la philosophie de M. Descartes qui avait été condamnée à Rome ; que lui, secrétaire, y avait trouvé des choses qui jusque-là lui avaient été inconnues ; que le

---

ment que je pense à lui, ni même qu'il y ait de contestations au monde sur la matière de la grâce. Il m'attribue à tout moment des opinions extravagantes et même des impiétés auxquelles je ne pensais jamais ; après quoi il les réfute avec un appareil de passages qui persuaderait aisément que je dois faire horreur à toutes les personnes qui ont quelque sentiment de religion ; car on ne peut pas naturellement imaginer que M. Arnauld, ni qui que ce soit, se batte si longtemps avec des fantômes, ni qu'il puisse m'exhorter dans ses livres d'une manière si vive et si pathétique a renoncer à des erreurs, si je ne les avais pas avancées, etc.

décret d'Urbain VIII, porté il y avait plus de quarante
ans, défendait de parler et d'écrire sur la grâce; que le
P. Malebranche, non seulement en parlait, mais, sous prétexte de combattre le jansénisme, il tombait tout à cru
dans le molinisme et dans la science moyenne : à quoi,
dit le P. Leblanc, il joignait une infinité d'invectives,
qu'il est inutile de rapporter.

On eut beau dire à ce fougueux secrétaire qu'il ne fallait pas aller si vite dans la censure d'un livre tel que
celui du P. Malebranche; que pour le bien entendre il
était nécessaire de savoir à fond les principes sur lesquels
il roulait; que pour cela on le devait lire avec une extrême attention, et, si on y trouvait quelques difficultés,
demander à l'auteur des éclaircissements; que, si on lui
accordait cette grâce, il en recevrait toute sorte de satisfaction. Remontrances inutiles; on ne put jamais obtenir
audience pour l'accusé. C'était beaucoup d'avoir pu découvrir les raisons qui révoltaient le Saint-Office contre le
Traité de la nature et de la grâce. Elles sont toutes si frivoles, qu'on n'appréhende pas qu'elles nuisent à l'auteur.
La difficulté est de croire qu'il y ait eu des hommes capables de s'y rendre. Mais, outre le témoignage du P. Leblanc, nous avons le discours ou mémoire du consulteur,
qui était chargé du rapport de l'affaire. C'est à l'illustre
M. Pighini que nous sommes redevables de cette pièce
curieuse, qui nous apprend bien des choses qu'on ne se
persuaderait pas aisément sans une pareille autorité. Ce
bel esprit italien était partisan déclaré du P. Malebranche
et ami intime du consulteur. Après beaucoup d'instances
il en obtint ce mémoire, qu'il envoya au P. Malebranche
et dont je donne ici l'extrait, car il serait ennuyeux de le
traduire tout entier.

La première chose qu'on y remarque, c'est que le
P. Malebranche a fait imprimer son livre en Hollande et

sans la permission de ses supérieurs; que ce livre a causé
du trouble parmi les théologiens de Paris; que M. Arnauld l'avait fortement combattu et qu'il y avait fait
deux réponses [1].

2º Le consulteur trouve à redire que l'auteur ait
entrepris de parler de toutes les choses divines avec
trop de liberté et de hardiesse, en ayant écrit d'un style
court, d'une manière peu suivie et en langue vulgaire :
brevi scribendi genere, interrupta serie, vernaculo lingua;
ce qui est suffisant, dit-il, pour faire proscrire ledit
traité, selon que l'a déclaré autrefois la sacrée Congrégation.

3º Il ajoute que le P. Malebranche avance des opinions
nouvelles et pernicieuses tant sur les attributs divins,
nommément sur la toute-puissance, la providence, la volonté de Dieu, que sur le mystère de l'Incarnation, sur
toute la matière de la grâce et sur la liberté de l'homme
dans les deux états. Après cela il entre dans un détail de
critique fort curieux. Il dit aux cardinaux du Saint-Office
que, par une entreprise téméraire, l'auteur du traité propose sur la Providence et sur la conduite divine plusieurs
questions que l'Écriture et les saints Pères disent être
inexplicables, et sur lesquelles, pour cette raison, ou ils
affectent de garder le silence, ou ils ont recours à la profondeur incompréhensible des jugements de Dieu, lorsqu'ils en parlent; — qu'il suppose, comme un principe
que l'on ne peut nier, qu'il arrive dans le monde et dans
le gouvernement des créatures quantités d'effets bizarres,

---

[1] *Raisons de condamnation, dit le P. Malebranche, auxquelles la réponse est évidente. Il me semble, ajoute-t-il, que
les théologiens de Rome doivent être théologiens catholiques tout
court; et laisser aux universités particulières le platonisme et
le péripatétisme.* (Adry.) *Voir cette lettre dans la* Corresp. inéd.,
p. 7 et 8.

injustes, irréguliers, pervers : *inepta, injusta, perversa;* — qu'il tient pour certain que Dieu veut que tous les hommes soient sauvés, non seulement d'une volonté antécédente, mais d'une volonté absolue et autant qu'il est en lui : *absolute et quantum in se est.* Ce qu'en effet il eût exécuté, s'il avait formé des décrets particuliers pour la dispensation de sa grâce, puisqu'il opère tout ce qu'il veut ainsi avec une extrême facilité On prie le lecteur de suspendre son jugement avant que d'attribuer au P. Malebranche ce qu'en dit le rapporteur ici et dans la suite. — Qu'il entreprend de rendre raison pourquoi il arrive que, nonobstant cette volonté de Dieu, le don de la foi n'est point donné à tout le monde ; pourquoi le nombre des réprouvés est plus grand que celui des prédestinés ; pourquoi Dieu donne si souvent aux hommes des grâces inefficaces ; pourquoi il répand cette pluie céleste, comme la pluie naturelle, dans des terres stériles: pourquoi il permet qu'on y résiste, et, qu'y ayant été fidèle pendant la vie, on se laisse quelquefois vaincre par le péché ; d'où il semble que Dieu veut et ne veut pas le salut des hommes, etc.

4° Que le P. Malebranche prétend concilier tout cela par le seul secours de sa raison particulière : *uno privatæ rationis lumine;* par ce principe, qui est, dit le consulteur, le principal fondement de sa doctrine : c'est que Dieu s'est imposé deux sortes de lois dans sa conduite, l'une ordinaire, que le P. Malebranche appelle l'*ordre,* et l'autre qu'il nomme *arbitraire; loi ordinaire,* c'est-à-dire les lois de la nature, lesquelles Dieu s'est prescrites et qu'il observe dans le gouvernement du monde ; loi qui est en Dieu très simple, naturelle, uniforme et constante; *loi arbitraire,* c'est-à-dire celle que Dieu suit lorsqu'il agit extraordinairement et par des volontés particulières. Qu'on ne s'y méprenne pas; c'est toujours le

rapporteur du Saint-Office qui parle sur le compte du
P. Malebranche.

5° Que, ce principe supposé, il distingue en Dieu des
décrets de deux sortes : *decrets généraux*, universels et
simples, comme il les appelle, selon lesquels Dieu gouverne presque toujours les affaires du monde; *décrets
extraordinaires*, singuliers et très rares qui, dans le sentiment du P Malebranche, sont, dit-il, proprement les
miracles, et que Dieu ne suit que rarement et quand
l'ordre le demande absolument : *Decreta, quæ juxta ejus
sententiam proprie miracula sunt,* etc. Que l'on tâche, si
l'on peut, de bien comprendre ce discours.

6° Qu'afin que Dieu agisse selon cette loi (le consulteur ne dit pas laquelle des deux), l'auteur suppose qu'il
est absolument nécessaire qu'il y ait une cause particulière, qu'il appelle aussi physique, occasionnelle, naturelle, qui détermine Dieu à produire chaque effet en particulier. J'apporte, continue-t-il, l'exemple dont se sert
l'auteur même. Dieu a porté une loi que le bras soit mu
au gré de la volonté, que les épines me piquent, etc.
*Exemplum adducam quo ipsemet auctor utitur · Deus de-
crevit brachium moveri ad nutum voluntatis, vepres pun-
gere,* etc. Ainsi, lorsqu'un homme est piqué par les
épines, le P. Malebranche dit que Dieu est la cause de la
douleur en vertu de cette loi générale qu'il a portée, que
le corps souffrît de la douleur en conséquence de la pi-
qûre : *Cum igitur aliquis a vepribus pungitur, dicit Male-
branchius Deum esse causam doloris ex illa lege generali
quam statuit : ut caro a punctione doleat,* etc.

7° Que l'auteur du traité, venant à la matière de la
grâce, dit aussi que Dieu la distribue aux hommes par
la loi générale, en vertu de laquelle il veut qu'elle soit
donnée à tous ceux qui la reçoivent et que tous nos mérites soient dignement récompensés; car c'est là, poursuit

le consulteur, ce qu'entend indûment le P. Malebranche
lorsqu'il assure que Dieu n'agit point pour ses volontés particulières ; ce qu'il a plus nettement expliqué dans sa réponse à M. Arnauld, savoir : que Dieu ne veut pas directement et positivement les effets particuliers qui arrivent,
mais seulement d'une manière indirecte ; c'est-à-dire par
une certaine volonté générale, dont ces effets sont les
suites.

8º Qu'il avance que, Dieu aimant la sagesse plus que
son ouvrage, il est obligé de suivre dans sa conduite les
voies les plus simples ; mais que de là on peut conclure
que Dieu n'a pu gouverner le monde autrement qu'il le
gouverne ; de sorte qu'il a fallu que ce qui est arrivé
arrivât, que le péché d'Adam a été absolument nécessaire.

9º Que de ce principe erroné il tire des conséquences
aussi erronées : par exemple, qu'encore qu'Adam eût le
pouvoir de persévérer, que néanmoins il n'a point eu de
grâce prévenante ; que la grâce est refusée à l'homme
dans quelques circonstances, afin qu'il n'arrive dans le
monde que certains effets limités. On ne sait où le rapporteur va chercher ce qu'il dit. Néanmoins il conclut que
cette invention du P Malebranche, que Dieu agit dans
l'ordre de la grâce, comme dans l'ordre de la nature, par
des lois générales, mérite la censure de la Congrégation,
étant contraire non seulement à l'opinion, jusqu'ici communément reçue de tous les Pères et de tous les théologiens, mais encore au principe fondamental de la doctrine chrétienne, qui est, que toutes choses et chacune
en particulier sont gouvernées par la Providence de Dieu
et par sa toute-puissance ; que principalement toutes les
grâces spirituelles, que la volonté même de faire le bien,
que chacun de nos actes qui sont méritoires du salut, nous
sont donnés de Dieu en vertu de ses décrets éternels.

Il ajoute que le P. Malebranche mérite encore à cet égard une rigoureuse censure, pour deux raisons :

1° Parce qu'il a répondu à ceux qui lui objectaient certains passages de l'Écriture (qui selon l'explication qu'en donnent les pères et les théologiens démontrent, dit le consulteur, que Dieu agit par des volontés particulières), qu'il y a dans les Livres saints plusieurs manières de parler humaines, qu'on ne doit point prendre à la rigueur de la lettre, ce qui le fait tomber, continue-t-il, dans la condamnation que le concile de Trente prononce contre ceux qui expliquent l'Écriture ou contre le consentement unanime des Pères ou contre la doctrine reçue dans l'Église. La disjonctive est remarquable.

2° Parce qu'il semble avouer que si l'on admettait en Dieu des volontés particulières, son gouvernement porterait un caractère de folie, d'impiété, d'injustice, proposition dangereuse, s'écrie le zélé consulteur, puisque les saints Pères attribuent à Dieu de ces volontés, et par conséquent il faudrait dire, selon l'auteur, ce qui est horrible, que dans leur hypothèse Dieu ne pouvait éviter la note infâme d'impiété et d'injustice : *Ac proinde in illorum hypothesi, impietatis et injustitiæ, quod horrendum dictu est, infamiam Deus non posset effugere.* Il faut avoir la patience d'écouter le curieux rapport de notre habile consulteur.

De là il vient à la matière de la grâce et du libre arbitre. Il prétend que le P. Malebranche a plusieurs sentiments dignes d'être livrés à la censure de Leurs Éminences. Voici les articles en question ; il dit :

1° Que la différence que met le P. Malebranche entre la grâce du Créateur, qu'il appelle une grâce de lumière ou de connaissance, et la grâce du Réparateur, qu'il appelle délectation, c'est que la première, étant hors de nous, ne modifie point notre âme, ne la meut point, mais la laisse dans une parfaite liberté; et que la deuxième, au contraire, la grâce du Réparateur ou la délectation prévenante, est efficace par elle-même; qu'elle détermine efficacement notre volonté, quoiqu'elle n'opère pas toujours notre conversion, à cause de la concupiscence qui a souvent plus de force qu'elle; et enfin que cette grâce de délectation est dans notre âme, qu'elle la meut et la modifie, de sorte qu'elle diminue notre liberté et nous porte à aimer Dieu, plutôt d'un amour d'instinct et d'impétuosité de nature que d'un amour de choix.

2° Que l'auteur, après avoir marqué cette différence, entre la grâce du Créateur ou de lumière et la grâce du Réparateur ou de délectation, veut et assure que la grâce du Créateur ne présuppose point la concupiscence, comme la grâce du Réparateur, qui est donnée pour contrebalancer la délectation de la concupiscence, et qui depuis le péché nous est nécessaire avec la grâce d'illumination pour pouvoir résister à cette même concupiscence.

3° Qu'il soutient que si Adam eût été porté à aimer Dieu d'un amour d'instinct, il eût été impeccable; que par conséquent la grâce de délectation, considérée en elle-même, sans avoir égard aux attraits de la concupiscence, est toujours invincible, et que l'amour qu'elle produit n'est point méritoire, s'il n'est plus grand qu'elle et s'il n'avance plus loin que ne le porte le mouvement qui lui est imprimé : *Amorem vero*, etc... *non esse meritorium nisi longius quam pro indito sibi impetu progrediatur.*

4° Que c'est faussement qu'il établit la grâce du Créateur dans la seule illumination; ce qui est notamment contraire à saint Augustin, qui parle ainsi d'Adam : *Illuminabatur, ut videret; accendebatur, ut amaret;* et aux conciles de Carthage, d'Orange et de Trente, où il est dit

que le Sauveur nous a rendu la même grâce que le péché
nous avait fait perdre.

5° Que ce qui mérite une censure plus sévère, principalement en ce temps-ci, ajoute le consulteur, c'est que
le P. Malebranche semble favoriser les dogmes de Molina
et des quiétistes : *Molinæ et Quietistarum*. Le docte rapporteur prouve l'un et l'autre ; la conformité du P. Malebranche avec Molina, parce qu'il lui fait soutenir que la
détermination de la grâce suffisante dépend de l'homme
seul, et que c'est le libre arbitre qui d'inefficace la rend
efficace : opinion si contraire à la doctrine de saint Augustin, comme on le peut voir dans ses admirables opus-
cules sur la grâce et sur la prédestination, dont Mgr l'é-
minentissime cardinal de Laurea vient d'enrichir la république chrétienne ; sa conformité avec les Quiétistes,
parmi lesquels on range aussi Molina, si ce n'est qu'en
cet endroit on doive lire Molinos, parce que, selon le
P. Malebranche, toutes les fois que la délectation du
péché se trouve dans l'âme, ou seule, ou plus grande
que la délectation spirituelle, on n'est point libre, et par
conséquent on viole innocemment, *innoxié*, les comman-
dements de Dieu.

Pour peu qu'on ait lu les ouvrages du P. Malebranche
ou seulement son *Traité de la nature et de la grâce*, on
est dans une surprise extrême en lisant ce discours d'un
consulteur romain ; car si on y trouve par-ci par-là quelque terme de l'auteur, on peut dire que pour le sens il
ne l'a jamais tout à fait bien pris, ce ne sont que brouilleries perpétuelles, que fausses imputations, que méprises grossières, que manifestes calomnies ; en un mot
il semble qu'il n'ait lu le P. Malebranche qu'avec les
yeux de M. Arnauld. Mais ce qui est d'une hardiesse plus
que romaine, c'est qu'il ose coter à la marge de son
mémoire les endroits du traité d'où il prétend avoir tiré

ce qu'il attribue au P. Malebranche, et où souvent on trouve le contraire, par exemple, etc... [1]. Cependant voilà sur quel rapport les cardinaux du Saint-Office décidèrent hardiment que le *Traité de la nature et de la grâce* devait être mis dans l'index ou dans le catalogue des livres défendus.

Le décret en fut porté le 29 mai 1690, deux ans après la dénonciation du P. Le Drou et de M. Dirois, mais il ne fut pas sitôt publié; car, sur ces entrefaites, M. le cardinal de Bouillon [2] étant revenu à Rome, en appela au Pape et on en suspendit la publication. C'est tout ce que j'ai pu apprendre de cette affaire qui ne réussit pas entièrement au gré de M. Arnauld [3]; aussi n'en fit-il point trophée : marque évidente qu'il n'en était pas trop satisfait, car on sait assez que sa coutume était de faire valoir les censures de Rome qui lui étaient favorables, autant que ses amis méprisaient celles qui lui étaient contraires.

Le P. Malebranche avait d'autres maximes : il respectait avec raison tout ce qui avait l'apparence du Saint-Siège et la criante injustice qu'on venait de lui faire ne put lui arracher aucun murmure. Outre que je puis en attester toutes les personnes qui ont eu le bonheur de le connaître, j'en ai une preuve authentique dans une de ses lettres dans laquelle, écrivant en réponse à un de ses amis qui lui avait marqué son chagrin sur la nouvelle

---

[1] *Lacune pareille dans le* Manuscrit de Troyes.

[2] *Voir, dans la* Corresp. inéd , p 79, *une lettre écrite à Malebranche de la part de ce cardinal.*

[3] *Il faut dire qu'Arnauld, dans une lettre* (citée par Adry) *du 17 avril 1690, prétend n'avoir fait aucune démarche pour obtenir la condamnation de son adversaire. Mais est-il croyable en cela? Il me semble qu'il ne faut pas plus accorder de valeur à ce témoignage qu'à celui dont nous avons parlé plus haut, relativement à une prétendue rétractation de signature du* Formulaire.

répandue de sa condamnation à Rome, il lui parle en ces
termes :

« Je vous assure, Monsieur, que la seule peine que j'ai
de cette nouvelle, c'est qu'il y aura peut-être quelque
personne à qui mes livres auraient pu être utiles qui ne
les liront pas, quoique la défense qu'on a faite à Rome
soit une raison pour bien des gens, même en Italie, pour
les rechercher. Ce n'est pas, au reste, que j'approuve cette
conduite. Si j'étais en Italie, où ces sortes de condamna-
tions ont lieu, je ne voudrais pas lire un livre condamné
par l'Inquisition; car il faut obéir à une autorité reçue,
mais ce tribunal n'en ayant point en France, on y lira le
traité. Cela même sera cause qu'on l'examinera avec plus
de soin; et, si j'ai raison, comme je le crois, la vérité
s'établira plus promptement. Aimons-la toujours, Monsieur, cette vérité, et tâchons de la faire connaître *per infamiam et bonam famam* de toutes nos forces. Je suis avec
respect, etc. »

CHAPITRE VII

Les ouvrages du P. Malebranche se répandent dans tous les pays. — Il reçoit la visite de personnages illustres — Jacques II, roi d'Angleterre. — Voyage en Saintonge (1688) — Discussion avec Leibnitz. — Le *Traité des lois de la communication des mouvements* (1692) — Objections de Leibnitz — Malebranche refond son traité d'après ces objections. — Il est attaqué par M. Régis. — On le défend contre lui. — Il publie lui-même une réponse à M. Regis (1693). — Réplique de cet auteur et nouvelle réponse de Malebranche — Arnauld rentre en lutte (1694). — Réponse de Malebranche — Le *Traité contre la prévention* — Sa maladie.

Pendant que l'Inquisition romaine faisait le procès au *Traité de la nature et de la grâce*, sans entendre l'ouvrage et sans vouloir écouter l'auteur, le P. Malebranche avait d'autre part de quoi se consoler. Si on lui refusait justice à Rome, on la lui faisait ailleurs. Un savant d'Italie lui écrivit que ses livres y avaient grand cours, surtout dans le royaume de Naples[1], où l'illustre comte de Saint-Étienne s'en était déclaré le protecteur. On lui mandait d'Espagne qu'ils y avaient aussi pénétré, qu'ils y étaient lus avec admiration, et qu'il y en avait même qu'on avait traduits en espagnol, pour les rendre utiles à plus de

---

[1] La philosophie nouvelle a toujours eu beaucoup de partisans parmi les beaux esprits de la ville de Naples.

personnes. L'Allemagne et l'Angleterre, qu'on sait être
fort curieuses de livres français, se distinguaient entre
ses admirateurs. Mais, comme les savants à langues
mortes ne pouvaient en être, on leur donna cette satisfaction par une traduction latine de la *Recherche de la vérité*[1]. En un mot, le nom du P. Malebranche retentissait
dans toute l'Europe, et on ne s'en tenait point à une admiration stérile; on la lui témoignait en plusieurs manières : les uns par lettres, les autres par des éloges imprimés. Quelques-uns même, en venant du fond du
Nord, pour voir l'auteur de ces chefs-d'œuvre, dont la
lecture les avait enlevés. C'est ce que plusieurs personnes, dignes de foi, m'ont assuré de quelques princes
d'Allemagne et de Danemark. Ce qui est certain, c'est
que la plupart des grands seigneurs étrangers qui venaient alors à Paris, le regardaient comme une des merveilles de cette ville qui devait piquer davantage leur curiosité[2]. On a lieu de croire qu'ils furent aussi contents
de sa personne que de ses ouvrages. Sans parler de quelques autres, milord Wadrington[3], bel esprit anglais et
fort homme de bien, en est un illustre exemple; car, se
trouvant en France environ le même temps, pour je ne
sais quelle affaire, il goûta tellement sa conversation, que,
durant deux années de séjour qu'il fit à Paris, il lui rendait visite presque tous les matins, ne se pouvant ras-
sasier de ses entretiens, toujours saints et philosophiques.

Le roi d'Angleterre Jacques II, si connu par ses mal-

[1] *Elle fut faite par le célèbre Lenfant. Voir page* 25.
[2] Je sais, dit M. Fontenelle, que dans la guerre du roi Guil-
laume un officier anglais prisonnier se consolait de venir ici,
parce qu'il avait toujours eu envie de voir le roi Louis XIV et
M. Malebranche.
[3] Il est mort vice-roi de la Jamaïque.

heurs et plus encore par la grandeur de son âme, supérieure aux plus grands revers de la fortune, avait pour le
P. Malebranche une estime particulière. Il lui en donna
un témoignage signalé, lorsqu'en 1689 il se vit contraint de chercher un asile en France contre des sujets
rebelles. Car ce prince, qui venait d'acquérir une gloire
immortelle en sacrifiant trois couronnes à sa religion, lui
fit l'honneur de le venir voir à l'Oratoire . honneur d'autant plus considérable, qu'il partait d'un saint roi,
homme d'esprit, habile même et bon connaisseur dans
les matières que le P. Malebranche avait traitées. La
France ne lui était guère moins favorable; car, si on en
excepte MM. les jansénistes, qui ne pouvaient lui pardonner d'avoir combattu la dureté de leur théologie, et les
jésuites, qui supportaient fort impatiemment à leur ordinaire le ridicule qu'il avait répandu sur leur philosophie
grossière, qu'ils soutiennent encore avec autant de zèle
que la morale de leurs casuistes, il avait pour lui tous les
esprits capables de méditation. Il n'y avait dans le
royaume ni mathématicien ni philosophe un peu distingué qui ne le consultât comme un oracle. Il fit en 1688
un voyage à Rochefort [1] avec son grand ami, le P. Salmon [2], aussi de l'Oratoire. Les officiers de la marine, dont

[1] *Le P Malebranche était invité depuis longtemps par M. d'Allemans, son ami, à venir passer quelque temps dans une terre
qu'il avait en Saintonge (à Montardy, Corresp inéd , p 85)
Il y vint, en effet, avec le P. Salmon, qu'il eut le chagrin de
perdre à Niort, à son retour de La Rochelle à Paris. Ils y avaient
passé une grande partie de l'été et de l'automne de 1688. Sur
son passage, le P. Malebranche reçut dans plusieurs villes des
honneurs extraordinaires, qui firent beaucoup souffrir sa modestie, comme le dit M. d'Allemans. Mais on ne lui témoigna
nulle part plus d'estime et plus d'admiration qu'à Rochefort.*
(Adry.)

[2] *Le P. Julien Salmon. Il était conseiller au Parlement de
Metz avant d'entrer à l'Oratoire, où il prit l'habit le 20 août*

plusieurs avaient lu ses livres, lui firent une réception
fort honorable, lui demandèrent avis sur la construction
de leurs vaisseaux, en reçurent beaucoup de lumières, et
demeurèrent surpris de voir un philosophe aussi habile
qu'eux dans l'architecture navale. M. de Rancé, ce fameux abbé de la Trappe, chez qui le P. Malebranche alla
quelquefois faire retraite, que Rome n'avait pas beaucoup
mieux traité que lui, continuait à lui donner de temps en
temps des marques de sa vénération. Le célèbre marquis
de l'Hôpital entretenait avec lui un commerce d'amitié
fort tendre ; des savants religieux de plusieurs ordres,
principalement de Saint-Benoît, rendaient hommage à
son mérite. Il y eut même quelques jésuites, et des plus
illustres, les uns par estime pour lui, d'autres, peut-être
par aversion pour M. Arnauld, qui le comblaient d'honnêtetés. Nous en avons encore des preuves subsistantes
dans les lettres du P. Letellier[1], cet amiral de leur
société contre le jansénisme ; du P. Daniel, auteur de la
Nouvelle histoire de France ; du P. Nicolas[2], grand mathé-

1666. *Après avoir terminé son Institution, il alla étudier en
théologie à Saumur, puis vint en 1669 à Saint-Honoré, où il
fut ordonné prêtre en septembre 1670, et où il résida longtemps. C'est là qu'il se lia avec le P. Malebranche. Nommé (par
le P. de Sainte-Marthe, qu'on le remarque. Est-ce là ce que
M. Blampignon appelle (page 76) une humiliante disgrâce?)
supérieur de Rouen, le 26 octobre 1684, il occupait encore cette
charge importante quand il accompagna le P. Malebranche en
Saintonge. C'est le 10 septembre 1688 qu'il mourut à Niort.*
(Archives nationales, MM 580 et 581. — Nécrologe.)

[1] Il fournissait, dit-on, au P. Malebranche des passages contre
M. Arnauld.

[2] Le P. Malebranche dit un jour au P. André qu'il était étonné
qu'on ne fît pas venir à Paris le P. Nicolas. Ce P. Nicolas était
aussi en relation avec Ozanam, dont il estimait le dictionnaire,
qui pourtant n'est pas trop beau, disait le P. André : il est fa-
trassé, fourré de problèmes que l'auteur avait résolus, ce qui ne
convient guère à un dictionnaire. Il y a un bon ouvrage du P. Ni-

maticien de la province de Toulouse ; du P. Guergariou, bel esprit, savant et fort honnête homme, mort à Caen ; du P. de Trevau, aujourd'hui confesseur de Son Altesse Royale, le duc régent ; du P. de Tournemine, fameux journaliste[1].

C'est ainsi que Dieu tempérait la disgrâce qu'on lui ménageait à Rome, en lui procurant en France des honneurs de toutes parts ; mais, tout cela ne l'enflait point. La même main qui l'environnait de gloire, avait soin d'entretenir dans son cœur un fond d'humilité qui n'en sortit jamais. En voici un exemple entre autres, qui vient se placer ici tout naturellement : c'est la rétractation publique qu'il fit en 1692, d'une erreur qu'il avait avancée dans le dernier chapitre de la *Recherche de la vérité*. Mais, pour mettre le lecteur au fait sur la matière dont il était question, il faut reprendre les choses dans leur origine.

Avant M. Descartes, les philosophes ne s'étaient point encore avisés de donner des lois à la nature, ni des règles au mouvement ; bien moins d'appliquer la géométrie à la physique, pour la représenter telle qu'elle doit être, toute géométrique, ils ne s'amusaient, dans presque toute l'étendue de cette admirable science, qu'à des questions frivoles, qu'on ne peut lire dans leurs pitoyables écrits, sans rougir pour eux et pour tout le genre humain, qu'ils déshonoraient par leurs grossières imaginations. M. Descartes, que Dieu suscita, au commencement du dernier siècle, pour apprendre aux hommes à raisonner en philosophie aussi juste qu'en mathématiques, s'aperçut de ce

colas sur les mathematiques, mais très mal imprimé, cela a fait tort à son livre.

[1] Le P. Toubeau, *dit encore une note*, fut aussi l'ami de Malebranche. *Sur tous ces jésuites, voir la Bibliothèque des PP. de Baker et Sommervogel*.

6*

défaut dès le temps même de ses premières études philosophiques qu'il faisait à la Flèche, sous les Pères jésuites. Il s'en plaignit inutilement à ses maîtres ; mais,
ayant commencé à philosopher tout seul, sans autre
livre que la raison aidée du secours de la géométrie,
il entreprit d'y remédier ; et on peut dire qu'il y a réussi
autant bien qu'il était possible, en travaillant de pur
génie et sans modèle sur un sujet si difficile. Il établit
trois lois de la nature et sept règles du mouvement,
fondées sur ces deux principes : qu'on y fasse une attention sérieuse.

1º Que la volonté de Dieu étant la force qui tient les
corps en repos, aussi bien que celle qui les met en mouvement, ces deux manières d'être sont de leur nature
aussi positives ; que, toutes choses égales, elles ont autant
de force l'une que l'autre ; que le repos en a pour résister
au mouvement, comme le mouvement pour résister au
repos ; qu'ainsi, pour déterminer lequel des deux sera le
vainqueur, lorsqu'un corps vient à choquer un corps en
repos, il faut décider de leur sort par la grandeur de
leurs masses, et par conséquent, disait-il, si on suppose
les corps dans le vide, un corps en repos, pour peu qu'il
soit plus grand que le mobile qui le frappe, ne peut jamais
en être ébranlé. Que l'on prenne garde à la supposition,
car tout dépend de là.

2º Que Dieu étant aussi constant dans sa conduite,
qu'immuable dans son essence, il conserve toujours dans
l'univers une égale quantité absolue de mouvement. D'où
il conclut que le mouvement ne se perd point, et qu'il
n'augmente ni ne diminue sans tout l'assemblage des
corps ; mais qu'il ne fait, pour ainsi dire, que passer de
l'un à l'autre par une communication perpétuelle. La raison qu'il en rapporte est que la force mouvante, ou la
cause motrice de la nature, qui est la volonté divine, de-

meurant toujours la même, doit toujours produire le même effet.

Ces deux principes, de la manière dont les envisage M. Descartes, ont sans doute quelque chose de fort spécieux, pour ne rien dire de plus. Le P. Malebranche en fut d'abord ébloui; mais, après avoir bien pensé, il se désabusa du premier. C'est pourquoi, dans le dernier chapitre de sa fameuse *Recherche,* il prouve que le repos n'est rien de réel; que ce n'est qu'une pure privation; que Dieu n'a pas besoin d'une volonté positive pour le produire, et par conséquent que le repos n'a aucune force pour résister à celle du mouvement. On voit assez que par là il ruinait par les fondements plusieurs des règles de M. Descartes : la quatrième, la sixième, la septième. Mais, parce qu'il retenait encore le second principe de l'égalité invariable de la quantité absolue du mouvement dans la nature, il crut devoir retenir aussi la première, la deuxième, la troisième, la cinquième; qui lui paraissaient une suite nécessaire. Il se contenta donc alors de mettre à la place des trois règles qu'il avait abolies, quelques autres de sa façon, qui se réduisent toutes à celles-ci; que le mobile, quoique plus petit, doit chasser devant lui le plus grand, quoique dans un parfait repos, et lui communiquer de son mouvement à proportion de la grandeur, pour aller tous deux de compagnie, après le choc, vers le même point. Car on suppose que la percussion est directe. On peut voir le reste dans les premières éditions de la *Recherche de la vérité,* livre VIe, chapitre dernier.

Il y avait dix ans que cet ouvrage était entre les mains de tout le monde, sans que personne eût rien écrit contre les nouvelles règles du P. Malebranche. M. de Leibnitz, savant de qualité d'Allemagne, fort célèbre par l'étendue de son esprit et de son érudition presque universelle, fut le premier qui les attaqua dans les journaux de Hollande,

en 1686 [1]. Il commença par le principe. Il prétend que
c'est une erreur de soutenir, avec M. Descartes, que Dieu
conserve toujours la même quantité de mouvement,
quoiqu'il avoue que Dieu conserve dans la nature la
même force motrice. Car il faut bien que la conduite de
l'Être infiniment parfait porte un caractère de constance,
de régularité, d'uniformité. M. Leibnitz, qui malgré le
poids de sa vaste érudition se piquait d'être méditatif,
n'avait garde de nier une vérité si claire à tout homme
qui pense. Mais, en distinguant la force des corps de la
quantité ou grandeur de leurs mouvements, il prétendait
renverser le principe de M. Descartes, sans ôter à Dieu
la gloire d'une conduite uniforme et constante. Après
avoir apporté sa démonstration, il conclut en accusant ce
grand philosophe d'avoir trop présumé de ses lumières,
et les cartésiens, d'avoir trop déféré à celles d'autrui.
L'accusation n'était guère bien fondée. Car il est certain
que les cartésiens, qui méritent ce nom, ne reconnaissent point d'autre maître que la raison, ainsi que M. Descartes le leur a lui-même recommandé. M. l'abbé Catelan prit en main la défense des accusés. Il entreprit de
faire voir à M. Leibnitz, que sa prétendue démonstration
n'était qu'un vrai paralogisme. Celui-ci répliqua [2], et dans
sa réplique il attaqua de front le P. Malebranche, ce qu'il
n'avait fait encore qu'indirectement dans son premier
écrit. Il le combat sur deux points : sur les règles de
M. Descartes, qu'il avait jugées bonnes, excepté sur la

---

[1] Cette objection de M. Leibnitz parut en latin dans le mois de
mars 1686 au *Journal de Leipzig*, autrement *Acta eruditorum*,
et reparut une seconde fois, traduite en français, avec la réponse
de M. l'abbé Catelan dans les *Nouvelles de la République des
lettres*, au mois de septembre même année.

[2] La réplique de M. Leibnitz à M. l'abbé Catelan est contenue
dans une lettre écrite à l'auteur des *Nouvelles de la République
des lettres*, 9 janvier 1687, et publiée en février, article 3.

première, qui est incontestable, et pour le toucher de
plus près, sur celles qu'il avait substituées de son chef à
la place des mauvaises; mais, en le combattant, il se
trouve réduit à d'étranges extrémités : à dire, par exemple,
que la force des corps est distinguée de leur mouvement;
que cette force doit être estimée non par la grandeur ou
par la vitesse des mobiles, mais par l'effet futur; que
puisqu'il semble que cette force ou puissance est quelque
chose de réel avant la production de son effet, il s'ensuit
qu'il faut admettre dans les corps quelque chose de réel
différent de la grandeur et de la vitesse, à moins qu'on
ne veuille refuser au corps toute la puissance d'agir;
enfin à soutenir que nous ne concevons pas encore parfaitement la matière, ni même l'étendue; c'est-à-dire,
ainsi qu'il s'en explique, que nous n'en avons pas une
idée claire et distincte.

Assurément, M. Leibnitz donnait ici tout droit dans le
pyrrhonisme, après avoir donné d'abord dans les ténèbres surannées des qualités occultes. Car, si on n'a point
d'idée claire de l'étendue, on n'en a de rien du tout. Cela
est manifeste; et, s'il est permis d'admettre dans les
corps une force motrice interne, distinguée du mouvement, nous voilà dans une obscurité inaccessible à tous
les efforts de la raison.

Le P. Malebranche avait la plus belle occasion du
monde de se défendre avec succès. La matière du mouvement est susceptible de vraisemblances pour et contre.
Les règles de M. Descartes, qu'il avait adoptées, et celles
qu'il avait ajoutées, sont plausibles, et son adversaire lui
donnait prise sur la métaphysique, où il excellait.
M. l'abbé Catelan lui offrait sa plume pour renfort; mais
le P. Malebranche était encore plus honnête homme que
bon philosophe. Il abandonna tous ses avantages. Il ne
considéra, dans l'écrit de M. Leibnitz, que la force des

objections, sans avoir égard aux endroits faibles, et il
avoua généreusement dans une lettre qu'il rendit publique, que son illustre adversaire pouvait bien avoir raison, puisque les règles dont il était question dépendaient
d'une volonté arbitraire du Créateur, ajoutant qu'il était
bien convaincu que les règles de M. Descartes, qu'il avait
jugées fausses, l'étaient effectivement, mais qu'il n'était
pas aussi assuré, que les autres qu'il avait approuvées,
fussent tout à fait bonnes.

Le savant d'Allemagne n'était pas homme à se contenter d'une demi-victoire, quoiqu'on eût bien voulu la lui
céder sans combat et de si bonne grâce. Il insista, non
plus sur le principe de l'égalité invariable de la quantité
du mouvement dans la nature, mais particulièrement
sur ce qu'avait dit le P. Malebranche : que les choses
dont il était question dépendaient d'une volonté arbitraire du Créateur. Le grand homme qui nie, en dépit
du bon sens, que nous ayons de la matière une idée assez
parfaite pour décider, que la force des corps consiste
dans leur mouvement, prétend, lui, en avoir une assez
claire de Dieu, pour décider que les règles de M. Descartes sont absolument contraires à la sagesse divine.
Mais, après tout, il faut convenir que M. Leibnitz pense
beaucoup plus, et beaucoup mieux, que les gens d'érudition n'ont coutume de le faire. Il dit, entre autres belles
choses, que plus on connaît la nature, et plus on la
trouve géométrique; que la véritable physique se doit
puiser dans la source des attributs divins; que la connaissance de Dieu n'est pas moins le principe des sciences
que son essence et sa volonté sont le principe des êtres;
que bien loin d'exclure de la physique les causes finales,
ou la considération d'un être sage qui agit avec dessein,
c'est de là qu'il faut tout déduire; qu'à la vérité, les
effets particuliers de la nature se doivent expliquer mé-

caniquement, mais que les principes généraux de la physique et de la mécanique même, dépendent tellement de
l'idée d'une intelligence souveraine, qu'on ne les saurait
bien expliquer, sans la faire entrer en considération ;
que c'est ainsi qu'il faut allier la piété avec la raison, et
qu'on pourra satisfaire les gens de bien, qui appréhendent les suites de la philosophie mécanique ou corpusculaire ; comme si elle pouvait éloigner de Dieu et des substances immatérielles, au lieu que, tout bien entendu, elle
nous y doit conduire.

Le P. Malebranche fut si content de ce dernier écrit de
M. Leibnitz, que dès lors il abandonna absolument ses
règles, mais en retenant toujours le fameux principe de
la conservation invariable de la même quantité de mouvement dans l'univers, car il ne croyait pas que son adversaire y eût donné la moindre atteinte. L'abbé Catelan
voulait encore faire tête à l'ennemi. Mais, quand les généraux se rendent, il faut bien que les officiers subalternes mettent bas les armes. Notre abbé demeura donc
en repos ; il pria seulement le P. Malebranche, avec plusieurs autres de ses amis, que puisqu'il abandonnait ses
premières règles du mouvement, il en donnât de secondes
qui fussent meilleures. Après quelques années de refus,
sa prière fut écoutée. Le P. Malebranche médita de nouveau la matière, ce qui produisit, en 1691, un *Traité des
lois de la communication des mouvements* [1]. Nous n'en dirons qu'un seul mot en général, parce que le détail, en
cette matière fort difficile, n'est ni à la portée, ni du
goût de la plupart des lecteurs.

---

[1] Paris, Pralard, 1692. In-12 de 44 pages. — *M. Blampignon
s'est trompé* (page 10) *en écrivant que Malebranche donna ce
Traité à l'occasion de sa nomination à l'Académie des sciences.
C'est sept ans plus tôt, comme on le voit, que parut cette première édition.*

Le traité, outre un avertissement qui est à la tête,
contient trois parties, à cause que l'auteur donne trois
sortes de règles du mouvement.

Dans son avertissement, le P. Malebranche fait à
M. Leibnitz l'honneur qu'il mérite, en reconnaissant que
c'est à lui qu'il a l'obligation d'avoir corrigé quelques
erreurs qu'il avait avancées dans le dernier chapitre de
sa *Recherche*. Il serait à souhaiter que les savants fussent
tous, et aussi dociles et aussi généreux, à l'égard de leurs
critiques.

Dans la première partie, il donne les règles du mouvement pour les corps parfaitement durs, selon l'hypothèse
de M. Descartes, mais suivant toujours son propre principe, que le repos n'a point de force pour résister au
mouvement.

Dans la seconde, il donne des lois pour le mouvement
des corps durs à ressort, tels que sont, en effet, tous les
corps durs sensibles.

On juge bien que ces deux sortes de lois ou de règles
doivent être fort différentes, selon la différence de leurs
objets. Mais il faut remarquer que dans les deux premières parties de ce traité, le P. Malebranche retient
constamment le principe dont nous avons tant parlé : que
le mouvement ne se perd point, et que Dieu en conserve
toujours dans le monde une égale quantité absolue. Tout
ce qu'il peut accorder à M. Leibnitz, ou plutôt à la vérité, c'est de reconnaître qu'au lieu de la communication
proportionnelle qu'il avait auparavant admise avec
M. Descartes, il se fait entre les corps qui se choquent
une permutation réciproque de leurs vitesses dans leur
rejaillissement.

Dans la troisième partie, il a plus de complaisance
pour son critique. Il y raisonne dans la supposition que
les mouvements contraires se détruisent, et que la quan-

tité de mouvement augmente et diminue sans cesse dans
l'univers. Mais il déclare qu'il n'adopte pas les règles
qu'il donne dans cette hypothèse. Il en prescrit d'abord
pour les corps mous, et ensuite pour les corps élas-
tiques.

Le P. Malebranche conclut en disant qu'il n'est pas
impossible d'établir en physique des règles du mouvement
si justes que les opérations du calcul mathématique sui-
vraient pied à pied les effets de la nature, et y répon-
draient à peu près; ce qui montre assez qu'il n'était pas
tout à fait content de son traité. Si le public le fut davantage lorsqu'il parut en 1692, c'est ce que je n'ai pu
apprendre. Mais nous savons que M. Leibnitz ne le fut
pas. Nous savons même que dès lors il y fit des notes
critiques, je les ai entre les mains. Voici les premières.

1° Il trouve à redire que le P. Malebranche eût assuré
que les lois du mouvement dépendaient d'une volonté arbitraire du Créateur. Il avoue que Dieu en pouvait établir
d'autres; mais il lui semble qu'il se serait éloigné des
règles de sa sagesse.

2° Il revient à la charge contre le principe de la conservation invariable de la même quantité de mouvement
dans la matière; il veut seulement qu'il se conserve
dans le monde la même quantité de l'action motrice
absolue.

3° Il ajoute que la supposition des corps durs sans res
sorts, que le P. Malebranche avait faite après M. Descartes, lui paraît éloignée de l'ordre de la nature, parce
que le ressort est essentiel aux corps, non pas, dit-il,
d'une manière primitive, mais par la disposition du système que Dieu a choisi, c'est-à-dire par le moyen d'un
fluide plus subtil qui pénètre les corps; que même la
moindre partie de ce fluide est encore un corps élastique
par le moyen d'un autre fluide encore plus subtil, que

par conséquent on doit admettre, pour ainsi dire, un
monde entier dans la moindre partie de la matière.

4° Il convient avec le P. Malebranche que le repos n'a
point de force pour résister au mouvement, mais il prétend que la matière a une certaine inertie naturelle; que
cette inertie dans nos corps sensibles est proportionnelle
à sa pesanteur; que c'est elle qui est la cause qu'un ais
suspendu est plutôt percé que mû par une balle de mous-
quet, etc.

5° Il dit contre le principe de l'indifférence de la matière au mouvement et au repos, que si cela était, le
moindre corps pourrait mouvoir le plus grand sans rien
perdre de sa force et qu'il n'y aurait point de choc ni de
résistance quand deux corps vont d'un même côté.

Je laisse au lecteur attentif à juger de ces remarques
et principalement de l'inertie de M. Leibnitz; qu'il la
distingue, s'il peut, ou de la pesanteur des corps, ou de
la force que M. Descartes attribue au repos, pour résister
au mouvement. Je reprends mon récit.

M. Leibnitz ne publia point ses notes critiques. Il nous
assure même, dans une de ses lettres, qu'il ne voulut s'en
ouvrir à personne. Le motif de son silence est remarquable : ce fut, dit-il, la crainte de passer pour un
homme qui affectait de contredire le P. Malebranche. Les
autres donneront à son respect humain tel nom qu'il
leur plaira. Je crois, pour moi, qu'on lui en doit savoir
d'autant plus de gré que la mauvaise honte ne fut jamais
le défaut des savants. Mais pendant que, par un motif de
pudeur, il cachait ainsi ses nouvelles difficultés contre le
traité du P. Malebranche, ce grand philosophe qui était
lui-même son plus rigoureux critique, s'en proposa de si
fortes, qu'il fut obligé de se rendre à ses propres attaques. Il reconnut enfin ce qui était le point capital de
sa dispute avec M. Leibnitz, la fausseté ou plutôt l'équi-

voque du principe cartésien de la conservation invariable
de la même quantité de mouvement dans l'univers. Il fit
plus : il avoua son erreur avec autant de joie que s'il
eût publié une découverte ; et comme c'était M. Leibnitz
qui, par ses objections, avait donné lieu à cette conversion philosophique, un de ses premiers soins fut de chercher l'occasion de lui en marquer sa reconnaissance.
M. le marquis de l'Hôpital [1] la lui fit naître tout à
propos. Il venait de finir son excellent livre *Des infiniment
petits*, lorsqu'il apprit que M. Leibnitz avait dessein de
travailler sur cette même matière. Aussitôt il résolut de
sacrifier son ouvrage à sa politesse. Il écrivit à M. Leibnitz
pour lui demander s'il trouverait bon que son écrit parût
avant le sien, lui témoignant au reste qu'il était prêt
pour lui faire plaisir, non seulement à en différer l'impression, mais à le supprimer entièrement. Voilà de ces
galanteries dont on ne voit guère d'exemples parmi les
savants. M. Leibnitz répondit au marquis sur le même
ton : qu'il n'avait garde pour son intérêt particulier de
vouloir priver le public d'un livre qui était sans doute
excellent, qu'il espérait lui-même profiter de ses grandes
lumières ; et que si la permission de l'imprimer n'était
pas encore donnée, il se joindrait au P. Malebranche pour
l'obtenir. En effet, il en écrivit à ce Père, qui prit de là
occasion de lui apprendre son changement et le dessein
où il était de réformer son traité sur des principes conformes aux siens, l'obligation qu'il lui en avait et tout ce
qu'on peut dire d'obligeant. C'est avoir de la reconnaissance pour des services bien équivoques que d'en avoir

---

[1] Guillaume-François-Antoine, d'une famille ancienne et illustre (différente de celle du chancelier), naquit en 1661. Il avait
quitté le service à cause de sa courte vue. Membre de l'Académie
des sciences, il mourut à Paris le 2 février 1704, a quarante-
trois ans

pour des critiques imprimées et publiques par toute la
terre. Mais le P. Malebranche aimait la vérité de quelque
manière qu'on la lui fît connaître. M. Leibnitz, charmé
de sa vertu, lui rendit une réponse telle qu'il la méritait.
Il loue principalement sa grande pénétration et sa rare
générosité : la pénétration, pour avoir découvert par
lui-même les défauts de son propre ouvrage, ce qui est
plus difficile qu'on ne le saurait croire, et sa générosité
pour avouer si humblement qu'il s'est trompé. Il lui
envoie en même temps ses nouvelles critiques sur le
traité, par où il me paraît qu'il lui témoigne plus d'estime que par toutes les louanges qu'il lui donne. C'est
beaucoup dire, car je lis ces paroles dans une de ses
lettres au P. Malebranche :

« Au reste, mon révérend Père, j'ai toujours estimé et
admiré ce que vous nous avez donné sur la métaphysique dans les endroits même où je ne suis pas entièrement d'accord avec vous. Vous avez trouvé le secret de
rendre les choses les plus abstraites non seulement sensibles, mais agréables et touchantes. Vous en avez fort
bien montré l'influence dans la morale, qui, effectivement, doit être toute fondée sur la véritable métaphysique. Je souhaiterais, mon révérend Père, que vous vou-
lussiez bien prendre la peine de nous proposer un jour
vos belles et importantes pensées en forme de démonstration, sauf à vous donner un peu plus l'essor dans les
scolies, c'est-à-dire, dans vos remarques sur les vérités
démontrées où vous pourriez encore dire mille belles
choses, etc... »

Le P. Malebranche eût bien suivi ce conseil, s'il n'eût
écrit que pour des mathématiciens ou pour des anges;
mais écrivant pour des hommes habitués aux idées sensibles, il a fallu ordinairement prendre une autre méthode. Ainsi, au lieu de suivre le conseil de M. Leibnitz,

il songea à exécuter son propre dessein; il réforma son traité, ou plutôt il le refondit presque entièrement et le mit dans l'état ou nous le voyons à la fin de la *Recherche de la vérité* [1]. Ni M. Leibnitz, ni aucun autre auteur n'y a trouvé rien à redire, que l'on sache.

Le P. Malebranche le divise en deux parties, dont il emploie la première à examiner quelles devraient être les lois de la communication du mouvement, si les corps se choquaient dans le vide et s'ils étaient durs par eux-mêmes; examen qu'il ajuste à deux suppositions : 1° à celle qui admet dans le monde une égale quantité absolue de mouvement; 2° à celle qui veut au contraire qu'il y arrive sans cesse quelque changement à l'occasion du choc des corps.

Comme la deuxième supposition est la véritable, il emploie toute l'autre partie à expliquer les principes nécessaires pour rendre la raison physique et naturelle des lois du mouvement, qui sont confirmées par l'expérience; à marquer ces lois et à prouver que les opérations prescrites pour découvrir le résultat des mouvements qui suivent le choc des corps, représentent exactement à l'esprit les effets naturels que le même choc y produit.

C'est toute l'analyse qu'on donnera de ce traité; on en a dit la raison et on ne s'est peut-être déjà que trop arrêté sur l'histoire de sa naissance et de sa réformation. Mais, après en avoir considéré toutes les circonstances, on a cru qu'elle fournirait aux savants le modèle d'une guerre d'esprit honnête et civile; un modèle d'attaque dans M. Leibnitz, qui parle toujours ferme, sans dureté, sans impolitesse; et un modèle de défense dans le P. Malebranche qui, sans donner ni prendre le change, en se jetant à l'écart sur les endroits faibles de son adversaire,

---

[1] A partir de l'édition de 1700.

dont il n'était pas question, se rend de bonne foi à la
lumière, à mesure qu'elle vient à paraître. Aussi arriva-
t-il, ce qui est rare, que la guerre ne servit qu'à les unir
ensemble par une estime plus particulière; car le P. Malebranche regarda toujours depuis M. Leibnitz comme
l'adversaire le plus équitable qu'il eût jamais eu à combattre, et M. Leibnitz, de son côté, admira le P. Malebranche comme l'auteur le plus raisonnable qu'il eût
encore trouvé. Ainsi la vérité remporta la victoire à l'a-
vantage des deux combattants.

Le P. Malebranche eut presque en même temps une
autre guerre à soutenir contre un ennemi en toute manière moins illustre que M. Leibnitz, mais incompara-
blement plus fier. C'était M. Régis [1], homme d'un esprit
facile, d'une mémoire heureuse, d'une imagination assez
nette, mais d'une pénétration fort médiocre. Cependant,
comme il savait par cœur son Descartes et que d'ailleurs
il avait le talent de la parole, ce qui tient dans le monde

---

[1] Gentilhomme de Languedoc, de la famille de Saint-Régis. Il
fit des livres de physique pour l'abbé de Louvois. Louvois, ministre, lui faisait une pension.

Pierre-Silvain Régis, né à la Salvétat-de-Blanquefort dans le
comté d'Agenais en 1632, célèbre philosophe cartésien, disciple
de Rohaut, fit ses études à Paris, établit à Toulouse des conférences publiques sur la nouvelle philosophie en 1680, ce qui lui
mérita une pension de la ville; membre de l'Académie des
sciences en 1699; mort à Paris, le 7 janvier 1707; auteur d'un *Cours
de philosophie* en trois volumes in-4°; *De l'usage de la raison
et de la foi* ou l'Accord de la foi et de la raison, in-4°, 1704, dédié à M. l'abbé Bignon, à qui M. Régis dit dans son *Épître* qu'il
ne pouvait citer les ennemis ou de la raison ou de la foi devant
un juge à qui les droits de l'un et de l'autre fussent mieux connus,
et que si on le recevait ce ne serait que parce qu'il serait trop
déclaré pour toutes les deux. (Voir *Éloge de M. Régis*.)

M. Régis donne pour conclusion un *Traité de l'amour de Dieu*,
parce que cette matière, dit M. de Fontenelle, qui, si l'on voulait,
serait fort simple, venait d'être agitée par des grands hommes
avec beaucoup de subtilité.

lieu de bel esprit, il avait autrefois brillé dans les célèbres conférences que M. Rohaut faisait à Paris sur la
physique. Après la mort de ce fameux cartésien, il eut
la hardiesse de s'offrir pour les continuer ; ce qu'en effet
il fit longtemps avec honneur. Le succès lui enfla le
courage ; de telle manière que, consultant sa réputation
plutôt que ses forces, il projeta un dessein, dont l'exécution ne paraît aisée qu'aux gens vulgaires : c'était de
donner au public un système complet de philosophie,
comprenant une logique, une métaphysique, une physique, une morale, non pas telles qu'on les donne dans
les écoles, sans principes, sans méthode, sans goût, mais
bien approfondies, bien liées entre elles et bien déve-
loppées, et par là capables de former l'esprit à ce juste
discernement du solide et du vrai qui vaut mieux que
toute l'érudition du monde. Le projet est sans doute fort
beau. Voici de quelle manière M. Régis l'exécuta : il
choisit d'abord les principes de M. Descartes pour le fond
de son ouvrage ; et, pour le conduire à sa perfection, il
copia sans façon d'excellents livres cartésiens, entre autres
la *Logique* de Port-Royal et la *Physique* de M. Rohaut.
Mais l'envie de passer pour original l'ayant saisi tout à
coup, il y ajouta tant du sien qu'il réussit mal dans son
dessein. Car il soutient par exemple que les corps sont
les exemplaires des idées qui les représentent, et non les
idées les exemplaires des corps, quoique évidemment
formées sur elles ; que l'on peut démontrer l'existence de
la matière par son idée toute seule, avant que d'avoir
démontré l'existence de Dieu : cette idée, dit-il, ne pouvant être en nous, sans qu'il y ait des corps véritables
hors de nous ; qu'encore que les créatures n'aient point
de causalité propre, elles ne sont pas des causes occasionnelles, mais, comme il les appelle, des causes effi-
cientes secondes ; que les vérités éternelles consistent dans

les substances que Dieu a créées, en tant qu'on les considère d'une certaine façon en les comparant ensemble,
suivant les différents rapports qu'elles ont les unes avec
les autres; que l'état de la nature est un état de guerre,
où la force est la loi naturelle, etc... Il y a tout lieu de
croire que ces principes dont on ne voit que trop bien les
pernicieuses conséquences, ou d'autres semblables, dont
M. Régis est plein, furent la source des mortifications qui
lui arrivèrent dans la suite, et, par contre-coup, à tous les
cartésiens. On en murmurait dans Paris si hautement
que la chose alla jusqu'aux oreilles du roi. Ce prince
n'avait jamais rien appris; il n'avait à sa cour que des
gens fort peu éclairés sur ces matières. Aussi au lieu de
s'en prendre au seul auteur de ces mauvaises maximes,
il se laissa prévenir généralement contre tout le cartésianisme. On ne l'en blâme pas, car ses confesseurs, tous
bons disciples d'Aristote, lui en avaient toujours fait les
plus hideuses peintures. Ayant mandé donc M. de Harlay,
archevêque de Paris, il lui donna ordre de faire défense
à M. Régis de continuer ses conférences et à l'université
d'enseigner la philosophie de M. Descartes. Le prélat [1]
était trop bon courtisan pour dire la vérité à un roi dont
on sait que les préventions étaient ineffaçables. Il exécuta
son ordre, M. Régis obéit, et les vieux docteurs furent
charmés de voir l'autorité d'Aristote confirmée par celle
du roi. On dit même qu'à cette occasion ils entreprirent
la censure de M. Descartes, mais que M. Boileau fit
échouer le projet par sa fameuse requête en faveur
d'Aristote [2].

[1] M. de Harlay offrit l'archevêché à M. Régis pour s'entretenir
ensemble sur ses principes. M. Régis y alla pendant quelque temps.
[2] Dès 1641, M. Descartes ayant envoyé un de ses livres à la
Sorbonne pour l'examiner, M. Arnauld fut choisi pour y faire des
objections. M. Descartes loua le jeune docteur. Une autre fois

La philosophie de M. Régis ne laissa point de paraître
imprimée avec privilège du roi. On se croit obligé ici d'en
faire le juste portrait, afin de précautionner les esprits
trop faciles contre son faux cartésianisme.

La logique est toute vide et superficielle; elle a plus
de surface que de solidité, sous prétexte que celle de
Port-Royal, où il renvoie, a épuisé la matière; sa métaphysique est remplie de maximes erronées qui ruinent
par les fondements toutes les sciences, en supposant que
Dieu est le créateur des vérités éternelles, aussi bien que
des êtres qu'il a bien voulu produire hors de lui-même.
Sa physique est assez bonne dans la plupart des endroits
où il a copié M. Descartes, M. Rohaut, etc., mais sa morale est horrible dans toutes ses parties, car il y renverse
les lois éternelles, toutes les règles immuables de sagesse
et de justice, qu'il fait dépendre dans la société de certains
contacts arbitraires soit de Dieu avec l'homme, soit des
hommes entre eux. En un mot, il n'y a point d'Escobar
ni de Banni qui ait porté le relâchement si loin, et je ne
vois pas que la politique impie ou inhumaine de Ma-
chiavel soit beaucoup plus mauvaise. On n'a qu'à lire
pour s'en convaincre.

Il n'est pas étonnant qu'un philosophe ennemi des
vérités et des lois éternelles en attaquât les défenseurs.
Aussi M. Régis ne manqua-t-il point dans son système de
philosophie (car c'est le titre qu'il donne à son livre) de
combattre de toute sa force le P. Malebranche. On en

les vieux docteurs de Sorbonne, voyant le progrès du cartésianisme, résolurent d'en faire une censure; un prêtre de l'Oratoire , homme d'esprit, leur représenta que pour se mettre en
état de faire quelque chose de bon, il fallait qu'ils s'appliquassent
pendant six mois à bien étudier la géométrie, etc , les vieux docteurs se récrièrent beaucoup et abandonnèrent le projet. Le P. André le savait de M l'abbé de Cordemoi.

rapporte encore un autre motif : c'est qu'il était, dit-on,
fort lié avec les amis de M. Arnauld. Mais le relâchement de ses maximes en matière de mœurs nous empêche de le croire. Quoi qu'il en soit, il attaque le
P. Malebranche surtout par trois endroits : le premier,
de métaphysique, sur la nature des idées ; le second, qui
a rapport à la morale, sur les plaisirs des sens ; le troisième, de physique, sur les diverses apparences de
grandeur sous lesquelles on voit le soleil et la lune dans
l'horizon et dans le méridien.

L Pe. Malebranche n'avait garde de trouver mauvais
que l'on combattît ses opinions : cela eût été injuste ; mais
il fut un peu indigné de la manière dont on s'y était pris :
négligence à s'instruire et des sentiments qu'il attaquait
et des raisons dont on les appuyait ; affectation de ren-
voyer son lecteur aux livres de M. Arnauld sur les idées,
sans faire mention des réponses qu'on leur avait opposées ;
hardiesse à décider sur les matières qu'il ignorait le plus
parfaitement ; infidélité en rapportant la doctrine de son
adversaire ; quelquefois une ignorance qui surprend ; et
presque toujours un air de suffisance qui révolte dans un
auteur si médiocre. Tout cela ne méritait que du mépris.
Néanmoins, comme la philosophie de M. Régis avait eu
succès dans le monde à cause de sa physique, le P. Malebranche, qui d'ailleurs avait pour maxime de ne mépriser
personne, crut d'abord lui devoir répondre par respect
pour le jugement de ceux qui l'estimaient. Mais ayant
appris presque en même temps qu'une autre main s'ar-
mait pour sa querelle, il jugea plus à propos de suivre
son humeur pacifique en ne lui répondant pas.

En effet, un jeune homme fort vif et de beaucoup d'esprit, nommé Lelevel [1], avait à son insu entrepris de le

---

[1] *Henri Lelevel, d'Alençon, fut un moment confrère de l'Oratoire, d'où il sortit pour devenir précepteur du duc de Saint-*

défendre en réfutant les opinions particulières de M. Régis sur la métaphysique principalement et sur la morale;
ce qu'il exécute avec une force qui ne lui conviendrait
pas dans sa propre cause et qu'on a même peine à lui
pardonner dans celle d'autrui; car il pousse à outrance
le faux cartésien, l'attaquant toujours à bout portant,
si on peut ainsi dire, faisant un feu continuel sur toutes
les batteries qu'il avait dressées contre le P. Malebranche,
contre la raison et contre la foi; en un mot il l'assomme
sans quartier; et, comme pour montrer que c'était peu
pour lui qu'un tel adversaire, il emploie en même temps
une partie de ses forces à repousser deux autres ennemis de la philosophie cartésienne, qui avaient attaqué
M. Régis, mais ordinairement fort mal, ne s'étant servi
pour le combattre que des armes faibles et usées d'Aristote. Ces deux ennemis étaient l'ancien évêque d'Avran-
ches, le fameux polymathe, M. Huet, et le licencié
M. Duhamel [1], ancien professeur de philosophie de l'Université de Paris, qui n'est guère connu que dans les collèges où le mauvais goût règne encore. M. Lelevel les
combat tous trois tour à tour avec les armes du P. Malebranche : le prélat, avec respect; le licencié, cavalièrement; le philosophe, rudement; ce qui donne à son ouvrage un caractère fort singulier. Il a pour titre · *La
vraie et la fausse métaphysique, où l'on réfute les sentiments
de M. Régis et de ses adversaires sur cette matière.*

Ce ne fut point seulement à Paris que le P. Malebranche trouva des défenseurs; il en trouva aussi en

---

*Simon. Il fit, comme on va le voir, plusieurs ouvrages pour la
défense de Malebranche.*

[1] *Il n'est pas question ici de Jean-Baptiste Duhamel, l'oratorien* (Bibliographie oratorienne, p. 41), *mais de Jean Duhamel, auteur d'un cours de philosophie « extrêmement médiocre »,
dit Cousin.* (Op. cit., p. 411.)

province. M. de Guigues [1], savant ecclésiastique de Lyon, qui entra depuis dans l'Oratoire, composa une défense de la *Recherche de la vérité* contre les attaques de M. Régis. C'est un petit ouvrage fort net, fort solide, fort pressant. L'auteur y fait briller un feu moins âpre que M. Lelevel, mais dont la douceur ne diminue rien de la vigueur avec laquelle on doit combattre les partisans de l'erreur.

Le malheur du P. Malebranche fut d'ignorer ce qu'on faisait à Lyon pour sa défense et de ne point voir paraître l'ouvrage de son défenseur de Paris. On ne sait point trop la cause de ce retardement, car le livre est bon. Mais il est certain que le P. Malebranche ayant appris qu'on y maltraitait un peu M. Régis, ne le voulut point lire qu'il ne fût imprimé. Voyant donc que l'impression en était différée, et ne sachant pas même si elle se ferait jamais, il prit enfin la résolution de ne pas laisser plus longtemps la vérité indéfendue. Deux raisons entre autres le portèrent encore une fois à vaincre son humeur ennemie des combats : ce fut la juste crainte premièrement qu'on ne regardât son silence comme une espèce de mépris pour son adversaire, et en second lieu comme un aveu de son impuissance à défendre des sentiments qui lui avaient toujours paru véritables. Mais aussi afin de ne pas s'engager à un travail long et inutile, il ne s'attache qu'aux trois endroits déjà marqués, où M. Régis le réfute avec une application particulière, en le citant en marge, pour lui montrer à l'œil que c'est à lui qu'il parle. « Car enfin, dit le P. Malebranche dans l'avertissement qui précède

---

[1] *Le P. Jean de Guigue (et non Guigne, croyons-nous, comme écrit M. Blampignon, p. 15), entra à l'Oratoire vers le commencement du* XVIIIe *siècle, et y mourut le 28 mars 1703, à Vienne en Dauphiné.*

sa réponse, puisque pour le combattre je ne fais point
choix de ce qui paraît de plus faible dans son système,
et que je m'oblige à renverser tout ce qu'il y trouve
lui-même de plus fort contre moi, si on reconnaît clairement, comme je l'espère, que la vérité est de mon côté,
on aura un préjugé légitime contre tout son ouvrage, je
veux dire, ajoute-t-il agréablement, contre ses opinions
particulières ; car je ne prétends pas qu'il n'y ait rien de
solide dans sa philosophie ; je condamnerais d'excellents
auteurs et que je regarde comme mes maîtres. »

Après cette fine raillerie, le P. Malebranche entre en
lice contre son adversaire avec un air de résolution et de
politesse chrétienne qu'il soutient parfaitement d'un bout
à l'autre. C'est ce qu'on peut voir dans toute sa réponse,
dont voici l'analyse [1].

Le P. Malebranche, après avoir ainsi montré à son
adversaire la faiblesse de ses attaques, finit par ce trait
de christianisme : « J'ai tâché, Monsieur, qu'il n'y eût
rien dans ma réponse qui vous pût fâcher, et j'espère y
avoir réussi ; car il me semble que je n'ai point eu d'autre
vue que de bien défendre mes sentiments, à cause que je
les crois véritables ; mais, si dans la chaleur de la dispute, il s'y est glissé quelque expression trop dure, ce
que vous pouvez sentir mieux que moi, voyez si vous n'y
auriez point donné vous-même un légitime sujet. En
tout cas, je vous prie de me le pardonner d'aussi bon
cœur que j'oublie, comme je le dois, certaines manières
qui me blessent dans votre ouvrage. »

Cette réponse parut en 1693, sur la fin de l'année ;

---

[1] *C'est de la page 738 à la page 754 qu'André donne l'analyse de cette réponse intitulée :* Des diverses apparences de grandeur du soleil et de la lune dans l'horizon et dans le méridien,
réponse à M Régis, 1693, in-4°. *Réimprimé, à partir de 1700,
à la suite de la* Recherche.

voyons quelle en fut la suite. Assurément, M. Régis devait être fort obligé au P. Malebranche, d'avoir bien
voulu l'honorer d'une réponse si modeste. Le peu de valeur de ce qui est à lui dans ses livres, jointe à sa fierté
révoltante, méritait sans doute un autre sort. Mais, c'est
de quoi il n'avait garde de convenir. Au lieu de reconnaître l'honneur qu'on lui faisait, le succès de la réponse,
dont il y eut deux éditions presque en même temps, le
mit de mauvaise humeur. Bien des raisons y contribuè-
rent. Outre qu'elle mettait au jour la médiocrité de son
savoir, de sa pénétration, de son goût, il lui revenait de
plusieurs endroits qu'elle serait bientôt accompagnée :
que l'ouvrage de M. Lelevel allait enfin paraître ; que cet
ouvrage maltraitait cruellement sa métaphysique et sa
morale ; que sa personne même n'y était pas épargnée, y
étant représenté comme un auteur dont les maximes impies et inhumaines tendaient à la ruine de la religion et
de la société ; qu'un certain M. de Guigues, bel esprit
lyonnais, grand admirateur du P. Malebranche, songeait
en même temps à opposer à ses attaques une défense vigoureuse de la *Recherche de la vérité*. D'ailleurs, il ne
pouvait douter ni des murmures du public contre lui, ni
que ses anciens ennemis, M. Huet et M. Duhamel, ne
triomphassent un peu de le voir en si mauvaise posture.
Tout cela était chagrinant pour un auteur entêté de son
mérite.

Cependant M. Régis, qui ne laissait pas d'avoir quelques partisans pour le soutenir au défaut de raison, prit
la résolution de faire bonne contenance. Il composa trois
répliques, pour répondre aux trois parties de la réponse
du P. Malebranche. Mais, soit que le chagrin l'eût troublé, soit que la précipitation l'emportât, ou parce qu'en
effet il n'avait pas trop approfondi les matières, il y
réussit assez mal. Il y avance les principes les plus faux,

comme des vérités incontestables ; par exemple, dans la
première, que si un objet est vu seul et par le même milieu, il ne peut jamais paraître de même grandeur que
lorsqu'il est à une même distance. Il y assure comme
certains les faits les plus douteux ; par exemple, dans la
seconde, que M. Arnauld a pleinement satisfait aux raisons que le P. Malebranche apporte contre lui dans le
chapitre de sa réponse qui regarde les idées. Il y soutient même, avec une hardiesse étonnante, les faits les
plus visiblement faux ; par exemple, dans sa troisième
réplique, que le P. Malebranche, en parlant des plaisirs
des sens dans sa *Recherche de la vérité* (liv. IV, chap. X),
n'a point écrit qu'ils sont capables de nous rendre en
quelque manière heureux, mais simplement nous rendre
heureux, sans modification. Or cette modification, en
quelque manière, se trouve dans la page même où l'auteur
l'avait renvoyée, et on n'avait oublié que de lui marquer
la ligne. Mais ce qu'on aura peut-être plus de peine
à croire, c'est que M. Régis est assez chagrin pour ne
pas goûter le style du P. Malebranche. Ce qui paraîtra
sans doute aux connaisseurs une délicatesse de goût excessive.

Il faut néanmoins avouer qu'il emploie deux artifices
qui ne sont pas mal imaginés, pour mettre dans son
parti une infinité de personnes. Le premier est de ren-
voyer le P. Malebranche à M. Arnauld, sur la matière
des idées : ce qui valait autant que d'appeler ce docteur à
son aide avec tous les jansénistes ; le second est une protestation cavalière de ne jamais répondre ni au P. Malebranche ni à ses défenseurs. « Car je crois, dit-il, que
ma morale et ma métaphysique sont maintenant si à
couvert de ses insultes, que je proteste publiquement
que, quoique lui et ses disciples puissent écrire contre
elles, je ne leur répondrai jamais : tant parce que nos

principes sont trop éloignés pour pouvoir disputer ensemble, qu'à cause que je suis persuadé que le public
connaîtra bien par ces répliques ce que je serais capable
de faire dans de pareilles rencontres. »

Ainsi M. Régis prenait de loin ses mesures, en cas
d'attaque : d'une part, il se ménageait un puissant secours dans les ennemis déclarés du P. Malebranche; et
de l'autre, il se préparait à lui-même une raison plau-
sible pour demeurer dans l'inaction, pendant qu'éloigné
des coups, il verrait combattre ses troupes auxiliaires. Il
ne restait plus qu'à rendre son manifeste fort commun,
afin que personne n'en prétendît cause d'ignorance. Le
moyen dont il s'avisa est singulier. Il fit imprimer ses
répliques sous le faux nom de *Journal de Paris*, pour les
faire distribuer dans toute l'Europe à la faveur d'un titre
qui fait tout vendre. Il était temps qu'elles parussent. Le
livre de M. Lelevel était actuellement sous la presse, et
ne tarda point à être publié. Il fit dans le public tout
l'effet que l'auteur s'en était promis. La morale et la métaphysique de M. Régis tombèrent dans un décri presque
général, surtout la morale, qui, en effet, est un ouvrage
abominable. Ses répliques au P. Malebranche ne laissaient pas, de leur côté, d'avoir leur succès. Elles réveil-
lèrent M. Arnauld au bruit de ses louanges; elles justi-
fiaient le silence de M. Régis à l'égard de ses nouveaux
adversaires; elles les tentaient eux-mêmes de s'y réduire
par la protestation qu'y fait l'auteur. Car le moyen de
vouloir parler à un homme que l'on sait résolu à ne
point répondre ?

Cet artifice ne lui réussit pas pourtant entièrement.
Le P. Malebranche, ayant vu les répliques de M. Régis,
crut devoir lui parler encore une fois; mais il attendit
qu'elles fussent dans le véritable *Journal de Paris*, pour
y répondre par la même voie; alors, il en fit une courte

réfutation, que l'on voit tout entière dans un *Recueil de pièces justificatives des sentiments du P. Malebranche,* par rapport à M. Régis, imprimé à Lyon par les soins de M. de Guigues, sans néanmoins qu'il y soit nommé, ni lui ni la ville. Comme cette réfutation est fort rare, quoique fort belle en plusieurs endroits, on croit obliger le public de lui en donner une espèce d'analyse [1].

Le titre de ce petit ouvrage est : *Réponse du P. Malebranche à quelques endroits des répliques de M. Régis.* Car l'auteur ne crut pas devoir relever toutes les erreurs ni tous les défauts des trois répliques; il ne s'attache qu'aux plus faciles à reconnaître et à vérifier.

Après avoir fait ressouvenir le public de ce qu'il avait dit à la fin de l'avertissement de sa première réponse, que ceux qui lisent les ouvrages de M. Régis, devaient être extrêmement sur leurs gardes, aussi bien qu'en lisant les siens; il en apporta plusieurs preuves, tirées des répliques.

1° Il commence par la dernière page, parce qu'elle traite des plaisirs des sens : matière qui, ne supposant dans les lecteurs ni géométrie ni métaphysique, est à la portée de tout le monde. Sans parler de la faute énorme que nous avons rapportée, il y en trouve plusieurs autres contre le bon sens et contre la bonne foi dans M. Régis.

Faute contre le bon sens dans ce qu'il dit, qu'à la vérité il n'y a point de contradiction dans cette proposition du P. Malebranche, que le plaisir est toujours un bien, mais qu'il n'est pas toujours avantageux d'en jouir. On demande au lecteur comment cela se peut faire ? etc. — Faute contre la bonne foi dans ce que prétend M. Régis, que la vraie proposition dont il s'agit entre lui et le

---

[1] *Pour la même raison nous la reproduisons ici.*

P. Malebranche est la seconde, quoiqu'il eût évidemment
cité la première, pour l'accuser de contradiction manifeste, comme il sera visible à tous ceux qui voudront
bien prendre la peine de consulter sa *Métaphysique*,
page 245.

2º De là, le P. Malebranche venant à la première page
des répliques, où il s'agit de la question des diverses apparences du soleil et de la lune dans l'horizon et dans le
méridien, il y remarque encore plus de fautes que dans
la dernière. J'en ai marqué une ci-dessus, je passe les
autres, parce qu'elles seraient ou moins intelligibles au
commun des lecteurs, ou fort peu intéressantes. Mais,
voici quelque chose que tout le monde comprendra aisément et avec plaisir.

3º Sur ce que M. Régis, pour l'exempter de répondre
aux quatorze premiers articles de la réponse du P. Malebranche, qui attaquait son opinion touchant la nature
des idées, l'avait renvoyé dans sa deuxième réplique
à M. Arnauld, disant que ce docteur y avait déjà pleinement satisfait; l'auteur parle ainsi :

« Il serait difficile que M. Arnauld eût pleinement satisfait à ces quatorze articles. Car il n'est pas vrai, ce que
dit M. Régis, que je ne fais que rapporter les raisons que
j'avais déjà proposées dans ma réponse au livre des
vraies et des fausses idées; par exemple, il n'y trouvera
point celle de la page 34. Quoiqu'il en soit, ce n'est ni à
M. Régis, ni à moi à décider, si la victoire de M. Arnauld
sur le P. Malebranche a été ou non tout à fait complète.
Nous sommes parties intéressées; mais, puisqu'il s'appuie sur l'autorité de M. Arnauld, je puis bien lui opposer celle de saint Augustin. Celle-ci vaut bien l'autre.
Qu'il écoute donc patiemment ce saint docteur : *Quis
mente tam cœcus est* (ces paroles sont bien injurieuses
à M. Régis; mais il faut citer fidèlement, il suffit que je

ne les traduise pas), *quis mente tam cæcus est, istas figuras
quæ in geometria docentur habitare in ipsa veritate, aut in
his etiam veritatem?* » (*Solil.*, liv. II.)

Le P. Malebranche allègue deux autres passages de
saint Augustin, en faveur de son opinion, et il en pouvait
alléguer plus de cent, qui prouvent que nos idées sont
bien différentes de nos perceptions ; qu'elles sont immuables, éternelles, nécessaires, en un mot, qu'elles sont en
Dieu, dans le Verbe, ou la sagesse de Dieu, dans cette
raison universelle qui éclaire toutes les intelligences.

« Après cela, continue l'auteur, que M. Régis, à l'imi-
tation de M. Arnauld, traite ce sentiment de chimérique
et me tourne sur cela en ridicule, je me contenterai de
lui répondre avec saint Augustin, que son aveuglement
me fait pitié : *Rideat me ista dicentem*, dit ce grand docteur, parlant des nombres intelligibles qu'il met en Dieu,
comme les vérités géométriques, *rideat me ista dicentem
qui eos non videt et ego doleam ridentem me.* (*Conf.*, liv. X,
chap. XII.)

Ce que l'auteur ajoute sur la protestation de M. Régis,
est un trait des plus fins qui soit jamais sorti de sa
plume, quoique si féconde en pareils tours d'esprit et
d'éloquence. Après un petit dialogue fort ingénieux, où il
lui fait expliquer les raisons de sa conduite, il introduit
tout à coup un autre personnage qui l'exhorte vivement,
par les mêmes raisons, à répondre aux quatorze premiers articles de la réponse du P. Malebranche, dont il
était question. « Non, répond aussitôt M. Régis, non, je
proteste publiquement que je ne veux plus répondre, ni
au P. Malebranche ni à ses disciples ; et je suis persuadé
que le public connaîtra bien, par ces répliques, ce que je
suis capable de faire. — Je réponds donc sérieusement
à mon tour, dit le P. Malebranche, que je n'ai garde de
juger de la capacité de M. Régis par ses répliques. Je le

crois assurément capable de quelque chose de meilleur.
Si, contraint par la nécessité de justifier mes sentiments,
j'ai fait voir la faiblesse de ses réponses, et si je persiste
à soutenir que ce ne sont que des brouilleries et de perpé-
tuels détours, je proteste que je serais bien fâché que le
public le prît au mot et jugeât de ce qu'il est capable de
faire, par ces répliques qu'il m'a faites. »

Ainsi, le P. Malebranche portait jusque dans les combats littéraires cet air de politesse qui ne l'abandonna
jamais, pas même à l'égard de ses plus injustes et plus
grossières critiques, comme on l'a déjà vu à l'égard du
sieur de la Ville. Mais, pendant qu'il répondait d'un ton
si modéré aux répliques de M. Régis, un autre auteur les
réfuta dans un style qui leur convenait mieux. Ce fut le
bouillant M. Lelevel, qui, aimant un peu la guerre,
trouva fort mauvais que l'ennemi eût protesté qu'il ne
tiendrait plus la campagne, et plus mauvais encore qu'il
eût allégué fièrement, pour motif de sa protestation, que
ses répliques feraient assez connaître ce qu'il était capable
de faire.

« Voilà au naturel, dit le jeune auteur, la contenance
du brave de la comédie, qui vaincrait toujours, s'il voulait, mais qui prend la fuite par prévision. » Après ce
début assez vif, il entreprend de faire voir à M. Régis,
que ses répliques au P. Malebranche ne sont qu'un tissu
d'erreurs grossières, de contradictions visibles, de hon-
teuses dissimulations, de faits faux, d'indignes artifices ;
en un mot, il appelle chaque chose par son nom propre,
d'où il conclut, que c'est là de quoi on connaît par ses
répliques que M. Régis est capable. « Toute la pièce est
assommante. » Mais, comme l'auteur ne se borne qu'à
réfuter la seconde réplique sur la nature des idées, et la
troisième, sur les plaisirs des sens, M. de Guigues attaqua la première avec beaucoup de force à la fin de sa

Défense de la Recherche de la vérité, qu'il fit alors paraître.
Les amis du P. Malebranche s'avisèrent encore d'un autre
moyen pour achever de confondre M. Régis, ou plutôt
pour le convertir, du moins sur la question des diverses
apparences du soleil et de la lune dans l'horizon et dans
le méridien. Ils avaient remarqué que ce pauvre philosophe, qui n'était pas grand géomètre, n'avait point conçu
les preuves tirées de la géométrie que le P. Malebranche
avait apportées en faveur de son opinion, ce qui lui avait
fait conclure qu'il n'y en avait pas une seule qui ne fût
opposée aux véritables principes de l'optique. D'entreprendre de lui persuader le contraire par la voie de la
dispute, sa protestation montrait assez que la chose était
impossible. Ils crurent donc que, puisqu'il n'était pas capable d'entendre raison, on devait tâcher de le réduire
par l'autorité. Dans cette pensée, ils consultèrent sur la
matière en contestation plusieurs fameux géomètres :
M. le marquis de l'Hopital, M. l'abbé de Catelan, M. Varignan et M. Sauveur, qui décidèrent tous d'une voix,
qu'après avoir lu la réponse du P. Malebranche à M. Régis (il s'agit de la première), ils avaient trouvé que les
preuves qu'il apporte de son sentiment, touchant les diverses apparences de grandeur du soleil et de la lune
dans l'horizon et dans le méridien, étaient démonstratives et clairement déduites des véritables principes de
l'optique. Je ne fais que transcrire les propres termes de
l'attestation qu'ils en donnèrent par écrit avec leur signature, pour être mise dans le journal. Le P. Malebranche
l'ayant reçue, l'envoya au journaliste avec un petit écrit,
qu'ils supprimèrent, on ne sait pourquoi. Car il contenait
que cette manière abrégée de réfuter des auteurs qui ne
méritent pas de longues réponses, n'était pas sans exemple dans la république des lettres. Mais elle fut sans
succès par rapport à M. Régis. Bien loin de reconnaître

ses erreurs, il y ajouta une conduite encore plus insoutenable. Il fit publier dans le journal, contre l'attestation
ci-dessus rapportée, un avis diffamatoire, dont voici la
substance :

1° M. Régis dit insolemment que des trois questions
agitées il semble que le P. Malebranche en abandonne
deux, puisque l'attestation des quatre géomètres ne fait
mention que de celle qui regarde l'optique. La preuve
est assurément convaincante ;

2° M. Régis récuse ces messieurs, et pour juges et
pour témoins. Ce qui pouvait lui être permis, mais voici
de quelle manière :

« M. l'abbé de Catelan, parce que ses erreurs ont été,
dit-il, si souvent relevées, qu'il ne peut être compétent
dans cette affaire ;

« M. Varignan, parce qu'il était si sujet aux rétractations, qu'on ne peut se résoudre à se tenir pour bien jugé
par lui ;

« M. Sauveur [1], parce que c'était un disciple du P. Malebranche, qu'il avait donné sa signature par chagrin de
se voir obligé d'expliquer le système de M. Régis à ses
écoliers, et qu'ayant toujours eu plus en recommandation
son intérêt que l'honneur des sciences, il n'avait point eu
de peine à se tourner du côté d'un parti qu'il a cru pouvoir contribuer à son avancement et à sa fortune ;

« M. le marquis de l'Hopital, parce qu'il était intime
et ancien ami du P. Malebranche. » C'est tout ce que
M. Régis en ose dire, soit qu'en effet il n'eût que ce dé-

---

[1] De la Flèche. Muet jusqu'à sept ans, les organes de sa voix
se débarrassèrent lentement, mais ne furent jamais bien libres.
Maître de géométrie à vingt-trois ans, il eut pour disciple le
prince Eugène. Reçu de l'Académie des sciences en 1696, mort
à Paris le 9 juillet 1716, à soixante-quatre ans. Il avait quitté le
service en 1690 et s'était fait disciple du P. Malebranche.

faut à lui reprocher, soit peut-être qu'il appréhendât que ce marquis ne lui rendît, pour ses injures, autre chose que des réponses.

Jusque-là, le P. Malebranche avait cru n'avoir affaire qu'à un mauvais philosophe, mais cet avis outrageant lui fit connaître qu'il avait à combattre un malhonnête homme. Ce ne fut point ce qui le regardait personnellement qui le mortifia davantage. Il n'y a que de quoi se divertir à voir la fière contenance d'un ennemi vaincu. Ce fut d'avoir exposé M. Sauveur et tant de personnes de mérite aux insultes d'un auteur aussi médiocre que M. Régis. Il entreprit d'y remédier en quelque manière : il fit un écrit de deux pages, où, après avoir fait sentir assez vivement l'indignité de la conduite de M. Régis, il ajoute ce défi, pour le piquer un peu d'honneur :

« On attendra donc que M. Régis fasse approuver sa réplique par quelques habiles mathématiciens, qu'ils soient ou non de ses amis, il n'importe, pourvu qu'ils aient quelque réputation de géométrie. Car on ne craint pas que des gens d'honneur veuillent se déclarer publiquement pour une réplique insoutenable, et sacrifier leur réputation à la gloire de M. Régis. » A cette proposition, l'on peut bien juger de l'embarras extrême où se trouva le faiseur d'avis, mais il n'eut garde de l'accepter. De sorte que le P. Malebranche, à son tour, fit mettre dans le journal un avis, dont voici le sens : « Que puisque M. Régis ne voulait ni l'entendre ni écouter personne, il l'abandonnait à lui-même, et s'en tenait au jugement du public, aussi bien que ses illustres approbateurs. »

Ainsi finit cette guerre, qui en ralluma aussitôt une autre bien plus animée. Il y avait environ sept à huit ans que M. Arnauld, quoique le P. Malebranche, dans ses dernières répliques, l'eût poussé assez vivement pour l'obliger à répondre, gardait à son égard un silence profond. Il ne faut pas croire que ce fût un aveu de son impuissance; il avait trop de courage pour s'avouer vaincu; mais une infinité d'affaires, qui lui étaient survenues, le dispensaient heureusement de penser à celle-là. Car, sans parler d'un grand nombre d'ouvrages qui parurent alors contre lui, ni de ceux qu'il faisait lui-même contre tant d'ennemis qu'il avait sur les bras, ce fut dans cet intervalle qu'arriva l'exécrable friponnerie du faux Arnauld[1], qui employa pour le perdre, lui et les siens, la fourberie, le sacrilège, la calomnie, la cruauté, tout ce que l'enfer peut inventer de plus noir. Ceux qui ont quelque teinture de l'histoire du jansénisme, ne peuvent ignorer l'occupation que lui donna deux ou trois ans cette énorme imposture, qui eut de grandes suites, et qui demeura impunie par une injustice encore plus énorme.

Le véritable Arnauld ne manquait donc point de bonnes raisons pour ne pas continuer la guerre qu'il avait commencée contre le P. Malebranche, car on se fait un plaisir de rendre justice à ce docteur. Mais à peine eut-il le temps de respirer, que son humeur martiale l'y rengagea de nouveau. Voici à quelle occasion, et sur quoi.

On a vu que M. Régis, dans ses répliques, pour se dispenser de répondre aux raisons du P. Malebranche sur la nature des idées, l'avait renvoyé à M. Arnauld, et que le P. Malebranche, pour opposer autorité à autorité, l'avait renvoyé lui-même à saint Augustin. Cependant, M. Arnauld ne fut pas content de ce procédé. A la vue d'un ennemi qu'il avait si longtemps combattu, et qui osait encore douter de sa défaite, il prit feu : il reprit les armes, et quoiqu'il fût à un âge où il semble qu'il ne

---

[1] *Sur l'affaire du faux Arnauld*, voir SAINTE-BEUVE, V. 464.

devait songer qu'à mourir en paix (car il avait alors plus
de quatre-vingts ans), il recommença la guerre avec
toute la vivacité d'un jeune homme. Le premier acte
d'hostilité fut une lettre adressée au P. Malebranche, qui
a tout l'air d'un manifeste : elle caractérise parfaitement
bien son auteur. M. Arnauld y expose les raisons qu'il a
de rentrer en guerre avec lui ; et, lui adressant à lui-
même la parole, il lui dit avec ce ton victorieux, que les
plus mauvais succès ne purent jamais lui ôter :

1° Qu'il pensait avoir mis la matière des idées et celle
des plaisirs sensibles dans un si grand jour, qu'il s'était
flatté que son adversaire se trouverait, là-dessus, réduit
au silence ;

2° Qu'en effet, il ne s'y était pas trompé, puisqu'il y
avait dix ans que le P. Malebranche y était réduit, à l'é-
gard de la vue des corps en Dieu, et six ou sept à l'égard
des plaisirs des sens ;

3° Que, par conséquent, on avait lieu d'être surpris,
qu'après un si long silence, n'ayant rien eu à répliquer à
celui qui avait traité à fond ces deux matières, il se fût
avisé de soutenir encore sa bizarre opinion des idées, et
son étrange leçon de morale sur les plaisirs sensibles,
contre un habile philosophe qui ne les avait traitées que
légèrement, et qui l'avait renvoyé, surtout à l'égard du
premier article, à lui, M. Arnauld ;

4° Que, pour agir de bonne foi et ne pas tromper le
public, le P. Malebranche devait répondre solidement à
celui à qui on l'adressait ; mais qu'au lieu de cela il
emploie, dans sa réponse aux répliques de M. Régis, diverses illusions et deux faussetés insignes, pour ôter à ce
philosophe tout l'avantage qu'il avait cru pouvoir tirer
de ce que lui-même M. Arnauld avait écrit contre le
P. Malebranche.

On ne nous découvre pas ces diverses illusions de

l'auteur; mais voici les deux faussetés qu'on lui attribue :

La première est d'avoir dit que, sur la matière des idées, M. Régis s'appuyait de l'autorité de M. Arnauld, à laquelle on pouvait bien opposer celle de saint Augustin. La seconde, que M. Arnauld l'avait tourné en ridicule, pour avoir enseigné ce que saint Augustin enseigne partout sur cette matière. Deux motifs pressants pour rentrer en campagne, « car il y a de mon honneur, ajoute M. Arnauld, que le public ne croie pas les deux choses que vous m'imputez contre toute raison et sans aucun fondement. »

Le docteur continue toujours sur le même ton ; mais il se borne dans cette lettre à la première des deux faussetés prétendues, et prétendues insignes. Il soutient que le P. Malebranche a eu tort de dire que, sur la matière des idées, M. Régis s'appuyait de l'autorité de M. Arnauld, parce qu'il y renvoie. Car, ayant fait un livre là-dessus, « pourquoi ne voulez-vous pas, lui demande-t-il brusquement, qu'il se soit appuyé sur mes raisons ? Est-ce que vous avez appréhendé qu'on ne vous dît : D'où vient donc que vous ne répondez pas à ces raisons de M. Arnauld, et que vous avez été dix ans sans oser entreprendre d'y satisfaire ? » M. Arnauld dit plus : « Dix ans entiers sans soutenir votre sentiment de la vue des corps en Dieu, malgré la déclaration que vous avez faite, que vous vous y croyez indispensablement obligé par principe de religion, et autant qu'il vous serait possible. Donc pour ce silence, etc... » On trouve encore dans cette lettre de M. Arnauld plusieurs autres vérités pareilles, qu'il oppose hardiment à la première fausseté du P. Malebranche; par exemple, que ce philosophe a lui-même avoué qu'il ne croyait pas que l'on vît en Dieu les vérités nécessaires et immuables, soit géométriques, soit mo-

rales, quoiqu'il reconnût de bonne foi que c'était le sentiment de saint Augustin, et par conséquent qu'il n'a
point dû se prévaloir de l'autorité de ce grand docteur, ni
l'opposer à M. Régis.

M. Arnauld fit publier sa lettre dans le *Journal de Paris* du 28 juin 1694, comme pour notifier à toute l'Europe qu'il allait recommencer la guerre contre le P. Malebranche. Il trouva les esprits à son égard dans la plus
favorable disposition. Il venait de sortir de son affaire
du *faux Arnauld*[1] à la confusion éternelle de ce fourbe et
de ses complices. Tout le monde était entré dans les
justes plaintes qu'il avait adressées au public, pour demander justice d'un si horrible attentat. Car toute la
nature humaine y était intéressée. On ne doute pas que
les jésuites mêmes, qui profitent un peu trop de cette
fourberie, ne condamnassent au fond du cœur le scélérat
qui les avait si bien servis, aux dépens des droits les
plus sacrés de la religion et de l'humanité. Mais, nonobstant la faveur que cette affaire avait acquise à M. Arnauld, il y eut quelques personnes qui trouvèrent bien à
redire à sa lettre au P. Malebranche. Les uns, de ce qu'il
abandonnait la matière de la grâce, qui, depuis près de
cinquante ans, était comme son domaine, pour se jeter
imprudemment sur la matière des idées, qui était le fort
de son adversaire; les autres, de ce qu'avant que de l'attaquer, il n'avait point songé à réparer les brèches qu'il
en avait reçues; d'autres enfin, de ce qu'ayant été sommé
deux ou trois fois par le P. Malebranche de lui marquer
les endroits de ses critiques les plus pressants, afin de les

---

[1] Le docteur Ligny. M. l'évêque d'Arras menaça de citer le
P. Payen, recteur de Douai, jésuite, soupçonné d'avoir eu part à
cette fourberie. Ce Père fut envoyé hors du diocèse, à Toulouse,
je crois. Le roi fut indigné du procès du faux Arnauld. Pour s'excuser on lui dit que c'était une ruse de guerre.

réfuter avec une application, il affectait là-dessus un
silence qui ne pouvait être que mal interprété. Tout cela
faisait naître bien des réflexions dans tous les esprits qui
n'étaient pas excessivement prévenus en sa faveur. On ne
laissa pourtant pas de lui applaudir, selon la coutume
immémoriale du public à son égard, jusqu'à ce que le
P. Malebranche lui eût opposé une défense plus forte que
son attaque. Mais c'est au lecteur à décider de la victoire, ou sur le fidèle rapport que j'en vais faire, ou, ce
qui vaudrait encore mieux, sur la comparaison de l'un et
de l'autre, dans toute leur étendue [1].

M. Arnauld ne survécut pas longtemps à la composition de cette lettre [2]. Son grand âge, ses chagrins conti-
nuels, et plus encore ses incroyables travaux lui causèrent
enfin un épuisement général, qui l'emporta de ce monde
après trois ou quatre jours de maladie. Ainsi mourut cet
infortuné docteur, les armes à la main contre le P. Malebranche, qu'il avait toujours regardé avec raison comme
le plus redoutable de ses adversaires, mais trop heureux
s'il n'en eût point eu d'autres. Il n'eût jamais été contraint,
ni de se condamner lui-même à une prison de vingt-
quatre ans dans sa patrie, ni à un exil de quatorze dans
une terre étrangère, ni de se défendre contre les plus
noires et les plus sottes calomnies, ni de combattre, sans
espérance de vaincre, les injustes préventions de son roi,

---

[1] *C'est ce que nous laisserons faire au lecteur en supprimant
l'analyse d'André* (pages 764 à 775).

[2] Il mourut dans les Pays-Bas la nuit du 8 au 9 août 1694. Lors
de cet événement, le *Gazetier* publia que les jésuites de Paris
s'étaient traités entre eux en signe de joie. Ce qui était une ba-
dinerie du journaliste.

« *On a fait quelques vers à sa louange*, écrivait Malebranche.
(Corresp. inéd., p. 16.) *On le représente en héros toujours triomphant de ses adversaires, et je suis joint avec Saint-Sorlin
pour servir à l'histoire de son triomphe : cela est divertissant.* »

toujours obsédé par ses calomniateurs. Ce n'est pas qu'il
n'ait souvent prêté à la médisance; il était extrême dans
ses sentiments, trop enclin à mal penser de ses ennemis,
trop prompt à divulguer ce qu'il en pensait; vain, hardi,
présomptueux jusqu'à la témérité, imaginatif et un peu
visionnaire. C'est la seule chose qui puisse excuser les
faits faux dont ses écrits polémiques sont remplis. Mais
après tout il avait de la religion et des mœurs très pures,
avec beaucoup de zèle pour la pureté de la morale chrétienne : ce qui lui attira un si grand nombre de persécutions de la part de ceux qu'on accuse de la corrompre.
C'est une folie de croire que ce fut un homme dangereux
à l'État, ni même à l'Église, à laquelle il a tenu toujours
inviolablement, malgré toutes les traverses qu'il a souf-
fertes avec un courage héroïque. En un mot, s'il est fort
à blâmer pour certains sentiments dangereux qu'il a
soutenus avec trop d'opiniâtreté, il faut convenir qu'il
est un peu à plaindre. On l'a tellement poussé, qu'il était
bien difficile qu'on ne le rendît ce qu'on voulait qu'il fût,
je veux dire hérétique. Pour ne pas l'exposer à un si
grand malheur, il semble qu'il fallait le combattre moins
par la force que par la vraie raison, de la manière qu'on
a vu que l'a toujours fait le P. Malebranche, et comme
nous l'allons voir encore.

Les papiers de M. Arnauld furent mis entre les mains
du fameux P. Quesnel, digne disciple d'un tel maître et
qui depuis plusieurs années l'était allé joindre à sa retraite des Pays-Bas, pour le consoler dans son exil et
pour le seconder dans ses travaux. L'inventaire ayant été
fait, on ne manqua pas de faire savoir dans le monde
qu'on les donnerait bientôt au jour, et entre autres les
deux dernières lettres contre le P. Malebranche; car le
P. Quesnel qui, en qualité de janséniste, n'aimait pas
trop son confrère, n'avait garde de les supprimer, pour

7*

lui faire plaisir, quoique par là il dût prévoir qu'il ferait honneur à son maître. Sa promesse ne fut pourtant
pas suivie de son effet. Ce ne fut qu'en 1699 qu'elles
parurent avec le testament spirituel de M. Arnauld, le
plus beau cortège dont on les pût accompagner. On sait
la faveur avec laquelle ce pieux testament si honorable
au testateur fut reçu dans le public. Les deux lettres s'en
ressentirent et quoiqu'elles soient en elles-mêmes de la
dernière médiocrité, du moins pour le fond, l'ombre du
grand Arnauld, qu'elles présentaient au lecteur, leur
donna un relief si considérable, qu'elles firent impression, car qui se fût imaginé qu'un homme qui dit de si
belles choses dans son testament eût été capable de faire
en même temps deux lettres remplies de faussetés ou de
pauvretés? C'est ce qui détermina le P. Malebranche à y
répondre. Il commença par la troisième qui est la première des deux; il avait espéré que M. Arnauld n'y par-
lerait, comme il l'avait promis à la fin de la seconde,
que des plaisirs des sens . matière à la portée de tout le
monde et qui lui avait fourni un champ plus agréable;
mais il fallut encore, malgré lui, revenir sur les idées :
matière abstraite où la raison ne donne pas toujours
l'avantage à un auteur, principalement lorsqu'il soutient,
comme le P. Malebranche, un sentiment contraire à tous
les préjugés. Un autre désavantage qu'il trouvait pour
lui, c'est qu'il l'avait déjà traitée si souvent qu'il appréhendait enfin d'ennuyer le public par des redites perpétuelles. Aussi, pour le dédommager en quelque sorte du
dégoût naturel de ne voir toujours que la même chose, il
entreprit de lui présenter les idées dans un nouveau jour,
de les appuyer de nouvelles preuves, d'y joindre de nouveaux éclaircissements : en un mot de les lui donner sous
une forme nouvelle. Il fit plus : pour varier davantage
son discours, il y ajouta avec la réfutation de M. Arnauld,

celle de tous les auteurs dont les principes lui semblaient
conduire au pyrrhonisme; et parce qu'il y a quantité de
lecteurs qui ne se rendent qu'à l'autorité, il a soin de
mettre partout ses idées sous la protection de saint Augustin. Il y met même son sentiment sur les plaisirs sensibles. Quoique cette lettre n'ait été composée qu'en 1699,
ni publiée qu'en 1704, nous avons jugé à propos d'en
placer ici l'analyse, pour ne pas interrompre l'enchaînement des faits qui regardent la même matière, car il
nous a paru qu'en ce cas, l'ordre des choses doit l'emporter sur l'ordre des temps[1].

Malebranche avait d'abord eu dessein de rendre aussi
une réponse à la quatrième lettre de M. Arnauld, mais
bien des raisons l'en empêchèrent. Il n'y trouvait que des
redites, que d'anciennes calomnies sur sa doctrine, déjà
plusieurs fois réfutées, ou que des reproches personnels,
déjà convaincus d'injustice. Le dégoût l'avait souvent
pris en répondant aux pauvretés des trois autres; celle-ci
lui paraissait encore plus faible et par là même plus dé-
goûtante pour lui s'il entreprenait de la réfuter, car il
n'aimait point à triompher de peu de chose; en un mot
c'était un trop petit objet pour le présenter aux yeux du
public. Il se résolut de lui en offrir un plus grand, je
veux dire de lui représenter à la fois toutes les attaques
de M. Arnauld. La difficulté était de trouver un nouveau
tour, pour ne pas tomber dans l'inconvénient des répé-
titions désagréables. Il en trouva un tout à fait singulier;
et ce furent les partisans mêmes de son redoutable
ennemi qui lui en firent naître la pensée. Voici comment.

Le P. Malebranche avait souvent dit et prouvé, dans
ses réponses à M. Arnauld, que ce docteur, nonobstant

---

[1] *L'analyse de cette lettre est à la page 777 à la page 793.*

ses manières triomphantes, n'avait jamais compris ses
sentiments ni les preuves qu'il en avait données. Mais
qui donc les comprendra? lui avait répliqué une infinité
de personnes : M. Arnauld était sans contredit un fort
grand génie; M. Arnauld était un homme fort habile;
enfin M. Arnauld qui, selon la voix publique, avait autant
de piété que de science, a protesté solennellement, même
devant Dieu, qu'il a toujours eu un vrai désir de bien
prendre les sentiments des auteurs dont il a combattu les
ouvrages, et qu'il s'est toujours senti fort éloigné d'employer des artifices pour tromper le monde et lui donner
de fausses idées de ses adversaires. Il faut donc conclure,
disait-on, de deux choses l'une : ou que les livres du
P. Malebranche sont absolument inutiles par leur obscurité, ou qu'ils contiennent effectivement les erreurs et les
folies que M. Arnauld y a cru voir. L'alternative était
sans doute embarrassante, mais l'embarras même fournit quelquefois des ressources; c'est ce qui arriva au
P. Malebranche. En effet, il en trouva une dans le principe même d'où l'on tirait contre lui de si fâcheuses conséquences. Car de là, des grandes qualités qu'on attribue
à M. Arnauld, il entreprit de faire conclure à toute la
terre, ou que ce docteur avait critiqué ses ouvrages sans
les avoir lus, ou plutôt qu'il n'était pas l'auteur des critiques qui portaient son nom. Car il s'attache uniquement
à la preuve de ce dernier membre de sa disjonctive. Il fit
donc un petit traité qu'il intitula *Contre la prévention*,
non qu'il y traite en philosophe moral de cette ancienne
et opiniâtre maladie du genre humain, bien moins encore
qu'il y combatte la prévention d'un certain public en faveur de M. Arnauld: il en a besoin pour sa preuve; mais
parce qu'il prétend démontrer qu'on a tort d'attribuer à
un si grand homme les ouvrages qui ont paru sous son
nom contre le P. Malebranche. Ce dessein surprend

d'abord par sa hardiesse; mais on va voir qu'il doit surprendre bien davantage par son exécution [1]. Le dessein,
on l'a dit, c'est de prouver géométriquement que les
livres qui ont paru sous le nom de M. Arnauld contre le
P. Malebranche ne sont point de ce docteur, mais d'un
fourbe qui a pris ce nom fameux pour donner plus de
poids à ses sophismes et à ses calomnies.

Le principe est que M. Arnauld avait de l'équité, de la
bonne foi, de l'esprit, de la vertu, en un mot toutes les
bonnes qualités que sa réputation lui attribue.

La préparation nécessaire pour rendre la démonstration
pleinement évidente, c'est de confronter les passages en
les replaçant dans les lieux d'où ils ont été extraits.

Cela supposé, on verra qu'il est démontré invinciblement que M. Arnauld ne peut avoir fait ni le *Traité des
vraies et des fausses idées*, ni la défense qui en fut une
suite, ni la *Dissertation sur les miracles de l'ancienne loi*,
ni aucun des trois volumes des *Réflexions philosophiques et
théologiques*, ni enfin les neuf lettres adressées au P. Malebranche. Voilà donc un second faux Arnauld qui va paraître sur la scène, mais qu'il ne sera peut-être pas aussi
facile de distinguer du véritable que le premier. Quoi
qu'il en soit, on démontre ici dans toutes les formes
géométriques :

I. Que le livre des *Vraies et des fausses idées* n'est point
de M. Arnauld. Tout l'ouvrage dépose contre la prévention publique. Mais on se borne à un seul exemple, que
l'on prend à discrétion. Le voici.

Le P. Malebranche, dans le troisième éclaircissement
de sa *Recherche*, dit que l'homme participe à la souveraine raison, que la vérité se découvre à lui à proportion

---

[1] *Nous donnons cette analyse qui n'est pas trop longue, parce
que ce traité de Malebranche est aussi curieux que rare.*

qu'il s'applique à elle; que le désir de l'âme, c'est-à-dire
évidemment ce désir efficace qui l'applique à la recherche
de la vérité, est une prière naturelle qui est toujours
exaucée; qu'ainsi, pourvu que notre esprit ne soit point
rempli de sentiments confus, que nous recevons à l'occasion de ce qui se passe dans notre corps, nous ne souhaitons jamais de penser à un objet, qu'aussitôt l'idée de
cet objet ne nous soit présente, et que cette idée ne soit
d'autant plus claire, que notre désir est plus fort et que
les sentiments confus que nous recevons par le corps
sont plus faibles.

Cependant l'auteur du livre des *Vraies et fausses idées*
prétend qu'on y enseigne cette erreur grossière : que
pour découvrir la vérité, je n'ai qu'à former un simple
désir de la connaître sans rien faire autre chose. Mais,
pour le prouver, que fait-il? Comme si le P. Malebranche
avait dit absolument que dans quelque situation que
notre esprit se trouve, nous ne souhaitons jamais de
penser à un objet, que l'idée de cet objet, etc... Il supprime toujours en citant le passage, la condition essen-
tielle, que *notre esprit ne soit point partagé ou rempli
par des sentiments confus*, quoique cette condition soit
deux fois dans la même période, au commencement et à
la fin; mais ce critique adroit n'en cite que le milieu. Il
rapporte fort au long le discours qui précède, mais il a
toujours soin de s'arrêter tout court à la condition qui en
détermine le sens. Il rapporte encore le discours qui suit,
mais en sautant encore par-dessus cette même condition
qui s'oppose à son dessein de critiquer. En un mot, si on
peut ainsi dire, il coupe la tête et la queue à ce pauvre
passage pour le rendre difforme et ridicule.

Or, dans ce procédé, reprend le P. Malebranche, sans
parler du défaut de pénétration qu'on y remarque, il est
évident qu'il n'y a ni équité, ni bonne foi, ni vrai désir

de bien prendre le sens des auteurs que l'on attaque.
Donc il est clair que le livre des *Vraies et des fausses
idées* ne peut être de M. Arnauld. Cela démontré, on fait
voir :

II. Que l'ouvrage qui a pour titre *Défense de M. Arnauld,*
n'est point de lui; la démonstration en est encore fort
aisée, ou, s'il y a quelque embarras, ce n'est que pour le
choix des endroits qui la fournissent, car on en trouve
plus qu'on n'en veut Mais l'auteur de la première des
quatre lettres, dont on vient de parler, tire le P. Malebranche de peine, en le renvoyant au huitième exemple
ou chapitre de la défense prétendue de M. Arnauld. Or
on y trouve une preuve démonstrative que ce titre est
faux. si le principe qu'on a supposé est vrai. D'abord
voici le fait :

Le P. Malebranche, dans sa réponse au livre *Des vraies
et des fausses idées,* chap. vi, expliquant la manière dont
on voit les corps, parle en ces propres termes : « Ce sont,
dit-il, les couleurs que l'âme attache aux figures qui les
rendent particulières à l'égard de celui qui les voit. Car
lorsque sur du papier blanc j'y vois un corps noir, cela
me détermine à regarder ce corps comme un corps particulier, qui, sans la couleur différente, me paraîtrait le
même. Ainsi la différence des idées des corps visibles ne
vient que de la différence des couleurs; de même la blan-
cheur du papier fait que je le distingue du tapis, la couleur du tapis me le sépare de la table, et celle de la table
m'empêche de la confondre soit avec l'air qui l'envi-
ronne, ou avec le plancher sur lequel elle est appuyée. »

Tout cela est certain par l'expérience et démontré par
l'usage que les peintres font des couleurs dans les tableaux. L'auteur de la *Défense* ne laisse pas de l'attaquer;
mais de quelle manière?

1° Après avoir promis de rapporter mot à mot cet

endroit de la réponse à son premier livre, afin, dit-il,
qu'on ne puisse avoir aucun soupçon qu'il en impose au
P. Malebranche, il commence à le transcrire par cette
proposition : la différence des idées des corps visibles ne
vient que de la différence des couleurs. Ce n'est pourtant
qu'une conséquence dont le sens est déterminé par ce qui
précède immédiatement. Mais c'est ce qu'il fallait taire
pour avoir lieu de dire d'un ton affirmatif que rien n'est
plus faux : que du bois et du marbre sont des corps visibles; et qu'il n'est point vrai que la différence des idées
que nous en avons ne vienne que de la différence des
couleurs. Car un aveugle, dit-il, qui ne les voit pas ne
laisse pas de les distinguer avec son bâton. Le P. Malebranche a beau déclarer qu'il ne parle que de celui qui
les voit et par conséquent de la différence qu'on y peut
remarquer par le sens de la vue : n'importe, on a voulu
qu'il ait tort; et le moyen, c'est de faire éclipser du passage tout ce qui peut le mettre hors d'atteinte à la critique la plus inexorable.

2° Quand cette proposition ne serait point une conséquence dont le sens est déterminé par le principe d'où
on la tire, il est clair qu'un homme qui eût eu un vrai
désir de bien prendre le sens des auteurs qu'il attaque,
l'aurait entendue de la différence des corps visibles en
tant que visibles. Car le dessein du P. Malebranche est
d'expliquer la manière dont on voit les corps; mais l'auteur de la *Défense* ne l'entend pas ainsi; il veut que par
la différence des corps visibles on doive entendre la différence des corps en tant que durs, mous, fluides, etc...,
c'est-à-dire qu'il veut que le P. Malebranche, en parlant
des couleurs, ait parlé aux aveugles aussi bien qu'aux
autres hommes.

3° Un moyen sûr et facile pour tromper le monde et
pour donner une fausse idée de ses adversaires, c'est de

choisir par-ci par-là dans leurs livres quelques pages
qu'il soit fort difficile d'entendre, lorsqu'elles sont ainsi
détachées des autres; c'est de les rapporter avec des re-
tranchements qui en obscurcissent l'intelligence; c'est
de couper ce qu'on en rapporte par phrases et par demi-
phrases, pour en diminuer la force; c'est de les commen-
ter à contresens par de longs discours, qui fassent croire
au lecteur que, plus on parle, plus on prouve; c'est principalement, surtout dans les matières abstraites, comme
celles des idées, de parler toujours avec confiance et d'un
ton ferme, selon le grand axiome de la dissertation géométrique, en assurant qu'on ne dit rien que de véritable,
et que nos adversaires n'ont rien que de ridicule à dire;
c'est, en un mot, de faire tout ce que pratique l'auteur
de la *Défense*. Car il n'y a qu'à savoir lire pour se convaincre par ses propres yeux qu'il emploie toutes ses
adresses contre le P. Malebranche. Or voilà des manières
qui sont évidemment de mauvaise foi. Donc elles ne peuvent être de M. Arnauld, ni par conséquent l'ouvrage qui
les contient. Ce qu'il fallait prouver; après quoi on démontre:

III. Que la *Dissertation sur les miracles de l'ancienne loi*
n'est point de M. Arnauld. Cette pièce attaque le dernier
éclaircissement du *Traité de la nature et de la grâce*, mais
en y supposant des chimères pour les combattre avec
plus de succès.

Le P. Malebranche s'y propose de montrer que les
fréquents miracles de l'ancienne loi ne prouvent pas que
Dieu agisse souvent par des volontés particulières; c'est
le titre de l'éclaircissement.

L'auteur de la dissertation veut au contraire qu'il entreprenne d'y prouver que Dieu n'agit *jamais* par des volontés particulières.

Mais le P. Malebranche pose, pour fondement de son
système des causes occasionnelles dans le gouvernement

du peuple juif, que Dieu avait choisi pour ce ministère
un certain ange préférablement à tous les autres. Or ce
choix n'a pu être que l'effet d'une volonté particulière,
n'ayant pu être déterminé par aucune cause occasionnelle,
mais seulement par la sagesse et par la prescience de
Dieu, qui prévoyait que saint Michel s'acquitterait de cet
emploi mieux que tout autre par rapport à son principal
ouvrage, qui est l'Église figurée par la synagogue.

L'auteur de la dissertation ne laisse pourtant pas de
soutenir toujours que le P. Malebranche prétend, non
seulement que Dieu n'agit jamais par ses volontés particulières, mais que même il n'en a aucune, c'est-à-dire
qu'il ne veut rien en particulier de tout ce qui arrive
dans le monde.

Mais le P. Malebranche regarde cela comme une impiété, comme une extravagance. Il a dit expressément
que Dieu, par son infinie sagesse, a si bien réussi dans le
choix de son ministre ou de sa cause occasionnelle, qu'en
exécutant les désirs de cet ange, il exécutait ses propres
desseins. Donc le P. Malebranche suppose en Dieu des
desseins particuliers qui répondent aux désirs particuliers des anges; c'est-à-dire qu'il prétend, avec tout ce
qu'il y a d'hommes sensés dans le monde, que Dieu veut
en particulier tous les bons effets de ses lois générales,
puisqu'il n'a établi ces lois que dans la vue de ces bons
effets.

Non, dit l'auteur de la dissertation; il faut entendre
par ces paroles du P. Malebranche des desseins vagues
et généraux Il est vrai qu'on le pourrait prendre d'un
sens plus favorable à la vérité, mais il ajoute, avec confiance et d'un ton ferme, que ce n'est pas celui de l'auteur.

Assurément M. Arnauld a trop d'esprit et d'équité
pour faire de telles critiques. Ce docteur pénétrant aurait bien vu que le P. Malebranche disant que Dieu a

choisi pour l'exécution de ses desseins ceux d'entre ses
anges qu'il a prévu devoir ordinairement faire ce qu'il
aurait fait lui-même s'il eût voulu tout exécuter par des
volontés particulières, n'a pu s'exprimer ainsi sans admettre en Dieu des desseins particuliers. Ce docteur n'aurait point avancé, comme l'auteur de la dissertation, que
les anges ne peuvent rien faire ou rien désirer sans un
ordre précis de Dieu, ou sans une inspiration particulière et invincible. Car il aurait bien vu que c'était leur
ôter tout pouvoir que de leur ôter la liberté de leurs désirs; cette liberté étant le seul vrai pouvoir, dont la
créature soit capable. Ce docteur, qui avait tant lu saint
Augustin, se serait souvenu de ces belles paroles qu'il
dit en parlant des anges, administrateurs de l'univers :
*Intuentur legem fixam, legem æternam, legem jubentem sine
scriptura, sine syllabis, sine strepitu, fixam semper et stan-
tem et ex illa faciunt quidquid hic fit.* Voilà pour l'ordinaire toute l'inspiration dont ils ont besoin pour exécuter
les desseins de Dieu. Ils contemplent sans cesse dans le
Verbe divin la loi éternelle, cette loi qui commande sans
paroles, sans écriture, sans bruit; cette loi fixe et immuable qui leur montre tout ce qu'ils doivent faire, et
en effet, ajoute saint Augustin, selon laquelle ils font
tout ce qui se fait ici-bas. Mais cette loi, reprend le
P. Malebranche, n'est point une loi qui les contraigne ni
qui les nécessite. Elle leur laisse le libre exercice de leur
puissance, du moins lorsque Dieu prévoit qu'ils exécu-
teront ainsi ses desseins aussi heureusement que s'il les
y poussait par une impression invincible.

Enfin M. Arnauld, ce grand théologien, n'aurait point,
comme l'auteur de la dissertation, entrepris de combattre
la généralité de la Providence, qui est évidemment un de
ses plus beaux et de ses plus certains caractères; il aurait
su que tous les théologiens l'admettent. Car ils distin-

guent tous une Providence générale et une Providence particulière; c'est-à-dire une conduite de Dieu ordinaire et une conduite de Dieu extraordinaire ou miraculeuse. Ils disent tous que Dieu n'abandonne que rarement sa conduite ordinaire et jamais sans de grandes raisons, ce que le P. Malebranche exprime ainsi : que Dieu ne trouble jamais la simplicité de ses vues, si l'ordre, qui est sa loi inviolable, ne le demande ou ne le permet.

Il est donc évident que M. Arnauld, tel qu'on le suppose, ne peut être l'auteur de la *Dissertation sur les miracles de l'ancienne loi*. De là le P. Malebranche tire un corollaire, pour parler comme lui en termes géométriques, c'est que M. Arnauld ne peut donc aussi être l'auteur des trois volumes de *Réflexions philosophiques et théologiques sur le Traité de la nature et de la grâce* pour deux raisons :

1º Parce que l'auteur de la *Dissertation*, dans son avant-propos et à la fin de son ouvrage, se déclare lui-même l'auteur des *Réflexions,* dont il rapporte même quelques pages avant qu'elles fussent imprimées.

2º Parce que l'auteur des *Réflexions* suppose et combat presque partout les mêmes chimères que l'auteur de la *Dissertation*, comme il est facile de le vérifier par la confrontation des livres. Mais, de plus, on prouve en détail :

IV. Que le premier volume des *Réflexions philosophiques et théologiques* n'est point de M. Arnauld. L'auteur de ce livre est un chicaneur outré, un citateur infidèle, un faiseur d'écarts fort malins, etc...

Chicaneur outré. Pour s'en convaincre démonstrativement, il n'y a qu'à lire son avant-propos et son premier chapitre tout entier. On y trouvera, par exemple, qu'il fait un procès au P. Malebranche sur ce qu'il a dit indifféremment que Dieu agit *par* des volontés générales et qu'il agit *selon* des lois générales. On laisse faire au lecteur la différence que l'auteur met entre ces deux expressions.

Citateur infidèle. Car, pour faire accroire au monde que, selon le P. Malebranche, Dieu n'a rien prévu que de naturel dans tout ce qui devait arriver à la nation juive, qui serait propre à figurer Jésus-Christ et son Église, il fait éclipser du passage qu'il cite en preuves ces paroles qu'on voit à la tête : Que Dieu, ayant prévu toutes les combinaisons possibles de la nature et de la grâce, il a choisi ce peuple, etc...

Faiseur d'écarts fort malins. Tout le volume en est rempli. Mais celui des plaisirs sensibles, qui ne tient à rien, sinon pour rendre odieux le P. Malebranche en lui attribuant, ce qui fait horreur, une morale épicurienne, marque évidemment des intentions bien sinistres.

Donc, conclut le P. Malebranche, si on prend la peine de comparer ce premier volume de *Réflexions* avec les ouvrages qui en sont l'objet, on sera pleinement convaincu que M. Arnauld n'en peut être l'auteur, par le principe qu'on a supposé et qui sert encore à démontrer :

V. Qu'il ne peut l'être du deuxième volume; car un livre qui fait dire à un auteur le contraire de ce qu'il dit, et qui, en rapportant même ses propres paroles, fait entendre le contraire de ce qu'il pense, ne peut être du grand Arnauld. Cela est évident par notre axiome. Or tel est le deuxième volume des *Réflexions philosophiques et théologiques;* il n'y a qu'à l'examiner un peu pour en trouver presque autant de preuves que de pages. Mais si on appréhende le dégoût, du moins qu'on lise le chapitre XXVI, avec l'article 52 du *Traité de la nature et de la grâce,* auquel il a rapport. La matière est fort intéressante; il est question de la manière dont Dieu se détermine et dont il agit. Sur quoi l'auteur fait dire au P. Malebranche.

1° Que Dieu n'est point libre pour choisir, entre deux

manières d'agir qui sont toutes deux dignes de lui, celle
qu'il voudra. Expression fausse dont le P. Malebranche
ne s'est jamais servi. Il a toujours dit, au contraire, que
si deux manières d'agir sont également dignes de Dieu,
il est entièrement libre : 1° pour choisir ou ne pas choisir ; car, se suffisant à lui-même, il peut toujours ne rien
faire, ne rien produire : en un mot ne point agir ; 2° pour
choisir de ces deux manières laquelle il lui plaira, car
selon la supposition, elles sont également sages. Mais si
elles l'étaient inégalement, quoiqu'il avoue que Dieu
peut encore n'en choisir aucune, parce qu'il peut ne point
agir, il soutient que, supposé que Dieu agisse, il choisira
infailliblement celle qui marque plus de sagesse ou qui
porte le plus de caractère de ses attributs divins. L'auteur dit :

2° Que, selon le P. Malebranche, Dieu forme librement
son dessein ; mais que, le dessein étant formé, il choisit
nécessairement les voies générales qui sont les plus
dignes de sa sagesse. Passage tronqué qui fait entendre
que le P. Malebranche est dans le sentiment de ces
théologiens qui veulent que, dans l'ordre des divins décrets, le choix du dessein soit préalable au choix des
moyens de l'exécuter, c'est-à-dire tout le contraire de sa
pensée. Car, dans ce passage même, au commencement
et à la fin, le P. Malebranche dit que, Dieu ne formant
son dessein que par la comparaison qu'il en fait avec les
voies de l'exécuter, le choix du dessein renferme nécessairement le choix des voies, d'où il s'ensuit que, le dessein étant pris, il ne peut plus, comme les hommes
imprudents, délibérer sur les voies, parce que de là elles
sont déterminées et que Dieu ne peut se repentir. Cependant :

3° L'auteur, revenant toujours à son P. Malebranche
imaginaire, conclut de son passage inutile et mal en-

tendu qu'il n'est donc pas libre à Dieu d'agir par des volontés particulières pour la sanctification des hommes.
Car c'est toujours cela, dit-il, que l'on a en vue. Calomnie
visible, car cette proposition est précisément la contradictoire de l'opinion du P. Malebranche. Il nous déclare
même que, bien loin de l'avoir toujours en vue, elle ne
lui vint jamais dans l'esprit; ce qu'il démontre autant
que cela se peut démontrer, parce qu'il ne l'a avancée
dans aucun de ses livres, parce qu'il a soutenu le contraire dans la plupart de ses ouvrages, parce qu'en établissant le principe des lois générales, il a toujours dit
qu'elles ont des exceptions pour certains cas particuliers;
c'est-à-dire que Dieu cesse quelquefois de les suivre dans
sa conduite; mais quand? c'est à quoi le P. Malebranche
a si souvent répondu par ces paroles ou d'équivalentes :
lorsque l'ordre le demande ou le permet, ou lorsque ce
qu'il doit à son immutabilité est de moindre considération
que ce qu'il doit à quelque autre de ses attributs, à sa
justice, par exemple, à sa sagesse, etc...; car on l'a dit
cent et cent fois, il n'y a que l'ordre éternel des perfections divines qui soit à l'égard de Dieu une loi absolument indispensable.

C'est ce que l'auteur savait, car il nous apprend qu'il
n'avait pas encore donné ce deuxième volume à l'imprimeur, lorsqu'il reçut la réponse à sa *Dissertation*, dans
laquelle il avait trouvé, dit-il lui-même, le contraire de
ce qu'il attribue au P. Malebranche. En effet, cette réponse vigoureuse le convainc de calomnie particulièrement
sur cet article. Mais il n'était pas juste que pour si peu
de chose il perdît la façon d'un livre. C'est pourquoi il
continue sur le même ton, en attribuant

4° Ces deux propositions au P. Malebranche : la première, que Dieu ayant pris le dessein de créer le monde,
il a nié qu'il le pouvait créer par deux sortes de voies:

les unes, plus dignes de sa sagesse, les autres, moins
dignes. La seconde, que les voies de créer le monde les
plus dignes de sa sagesse étaient de le créer par les lois
générales de la communication des mouvements, et les
moins dignes, de le créer par des volontées particulières.
Propositions toutes deux si extravagantes, qu'il n'est
pas possible qu'elles viennent dans l'esprit à personne.
Car y a-t-il un homme assez stupide pour ne pas voir
que Dieu ne peut créer le monde que par une volonté
particulière; puisque, avant la création du monde, il n'y a
point encore de causes occasionnelles pour déterminer
l'efficace de ses lois générales. Mais, de plus, le P. Malebranche réfute la première en ce qu'elle insinue que Dieu
prend d'abord un dessein, et qu'ensuite il songe aux
voies de l'exécuter; et, à l'égard de la deuxième, il dit en
mille endroits que Dieu a non seulement créé le monde,
mais qu'il en a même formé toutes les parties considérables, surtout les corps organisés, par des volontés particulières. Que peut-on souhaiter davantage? qu'il
admette aussi en Dieu des volontés particulières pour la
sanctification des hommes? Il en admet dans toutes les
circonstances où l'ordre le demande, c'est-à-dire où les
lois générales de la grâce que Dieu s'est prescrites ne
suffisent pas pour la parfaite exécution de ses desseins,
car alors il fait ce qu'on appelle des miracles de miséricorde. Mais lorsqu'il agit ainsi par des volontés particulières pour la sanctification de l'homme, c'est uniquement, dit le P. Malebranche, par des inspirations
particulières dans la sainte humanité du Sauveur, pour
lui donner des vues que sans cela elle n'aurait point par
rapport à la plus grande perfection de l'ouvrage qu'elle
construit à la gloire de Dieu. Car je crois, poursuit-il,
que Dieu veut que les membres du corps mystique de
son Église ne soient sanctifiés que par l'influence de leur

divin chef : influence que nous recevons, non seulement
par la considération de ses mérites, mais par son inter-
vention actuelle qui nous les applique et sans quoi nous
n'y aurions point de part. C'est le principe du P. Malebranche, qui est aussi un des principes de la religion
chrétienne.

Mais c'est ce que l'auteur du deuxième volume des
Réflexions philosophiques et théologiques n'a point compris,
c'est ce qu'il a falsifié. Donc, on a beau dire que M. Arnauld en est l'auteur, personne n'en croira jamais rien,
s'il veut prendre seulement la peine de replacer les passages sur lesquels on fonde un si grand nombre de calomnies, pour en découvrir au juste le véritable sens.

VI. Le troisième volume ne doit pas non plus lui être
attribué. C'est que l'auteur de ce volume est certainement le même que l'auteur du premier; la preuve en est
évidente, car il emploie d'abord près de vingt pages pour
justifier la protestation solennelle qu'il avoue avoir faite
au commencement du premier volume. Mais, ce qui est
de plus convaincant, par le principe établi, pour démontrer que ce livre n'est pas de M. Arnauld, c'est qu'il est
rempli, comme les deux autres, d'imputations calomnieuses, ainsi qu'on l'a démontré dans les deux lettres
que le P. Malebranche y a répondues, et dont on peut voir
les analyses. Ce n'est pas tout : voici une preuve d'un nouveau genre, pour montrer tout d'un coup que les trois volumes des *Réflexions philosophiques et théologiques* ne sauraient être de M. Arnauld. Le P. Malebranche la tire d'un
fait assez curieux pour mériter d'avoir ici place Le voici :

Le P. Gerberon[1], bénédictin français, le Gotteschalque
de notre siècle par ses sentiments et par ses aven-

---

[1] Gabriel, né à Saint-Calais dans le Maine en 1628, mort à
Saint-Denis le 29 mars 1711, à quatre-vingt-trois ans.

tures, ayant été arrêté à Bruxelles en 1699, par ordre
de l'archevêque de Malines, on trouva parmi ses livres
les trois volumes en question, avec ces paroles écrites
à la main : *Ex dono auctoris*. Les juges ecclésiastiques,
devant qui on le cita, entre autres interrogations, lui demandèrent là-dessus en particulier : 1° Si c'était lui qui
avait ainsi paraphé ces trois livres; 2° qu'il en nommât
l'auteur. Sur le premier article, il répondit qu'oui, et
qu'en effet, il les avait reçus de l'auteur; mais pour le
second, il déclara qu'il n'en pourrait rien dire, pas même
par conjectures : *Fatetur se illos habere ex dono auctoris,
de auctore vero nihil potest dicere, ne quidem ex præsumptione*.

De là, il naît dans l'esprit un raisonnement très fort
contre la prévention publique. Le P. Gerberon se mêlait
beaucoup de jansénisme. Il passe pour avoir eu de grandes
liaisons avec M. Arnauld. Il en a eu certainement avec ses
amis; il ne pouvait ignorer que tout le public, et le P. Malebranche lui-même, n'attribuât les *Réflexions philosophiques et théologiques* à ce docteur. C'en était assez du
moins pour présumer, pour conjecturer qu'ils étaient de
lui. Il faut donc, ou qu'un janséniste ait menti à ses
juges, ce qui n'est pas croyable, surtout d'un religieux,
d'un bénédictin réformé, ou bien qu'il ait su positivement
que cet ouvrage n'est pas de M. Arnauld, puisqu'il déclare qu'il ne pourrait rien dire de l'auteur, pas même
par conjectures : *Ne quidem ex præsumptione*. J'ai cru devoir mettre dans tout son jour cette preuve, que le P. Malebranche ne fait qu'insinuer. Finissons : il ne reste plus
qu'à prouver

VII. Que les neuf *Lettres* intitulées *de M. Arnauld, docteur de Sorbonne, au R. P. Malebranche, prêtre de l'Oratoire*, sont un ouvrage supposé. Or cela est évident; car
chacune de ces lettres rend témoignage qu'elle est de

l'auteur des livres dont on a jusqu'ici parlé. Il n'y a qu'à
les parcourir, pour en demeurer convaincu. Mais, continue le P Malebranche, si on en veut avoir quelque
preuve particulière, on en trouvera une démonstration
dans la septième. On la choisit entre les autres, à cause
de la matière dont elle parle : c'est la grâce, matière du
temps et fort importante.

Le but de l'auteur est de persuader le lecteur crédule,
que le sentiment du P. Malebranche sur l'efficacité de la
grâce est si nouveau, que jamais rien de semblable n'é-
tait venu dans l'esprit d'aucun théologien, ni catholique,
ni protestant. Voici le sentiment du P. Malebranche, afin
qu'on l'examine et qu'on juge si M. Arnauld était capable de former contre lui une pareille accusation. Le
P. Malebranche soutient :

1º Que la délectation de la grâce est efficace par elle-
même, en ce qu'elle pousse intérieurement la volonté
vers le bien ; mais que ce premier mouvement de la volonté n'est ni libre ni méritoire, en tant qu'il n'est que
l'effet nécessaire ou invincible de ce saint plaisir ;

2º Que ce mouvement devient et libre et méritoire, par
le consentement que la volonté y donne ; mais consentement véritable, qu'il dépend d'elle d'y donner, ou de n'y
pas donner, comme il lui plaît.

On voit assez, ce que le P Malebranche avoue sans
peine, que, dans la première partie de son sentiment, il
justifie la condamnation de cette erreur de Jansénius,
que dans l'état présent de la nature corrompue, la liberté
requise pour mériter ou pour démériter, n'exclut point la
nécessité d'agir, mais seulement la contrainte ; et que
dans la seconde, il défend contre les hérétiques du dernier siècle, contre les novateurs du nôtre, cette vérité catholique décidée par le concile de Trente : que la volonté,
mue par la grâce, coopère ou contribue quelque chose de

sa part, lorsqu'elle y consent, et que, si elle veut, elle
peut n'y pas consentir.

Cependant, l'auteur découvre dans les deux parties de
ce sentiment, les deux erreurs opposées de Luther et
de Pélage : celle de Luther dans la première, et celle de
Pélage dans la seconde. Mais voyons par quelles ma-
nœuvres il a pu faire une découverte si difficile. En
voici quelques-unes qui, certainement, ne peuvent être du
grand Arnauld.

1° Il suppose contre l'opinion de tous les théologiens,
soit catholiques, soit protestants, on pourrait dire contre
la notoriété du fait, que l'erreur de Luther, qui a été
condamnée par le concile de Trente (*Sess.* VI, *can.* IV),
c'est d'avoir cru que les mouvements de piété que Dieu
produit en nous par sa grâce, efficacement et invinciblement, ne sont ni libres ni méritoires. Or de là il est aisé
de conclure que le P. Malebranche est luthérien, car il
avoue que des mouvements invincibles, quelques saints
qu'ils puissent être, ne sauraient être méritoires, puisque
la troisième proposition de Jansénius est hérétique. Mais,
en même temps, il est persuadé que ce fameux canon,
qui sera toujours la terreur du jansénisme, ne condamne
Luther et Calvin que parce qu'ils soutenaient, chacun à
sa manière, que la grâce était invincible, et qu'il ne dé-
pendait point de nous d'y consentir ou de n'y pas consentir : *Si quis dixerit liberum hominis arbitrium a Deo motum
et excitatum nihil cooperari assentiendo Deo excitanti atque
vocanti, quoad obtinendam justificationis gratiam se disponat
ac præparet, neque posse dissentire, si velit, sed veluti in
animo quoddam nihil omnino agere, mereque passive se habere; anathema sit.* C'est le canon tout entier que je rapporte, afin qu'on y cherche ce que l'auteur y suppose.

2° Il accuse le P. Malebranche de soutenir que les
bons mouvements de la piété chrétienne, qui sont bons

et méritoires, ne sont pas ceux que Dieu forme en nous par la puissance de sa grâce, mais ceux que nous nous donnons à nous-mêmes par le bon usage que nous faisons de notre liberté, en nous avançant au delà de ce que nous pousse la grâce.

Le sens de ces paroles n'est point équivoque; elles font entendre clairement que le P. Malebranche soutient deux choses : la première, que le consentement libre de la volonté à la grâce, ou le bon usage de la liberté, est un nouveau bon mouvement que l'âme se donne à elle-même; la seconde, que l'âme forme, ou se donne à elle-même ce bon mouvement, sans que Dieu y ait part. Ce pélagianisme est sans doute bien visible, mais la calomnie ne l'est pas moins. Calomnie si visible, dit le P. Malebranche, que l'auteur ne l'a pu faire de bonne foi. C'est ce qu'il faut encore démontrer, toujours à la décharge du grand Arnauld.

1º Il est évident que l'auteur a lu, ou ce qui est ici la même chose, qu'il a dû lire le troisième discours du *Traité de la nature et de la grâce,* puisqu'il le critique dans sa lettre avec tant d'appareil. Donc, il a vu presque à toutes les pages que le P. Malebranche tient la contradictoire de l'opinion qu'il lui attribue; qu'il tient, par exemple, que l'âme ne forme en elle-même, ou ne se donne aucun mouvement; qu'elle reçoit de Dieu et son mouvement général vers le bien, et toutes ses déterminations particulières vers tel bien; que toute son action consiste à consentir, ou à ne pas consentir à ces déterminations; mais que son consentement n'est qu'un simple repos, qu'un arrêt, qu'une cessation d'examen, etc... Donc, il a su qu'il faisait une calomnie, en lui attribuant tout le contraire.

2º L'auteur a si bien su que le P. Malebranche ne donne pas à l'âme le pouvoir de former en elle-même aucun mouvement, que, dans le premier chapitre de sa *Dis-sertation sur les miracles de l'ancienne loi,* il lui en fait un crime, comme si, en niant que l'âme eût ce pouvoir, on lui ôtait sa liberté. On a répondu à cette objection en prouvant d'une part que l'âme n'est véritablement cause réelle que de l'acte par lequel elle donne, ou refuse, ou suspend son consentement; et que, de l'autre, le con-sentement de la volonté n'est, comme on l'a dit, qu'un simple repos qui, non plus que le repos des corps, n'est pas, selon le P. Malebranche, une réalité physique. Mais, quoiqu'il en soit de la réponse bonne ou mauvaise, il n'importe, il est toujours certain que l'auteur a très bien su que le sentiment du P. Malebranche n'était pas que l'âme pût se donner à elle-même de bons mouvements. Cependant il ose, contre le témoignage de sa propre con-science, lui attribuer cette erreur abominable; et cela non pas comme une conséquence que l'on peut tirer de son sentiment, mais comme un principe qu'il soutient. Il est donc clair que c'est un calomniateur de mauvaise foi. Donc, en vertu des suppositions qu'on a faites, ce ne peut être M. Arnauld.

Le P. Malebranche, ayant démontré son paradoxe, conclut de là bien des vérités, dont il y en a une que je ne puis omettre : c'est que les amis de M. Arnauld ne doivent plus tant s'intéresser à l'auteur de tous ces li-vres; qu'ils doivent cesser de répandre les calomnies qu'ils y ont apprises contre ceux du P. Malebranche; qu'on pourrait peut-être exiger d'eux qu'ils tâchassent de réparer le mal qu'ils ont fait de bonne foi, se croyant fondés sur l'autorité d'un si grand homme. Car on sait bien ce qu'ordonne dans de semblables occasions la mo-rale la moins sévère; mais qu'en tout cas, ils sont obli-gés à éviter l'erreur, et à se défaire de leurs préventions, dangereuses à cet égard comme à tout autre. Il serait

fort à souhaiter que le public en fît autant. Car je voudrais bien, dit le P. Malebranche, que tout ce que je viens
de dire pour ma défense, ne tombât que sur un inconnu
et ne fît tort à la réputation de personne.

Ces deux écrits furent composés immédiatement après
la publication des deux lettres posthumes de M. Arnauld. Mais, soit que le P. Malebranche ne crût pas qu'il
fût de la bienséance de se battre contre un ennemi mort,
soit que, le public étant bien revenu à son égard, il ne
craignît plus qu'il se laissât surprendre par de vieilles
accusations; soit aussi par le dégoût et l'ennui de se
montrer si longtemps sur la défensive; soit encore par le
conseil de sa paresse naturelle, qu'il avouait être pour
lui, de toutes les passions, la plus séduisante, il ne jugea
pas à propos de faire imprimer ces deux petits ouvrages.
Il les tint donc enfermés jusqu'à ce que plusieurs personnes, les unes de ses amis, les autres de ses ennemis,
ou plutôt de ses critiques, se plaignirent hautement de
son silence, qu'ils interprétaient chacun selon ses dispositions. Alors il les montra; on les jugea dignes du jour,
et ils parurent enfin en 1704[1], avec tout le succès qu'il
en pouvait espérer. Mais il est temps de reprendre le fil
de notre histoire, à l'endroit où nous l'avons interrompu.

Après la mort de M. Arnauld, le P. Malebranche commença à goûter les douceurs de la paix, dont il n'avait

---

[1] *D'après le P Lelong, Malebranche ne fit ce traité que longtemps après la réponse à la troisième lettre de M. Arnauld, et
ayant montré cette réponse manuscrite à M Remond, depuis seigneur de Montemort, celui-ci la trouva si bonne qu'il engagea le
P. Malebranche à consentir à l'impression « Mais comme elle
n'aurait fait qu'un fort petit volume, il s'avisa du dessein de
son écrit contre la prévention sur ce que je lui dis (c'est Lelong
qui parle) que le P. Gerberon dans son interrogatoire avait répondu qu'il ne savait pas si les écrits de M. Arnauld contre le
P. Malebranche étaient de ce docteur. »*

pu jouir encore, depuis qu'il était auteur, et quoiqu'il sût
parfaitement que ce docteur inquiet avait laissé des
armes pour lui faire la guerre. Son repos n'était point
troublé alors, mais l'amitié le rengagea bientôt dans le
travail.

M. le marquis de l'Hopital avait désiré, en mourant,
qu'il se chargeât de l'impression de son fameux livre des
Infiniment petits, qui marque dans l'auteur une si profonde, si fixe et si vaste connaissance des mathématiques. Ce que le P. Malebranche avait tant de peine à
faire pour lui-même (car nous devons à d'autres l'impression de ses ouvrages), ne lui coûta rien, lorsqu'il fut
question de travailler à la gloire d'un ami, ou plutôt à
l'utilité du public. Il revit exactement ce chef-d'œuvre de
pénétration [1]; il traça les figures nécessaires pour le
rendre intelligible; il eut soin que l'édition fût correcte,
belle, digne de l'ouvrage : en un mot, il s'y appliqua
tellement, que ce fut là une des causes de la grande maladie où il tomba peu de temps après. Elle fut longue,
violente, et accompagnée de tous les symptômes de la
mort. Dès les premiers jours, les médecins l'abandonnèrent; et sans doute qu'il s'y fût condamné lui-même, si
un délire continuel ne l'eût mis hors d'état d'y faire
attention. C'est dans les moments d'abandon à l'instinct,
qu'on a coutume de voir ce qu'un homme a dans le
cœur, ses inclinations, ses vertus ou ses défauts, ses
dispositions naturelles ou acquises, bonnes ou mauvaises.

[1] *La Bibliothèque nationale possède un exemplaire de cet ouvrage, qui contient des notes marginales qui sont de la main
de Malebranche.* (F. français, 25 302.) *C'est probablement l'exemplaire qui servit à Malebranche pour préparer la seconde édition de ce livre, laquelle parut en* 1715. — *Voir* HENRY, *Recherches sur les manuscrits de Fermat, suivies de fragments
inédits de Bachet et de Malebranche* (Rome, 1880, in-4°), *page* 90,
note 1.

Comme on est incapable de réflexion, et par conséquent
d'hypocrisie, la nature parle toute seule, et trahit tous
les secrets de l'âme. Le P. Malebranche ne s'entretenait
dans ses transports que de ce qui l'avait occupé toute sa
vie, de Dieu et de ses ouvrages. Dans tous les égarements
de son esprit aliéné, il revenait sans cesse à ses pieuses
méditations, toujours un peu philosophiques, mais à leur
ordinaire toujours édifiantes. Le sentiment de ses vives
douleurs, au lieu d'exciter ses plaintes, ne faisait le
plus souvent que lui rappeler les idées, qui lui étaient
familières, de la structure admirable du corps humain
Tantôt il en combinait tous les ressorts, il en expliquait
l'ordre, il en marquait l'usage, en montrant la sagesse
infinie de celui qui les avait si bien ordonnés; tantôt
il cherchait la cause de son mal par des raisonnements
physiques, dont il n'interrompait la suite et la forme que
pour y faire entrer quelque chose du Créateur, dont il
était plein. Mais la pensée qui l'occupait le plus ordinairement dans ses délires, était celle de la mort et de l'é-
ternité. Ces deux grands objets, qu'il avait tant médités
pendant sa vie, se présentaient continuellement devant
ses yeux, avec tout ce qu'une bonne conscience y peut
trouver de charmant. Il voyait dans la mort la fin de nos
misères, et surtout de nos péchés, qui sont les plus
grandes (car nonobstant le trouble de ses idées, il le faisait assez entendre), et dans l'éternité le centre fixe de
notre vraie béatitude. Là, il s'arrêtait quelquefois dans
un silence profond, d'où il ne sortait que pour revenir,
par mille détours, au même point que sa maladie avait
dérobé à son inclination Cette multitude de pensées qui
lui agitaient l'esprit, lui abattaient extrêmement le corps
par contre-coup; de sorte que les convulsions et les dé-
faillances se succédant tour à tour, avec les pronostics
les plus tristes, il n'y avait plus rien à espérer. Un autre

sujet de tout craindre, c'était qu'il ne prenait rien, ou
que son mal ne faisait que s'irriter par les remèdes. Son
médecin n'avait cessé jusque-là de l'observer attentivement, pour voir si dans ces alternatives il ne trouvait
point quelque jour à son art; mais n'y en voyant plus, il
dit enfin à ses gardes que c'en était fait, et qu'on n'avait
qu'à lui donner tout ce qu'il demanderait. Cependant, ses
esprits épuisés ne suffisant plus ni au délire ni aux convulsions, il tomba dans un état de langueur, mais où sa
raison devint plus libre. Ce moment le sauva : la faiblesse de sa complexion lui avait fait faire plus de réflexions qu'un autre sur sa santé. Il avait étudié à fond
ce qu'il appelait *sa machine*, et pour peu qu'elle se démon-
tât, son expérience, jointe à la grande connaissance qu'il
avait de la nature, lui apprenait, sans autre secours, les
moyens de la réparer. Il avait même pour axiome, qu'à
l'âge de trente ans chacun se devait assez connaître pour
être lui-même son premier médecin. Ayant donc souvent
remarqué que la cause ordinaire de ses fréquentes incom-
modités était un violent acide qu'il avait dans l'estomac,
et que l'eau prise en abondance avait été toujours pour
lui un remède souverain, se sentant d'ailleurs dans une
altération extrême, il en demanda; on lui en donna tant
qu'il voulut, comme à un malade désespéré, à qui rien
désormais ne pouvait plus être nuisible. Mais à peine en
eut-il bu quelques pots, qu'on fut surpris de le voir tout
soulagé. En un mot il guérit, au grand étonnement de la
médecine, et au grand scandale des médecins, qui l'a-
vaient abandonné [1].

---

[1] *D'après le P. Lelong, le P. André confondrait ici les dates,
et ce récit conviendrait plutôt à une maladie que Malebranche
fit à Raroy vers* 1683 *ou* 1684. « *Celle de cette année ne fut
qu'une langueur,* » *ajoute-t-il.*

CHAPITRE VIII

Le P. Malebranche, guéri, compose les *Entretiens sur la mort.*
— Ils paraissent à la suite d'une seconde édition des *Entretiens sur la métaphysique* (1696), due à la reconnaissance de
M. Carré. — Le quiétisme. — Portrait de Fénelon. — Le P. Lamy
engage maladroitement Malebranche dans ces affaires. — Il
compose son *Traité de l'amour pur* (1697). — Bossuet, ravi
de cet ouvrage, se réconcilie tout à fait avec Malebranche. —
Les *Éclaircissements* de dom Lamy et les *Réponses* de Malebranche (1699). — Il est nommé membre de l'Académie des
sciences, et jouit en paix de sa gloire.

Le public ne fut pas longtemps sans profiter de la
guérison du P. Malebranche. Les pensées cruelles de la
mort et de l'éternité que le P. Malebranche avait eues
pendant toute sa maladie avaient été si vives qu'il lui en
était resté un souvenir très distinct; ce qui lui fournit la
matière d'un nouvel ouvrage après les avoir méditées de
nouveau. Cet ouvrage a pour titre : *Entretiens sur la mort.*

Les impies, toujours sottement railleurs, nous disent
quelquefois qu'ils se résoudraient à croire une éternité
s'ils voyaient quelqu'un revenu de l'autre monde : folie
visible, car, dit le Sauveur, qui les connaît mieux qu'eux-
mêmes, s'ils ne croient pas Moïse et les prophètes, ils ne
croiraient pas non plus l'ombre d'un corps ressuscité.
Mais, quoiqu'il en soit de ce qui pourrait arriver en ce
cas, voici un auteur qui, ayant vu l'éternité de près,
pourra leur en apprendre, s'ils le veulent, bien des par-

ticularités dont il a été pour ainsi dire témoin oculaire [1].

Ces *Entretiens sur la mort* sont remplis de grandes idées, de beaux sentiments, de réflexions touchantes; ce qui, étant relevé par le style de l'auteur, toujours ferme, coulant, majestueux, agréable, soutient merveilleusement l'attention du lecteur Le premier effet qu'ils produisirent fut un acte de reconnaissance, vertu si rare dans le siècle où nous sommes, qu'on en doit soigneusement recueillir les moindres exemples.

M. Carré Louis [2], fils d'un laboureur, mais qui avait toutes les qualités qui peuvent remplacer la naissance, avait trouvé dans sa mauvaise fortune un asile chez l'auteur. Car son père, qui l'avait fait étudier dans la vue ordinaire à ces sortes de personnes, l'ayant abandonné parce qu'il ne voulait point se faire prêtre, il se vit réduit à chercher une condition. La Providence l'adressa au P. Malebranche qui le prit pour écrire sous lui. Il fit plus; voyant que son domestique avec un grand esprit avait encore un naturel admirable, il entreprit de le former à quelque chose de meilleur; il lui enseigna les mathématiques; il y ajouta la philosophie, en sorte qu'en peu d'années M. Carré fut en état de se passer de son maître en le devenant lui-même. Il le devint en effet; il montra les mathématiques en ville avec tant de succès, qu'il eut bientôt une foule d'élèves; mais ce qu'il y eut de plus particulier, c'est que plusieurs dames en voulurent être. Il les reçut; elles le goûtèrent; elles étaient surtout charmées de sa philosophie qui était celle du P. Malebranche, et qui, étant toute chrétienne, s'accordait parfaitement bien avec leur inclination naturelle

---

[1] *Le P. André donne ici, de la page 810 à la page 827, l'analyse de ces* Entretiens.

[2] Né le 26 juillet 1663 à Closfontaine, près de Nangis en Brie, mort le 11 avril 1711. *Sur ses ouvrages, voir* Nicéron, *t. XIV.*

pour la piété. En un mot, comme il soutenait par la
pratique les grandes maximes qu'il leur enseignait, elles
trouvaient en lui une espèce de directeur, d'où l'on peut
juger qu'il trouvait en elles un fonds qui ne le laissait
manquer de rien. Il semble qu'il avait tout lieu d'être
content de sa fortune, il ne l'était cependant pas. Il lui
manquait encore un bien dont le besoin ne touche guère
le commun des hommes : c'était une occasion de marquer sa reconnaissance à son bienfaiteur; car il ne regardait pas comme un service le zèle qu'il témoignait
pour sa philosophie, mais comme un devoir qu'il rendait à la vérité. Il fallait donc quelque chose de plus pour
le satisfaire. Les *Entretiens sur la mort* que le P. Malebranche venait de finir au commencement de 1696 lui
fournirent une occasion dont il profita.

Depuis que M. Arnauld avait déclaré la guerre au
Traité de la nature et de la grâce, l'auteur n'avait pu rien
imprimer à Paris sur ces matières en privilège. Les violentes critiq es de ce docteur véhément, soutenues des
clameurs d'un parti accrédité, avaient répandu dans les
esprits une terreur que la raison ne pouvait guérir; ceux
qui présidaient à l'impression des livres en étaient eux-
mêmes frappés. Le P. Malebranche n'était pas d'humeur
à s'en mettre fort en peine, outre que les presses étrangères s'offraient à lui de toutes parts, ses ouvrages n'en
étaient ni moins lus en France ni moins également ad-
mirés Mais ses amis étaient justement indignés de la
stupide et opiniâtre prévention de quelques-uns de ses
compatriotes contre le meilleur de leurs écrivains.
M. Carré entreprit de la vaincre et il y réussit; il employa tout ce qu'il avait d'amis, d'élèves, de connaissances On ne peut douter que les dames qui étaient ses
disciples ne fussent les plus zélées à le servir. Quoiqu'il
en soit, en demandant le privilège du roi sur les *Entre-*

tiens sur la mort, il l'obtint aussi pour les *Entretiens sur la métaphysique*, ce qui était son principal but. Car, comme cet ouvrage est une réponse générale à toutes les critiques de M. Arnauld, en lui obtenant le privilège d'être imprimé à Paris, on levait en même temps tous les obstacles qui s'opposaient à y faire publier les autres livres du P. Malebranche. Ils le furent effectivement depuis, excepté le *Traité de la nature et de la grâce*, pour la raison qu'on dira dans la suite. On fit donc à Paris[1] une seconde édition des *Entretiens sur la métaphysique*, augmentée de trois sur la mort. Je ne parlerai point du succès qu'elle eut. Il fut tel que le méritait l'ouvrage, qui est d'une beauté d'esprit et de style extraordinaire. Ainsi l'auteur eut le plaisir de se voir entièrement rétabli dans l'estime publique, et M. Carré l'honneur d'avoir témoigné publiquement sa reconnaissance à son ancien maître[2].

La joie de ce bon succès ne dura guère; elle fut bientôt troublée dans une querelle, où le P. Malebranche fut engagé malgré lui. C'est la fameuse contestation qui survint en 1697 entre plusieurs évêques de France au sujet du quiétisme. On sera sans doute bien aise d'en voir ici un récit abrégé qui servira pour entendre la suite.

La dispute roulait principalement sur l'amour de Dieu, que les disciples de Molinos, auteur ou plutôt restaurateur de cette infâme secte, anéantissaient de fond en comble, sous prétexte de le rendre pur et désintéressé. Car voici le système de ces hérétiques. Ils font consister toute la per-

---

[1] Elle parut en 1696.

[2] Le P. Prestet, autre élève du P. Malebranche, *avait aussi commencé par être son domestique ou plutôt son secrétaire. Il s'acquit un grand renom dans les sciences, qu'il professa aux universités d'Angers et de Nantes, et sur lesquelles il écrivit de remarquables ouvrages. Il mourut dans notre maison de Marines, le 8 juin* 1690.

fection chrétienne dans un amour si absolument indépendant du désir d'être heureux, qu'il n'a pour motif aucun
intérêt même éternel ; c'est-à-dire que l'âme n'y est portée
ni par crainte, ni par espérance, ni par le goût, ni par
l'avant-goût des biens célestes, mais uniquement par la
vue de la gloire et de la volonté de Dieu, non de cette gloire
et de cette volonté divine qui se trouve dans notre sanctification, mais uniquement de cette gloire intérieure que
Dieu possède en lui-même, et de celle qu'il nous découvre
à chaque moment par tout ce qui nous arrive de bien ou
de mal. On est indifférent pour tout le reste ; indifférent
pour la grâce, pour le mérite, pour les récompenses ;
indifférent pour sa perfection ; indifférent pour son bonheur ; en un mot, indifférent pour tous les dons de Dieu
en tant qu'ils nous appartiennent. On pousse encore plus
loin le désintéressement, car on le porte jusqu'à être
prêt de renoncer à son salut, par un sacrifice non seulement conditionnel, mais absolu, qu'on en fait à la gloire
et à la volonté de Dieu. Il y a même des rencontres où
l'âme, livrée aux scrupules, s'y croit obligée ; c'est le cas
des dernières épreuves où l'âme est persuadée invinciblement que Dieu l'a justement réprouvée. Que fera-t-elle
donc alors ? elle acquiescera généreusement à sa réprobation éternelle ; après quoi, n'ayant plus rien à perdre,
elle demeure tranquille et intrépide, sans remords et
sans alarmes, quoi qu'il lui puisse arriver de bien ou de
mal, soit pour le temps, soit pour l'éternité. C'est ce que
les quiétistes appellent état de sainte indifférence, où
l'âme n'a plus ni propriété ni activité, et par conséquent
le plus haut point de la perfection chrétienne.

Dans le système qu'on vient d'exposer, il y a des excès
visibles que tous nos prélats condamnaient unanimement
avec le Saint-Siège, qui les avait censurés dans Molinos
en 1689 ; mais il y en a de cachés sous une belle appa-

rence de perfection que certaines personnes approuvaient
encore. M. de Fénelon, archevêque de Cambrai, était de
ce nombre; et il ne faut guère s'en étonner; c'était un
bel esprit, mais dont le fort consistait dans une imagination vive, délicate et sublime, vaste, brillante, riche,
féconde en idées agréables, accompagnée d'une mémoire
heureuse qui la servait à son gré, en lui représentant
sans cesse le meilleur de tout ce qu'il avait lu, soit dans
le grand, soit dans le tendre. On juge assez par là quelles
devaient être les grâces de son discours. Mais s'il avait
toutes les belles qualités de l'imagination, il en avait
aussi quelques-unes de mauvaises; peu de justesse dans
ses idées, qui sont presque toujours excessives; peu de
clarté dans ses principes, qui ne sont quasi jamais ni
bien démêlés, ni bien fixes, ni suivis, ni dégagés des
fantômes sensibles; peu d'étendue et de pénétration
d'esprit dans la plupart des raisonnements, qui sont
plutôt d'un dialecticien pointilleux sur les termes que
d'un logicien solide et profond; peu de régularité dans sa
manière d'écrire, qui, toute belle qu'elle est, d'ailleurs,
se répand quelquefois trop comme un torrent, qui rompt
ses digues. Pour fixer son caractère, ajoutons ce qui en
fait le propre : que son génie, né grand, nourri de plus
dans la lecture des poètes, donnait tête baissée dans
l'extraordinaire sans trop songer au naturel qui doit être
néanmoins le fond du vrai sublime; en un mot, il fallait du roman pour le contenter.

Il en trouva dans les nouveaux mystiques : aussi
comme, lorsqu'il entra dans l'épiscopat, on parlait beaucoup d'eux à l'occasion des écrits d'une célèbre dame
visionnaire qu'il admirait comme une prophétesse, il
tourna toute son imagination de ce côté-là. Il les lut, il
en fut charmé. L'idée de perfection que donnent ces ouvrages lui parut si relevée, qu'il entreprit leur défense

contre divers prélats, qui condamnaient avec raison leurs
expressions outrées et même quelques-unes de leurs
maximes qui approchaient trop des erreurs des quiétistes
pour être véritables. Il faut ajouter qu'il y entre aussi un
peu de mystère, nouveau charme pour les personnes
imaginatives. M. de Cambrai fit donc pour les justifier un
livre qu'il intitula *Explication des maximes des saints sur
la vie intérieure*. Mais on me permettra de le dire, à
parler juste, il semble qu'il faudrait plutôt l'appeler *le
Roman de la vie spirituelle*. Car tout son système roule
sur un amour de Dieu si absolument indépendant du
motif de notre intérêt, même éternel, qu'il n'envisage que
les perfections absolues de la divinité, sans qu'il soit
besoin qu'elles nous touchent d'aucune sorte de plaisir,
ni actuel, ni espéré qui nous y affectionne.

Dans cet amour, dit-il, qui est le cinquième état de la
vie spirituelle, ni la crainte des châtiments, ni le désir
des récompenses n'ont plus de part. On n'aime plus Dieu
ni pour le mérite, ni pour la perfection, ni pour le bonheur qu'on trouve en l'aimant, ni même, ainsi qu'il le
soutient dans toutes ses défenses, par le motif d'être un
jour en lui éternellement heureux : car il y aurait en cela
quelque mélange d'intérêt ; on ne veut donc plus le salut
comme le salut propre, mais comme la gloire et le bon
plaisir de Dieu ; de sorte que dans les dernières épreuves
on peut lui en faire un sacrifice absolu. Car alors l'âme
peut être invinciblement persuadée, par une persuasion
même réfléchie, qu'elle est justement réprouvée de Dieu.
D'où il s'ensuit qu'elle peut acquiescer humblement à sa
juste condamnation. Acte héroïque, qui, mettant l'âme
dans l'état de la sainte indifférence, achève en elle et
consomme l'anéantissement de l'amour-propre et l'entière purification de l'amour divin.

C'est le plan visible de tout l'ouvrage de M. de Cambrai,

dont le grand principe est que la volonté n'est pas, comme
on se le persuade ordinairement, l'amour de la perfection et du bonheur, mais une faculté supérieure au désir
même d'être heureux en Dieu et orné de ses dons les
plus saints. La nature a beau se récrier, la raison a beau
se révolter contre des maximes si romanesques : M. de
Cambrai veut qu'on les fasse taire.

Son assurance n'empêcha point le public de parler, ni
tout le corps des évêques de France de se déclarer ouvertement contre son livre. Avant même qu'il fût imprimé, M. de Meaux, qui depuis longtemps était le fléau
des nouveautés profanes, en attaqua les maximes. Entre
plusieurs ouvrages qu'il fit à cette occasion, le plus grand
et le plus solide fut celui qui a pour titre *Instruction sur
les états d'oraison*. Il n'y combattait pas encore de front
M. de Cambrai, voulant garder avec lui tous les ména-
gements que demandaient son mérite, sa dignité, sa vertu,
la docilité qu'il avait promise et la droiture de ses intentions dont on ne pouvait douter. Mais, en attaquant les
nouveaux mystiques en général, Mme Guyon à la tête,
il établit des principes de bon sens qui renversent par
avance toutes les imaginations du livre de M. de Cambrai.
Car il soutient :

1° Que c'est la voix de toute la nature, des chrétiens
comme des philosophes, qu'on veut tellement être heureux qu'on ne peut pas ne le pas vouloir, ni s'arracher du
cœur ce motif essentiel à toute action raisonnable.

2° Que la charité ou l'amour de Dieu ne se peut désin-
téresser pour ainsi dire à l'égard de la béatitude éternelle, ou plutôt que l'amour de la béatitude éternelle
ne peut être intéressé ; puisque cette béatitude n'est autre
chose que Dieu même qui se fait goûter à l'âme et hors
de qui elle ne veut rien.

3° Que ce désir d'être heureux en Dieu, bien loin de

nous faire tomber dans le crime de rapporter Dieu à
nous, nous rapporte et nous attache à Dieu infiniment
plus qu'à nous-mêmes; à Dieu parce qu'il nous le fait
envisager comme notre premier principe, comme notre
dernière fin, comme notre unique nécessaire, comme
notre tout. Voilà le précis de ce que M. de Meaux oppose
d'abord à M. de Cambrai sur la nature du pur amour.

Comme ce point fondamental de la morale chrétienne
est assez à la portée de tout le monde, à peine les deux
ouvrages contraires furent-ils publiés que chacun se
mêla d'en raisonner et comme de prendre parti dans la
querelle des deux prélats. Ainsi l'on vit bientôt la France
entière divisée. M. de Cambrai gagna par les agréments
de son style, par la sublimité apparente de ses idées de
perfection, un grand nombre de personnes, beaucoup de
jeunes gens, plusieurs dames, quantité de religieux,
presque tous les jésuites, quelques docteurs, enfin tous
les esprits superficiels et chimériques. Mais le parti du
bon sens ne laissa pas de prévaloir, soit par le nombre,
soit par la qualité de ceux qui le suivirent. On y voyait
avec M. de Meaux, M. de Paris [1], M. de Chartres [2], tout
le corps des évêques, la Sorbonne, la cour même et le
roi qui, à la sollicitation de plusieurs prélats zélés, demanda au Saint-Siège la condamnation de M. de Cambrai. J'abrège, on le voit bien, pour venir au point qui
regarde mon histoire.

Dans ce combat, le P. Malebranche n'avait été que
simple spectateur, mais lorsqu'il y pensait le moins un
de ses amis l'engagea mal à propos dans la mêlée. Voici
comment : un R. P. bénédictin, nommé Dom Bernard
Lamy, s'était déclaré dès le commencement de la dispute

[1] *Noailles.*
[2] *Godet des Marais.*

pour M. de Cambrai, et quoique dans les deux premiers
volumes de sa *Connaissance de soi-même*, il eût posé des
principes contraires au pur amour de ce prélat, il le
trouva si beau dans le livre des *Maximes des saints*, qu'il
n'examina plus s'il pouvait être réel. Il y donna de tout
son cœur, ou plutôt de toute son imagination : on ne
croit pas le cœur capable d'un tel amour. Mais comme le
P. Malebranche était son grand oracle, il voulut savoir
ce qu'il en pensait. Il avait beaucoup lu ses ouvrages et
même copié dans les siens, d'une manière si visible, que
bien des gens trouvaient à redire qu'il ne lui eût point
fait l'honneur de le citer plus souvent. Il les relut encore.
Quand on est prévenu d'une pensée, on la croit voir
partout, principalement dans les auteurs qu'on admire.
Témoins nos théologiens qui trouvent tout ce qu'il leur
plaît dans saint Augustin et dans saint Thomas. Le
P. Lamy crut donc voir son amour pur dans le P. Malebranche. Il voulut néanmoins s'en éclairer avec l'auteur. Toutes les conversations de Paris roulant alors sur
cette matière, il ne fut pas difficile de la faire tomber
là-dessus : on parla donc de M. de Cambrai. Le P. Malebranche, quoique d'ailleurs plein d'estime pour ce prélat, qui de son côté l'honorait de la sienne, se voyant
néanmoins pressé, déclara nettement que le cinquième
amour qu'il établit dans son livre des *Maximes des saints*
lui faisait beaucoup de peine; en un mot, que l'amour
pur, indépendant du motif d'être heureux, lui paraissait
une chimère; il fit même assez entendre que ç'avait toujours été là son vrai sentiment; déclaration qu'il réitéra
plusieurs fois au P. Lamy et en présence de plusieurs
personnes. Mais il eut beau faire, ce bénédictin prévenu
crut toujours que le P. Malebranche avait trop d'esprit
pour n'être pas de son opinion. C'est le tour le plus favorable que je puisse donner à ce qu'il fit ensuite. Car,

s'étant imaginé que le P. Malebranche avait par politique dissimulé ses sentiments, ou qu'il les entendait
mieux que lui-même, il l'alla citer malhonnêtement
dans le troisième volume de son ouvrage en faveur de
son amour pur. Ce procédé était sans doute fort choquant,
mais de plus cela fit grand bruit; car les passages cités
du P. Malebranche, séparés de son texte qui les explique,
portaient effectivement à croire qu'il désintéressait tellement la charité, qu'il la rendait indépendante du désir
même d'être heureux en Dieu, ce qui est un des principes du quiétisme. Il y avait encore une autre raison
qui persuadait au monde que cela pouvait bien être:
c'était qu'à cause de la sublimité et de la profondeur de
ses pensées il passait dans les esprits peu pénétrants ou
inappliqués pour un homme à idées et à chimères. D'ailleurs il était grand méditatif, réputation qui dans le
monde vaut autant que celle de visionnaire et d'illuminé.
Enfin le P. Lamy, qui le citait en faveur de l'amour pur
de M. de Cambrai, n'était pas un témoin suspect. Il était
de ses admirateurs, en commerce avec lui, dans la plupart de ses sentiments, même les plus extraordinaires,
par exemple, sur la nature des idées. Tout Paris le savait; on eut donc lieu de croire que le P. Lamy ne l'avait
point cité à faux. On le crut si bien, que le bruit se répandit dans toute la ville que le P. Malebranche était du
parti de M. de Cambrai. Il n'en fallait point davantage en
ce temps-là pour être soupçonné de quiétisme ou du moins
de lui être favorable, car ce prélat passait pour le chef
de la nouvelle secte.

   Le danger où le P. Malebranche vit sa foi exposée réveilla sa paresse naturelle. Son honneur, ses amis, l'amour
de la vérité le sollicitèrent si fortement à écrire pour désabuser le public, qu'il surmonta ses répugnances. Il y
en ressentait beaucoup; il haïssait infiniment le bruit. La

matière de l'amour pur lui paraissait fort difficile à cause
des équivoques du langage dont elle est remplie. Il la
voyait actuellement agitée par de savants prélats, qu'il
appréhendait de choquer en se mêlant dans leurs disputes. On attendait de Rome une décision qu'il n'était
pas sûr de prévenir. Mais la nécessité de se défendre
jointe aux instances importunes de certaines personnes,
le fit passer par-dessus tout. Il composa son *Traité de
l'amour de Dieu.*

Cette matière, quoique discutée depuis si longtemps
par les meilleures plumes de France, ne faisait que s'embrouiller de jour en jour par les subtilités pointilleuses
de M. de Cambrai, que toute la pénétration de M. de
Meaux ne put jamais bien éclaircir. On est même obligé
de dire pour rendre justice à tout le monde, que ce grand
homme dans ses attaques donna souvent prise à son adversaire qui en sut habilement profiter. Ce fut l'état où
le P. Malebranche trouva la dispute sur le pur amour,
lorsqu'il en écrivit. En la traitant il observa sa règle ordinaire de n'offenser personne et d'instruire son lecteur
à fond. Pour bien juger de son ouvrage il serait à propos
de lire auparavant ceux des deux prélats sur le même
sujet. Car outre que le P. Malebranche y ait fait des allusions perpétuelles, surtout à ceux de M. de Cambrai, on
trouverait peut-être qu'en cinquante pages il éclaircit
plus la matière que ces Messieurs dans une cinquantaine
d'écrits qui parurent là-dessus, tant ses principes sont
étendus et lumineux. Du moins verrait-on certainement
que le P. Malebranche est de ces auteurs qui ne paraissent jamais plus grands que lorsqu'on les compare aux
plus grands hommes. En voici la preuve, pourvu néanmoins qu'on fasse les comparaisons nécessaires [1].

_____

[1] *Nous invitons nos lecteurs à la faire, et passons l'analyse,*
p. 834 à 845, *du P. André.*

Ce traité fait, le P. Malebranche le communiqua pour
être examiné en toute rigueur; car c'était un de ses caractères, il ne voulait point qu'on le flattât sur rien. Il en
fit donc présenter des copies manuscrites aux prélats qui
paraissaient les mieux instruits de la matière; à M. de
Paris, maintenant cardinal, et à M. de Meaux, qui méritait de l'être. Il en eut fait autant sans doute à M. de
Cambrai, s'il eût été à portée de lui, ou plutôt s'il n'eût
pas craint de le choquer en lui envoyant un écrit qui,
sans le nommer, renversait par le fondement toutes ses
prétendues maximes des saints. M. l'archevêque de Paris
lut le traité ou le fit lire et le trouva fort bon; d'autant
plus qu'il était conforme aux sentiments qu'il a si bien
exposés dans sa belle *Instruction pastorale contre les illusions des nouveaux mystiques.* M. de Meaux l'examina encore de plus près; mais, quoique fort prévenu contre
l'auteur, il en fut charmé. Ce prélat, ennuyé apparemment de la fausse dialectique et de la mauvaise métaphysique de M. de Cambrai, qui, après avoir assez maltraité
les théologiens de l'école dans ses lettres particulières,
les avait appelés à son secours dans ses écrits publics[1];
ce prélat, dis-je, avait en ce temps-là réduit toute sa
dispute à un seul point populaire, en quoi il faisait consister la décision de tout; savoir : s'il peut y voir une
charité ou amour de Dieu, entièrement séparé du motif
de la béatitude ou de la possession du nouveau bien. Il
avait même promis dans son livre des *États d'oraison*
(liv. X, art. 29), de traiter à fond cette question dans un
ouvrage particulier. Mais le sort de la dispute, comme
celui de la guerre, est d'être souvent conduit où l'on ne
veut pas. M. de Meaux n'avait pu encore accomplir sa

---

[1] *On sait aussi que Fénelon se montra tantôt gallican, tantôt
ultramontain, suivant les besoins de sa cause.*

promesse; peut-être même que trop occupé à suivre dans
ses détours son ingénieux adversaire, il l'avait oublié. Il
fut donc ravi de se voir acquitté par un autre; car on
commençait déjà dans le public de prendre en mauvaise
part l'inobservation de sa parole. D'ailleurs, quoique
M. de Cambrai, se laissant aller à son imagination hyper-
bolique, fasse fort l'abandonné dans ses apologies, il ne
laissait pas d'avoir beaucoup de partisans. Les divers
écrits qu'on envoyait sans cesse à Rome ou qu'on distri-
buait contre M. de Meaux en sont des preuves authen-
tiques, principalement celui où, suivant la méthode ordinaire d'un certain parti, on dit que les jansénistes
s'étaient liés avec ce prélat contre M. de Cambrai, car ce
langage trahit ouvertement les auteurs; et on n'ignore
pas, ni quel était alors leur crédit, ni quel est encore
maintenant leur nombre. Ces partisans de M. de Cambrai
ne se cachaient pas; ils le soutenaient à la cour quoique
le roi lui fût très contraire, depuis qu'il eut appris ses
liaisons de spiritualité avec la fameuse visionnaire
Mme Guyon. Car ce prince n'étant pas obligé de savoir la
matière du pur amour, ayant un jour demandé au P. de
La Chaise, son confesseur, ou à M. le duc de Bauvilliers,
gouverneur des enfants de France (j'ai oublié lequel des
deux) de quoi il était question entre les prélats de son
royaume : « C'est de savoir, Sire, lui répondit-on, si on
peut aimer Votre Majesté uniquement pour les augustes
qualités de sa personne, sans avoir en vue les avantages
qu'on en peut attendre. M. de Cambrai soutient que cela
est possible, et M. de Meaux que non. » C'était un argument presque démonstratif pour le roi que le premier
avait raison. M. de Meaux était informé de tout; il avait
même le chagrin de se voir abandonné ou du moins mal
secondé sur ce point, quoique fondamental, par quelques-
uns des prélats, qui s'étaient unis d'abord avec lui contre

le quiétisme. C'est ce que M. de Cambrai, qui profitait de
tout pour défendre sa mauvaise cause, ne manquait pas
de lui rebattre souvent à son ordinaire et avec ses manières victorieuses, qu'il eût toujours constamment jusqu'à ce que Rome eût parlé. De là on juge bien quelle
dut être la joie de M. de Meaux lorsqu'il lut le *Traité de
l'amour de Dieu* du P. Malebranche, il y voyait son principe si bien développé, si bien approfondi, qu'il ne trouvait rien à y ajouter. Ses anciennes préventions contre
l'auteur s'évanouirent incontinent; il oublia tout le passé.
Ravi d'avoir un second d'un si grand mérite, la meilleure plume de France, comme l'appelait le grand
Condé, il ne songea plus qu'à réparer le tort qu'il lui
avait fait autrefois au sujet de son *Traité de la nature et de
la grâce,* car il était même beaucoup revenu à cet endroit
malgré ses préjugés thomistiques; mais le *Traité de
l'amour de Dieu* acheva pour ainsi dire de le convertir. Sa
conversion fut éclatante; il alla le premier voir le P. Malebranche, lui offrit son amitié et lui demanda la sienne.
L'auteur, qui avait toujours fort estimé le Prélat, ne se
rendit pas difficile. Comme par leurs rares qualités ils
attiraient tous les deux les regards du public, leur réconciliation ne put être cachée; elle leur fit d'autant plus
d'honneur qu'elle fut sincère; elle fut aussi constante,
car depuis ce temps-là M. de Meaux et le P. Malebranche
furent amis jusqu'à la familiarité, tant l'union des esprits
a de force pour établir celle des cœurs. Mais la destinée
du P. Malebranche n'était pas de goûter de joies pures.
Pendant que de grands prélats applaudissaient à son
traité, on sollicitait contre lui M. le chancelier. C'était
alors M. de Boucherat, beau-père de M. de Harlay, qui
fut le premier de nos plénipotentiaires à Ryswick. Ce
dernier, qui était outré partisan de M. de Cambrai, le servait avec beaucoup de zèle. Il eût bien voulu fermer la

bouche aux évèques mêmes qui l'attaquaient, mais, ne
le pouvant pas, il entreprit de la fermer du moins au
P. Malebranche quoiqu'il ne fît que se défendre. C'est
dans ce dessein qu'il employa son crédit auprès de son
beau-père pour arrêter le privilège qu'on lui allait expédier à la chancellerie pour l'impression de son traité.
Cela n'était pas fort juste, on lui accorda néanmoins tout
ce qu'il voulut. De sorte que les amis du P. Malebranche
furent contraints d'avoir recours aux presses de Lyon
pour faire paraître le traité. Ce qui arriva sur la fin de
1697 ou au commencement de 1698.

Tous les ennemis du quiétisme en furent contents;
M. de Cambrai même ne s'en plaignit pas. En effet le
P. Malebranche avait pris toutes les mesures que peut
fournir la charité pour n'offenser ni lui ni personne. Il ne
réussit pas à l'égard de tout le monde. Le P. Lamy,
bénédictin, dont l'impudence, pour ne rien dire de plus,
l'avait compromis si mal à propos en le citant pour
l'opinion de M. de Cambrai, s'avisa de trouver mauvais
que le P. Malebranche se défendît d'en être. Ceux qui
ont connu l'auteur de la *Connaissance de soi-même* n'en
seront peut-être pas fort surpris. Car quoiqu'on ne
doute pas de sa vertu, il faut avouer qu'il avait le défaut
d'être ce qu'on appelle précieux et tout ce qui s'ensuit·
un peu vain, présomptueux, critique, aimant à briller,
imaginatif, délicat et sensible; du reste, bon esprit, assez
philosophe et qui eût même pu passer pour bel esprit,
s'il eût eu ce goût de la nature qui doit être la première
règle d'un écrivain; mais il a un style si affecté, si haut
et si bas, si chargé de pointilleries, si plein de figures,
qu'il en devient fade et dégoûtant. Il déplaît, en un mot,
parce qu'il veut trop plaire; enfin, grand copiste du
P. Malebranche, il fait partout le méditatif; mais il le
copie sans lui ressembler; il prend jusqu'à ses tours,

ses idées, ses expressions; mais en demeurant toujours lui-même, petit, superficiel, court, saisissant mieux les effets que les principes des choses, heureux néanmoins quelquefois dans ses pensées lorsqu'il peut descendre jusqu'au naturel; mais son précieux le gâte presque toujours; et cela doublement, parce qu'on le trouve chez un religieux dont on attend des manières simples, modestes, entièrement éloignées de toute affectation; c'est ce qu'on peut reconnaître par la lecture de ses ouvrages, principalement de son livre en question, *De la connaissance de soi-même.*

Il y a bien de l'apparence qu'en citant le P. Malebranche pour le sentiment de M. de Cambrai, il méditait une querelle: car quelle autre vue peut-on avoir, lorsqu'on allègue pour une opinion le témoignage d'un auteur qu'on sait bien n'y être pas? Le P. Lamy savait du P. Malebranche lui-même qu'il était fort mécontent du cinquième amour de M. de Cambrai, amour alors fort décrié: il l'avait néanmoins cité en faveur de cet amour; d'ailleurs, comme disait un de ses confrères, il avait l'humeur martiale; mais il y avait plus, il passait dans la république des lettres pour un imitateur servile du P. Malebranche, réputation qui ne l'accommodait pas, et qui effectivement était fausse en quelques points. On voit assez que, dans ces rencontres, il est facile qu'un auteur se persuade qu'il est important de détromper le public. Ainsi tout porte à croire que la citation dont on parle, était une véritable déclaration de guerre. Mais ce ne sont là que des conjectures, voyons les faits.

Le P. Malebranche avait manié si doucement le P. Lamy dans son *Traité de l'amour de Dieu,* qu'on pouvait dire qu'il n'avait fait que le flatter: on n'y voit qu'estime pour lui, qu'égards d'amitié, et crainte de lui déplaire. Les PP. Bénédictins le reconnaissaient eux-mêmes; ils

jugeaient que cette honnêteté demandait pour le moins
que leur confrère se tînt en repos, après sa première in-
cartade. C'était l'avis de ses supérieurs qui, outre qu'ils
appréhendaient un peu pour lui le sort d'un combat avec
le P. Malebranche, savaient de bonne part que M. de
Meaux était fort mal satisfait du P. Lamy, autrefois de
ses confidents, et maintenant de ses adversaires. En
effet, il y avait à craindre pour la Congrégation de ce
côté-là. D'autre part, il semble que le P. Malebranche,
ayant déclaré si nettement qu'il n'avait jamais été dans
l'opinion qu'on lui prêtait, le P. Lamy devait croire qu'il
s'était trompé en la lui attribuant, car il est naturel que
les auteurs s'entendent mieux eux-mêmes que les lecteurs. Mais cela ne l'accommodait pas. L'occasion d'entrer en lice avec un si fameux adversaire, lui parut trop
belle pour la manquer; il la saisit, et pour imiter toujours le P. Malebranche, lors même qu'il lui fait la
guerre, quoiqu'il soit lui-même évidemment l'agresseur,
il se met dans la posture d'un homme qui se défend.
Quand cette posture n'est pas affectée, il faut convenir
que c'est la plus avantageuse pour s'attirer la faveur des
honnêtes gens; mais lorsqu'elle paraît feinte, c'est la
plus propre pour exciter leur indignation. Le P. Lamy
n'y pensa apparemment pas. Il composa un écrit sous le
titre d'*Éclaircissements,* pour se défendre, disait-il, contre
les plaintes ou plutôt les reproches du P. Malebranche,
pour se purger, à son exemple, du soupçon du quiétisme,
et enfin pour lui prouver que, malgré qu'il en eût, il a
été autrefois pour l'amour pur, dans le sens même qu'il
désapprouve dans son traité : ce qui était honnêtement lui
donner un démenti public.

1° Il se défend contre les prétendus reproches du
P. Malebranche, en disant qu'il ne l'avait cité que contre
les illusions d'un hérétique, qui transformait l'amour-

propre en amour divin. Il parle d'Abadie, protestant
français, fameux auteur de l'*Art de se connaître,* imprimé
en 1689 ou 1690.

2° Il se purge du soupçon de quiétisme, tantôt en réduisant les motifs à la cause finale, tantôt en établissant
pour principe que la volonté de l'homme est une faculté
supérieure à l'amour du bonheur, ou au désir d'être heureux. Mais ce qu'on ne pourra croire, si on ne s'en assure
par ses propres yeux, c'est qu'il prouve la possibilité de
l'amour pur par celui d'Héloïse pour Abailard.

3° Il entasse passages sur passages, pour montrer que
le P. Malebranche contredit ses premiers sentiments
dans son dernier ouvrage; que, dans cet ouvrage même,
son cœur dément son esprit, et qu'il y pousse aussi loin
que lui, pour le moins, le désintéressement de l'amour.
C'est le plan de tout son écrit, qui commence par ces paroles, où le P. Lamy se caractérise trop bien pour ne pas
les représenter au lecteur :

« Qu'il est malaisé d'écrire sans se faire des affaires,
dit ce précieux philosophe ! L'auteur des *Conversations
chrétiennes* était l'homme du monde, avec qui j'aurais
moins aimé d'en avoir. Ce n'est pas qu'il ne soit toujours
glorieux d'entrer en lice avec lui, quelque issue que
puisse avoir le combat; mais c'est que l'honorant véritablement, je n'avais que de l'éloignement de laisser voir,
que je pense quelquefois autrement que lui. Cela est si
vrai que, m'étant arrivé plusieurs fois d'avoir sur divers
sujets des vues différentes des siennes, j'ai toujours ré-
sisté aux instances qu'on m'a faites, de les rendre publiques. Cependant, malgré ces dispositions, je me suis
malheureusement fait une affaire avec cet illustre ami.
Car il veut bien encore me donner ce nom. J'ai pris la
liberté de le citer contre l'amour-propre : je me suis
flatté qu'il voudrait bien me servir en cette occasion; il

l'a trouvé mauvais ; il a cru que c'était le commettre
dans l'affaire du quiétisme, etc. »

Tout le reste est à peu près du même style : précieux
et vain ; mais sa conduite, qui fait voir à découvert l'envie qu'il avait de se battre, le caractérise encore mieux.
Il composa son écrit fort secrètement, il le donna au libraire avec ordre que le P. Malebranche n'en sût rien,
tant il semblait appréhender que l'humeur pacifique de
ce grand homme ne fût un obstacle à son dessein.
Lorsque la voix publique eut divulgué son secret avec son
livre, il lui en envoya un exemplaire, quoique ce livre
soit rempli de traits, non seulement que l'amitié, mais
que la civilité même ne permet pas. Par exemple, ce
qu'il dit à l'entrée du premier éclaircissement, que le
P. Malebranche a bien voulu se faire une occasion de s'expliquer sur un sujet qui fait tant de bruit, c'était lui dire
en bon français que son *Traité de l'amour de Dieu* n'était
qu'un effet de sa vanité, ce que l'auteur lui eût néanmoins pardonné sans peine, si la vérité n'y eût pas été
compromise avec sa personne. Mais les *Eclaircissements*
du P. Lamy sont un tissu de faussetés, qui ne devaient
pas demeurer sans réplique. Le mauvais goût de ses
livres n'empêchait pas qu'on ne les lût. Il y en avait
même qui prenaient son précieux pour délicatesse. La
matière était importante, et piquait alors la curiosité de
tout le monde ; on lisait ardemment tout ce qui paraissait
sur le pur amour bon ou mauvais. Les partisans de
M. de Cambrai, qui auraient bien voulu avoir pour eux
le P. Malebranche, l'expliquaient toujours en leur faveur.
Ceux de M. de Meaux, qui appréhendaient de l'avoir contraire, souhaitaient qu'il s'expliquât lui-même encore
davantage. Ainsi, le P. Malebranche n'avait point d'autre
parti à prendre, que de répondre à la seconde attaque du
P. Lamy.

Il y répondit par trois lettres, où l'on doit, en général,
remarquer deux choses : la première est qu'il donne de
l'élévation à tout ce qu'il manie, aux plus petits faits, aux
circonstances les plus légères, à ce qui est de plus mince
dans la vie humaine; en un mot, rien ne passe par son
esprit qui n'en prenne le sublime.

La seconde, nous l'avons déjà fait observer ailleurs,
c'est que, dans la nécessité où on le met de tomber dans
quelques redites, il a soin d'y entremêler toujours quelques traits nouveaux, pour dédommager ses lecteurs de
la peine qu'il leur donne; maxime que je ne trouve pra-
tiquée que dans fort peu d'auteurs, dans saint Augustin,
dans M. Descartes; je n'en connais point d'autres que le
P. Malebranche: ce qui montre en même temps et la fécondité de son génie, et la beauté de son cœur. Mais
il est à propos de faire connaître, plus en détail, ces trois
petits ouvrages[1].

Ces trois lettres n'étaient pas encore tout à fait achevées, lorsqu'un ami de l'auteur, jugeant bien qu'à son
ordinaire il aurait donné un nouveau jour à la matière
qu'il y traite, les lui demanda manuscrites. C'était le
P. dom Robert Chevalier, bénédictin, homme d'esprit et
de bon sens, qui demeurait alors à Saint-Denis, en
France, avec le P. Lamy. On les lui promit; on les lui
envoya peu de jours après, avec un billet de l'auteur,
qui le priait de les faire voir à son confrère, s'il le souhaitait ainsi, avant qu'elles fussent imprimées. L'honnêteté du P. Malebranche ne fut pas bien reçue. Le P. Lamy
se formalisa de ce qu'on ne lui envoyait point directement des lettres qui lui étaient adressées. On eut beau
lui dire qu'il n'y avait à cela nulle obligation, sa délicatesse n'écouta rien : délicatesse néanmoins d'autant plus

---

[1] *Cette analyse va de la page* 851 *à la page* 867.

injuste, qu'ayant appris que le P. Malebranche songeait
à opposer quelques lettres à ces éclaircissements, il avait
souvent déclaré qu'il ne les voulait point voir qu'avec le
public. Il n'en cachait pas même la raison : il appréhendait que s'il les lisait auparavant, il ne fût obligé à son
tour de lui communiquer en manuscrit la réponse qu'il
avait dessein de lui rendre ; ce qui aurait pu, disait-il, lui
donner lieu de réformer quelque chose dans ses lettres,
avant que de les publier. Cependant, il se ravisa ; la curiosité naturelle, ou, comme d'autres le croyaient, la dé-
mangeaison de se battre, lui fit changer de sentiment. Il
dit à ses amis qu'il les lirait volontiers, pourvu que l'auteur les lui envoyât lui-même. On en écrivit à Paris ;
mais, la réponse ne venant pas assez vite, il se relâcha
sur cet article. Il témoigna qu'il serait content, pourvu
qu'on les lui présentât comme de la part du P. Malebranche. Sur quoi le P. Chevalier lui envoya la première ; on la lui lut chez lui en pleine assemblée. On vit
alors, par un exemple sensible, combien le cœur de
l'homme a de part à ses jugements. Le P. Lamy, autrefois si admirateur du P. Malebranche, peut-être même à
l'excès, n'y trouva plus rien de beau depuis qu'il fut son
adversaire. Quoiqu'on admire dans cette première lettre
ce même tour d'esprit que dans les autres ouvrages de
l'auteur, il en écouta la lecture avec un air fort dégoûté.
Ici, c'était l'obscurité du sens qui l'arrêtait ; là, c'était la
longueur des périodes qui lui paraissait excessive ; enfin,
chaque morceau avait sa critique particulière. Mais au
travers de ces dégoûts affectés, on ne laissait pas d'entre-
voir que ce n'était point les défauts du style de son adversaire, qui lui faisaient le plus de peine. Quoiqu'il en
soit, après avoir entendu la lecture d'environ la moitié
de la lettre, il la renvoya au P. Chevalier, disant qu'il
n'en lirait point davantage, si lui-même ne la lui venait

présenter de la part du P. Malebranche, ou du moins s'il
ne la lui adressait en son nom par un billet. C'était,
pour un religieux philosophe, être bien délicat sur le cé-
rémonial. Mais il faut croire qu'il avait ses raisons. Le
P. Chevalier en eut d'autres pour le refuser, d'autant plus qu'on lui demandait les lettres du P. Malebranche pour un temps considérable. Voilà ce que valu-
rent au P. Lamy toutes ses petites façons. L'auteur en
était bien informé ; mais, quelque indignes qu'elles lui
parussent, il avait le cœur trop chrétien pour s'en ressentir. Bien loin de là, il n'eut que de la compassion de
voir un homme qui nous a si bien dépeint les souplesses
de l'amour-propre, en être lui-même si grossièrement la
dupe. Ainsi, dès que ses lettres furent imprimées, il en
usa comme s'il eût ignoré toutes les scènes de Saint-Denis. Il en envoya un exemplaire au P. Lamy, qui, de son
côté, lui en fit des remerciements, comme s'il les eût ou-
bliées. On me pardonnera si je m'arrête un peu à ces
petits faits, on en verra bientôt la raison.

Le P. Lamy, ayant lu les lettres du P. Malebranche,
en fut extrêmement piqué. Car, quoiqu'elles lui donnent
des louanges qui vont même quelquefois jusqu'à une espèce de flatterie, cependant, comme on est plus sensible
au mal qu'au bien, il ne pouvait digérer qu'on entreprît
de lui faire voir qu'il avait tort, qu'il avait donné le
change dans ses éclaircissements, cité à faux son adversaire, abusé, pour le combattre avec succès, des équivoques du langage; qu'il semblait lui-même avoir ignoré
l'état de la question, puisqu'il disait en termes formels,
qu'entre le sentiment du P. Malebranche et le sien, il n'y
a de différence que du plus au moins. Tout cela lui faisait concevoir pour ces lettres une aversion et un dégoût qui dégénérait en mépris. Mais le public vengea
l'auteur par son estime; elles en furent parfaitement

bien reçues, non seulement à Paris et à Rome, où elles
pénétrèrent avec le *Traité de l'amour de Dieu*, et à leur
faveur les livres du P. Lamy. Ce qu'on en mande d'Italie mérite bien d'être rapporté. On disait que le P. Malebranche était un auteur incomparable, qu'il traitait les
sujets de métaphysique, comme Archimède les mathématiques ; que, semblable à ce grand géomètre, il avait
trouvé l'art de renfermer une infinité de belles choses
dans un petit volume, *parvo mole, sed non pondere*, c'étaient
les termes de la lettre italienne ; qu'il ferait un jour
comme lui l'admiration des siècles futurs, quoique maintenant, s'il y en a peu qui sachent admirer Archimède, il
y en ait aussi fort peu qui aient assez de lumière pour
estimer le P. Malebranche autant qu'il le mérite ; qu'à
l'égard de la question qui occupait alors l'Église, il en
avait pris le point décisif, en attaquant dans son principe
l'amour pur ou indépendant du motif de la béatitude qui
est, disait-on, une fort belle chimère, mais qui ne subsiste que dans l'imagination mélancolique des nouveaux
mystiques ou de quelque vieux scholastique aristotélien,
et qui est néanmoins comme la pierre angulaire de toutes
les erreurs du quiétisme : *Amor puro ché è una bella è
speciosa chimera... la petra angulare di tutti gl'errori del
quietismo*; qu'il n'en était pas de même du P. Lamy ; que
la métaphysique, traitée géométriquement, n'était point
du tout son fait ; qu'il n'entendait pas les principes ; qu'il
confondait les motifs intérieurs, qui remuent la volonté,
avec les motifs extérieurs, c'est-à-dire avec la fin qu'elle
se propose.

Les savants de Paris ne rendaient pas moins de justice
que ceux de Rome au P. Malebranche. Les uns disaient
que ces lettres étaient invincibles ; les autres, qu'elles
étaient plus instructives sur les matières du temps que
tout ce qu'on avait encore écrit. Ceux-ci en admiraient la

solidité; ceux-là, la politesse. En un mot, tous ceux qui,
par leurs sentiments ou leurs affections, n'avaient aucun
intérêt de les trouver mauvaises, les trouvaient excellentes. Le P. Lamy n'ignorait pas les éloges qu'on en
faisait; outre qu'ils étaient trop publics pour demeurer
inconnus, il était à Saint-Denis environné d'admirateurs
du P. Malebranche, qui lui en disaient assez franchement
leur pensée; il y en eut même qui ne lui dissimulèrent
pas qu'ils appréhendaient pour lui. Mais rien ne fut capable de le faire convenir qu'il avait tort. La résolution
de répondre aux lettres du P. Malebranche était prise,
avant que de les avoir lues. Il y persista; bien des choses
l'y confirmèrent. Les partisans du P. Malebranche l'inci-
taient par leurs triomphes; ses amis le piquaient d'honneur par leurs rapports. Mais il était le premier à s'animer au combat, soit par la confiance qu'il avait en ses
forces, ou par la gloire de tenir tête à un si puissant ennemi, ou enfin par la honte de céder dans une guerre
d'esprit et de raison, et dont, afin de s'y animer davantage, il se faisait une guerre de religion. En effet, il
s'agissait d'une matière qui la regardait de fort près. S'il
est permis de juger du cœur par les œuvres, voilà les
motifs qui animèrent le P. Lamy contre les trois lettres
du P. Malebranche. Il leur en opposa quatre, où l'on admire les mêmes brouilleries que dans ses éclaircissements, les mêmes équivoques, la même ignorance, ou, si
l'on veut, le même déguisement de l'état de la question,
la même faiblesse et de style et de preuves, mais surtout
une confiance étonnante à dire tout ce qu'il lui plaît.
Dès son titre, il commence par changer celui des lettres
de son adversaire, pour lui substituer l'odieux nom de
critique. Dans son exorde, il semble qu'il ait oublié
l'offre obligeante qu'on lui avait faite de les lui montrer
manuscrites. C'est par ce déguisement qu'il excuse le

retardement des siennes. Dans le corps de son ouvrage, il
avance les faits les plus faux, d'un ton à persuader ceux
que la simplicité ou la droiture de leur âme rend un peu
trop crédules. Il assure, par exemple, que les principes
du P. Malebranche sur les questions de l'amour pur
étaient si éloignés des maximes des prélats de France,
qui en disputaient, qu'il ne doutait pas d'avoir pour lui
tous ces grands hommes dans les points essentiels de la
controverse, quoiqu'il ne pût ignorer que M. de Meaux
s'était déclaré contre lui; quoiqu'on lui eût même fait
appréhender le zèle de ce prélat, qui s'était, au contraire,
réconcilié avec le P. Malebranche depuis son *Traité de
l'amour de Dieu;* quoiqu'enfin on sût assez que M. de
Paris en avait approuvé l'impression. En un mot, on est
surpris de voir, dans toutes les lettres du P. Lamy au
P. Malebranche, l'air et la contenance du grand Arnauld. Mais cet air dominant, qui ne seyait pas mal à ce
fameux docteur, parce qu'il lui était naturel, accompagné d'un grand mérite et soutenu par une force d'imagination extraordinaire, devient fade et ridicule, pour
ne rien dire de pis, lorsqu'il est copié ou affecté par
un esprit mou, et lorsque ce n'est qu'une pure contenance.

Le P. Lamy ne laissa pas pourtant de s'en trouver
assez bien. Car, outre que cet air de confiance et de victoire lui conserva quelques partisans, il se procura par ce
moyen l'honneur d'une réponse du P. Malebranche. Si
ses lettres n'eussent été que faibles, on les eût abandonnées à leur faiblesse, mais on craignait, avec raison, que
ses manières victorieuses ne débauchassent le commun
des lecteurs, qui sont plus sensibles à l'air dont on leur
parle, qu'au fond des choses qu'on leur dit. C'est ce qui
détermina le P. Malebranche à lui répondre encore une
fois, mais pour se taire désormais toujours.

Sa réponse contient en abrégé tout ce qui regarde son démêlé avec le P. Lamy; c'est pourquoi il lui donne le titre de *Réponse générale*. Elle a deux parties : la première ne renferme que les choses essentielles, qui vont droit au but, et l'auteur avait dessein de s'en tenir là, comptant sur l'équité du public, tant à l'égard de certains faits allégués ou déguisés par son adversaire, qu'à l'égard des altérations de passages dont on l'accusait, comme il savait bien que les faits pouvaient être aisément réfutés ou éclaircis par la moindre information, et les falsifications prétendues par la confrontation des livres. Mais on lui remontra qu'il avait trop bonne opinion des hommes ; que la plupart des lecteurs étaient fort négligents; qu'ils aimaient mieux croire qu'examiner ; et surtout qu'en matière d'inscriptions en faux, c'était une règle parmi eux de prendre le silence de celui qu'on accuse de faussetés pour un aveu de mauvaise foi. Il ajouta donc à sa réplique une seconde partie, sous le titre de *Supplément*, pour faire voir l'iniquité des reproches du P. Lamy, touchant les altérations prétendues de son texte [1].

Mais, parce que, dans le même temps, un auteur [2] qui semblait n'être sorti de Saint-Lazare que pour mériter qu'on l'y fit rentrer, venait de publier contre tout l'univers son libelle intitulé *la Presbytéromachie*, le P. Malebranche, qui y était plus maltraité que personne, ajoute en finissant ce que je vais rapporter, pour servir de réponse commune à tous ces petits écrivains qui veulent se rendre fameux en attaquant les grands hommes. Il faut, s'il leur plait, qu'ils aient la bonté d'en être contents.

[1] *Suit, dans le manuscrit, l'analyse de cette réponse générale, p. 872 à 881.*

[2] *Faydit, dont il a déjà été question.*

« Je vous assure, Monsieur, conclut-il, que je suis si
dégoûté de faire des réponses à des livres qui ne le méritent pas, que je pourrais bien négliger ceux qu'on croira
peut-être qui en méritent quelqu'une. Je ne prétends
pas que la qualité d'auteur que j'ai prise, à titre faux, je
le veux, mais que j'ai prise malgré moi, donne droit à
tout le monde sur mon temps, sur ce que j'ai de plus précieux, et que je sois obligé de l'employer selon le goût et
la fantaisie des critiques, à des choses qui ne me plaisent
nullement. Ainsi, prenez dans la suite mon silence, non
comme une marque de hauteur ou de mépris pour ceux
qui m'attaquent, mais comme un signe non équivoque ou
de mon application ailleurs, ou de ma paresse à écrire,
ou de dégoût à travailler sur des sujets que tout le monde
n'a point droit de me marquer.

« Je suis, etc. »

La réponse du P. Malebranche, sur les trois articles
mentionnés, était plus que suffisante pour répondre à
ceux mêmes dont elle ne parle pas : du moins à l'égard
des lecteurs pénétrants. Mais il y en a d'autres, et c'est
le grand nombre, qui ne portent point leurs pensées au
delà de ce qu'on leur dit en propres termes, des lecteurs
superficiels qui ne raisonnent pas, des lecteurs négligents qui ne confrontent pas, des lecteurs malins qui jugent avec plaisir qu'on passe condamnation sur tous les
faits odieux qu'on ne se donne pas la peine de réfuter
expressément. C'est ce que les amis du P. Malebranche
lui représentèrent, en le priant d'ajouter un mot à sa réponse, sur les altérations de passages que lui attribuait
son adversaire. Il eut bien de la peine à s'y résoudre.
Mais enfin la complaisance l'emporta; il leur accorda ce
qu'il s'était refusé à lui-même [1].

[1] *L'analyse du supplément va de la page 882 à la page 884.*

La même solidité règne dans tout le reste de la réponse. Mais surtout on y admire un fond de christianisme qui peut servir de modèle aux auteurs les plus saints. Car, quoique le P. Lamy n'ait tâché de prouver les altérations prétendues de son texte, qu'en faisant lui-même des altérations évidentes de celui de son adversaire, le P. Malebranche, non seulement s'abstient de juger son cœur, mais il l'excuse de son mieux; et après en avoir apporté plusieurs raisons solides, pourquoi il ne répond qu'à la moindre partie de ses brouilleries perpétuelles, il finit par ces paroles, qui valent mieux sans doute qu'une réponse plus ample sur des faits personnels.

« Enfin, dit-il, j'aime si peu le combat, que je n'ose presque me défendre ; c'est que je crains de blesser non seulement l'agresseur, mais beaucoup plus ceux qui se divertissent, disent-ils innocemment, à voir les combats des autres. Je crains de plus de perdre dans le combat, non tant l'estime des hommes, que la grâce de Celui qui pénètre les cœurs. En un mot, les contestations ne me plaisent nullement. On y risque trop, et je ne sais si on y gagne jamais rien. »

Cette réponse générale du P. Malebranche au P. Lamy parut dans les circonstances les plus favorables à l'auteur. Le livre des *Maximes des saints* avait enfin été condamné à Rome. Entre autres erreurs, le pape (c'était Innocent XII) y avait proscrit le cinquième amour de M. de Cambrai, sa sainte indifférence pour les biens de la grâce et de la gloire, son sacrifice absolu du salut éternel dans les dernières épreuves; en un mot, son amour pur, imaginaire, ou absolument indépendant du motif de la souveraine béatitude: M. de Cambrai, par une générosité rare, avait été lui-même le premier à souscrire à sa condamnation. Tous les évêques de France en

avaient accepté le décret de la manière la plus canonique
et avec la plus parfaite unanimité. Nul ne réclama, nul
ne balança. Leur acceptation avait été suivie d'une foule
de mandements qui condamnaient le nouvel amour. Tout
cela n'accommodait pas le P. Lamy. La réponse générale, qui arriva sur ces entrefaites, acheva de l'accabler.
Il y voyait, avec un extrême chagrin, ses brouilleries encore une fois découvertes, ses équivoques éclaircies, ses
détours manifestés, ses accusations de faux convaincues
de calomnies, sa fausse confiance démasquée ; et, par l'é-
loignement de ce masque trompeur, sa faiblesse tout entière exposée aux yeux du public. On peut juger par
sa délicatesse extrême quelle dut être sa mortification.
Mais ce qui le piqua le plus au vif, ce fut d'y voir les
scènes de Saint-Denis, qu'il avait dissimulées dans ses
lettres, ou plutôt déguisées avec tant de soin, repré-
sentées au grand jour avec des preuves de fait qu'il ne
pouvait nier. Enfin, le P. Lamy se trouvait fort embarrassé à répondre au P. Malebranche. D'un autre côté, le
silence lui coûtait beaucoup à garder ; c'était, dans les
circonstances, passer condamnation contre lui-même ; il
ne put s'y résoudre. Sachant donc bien qu'il y a une infinité de personnes auprès de qui, dans la dispute, il
suffit de parler le dernier pour avoir raison, il promit de
répliquer. Mais, nouveau sujet de mortification pour lui,
ses supérieurs, qui avaient été aussi édifiés de la conduite
du P. Malebranche à son égard que mal édifiés de la
sienne, appréhendant d'ailleurs que par sa réplique il
ne suscitât quelque affaire fâcheuse à la Congrégation,
lui ordonnèrent de se tenir en repos. C'était lui ouvrir
une porte honorable pour se tirer d'embarras. On dit
néanmoins qu'il en parut très mécontent, il en mur-
mura, il s'en prit au P. Malebranche, il se plaignit de
ses confrères, mais il fallut obéir ; d'autant plus qu'au

même temps, il tomba dans un épuisement général, qui le mit heureusement hors de combat.

Le P. Malebranche, ainsi demeuré maître du champ de bataille, ne profita de sa victoire que pour jouir de la paix, qu'il estimait infiniment plus que tous les triomphes du monde. Ce fut environ ce temps-là que l'Académie royale des sciences, qui n'avait été, pour ainsi dire, qu'ébauchée en 1666 par les soins de M. Colbert, fut conduite à sa perfection par les grandes vues de M. de Ponchartrain, alors secrétaire d'État, et depuis chancelier de France. On lui dressa des règlements, on lui assigna des fonds, on lui marqua un lieu d'assemblée; en un mot, elle devint un corps en forme, établi par autorité du roi. Il était question de choisir des sujets pour en remplir dignement les places. La compagnie, qui avait souvent profité des lumières du P. Malebranche, ne l'oublia pas; outre les intérêts de sa reconnaissance, elle crut qu'il manquerait quelque chose à sa gloire, si la postérité ne voyait pas dans ses registres le nom d'un homme qui passait pour l'oracle de son siècle dans les hautes sciences dont elle fait profession. Il fut donc proposé[1], agréé, reçu en qualité d'honoraire, lorsqu'en 1699 l'Académie se renouvela et fut mise en règle[2]. Cet honneur ne surprit que le P. Malebranche. Il ne s'attendait à rien moins. Content du repos dont il jouissait dans la méditation des vérités de la foi, il ne songeait qu'à éviter l'éclat et la gloire du monde. Mais, pendant que malgré lui

---

[1] *Lorsqu'on renouvela l'Académie des sciences, en 1699, M. l'abbé Bignon, neveu de M. de Ponchartrain (dans le département duquel étaient les Académies), n'eut garde d'oublier le P. Malebranche, qui n'était pas moins bon physicien et excellent géomètre que sublime métaphysicien.* (Adry.)

[2] *Le P. Lelong écrivait, le 4 mars 1699, au P. Reyneau : « Le P. Malebranche va assidûment à l'Académie, et nous rapporte ce qui s'y passe. »* Adry.

elle le venait chercher dans la solitude, la paix dont il
commençait à goûter les douceurs fut un peu troublée.

Le P. Quesnel, qu'il n'est pas besoin de qualifier pour
le faire connaître, après avoir fait attendre cinq ans durant les œuvres posthumes de M. Arnauld, les donna au
public cette même année 1699. Entre autres pièces, on y
trouva deux lettres contre le P. Malebranche. Quoiqu'elles n'eussent d'autre mérite que d'être d'un fameux
auteur, le parti, à son ordinaire, les fit valoir dans le
monde aux dépens de celui qu'elles attaquaient. Il fallut
donc rentrer en guerre. Le P. Malebranche eut néanmoins quelque peine à s'y résoudre; il avait honte de se
battre contre un ennemi mort. Mais, comme ses amis lui
remontrèrent que la réputation de M. Arnauld ne l'était
pas, il se crut obligé de lui rendre encore une réponse.
On a déjà vu qu'elle consiste en deux parties, dont nous
avons ailleurs donné les analyses. Car il n'était pas juste
que la négligence du P. Quesnel dérangeât notre histoire.

La réponse dont je viens de parler, fut achevée en
1700; l'auteur, qui n'aimait pas le bruit, ne se hâta
point de la publier. Il voulut savoir auparavant quelle
impression feraient dans le public les deux lettres posthumes de M. Arnauld; il s'en informa, il examina les
choses par lui-même, et il reconnut bientôt que les coups
d'un ennemi mort ne blessent guère. La confiance du
docteur, autrefois si séduisante, ne trompa presque personne; on commençait à s'en défier. Ce qu'ayant vu le
P. Malebranche, et ne voulant pas triompher de la faiblesse de son adversaire, il supprima son écrit, quoique
rempli de grandes beautés; il se contenta d'en faire tirer
un petit nombre de copies, pour les montrer en temps et
lieu, à ceux dont la prévention aurait besoin de ce remède; mais cela ne servit qu'à piquer la curiosité du public, et néanmoins elle ne fut satisfaite que longtemps

après, lorsqu'un libraire de Paris, ayant trouvé le moyen
d'avoir une de ces copies, trahit heureusement la modestie du P. Malebranche.

C'est ainsi que ce philosophe, toujours chrétien, ter-
mina le XVII° siècle par un trait de modération d'autant
plus louable, qu'il l'exerçait à l'égard du plus injuste et
du plus redoutable de ses ennemis. Vingt-six ans de
guerre presque continuelle contre tant d'auteurs, les
uns sans équité, les autres sans intelligence, la plupart
sans bonne foi, n'avaient pu altérer la douceur de son naturel, ni la solidité de sa vertu. Il avait eu la gloire
si peu ambitionnée des savants, de n'être jamais l'agresseur. On peut voir, par la lecture de ses ouvrages polémiques. qu'il eut encore celle de s'être défendu avec une
modestie et d'un style qui ne respire que la paix. Enfin,
Dieu la lui accorda, cette paix tant désirée. Le commencement du siècle en fut pour lui l'heureuse époque.
Alors, ne voyant plus d'ennemis en campagne, ni même
qui fissent mine d'y vouloir paraître, il goûta pleinement les charmes d'un saint repos dans la méditation
paisible de la vérité. En effet, il semble que la Providence eût marqué ce temps-là, plus que tout le reste
de sa vie, pour lui donner dès ce monde la récompense
promise aux âmes débonnaires et pacifiques; car on peut
dire que ce fut principalement au commencement de ce
siècle que le P. Malebranche posséda la terre. Sa réputation et sa doctrine se répandaient partout plus que jamais; il commença d'être plus considéré dans l'Oratoire,
où il n'avait pas toujours reçu toute la justice qu'il méritait. Sa modestie et sa patience lui gagnèrent enfin sinon
l'esprit, du moins le cœur de la plupart de ses confrères.
Le R. P. de Latour [1], son dernier général, si connu par

---

[1] *Il avait succédé au P. de Sainte-Marthe, démissionnaire
en 1696 et mort l'année suivante.* Le P de Latour s'opposa tant

son mérite rare, lui donna toutes les marques d'une véritable estime. Ses livres devinrent à Paris les délices des
génies profonds; ils étaient même si communément re-
cherchés, qu'on lui demandait presque tous les ans la
réimpression de quelqu'un de ses ouvrages. Il n'y avait
pas jusqu'aux dames qui ne les voulussent lire, et il s'en
trouva quelques-unes assez pénétrantes, pour les entendre sans maître : ce qui me paraîtrait un paradoxe à
moi-même, si je n'en avais vu des exemples en province
même. Mais il y en eut bien davantage qui apprirent sa
philosophie de M. Carré, son fameux élève, qui avait un
goût et un talent particuliers pour l'instruction des femmes. Pour celle des hommes, on ouvrit des conférences
en divers endroits de Paris, où se rendaient des philosophes de toutes sectes : cartésiens, gassendistes, péripatéticiens, etc. On y lisait les livres du P. Malebranche, on
examinait en rigueur ses principes; on les attaquait, on
les défendait, et je puis dire, pour en avoir été souvent
témoin, qu'ils demeuraient ordinairement victorieux des
principes contraires. Ce ne furent point là les seules
marques d'estime qu'il reçut alors du public : plusieurs
personnes de grandes qualités, qui entendaient parler
continuellement de sa philosophie, surtout des grandes
idées et des nobles sentiments qu'elle inspire, la voulurent faire apprendre à leurs enfants. Comme ils savaient

---

qu'il put à l'appel de l'Oratoire à l'égard de la constitution (*Unigenitus*); mais il ne fut pas le maître. On lui disait qu'on appel-
lerait sans lui. Il voulut éviter cette indécence en se joignant au
corps et se laissa entraîner. *Cette note n'est pas exacte. Elle pourrait faire croire d'abord que tout l'Oratoire appela, ce qui est
une erreur grossière; et en second lieu que le P. de Latour per-
sévéra dans son appel. La vérité est, qu'après s'être joint en
1718 à l'appel du cardinal de Noailles, il fut peu après l'instrument le plus actif de l'accommodement de 1720, et fit recevoir
la Bulle par ceux de ses confrères qu'il avait un instant en-
traînés dans sa résistance.*

par expérience que les répétiteurs des collèges sont plus
propres pour gâter l'esprit des jeunes gens que pour le
former, ils choisirent pour cela des philosophes mathématiciens, qui avaient eu le courage de combattre les
préjugés de l'école et le bonheur de les vaincre. Ils n'eurent pas lieu de s'en repentir. Ces nouveaux répétiteurs,
accoutumés à la méthode lumineuse de l'auteur qu'ils
expliquaient, réussirent au delà de leurs espérances auprès de la plupart des enfants qu'on leur mit entre les mains.

La philosophie du P. Malebranche avait trop de cours
à Paris, pour ne se pas répandre dans les provinces. Elle
y pénétra de tous côtés avec ses livres, on la vit goûtée
à Lyon, à Toulouse, à Bordeaux, à la Rochelle, à Brest,
à Rouen. Je ne nomme que les endroits dont j'ai preuve.
Il se trouva même de petites villes qui lui donnèrent des
admirateurs, des partisans : Alençon et la Flèche[1] furent
de ce nombre, et on ne doute pas qu'il n'y en eût beaucoup d'autres. Mais on ne veut rien assurer, dont on ne
soit bien certain.

Le commencement du siècle ne fut pas moins heureux
pour le P. Malebranche dans les pays étrangers que dans
sa patrie. L'estime que les savants d'Angleterre avaient
conçue pour son premier ouvrage, en produisit une version anglaise, qui parut en 1701[2]. La succession d'Espagne ayant ouvert ce grand royaume aux Français, ils
y portèrent ses livres, dont il y en eut qui furent si goû-
tés de quelques savants de Madrid, qu'on en fit une traduction espagnole[3]. En Italie, le duc d'Escalone, vice-roi
de Naples, porta le goût de la philosophie du P. Male-

---

[1] *Villes où le P. André avait résidé.*

[2] *Une première traduction avait paru en 1692 à Londres, une
seconde en 1696 à Oxford. La troisième est de Londres, 1700,
et fut suivie de plusieurs autres.*

[3] *Je n'ai pu encore la trouver.*

branche dans son pays, où d'ailleurs on ne connaît guère les plaisirs de l'esprit. On a vu que Rome lui donna de zélés partisans sur la fin du dernier siècle. Il en eut au commencement de celui-ci, dans le palais même du souverain Pontife. Selon les idées que nous avons des Romains en France, le fait a l'air d'un paradoxe; mais en voici la preuve.

Le comte de Gormas, fils du duc d'Escalone, étant venu à Paris en 1706, voulut voir le P. Malebranche, que tous les étrangers, qui avaient quelque teinture de philosophie, regardaient en ce temps-là comme une des merveilles de cette grande et superbe ville. Après les premiers compliments sur la beauté de ses ouvrages, on parla du goût qu'y prenaient les savants d'Italie, sur quoi le jeune seigneur lui apprit deux faits remarquables : le premier, que le médecin du pape était entièrement de ses opinions; le second, que lorsqu'il passa à Rome pour venir en France, des religieux d'un certain ordre, qu'il ne nomma pas, mais qu'on devina aisément, ayant demandé au souverain Pontife[1] la condamnation de M. Descartes et du P. Malebranche, il leur répondit, en vrai Père commun, que, des personnes fort habiles l'ayant assuré que la philosophie de ces deux auteurs était dans ses points essentiels très favorable à la religion, il n'avait garde de les condamner, ni de fournir des armes aux libertins contre l'Église romaine. Ainsi furent congédiés les demandeurs de censures, sans doute un peu confus d'avoir si mal placé leur zèle, ou plutôt (car les hommes ne sont pas si prompts à se reconnaître) d'avoir mal réussi dans leur entreprise.

[1] C'était alors Clément XI, Jean-François Albani, natif de la ville de Pessaro, élu pape d'une voix unanime le 20 novembre 1700, après la mort d'Innocent XII, et mort le 19 mars 1721, à soixante-douze ans.

Il faut néanmoins avouer que la lumière que le P. Malebranche a répandu dans les hautes sciences, pénétrait
en Espagne et en Italie plus lentement que dans bien
d'autres pays de l'Europe. Mais elle faisait de grands
progrès en Allemagne, surtout dans les cours des princes,
où la princesse Élisabeth, fameuse cartésienne, avait introduit le goût de la bonne philosophie. La Suède, où la
reine Christine lui avait frayé le chemin de la même
manière, lui ouvrit ses portes avec la même joie. Elle
n'eut guère moins de succès dans la Hollande et dans
les Pays-Bas catholiques. Enfin, le P. Malebranche vit
ses livres bien reçus dans presque tous les États de l'Europe. Mais ce qui dut lui faire plus de plaisir encore,
dans la paix que Dieu lui accordait après tant de guerres,
c'est que la lecture de ses ouvrages inspirait ordinairement de l'amitié pour l'auteur. Il en reçut des preuves
sensibles d'une infinité de personnes, dont les unes le
vinrent voir exprès, et les autres lui écrivirent de toutes
parts, pour lui déclarer les sentiments que sa manière
d'écrire, aimable et chrétienne, avait fait naître dans
leur cœur. Malgré le soin qu'il a eu de brûler la plupart
de ses lettres, j'en ai quelques-unes qui ont échappé à sa
modestie. Il y en a de Rome, de Madrid, de Lille, de
Grenoble, de Toulouse, de Brest, etc. Elles font toutes
voir que l'amour que le P. Malebranche inspirait pour la
vérité, revenait toujours un peu à sa personne. Tant
il est certain que Dieu ne manque jamais, dès ce monde,
de récompenser en quelque manière ceux qui travaillent
pour sa gloire.

CHAPITRE IX

Les missionnaires de Chine se servent avantageusement des idées
de Malebranche pour répandre la vraie foi. — Il compose l'*Entretien avec un philosophe chinois* (1708). — Affaires des cérémonies chinoises. — Les jésuites critiquent Malebranche dans
les *Mémoires de Trévoux :* il leur répond.

Pendant que l'Europe applaudissait ainsi au P. Malebranche, ses livres avaient passé les mers. Des missionnaires français les portèrent à la Chine. Il y avait plus
de cent ans qu'on essayait en vain de confondre les erreurs de ce vaste empire, par les principes de la philosophie d'Aristote, que les jésuites, premiers apôtres de
cette mission, y avaient introduite avec la foi. Leur obscurité s'accordait trop bien avec les ténèbres du paganisme pour les dissiper; ce qui détermina quelques-uns
de nos missionnaires français à tenter une autre voie
ils opposèrent les principes du P. Malebranche à ceux de
Confucius, le grand docteur de la Chine. L'expérience
leur réussit : les docteurs chinois n'avaient ordinairement rien à y répliquer De sorte que tous ceux de nos
missionnaires qui les savaient, les employèrent dans la
suite, comme à l'envi. Les jésuites même, qui les dé-
crient en Europe avec tant de fureur, sacrifièrent en
cette rencontre leurs préventions invétérées au bien com-

mun de la religion ; et il s'en trouva un, dont je ne sais
pas le nom, mais je sais que le fait est certain, il se
trouva, dis-je, un de leurs missionnaires qui osa mander
à leurs Pères de France une nouvelle si désagréable. Ce
ne fut néanmoins que d'une manière indirecte, en leur
marquant les qualités que doivent avoir ceux qu'on envoie aux missions de la Chine Ne nous envoyez point,
leur disait-il, de vos savants dans la philosophie ordinaire, mais de ceux qui savent les mathématiques et
les livres du P. Malebranche. C'était le sens de la lettre
du missionnaire. Le P. Gouge, jésuite, académicien honoraire, ne prévoyant pas sans doute ce qui allait bientôt
arriver, la fit voir [1] au P. Malebranche, qui la lut avec
la plus vive joie, d'apprendre que ses livres pouvaient
être de quelque utilité pour former à Dieu de véritables
adorateurs. Cette nouvelle lui venait d'une source et par
un canal qui, dans le cas dont il s'agit, n'étaient nullement suspects. On peut croire sans scrupule un jésuite
qui loue un père de l'Oratoire. Pour surcroît de bonheur,
elle lui fut encore confirmée par un témoin encore plus
digne de foi : je veux dire par M. de Lyonne [2], fils du ministre d'État de ce nom, évêque de Rosalie et vicaire
apostolique, mais infiniment plus recommandable par
son héroïque vertu, que par sa naissance et par sa dignité.

Ce saint prélat avait été à la Chine près de vingt ans ;

---

[1] Le P Gouge tenait cette lettre du P. le Gobien, premier auteur
des *Lettres curieuses et édifiantes* qui sont assez bien écrites),
que les jesuites donnent de temps en temps au public pour lui
apprendre leurs succès dans les missions étrangères. Le P. le Gobien
a fait les huit premiers volumes, le P de Halde les a continués.
Ces lettres, disait-on, seront recherchées des curieux et des dé-
vots

[2] Artus de Lyonne, mort à Paris le 2 août 1713, à cinquante-
huit ans.

il avait prêché la foi avec tant de succès qu'il eut le
bonheur d'y fonder une église. Comme il s'était rendu
habile dans les doctrines chinoises, il avait souvent disputé avec les docteurs ou philosophes du pays, et dans
toutes ses disputes il avait éprouvé que le meilleur moyen
de les confondre était de les attaquer par les principes du
P. Malebranche. Ces vérités primitives trouvaient dans
leurs esprits une entrée d'autant plus facile, qu'il ne s'a-
gissait pas de céder à l'autorité, mais à la raison. M. de
Rosalie profita de son expérience ; de sorte que, par ce
moyen, il remporta sur eux plusieurs victoires qui firent
honneur à notre sainte religion. Il n'en fut pas mécon-
naissant ; et par malheur il n'eut que trop tôt l'occasion
de le témoigner. Son zèle inflexible contre les supersti-
tions chinoises le fit bannir du royaume avec tous les
défenseurs de la pureté du culte chrétien. Il revint donc
en Europe en 1706 ou environ ; dès qu'il fut de retour à
Paris, un de ses premiers soins fut d'aller voir le P. Malebranche pour le remercier de lui avoir fourni des
armes, qui l'avaient rendu si souvent victorieux des
erreurs les plus subtiles des philosophes chinois. On ne
pouvait lui faire un compliment plus agréable ; mais, de
peur qu'il ne s'imaginât que ce fût un pur compliment,
le saint prélat en parla sur le même ton dans toutes les
compagnies.

Le P. Malebranche n'était pas insensible à cette espèce
d'honneur, où la religion a la première part. Il fut ravi
de voir ses principes triompher à la Chine du paganisme
le plus opiniâtre ; et ce qui mettait le comble à sa joie,
c'est qu'en même temps il les voyait en France victorieux
du libertinage[1]. Il en eut des preuves convaincantes. Quelques-uns de ces esprits téméraires qui, à force de raison-

---

[1] *Nous dirions aujourd'hui* de la libre pensée.

ner sur la religion viennent souvent à la perdre, ayant rencontré les livres du P. Malebranche, y trouvèrent heureusement la solution de leurs difficultés. Ils lui en marquèrent
leur reconnaissance de la manière la plus flatteuse pour
un homme de son caractère. Les uns le remercièrent de
leur avoir découvert la vérité qu'ils cherchaient en vain
depuis si longtemps ; d'autres, de les y avoir soutenus
contre les doutes les plus spécieux ; la plupart de les avoir
préservés de l'abîme du libertinage, où leurs raisonnements indociles auraient pu les précipiter. Il y en eut
même un qui, après un transport de gratitude, lui dit
un jour le sens de ces paroles, car je n'en ai point retenu
les propres termes : « Que je vous ai d'obligation, mon
Père; sans vos raisons, je n'aurais plus de foi. » Ce qui
doit nous faire admirer la bonté de la Providence qui,
dans l'ordre de ses décrets, a préparé à tous les siècles
des remèdes convenables pour guérir les maux qu'elle
prévoyait y devoir naître.

Tels étaient les fruits de la paix dont jouissait le
P. Malebranche, lorsqu'en 1707[1] il composa un petit
ouvrage qui lui attira une nouvelle guerre. En voici
l'histoire. M. de Lyonne, depuis son retour en France,
avait lié avec le P Malebranche une amitié fort étroite,
il le voyait souvent, et comme ceux qui ont été loin aiment à parler de leurs voyages et de ce qu'ils ont appris,
la Chine fut d'abord le sujet ordinaire de leurs entretiens.
Mais le prélat n'était pas de ces parleurs sans goût, qui
ne savent point placer les choses. Pour intéresser le
P. Malebranche à l'écouter, il l'entretenait de la religion
et de la philosophie des Chinois, il lui exposait leur
système, il lui en demandait son avis, il le priait enfin

---

[1] *Etant allé passer, en 1707, les vacances chez M. de Mont-
mor, son intime ami*, ajoute ici le mss de Troyes.

de réfuter leurs erreurs dans quelque ouvrage, de manière toutefois qu'il employât les vérités qu'ils reçoivent
pour leur faire admettre celles qu'ils ne reçoivent pas.
Quoique le P. Malebranche regardât les prières de ses
amis comme des lois indispensables, il ne crut pas devoir
se rendre aux désirs de M. de Rosalie. Son grand âge,
ses infirmités, sa paresse naturelle, peut-être aussi quelque secret pressentiment de ce qui arriva, lui donnaient
une répugnance extrême pour ce qu'on lui proposait.
Mais on savait par où le prendre. On lui connaissait
beaucoup de zèle pour la propagation de la foi ; on lui fit
donc entendre que les philosophes de la Chine ayant du
goût pour ses sentiments, il lui serait plus aisé qu'à tout
autre d'entrer dans leur esprit ; que surtout il était
question de rectifier la fausse idée qu'ils ont de la nature
de Dieu ; que son ouvrage y servirait indubitablement et
qu'il aurait ainsi le bonheur de contribuer avec les missionnaires à éclairer ces philosophes dont l'aveuglement
est un des principaux obstacles au progrès de l'Évangile.
Des raisons si saintes firent bientôt leur effet ; les difficultés du P. Malebranche disparurent. Il promit un traité
de l'existence et de la nature de Dieu conforme au dessein
de M. de Rosalie. L'exécution ne tarda guère à suivre sa
promesse. La charité pressait l'ouvrage et il se trouva en
état de paraître au commencement de 1708. Mais avant
d'en parler à fond, il est à propos que nous donnions une
idée juste de la religion des personnes pour qui on l'a
composé. Or voici ce que nous en rapportent toutes les
relations que j'ai pu trouver : celles des pères jésuites
aussi bien que celles de leurs adversaires.

La Chine est divisée en trois sectes principales : celle
qui adore l'idole *Tao*, qui est la plus ancienne ; celle de
Confucius, qui adore le ciel et la terre, comme les principes de tout bien ; enfin, celle qui adore le dieu *Foë*, di-

vinité indienne, dont le culte ne fut établi dans l'empire
qu'après la naissance de Jésus-Christ. Ces trois sectes,
quoi qu'en disent quelques auteurs modernes, trop enclins
à excuser le mal qu'ils font ou qu'ils permettent, sont
également idolâtres, car elles adorent toutes la créature
au lieu du Créateur. Le P. Malebranche n'attaque néanmoins dans son traité ni la secte de Tao, ni celle de Foë :
elles sont trop grossières, et le moindre catéchiste suffit
pour les confondre. Il en veut uniquement à celle de
Confucius, la plus subtile et la plus dangereuse, parce
qu'elle a retenu certaines vérités naturelles qui, par rapport aux Chinois, esprits fort superficiels, donnent à ses
erreurs quelque air de vraisemblance. On en jugera par
cet exposé.

Les docteurs ou lettrés chinois, disciples de Confucius,
qui est comme le Dieu des sciences en ce pays-là, tiennent pour dogmes fondamentaux de leur religion et de
leur philosophie :

1° Qu'il n'y a que deux genres d'êtres : le *Ky* ou la
matière, et le *Ly*, c'est-à-dire la souveraine raison,
vérité, règle, sagesse, justice, qui est la cause universelle de ce bel arrangement que nous voyons dans le
monde ;

2° Que ces deux genres d'êtres sont également éternels ; car les Chinois, dit le P. Longobardi, missionnaire
jésuite, n'ont aucune idée de la création ; ils prétendent que tout est sorti d'une matière invisible, qui n'a
point eu de commencement, et qui n'aura jamais de fin ;

3° Que la matière subsiste par elle-même, mais que le
Ly, quoique bien plus parfait, ne subsiste que dans la
matière dont elle est inséparable : contradiction qui ne
doit surprendre personne. Car si la foi ne dirige l'homme
dans ses méditations métaphysiques, l'expérience fait voir
qu'il se contredit sans cesse. En un mot, il semble que

les docteurs chinois regardent le Ly comme une forme, comme une qualité, comme une vertu permanente, répandue dans la matière;

4° Que le Ly est la sagesse, mais qu'il n'est pas sage; la justice, mais qu'il n'est pas juste; l'intelligence souveraine, mais qu'il n'est pas intelligent; tout cela, disent-ils, parce que la sagesse vaut mieux que le sage, la justice mieux que le juste, etc.;

5° Que c'est lui qui rend sages, raisonnables, justes, intelligents, tous les êtres qui le sont, c'est-à-dire, comme ils l'entendent, les portions de matière qui sont assez épurées pour être capables de recevoir la sagesse, la raison, la justice, l'intelligence. Car ces philosophes ne reconnaissent point d'êtres purement spirituels. Ils veulent que nos âmes ne soient que de la matière subtilisée, ou disposée par sa délicatesse à être informée par le Ly. C'est dans ce sens qu'ils accordaient sans peine à M. de Lyonne que le Ly est la lumière qui éclaire tous les hommes, et que c'est en lui que nous voyons toutes choses;

6° Que le Ly n'est point libre, et qu'il n'agit que par la nécessité de sa nature, sans rien savoir, sans rien vouloir de tout ce qu'il opère; mais que ses opérations sont si justes et si bien réglées, que vous diriez qu'il est intelligent, et qu'il se détermine par voie d'élection à une chose plutôt qu'à une autre. C'est ainsi que nous l'apprend le P. Antoine de Sainte-Marie, savant missionnaire de l'ordre de Saint-François;

7° Que le Ly est non seulement le principe physique de toutes les choses matérielles, mais encore le principe moral des vertus et de toutes les choses spirituelles. Nous tenons cette particularité du P. Longobardi, jésuite italien, successeur du P. Ricci, qui paraît avoir si bien connu la philosophie chinoise;

8º Que le Ly ne produit ses ouvrages que par le Ky, ou
la matière, qui lui sert encore d'instrument dans ses opérations, et par le moyen duquel il se manifeste au dehors
dans tous les êtres sensibles, principalement dans le ciel,
qu'ils appellent pour cette raison le séjour du Ly;

9º Enfin, au rapport du P. Longobardi, Confucius dit
lui-même que toute sa doctrine se réduit à un point qui
est le Ly, raison et substance très universelle.

Par ces principes, on voit assez quel doit être le dieu
des docteurs chinois. C'est, dit encore le P. Longobardi,
la substance, ou, comme on parle dans les écoles, l'entité
de tout le monde, ou plus clairement, l'assemblage de
tous les êtres. C'est, en un mot, le Ly avec la matière
dans laquelle ils subsistent. Car ils attachent la divinité
aux êtres visibles, plus ou moins, selon qu'ils y voient
plus ou moins de beautés ou de bontés. Ainsi, conformé-
ment à leurs principes les plus grossiers, qui font le grand
nombre, ils adorent le ciel, qu'ils appellent *Tien*. Ceux
qui, le sont moins, adorent l'esprit du ciel sous le nom de
Xangti ou de *Changti*, qui veut dire le Roi d'en haut. Les
plus subtils, ou qui les croient tels, parlent de la divinité
comme si ce n'était que la nature, ou cette force ou vertu
naturelle qui produit, qui arrange, qui conserve toutes
les parties de l'univers. Ce sont les propres termes du
jésuite [1] auteur des *Nouveaux mémoires de la Chine*. Enfin,
quelle qu'ait été, dans les premiers temps de leur empire,
la religion des philosophes chinois, voilà l'état où elle se
trouve depuis plus de deux mille ans. C'est une espèce
de déisme grossier [2], fort mêlé d'idolâtrie, ou, selon le

---

[1] *Le P. le Gobien.* (*Sommervogel*, p. 634.)

[2] Ou l'on ne sait ce qu'on adore et à qui l'on sacrifie, si ce n'est
au ciel, ou à la terre, ou à leurs génies, comme à celui des mon-
tagnes et des rivières, et qui n'est après tout qu'un amas confus
d'athéisme, de politique et d'irréligion, d'idolâtrie, de magie,

P. Malebranche, une espèce de spinosisme. Car, quoiqu'ils ne reconnaissent qu'une seule intelligence souveraine, qui anime toute la nature de la manière à peu près
que les péripatéticiens conçoivent que notre âme anime
notre corps, ils élèvent des temples au ciel et à la terre,
ils leur offrent des sacrifices, ils leur adressent des vœux.
Mais, dans le temple de la terre comme dans celui du
ciel, il paraît qu'ils n'adorent que leur Ly, qui est proprement leur unique divinité.

Voilà le système que le P. Malebranche entreprend de
combattre. Pour exécuter son dessein d'une manière plus
agréable, et par là même plus utile, il donne à son traité
la forme de dialogue. La scène est à la Chine. On suppose
que deux philosophes, l'un chrétien, l'autre chinois, se
trouvent ensemble. Ils s'entretiennent de Dieu, chacun
selon ses idées; ils expliquent leurs sentiments; ils se
proposent des objections; ils tâchent de les résoudre.
Mais auquel des deux demeure la victoire? On y peut voir
combien la raison est faible sans la foi, et combien la foi
est pénétrante lorsque la raison lui prête ses lumières [1].
Le P. Malebranche finit son entretien assez brusquement, sans nous apprendre l'effet que produisirent ses
raisons dans l'esprit du philosophe chinois. Il aurait
pu, sans choquer la vraisemblance, le convertir, ou du
moins le convaincre, selon la coutume des faiseurs de
dialogues. Il semble même que, sans cela, il manque un
acte à la pièce; mais il a cru qu'il valait mieux se permettre un défaut d'exactitude, qu'un défaut de modestie.

---

de divination et de sortilège. (Voir M. Bossuet, 2ᵐᵉ instruction
pastorale, 1701, sur les prom. de l'Église. 49, t. III, p. 372.)

[1] *Cet ouvrage du P. Malebranche, intitulé :* Entretien d'un
philosophe chrétien et d'un philosophe chinois sur l'existence et
la nature de Dieu, *parut en* 1708. *Le P. André l'analyse ici,
de la page* 894 *à la page* 903.

D'ailleurs, il avait composé son *Entretien* plutôt pour
servir aux missionnaires d'essai de conférences avec les
philosophes chinois, que pour le donner au public. C'est
apparemment la raison pourquoi le style en est moins vif
et plus négligé en certains endroits. Ses amis, qui ne
s'arrêtaient qu'au fond des choses, ne laissèrent pas d'en
être fort contents; ils en tirèrent des copies, les distri-
buèrent dans le monde, les lurent eux-mêmes dans les
assemblées de savants. Tous ceux qui étaient au fait des
matières chinoises y applaudirent, comme à un ouvrage
qui exposait fort juste le vrai système de religion propre
de la Chine, et qui réfutait excellemment le libertinage
de l'Europe. En un mot, le nouvel *Entretien* n'eut point
de lecteurs qui ne conclussent à l'impression. L'auteur
seul s'y opposa. Mais sur ces entrefaites il courut à Paris
un bruit qui lui fit changer de sentiment On disait partout qu'il écrivait contre les jésuites. Pour bien entendre
ce que nous allons dire, il faut savoir l'état où se trouvait alors leur fameuse affaire de la Chine.

Tout le monde sait ou peut savoir, que les jésuites se
croient les premiers qui aient prêché la foi dans ce vaste
empire. Les dominicains leur disputent cet honneur.
Mais quoiqu'il en soit, il est certain que les jésuites
y ont permis ou toléré à leurs chrétiens des pratiques
fort superstitieuses, pour ne rien dire de pis. Sur cela,
néanmoins, ils ne purent tous s'accorder ensemble. Il
s'en trouva parmi eux d'assez clairvoyants pour en découvrir l'abus, et d'assez courageux pour s'y opposer. Le
P. Longobardi, Sicilien, qui succéda au P. Ricci [1] dans la

---

[1] Qui était entré en Chine en 1582. Le P. Ricci, voyant que sa
mission avait quelque succès, s'avisa d'exposer dans une cha-
pelle un tableau de la sainte Vierge. Ce qui fit dire aux Chinois
que le Dieu des chrétiens était une femme On vit bien qu'il
n'était pas encore temps d'exposer des images, et on ôta le ta-

charge de supérieur de cette mission, fut le premier qui
osa condamner la tolérance de son prédécesseur. Il fut
secondé par quelques-uns de ses confrères; mais, comme
il y en eut d'un sentiment opposé, ses remontrances furent inutiles. L'opinion de ses adversaires parut proba-
ble. Cela suffit, on s'y tint.

La paix dont ils jouirent, après cet arrêté de leur
compagnie, ne fut pourtant pas de longue durée. Dieu
veillait à la pureté de son culte. En 1631 ou environ, le
P. Moralès, dominicain, et le P. Antoine de Sainte-Marie,
de l'ordre de Saint-François, entrèrent à la Chine. Ils
furent surpris d'y voir les nouveaux chrétiens assister,
avec les idolâtres, à leurs cérémonies les plus superstitieuses, et même quelquefois officier avec eux dans leurs
sacrifices, mais plus surpris encore, d'apprendre qu'en
cela ils ne faisaient rien qu'on ne leur eût permis. Ne le
pouvant croire, ils s'en plaignirent aux Pères jésuites,
qui ne leur ayant point rendu de réponses bien nettes,
ils résolurent de porter l'affaire à Rome. Le P. Moralès,
comme le plus ardent, se chargea de la commission. Il
vint à Rome, et en 1645, il obtint du pape Innocent X
un décret portant condamnation des cérémonies chinoises
qui regardent Confucius et les morts. Ce coup de foudre
étonna les jésuites, mais ne les abattit pas. Ceux qui
étaient en Chine, députèrent aussi à Rome. Le P. Mar-
tine, qu'ils y envoyèrent, exposa si bien les choses,
qu'en 1656 il obtint du pape Alexandre VII un décret tout contraire. Ces deux décrets ne servirent qu'à
échauffer les esprits de plus en plus, chacun n'ayant
égard qu'à celui qui lui était favorable. Les jésuites pré-
tendaient que le leur, étant le dernier, l'autre devait être

bleau. — Ricci, né à Macerata, le 6 octobre 1552; mort à Pékin,
en 1610, à cinquante-huit ans.

censé aboli. Mais le pape Clément IX, ayant confirmé le
premier décret en 1669, ils retombèrent dans un grand
embarras. La dispute ne laissa point de continuer encore. Car, comme il arrive ordinairement, l'affaire de la
religion était devenue une affaire d'honneur. Enfin, le
saint pape Innocent XI, entreprit de la terminer par une
voie fort naturelle Ce fut d'envoyer à la Chine des missionnaires de sa main, gens habiles, d'une probité reconnue, parfaitement neutres et sans préjugés, pour instruire sur les lieux ce fameux procès. Il y envoya
effectivement des vicaires apostoliques [1], du caractère tel
que je viens de marquer. Pour faire court, ces messieurs, après un examen d'environ dix ans (depuis
1684), condamnèrent tous d'une voix la pratique des jésuites, et entre autres choses, les noms suspects d'idolâtrie qu'ils donnent à Dieu dans le royaume de la Chine.
On fit plus, on dénonça leur tolérance à Rome : on les y
accusa eux-mêmes comme fauteurs d'idolâtrie, on les
somma de se défendre; mais, après plusieurs années de
justifications, leurs défenses parurent si faibles, qu'en
1704, le pape d'aujourd'hui, Clément XI, rendit contre
eux un décret absolu et contradictoire. Les deux premiers articles, ayant quelque rapport à notre sujet, les
voici. On leur défend désormais ·

  1º De se servir des noms de Tien et de Chang-ti, ou

---

[1] Le P Fouquet et le P Vicedelou Vantes beaucoup par leurs
confrères à leur départ pour la Chine dans la suite ils n'étaient
plus que des esprits bien médiocres Le P. Fouquet, jésuite, bel
esprit, consulte par le Pape, se déclara contre la société Il fut
fait évêque d'Eleutheropolis et demeura à Rome. L'autre jésuite,
le P. Vicedelou, de Bretagne, savait parfaitement le chinois,
aussi très bel esprit, fut aussi d'avis contraire aux prétentions
de sa société. Il resta également aux missions en qualité d'é-
vêque. Le P. Fouquet a dû laisser des Mémoires par rapport à la
Chine.

Xangti, pour signifier le vrai Dieu. En effet, ces noms sont à la Chine à tout le moins suspects d'idolâtrie : le premier, n'y étant en usage que pour exprimer le ciel visible, et le second que pour en marquer la vertu ou le génie;

2° D'exposer dans leurs églises des tableaux avec l'inscription chinoise *Kingtien :* adorez le ciel; abus que les jésuites avaient pratiqué dans toute la Chine, depuis que l'empereur, qui est maintenant sur le trône, leur eût fait présent d'un cartouche avec cette inscription écrite de sa main, etc.

Le saint-père croyait avoir pris toutes les mesures possibles pour empêcher qu'on n'éludât son décret. Il avait interdit les appels, il avait déclaré que la cause était finie. Il avait envoyé à la Chine un légat *a latere* [1], pour publier sa constitution. Tout cela, néanmoins, ne put arrêter les jésuites. Ils formèrent des appels à la Chine, et ils continuèrent en France à plaider leur cause, devant le public, par des écritures sans fin [2], tant les

---

[1] Le cardinal de Tournon, qui partit de Rome avec la seule qualité de patriarche, et pendant son voyage fut fait cardinal. Étant arrivé à Macao, il éprouva bien des contradictions; cette île, quoique dépendante de la Chine, a un gouverneur portugais qui empêcha ce légat de procéder contre les réfractaires, et même le mit aux arrêts chez les jésuites, où il mourut peut-être de chagrin. Ces Pères furent sans doute bien imprudents d'avoir accordé leur maison pour un pareil usage. Le public parut indigné, et quelque temps après un jésuite ayant été fait cardinal à Rome, il est juste, disait-on malignement, que les bourreaux aient la dépouille du pendu.

[2] Les jésuites avaient plusieurs bons écrivains : le P. Lecomte écrivit une relation des cérémonies chinoises très bien écrite; il devint confesseur de la duchesse de Bourgogne; le P. Bretonneau écrivit aussi sur cette matière; le P. Letellier fit aussi une défense des cérémonies de la Chine : elle fut mise à l'index. Il parut aussi un écrit très pressant contre la société. On lui reprochait que la conduite des jésuites à la Chine était contraire à ce qu'ils

hommes ont de peine à reconnaître la vérité, lorsqu'elle leur est contraire.

La grande affaire en était en ces termes, quand le nouvel *Entretien* du P. Malebranche vint à paraître en manuscrit. La circonstance du temps, jointe à quelques autres apparences, lui firent attribuer des intentions qu'il n'eut jamais. On savait, dans le monde, quoiqu'il n'en témoignât rien, qu'il avait tout lieu d'être malcontent des jésuites. On le voyait sans cesse avec M. de Rosalie, qui dans leur affaire de la Chine avait pris parti contre eux. On apercevait aisément dans son petit ouvrage qu'il attribuait aux Chinois un système de religion tout contraire à celui qu'ils avaient imaginé pour justifier leurs abus, surtout en ce qui regarde les noms de Dieu. Ainsi, encore qu'il n'y soit parlé d'eux ni directement ni indirectement, on ne laissa point de publier que le P. Malebranche avait écrit contre les jésuites. Ils étaient eux-mêmes fort disposés à le croire.

La plus grande preuve qu'ils en eussent, était leur conscience. Mais cette preuve était forte; ils avaient, en plusieurs rencontres, parlé de lui d'une manière très injurieuse; leurs plus ignorants professeurs le réfutaient publiquement, ce qui est permis à tout le monde, mais avec une insolence qui n'est permise qu'à des stupides, ou à des pédants. Ceux qui l'avaient le moins lu, étaient les plus hardis à le décrier; ils avaient même, disait-on, sollicité à Rome la condamnation de ses livres: ce qui est certain. Leurs supérieurs, gens pour l'ordinaire de peu

soutenaient en France contre les jansénistes, et on disait qu'ils étaient les jansénistes de la Chine à cause de leurs appels Mais a présent, en 1750, le P. Patouillet, qui a donné le vingt-septième recueil des *Lettres édifiantes*, vante la soumission entière des jésuites de la Chine au dernier décret de Clément XI contre les cérémonies chinoises.

d'esprit et de moins de science, maltraitaient sans égard
ceux qui osaient l'estimer. Dans le temps même dont je
parle, ils venaient de reléguer de Paris à la Flèche, en
1703, un de leurs jeunes Pères[1], parce qu'il avait la témérité d'admirer M. Descartes, contre l'avis de ses anciens; qu'il voyait souvent le P. Malebranche à Saint-
Honoré, où il rencontrait aussi quelquefois le P. Mas-
sillon et le P. Guibert, assez bon prédicateur, etc.; qu'il
lisait beaucoup ses livres; qu'il en goûtait les principes,
et qu'il assistait quelquefois à des conférences, où l'on
en faisait la lecture. Les jésuites sentaient donc bien que
le bruit qui s'était répandu n'était point de leur part
sans fondement; par bonheur pour eux, ils avaient à
faire à l'homme du monde le plus pacifique.

Le P. Malebranche, qui avait jusque-là refusé à ses
amis l'impression de son ouvrage, l'accorda à ses ennemis, voulant détruire par là le faux bruit qui courait
dans le monde. Car il était persuadé que les jésuites
mêmes seraient assez raisonnables pour ne plus y ajouter
foi, dès qu'ils auraient lu son *Entretien*. Il se trompa; ils
en furent extrêmement choqués. Voici pourquoi : ils ne
voyaient à la tête ni avertissement, ni préface, qui les
désabusât. Ils trouvèrent, au contraire, dans le corps de
l'ouvrage, un philosophe chinois qui démentait expressément le système qu'ils attribuaient dans leurs apologies
aux doctrines de sa nation, et à la fin des témoignages
tirés de leurs propres auteurs, comme pour prouver ce
qu'on avançait contre leur sentiment. C'était un des
amis du P. Malebranche qui, à son insu, et à la prière
de M. l'évêque de Conon, nouvellement arrivé de la

---

[1] *Le P. André.* « *J'ai supprimé mon nom, écrivait modestement l'auteur de cette vie, ne le trouvant pas digne d'un tel
ouvrage.* » Cousin, *Op. cit.,* p. 249.

Chine, les y avait fait imprimer; ce qui le fâcha très
fort; il dit même à son libraire de les ôter[1]. Mais les
jésuites, qui n'en savaient rien, se fachèrent encore
plus. Se voyant nommés, quoique de la manière du
monde la plus honnête, sans la moindre allusion a
leur affaire de la Chine, ils se crurent attaqués. Des
gens moins délicats ou plus sages ne s'en seraient pas
aperçu dans les circonstances; ils étaient battus de toutes
parts. Messieurs des Missions étrangères les avaient
terriblement poussés sur les cultes chinois; la Sorbonne
avait censuré leur nouveau système de la connaissance
du vrai Dieu, conservée à la Chine sans lois et sans prophètes plus longtemps et plus fidèlement que dans la
Judée; Rome les avait condamnés sans miséricorde; le
légat du pape, envoyé à la Chine, y avait publié leur
condamnation. Tout le public était contre eux. Mais tant
de coups redoublés ne les avaient rendus que plus im-
patients. Leurs plaies étaient encore saignantes; ils ne
pouvaient souffrir qu'on fît seulement mine d'y vouloir
toucher. Ils résolurent donc, non de se venger de l'auteur
de l'*Entretien*, car des religieux ne se vengent pas, mais
de le punir de sa prétendue témérité. Ils en avaient un
moyen tout prêt: c'était leur *Journal de Trévoux*, qui paraît chaque mois à la gloire des auteurs qui leur sont favorables, et au mépris de ceux qu'ils s'imaginent leur
être contraires. De là on peut juger que ce devait être
ordinairement une satire. Quoiqu'il en soit, ils y mirent
une critique[2] de l'*Entretien* du P. Malebranche au mois

1 Lettre au P. André en 1713 *Cette lettre n'est pas dans la*
Correspondance *publiée par MM. Charma et Mancel*
2 Du P. Louis Marquet, mort à la Flèche en 1725. Le P. André
l'avait eu pour professeur de théologie a Paris. Il était honnête
dans ses manières, c'était un esprit élegant, mais mince. Il se
piquait de parler bien latin dans ses cahiers qui étaient assez

de juillet de l'année 1708, cinq mois après la première
édition de ce petit ouvrage. Ils avaient sans doute eu le
temps de le lire, de l'entendre et de bien méditer leur
censure. On dirait néanmoins que ce n'est qu'un im-
promptu ; le voici :

1° Ils reprochent à l'auteur d'avoir mis l'athéisme sur
le compte de son philosophe chinois, assurant au reste
qu'il est certain que l'empereur de la Chine en est aussi
éloigné qu'il est savant dans la philosophie de sa nation ;

2° Ils attaquent la notion que le philosophe chrétien
donne de la divinité, en disant que notre Dieu n'est pas
un roi du ciel, tel que les Chinois se le figurent, ni un
tel être, ou un être fini, mais Celui qui est, ou l'Être infiniment parfait ; en un mot, l'Être ou Celui qui contient
en lui-même éminemment, et d'une manière incompréhensible à tout esprit fini, toutes les perfections, tout ce
qu'il y a de réalité véritable dans tous les êtres, et créés
et possibles. On croirait peut-être que les Pères journalistes citent ainsi l'auteur, si, pour être plus fidèle qu'eux,
je n'avertissais qu'ils ont oublié ces paroles : *toutes les
perfections,* afin de pouvoir chicaner sur le mot de réalité, et par la même raison celui d'*éminemment,* que le
philosophe chrétien joint presque partout, pour déterminer en quel sens on peut dire que Dieu renferme les
perfections de ses créatures. Oubli calomnieux, mais qui
était nécessaire pour jeter en passant un petit soupçon de
spinosisme sur le P. Malebranche ;

vides. Étant devenu hydropique dans la régence de l'humanité,
il fut envoyé à La Flèche où il pratiqua le remède qui lui avait
été indiqué par un vieux médecin : il se priva totalement de toute
boisson et ne mangea que du pain rôti pendant environ un an.
Il guérit ainsi et vécut jusqu'à soixante-quinze ou soixante-seize
ans.

3° Le philosophe chrétien avait donné cette courte démonstration à l'existence de Dieu : je pense à l'infini,
donc il est Car l'objet immédiat de mon esprit ou de ma
pensée ne peut être le néant. Les journalistes en combattent la solidité, par la raison que l'auteur avoue que la
perception de l'infini est la plus légère ou la moins vive
de toutes nos perceptions; mais ils oublient encore qu'il
ajoute qu'on ne doit pas juger de la réalité des choses
par la vivacité des impressions qu'elles font sur nous ;

4° Ils entament la matière de la distinction des idées
et des perceptions, mais pour faire voir à découvert le
talent qu'ils ont de brouiller. C'est néanmoins le seul endroit de la critique, où je leur trouve quelque marque de
bonne foi. Car sous le nom d'un sage lecteur, ils avouent
ingénument qu'ils ne sont pas initiés à ces mystères
d'idées distinguées de leurs connaissances; mais ils s'en
consolent en deux manières . premièrement, par une réflexion qui ne coûte pas beaucoup à la vanité, qu'il n'est
pas toujours d'un bon esprit de comprendre tout auteur;
en second lieu, par un petit mot de Cicéron, dont ils se
servent pour dire au P. Malebranche, en fort beau latin,
qu'ils lui cèdent volontiers la gloire de mieux entendre
qu'eux cette matière, ce qui ne les empêche pas pourtant
d'en parler en maîtres. Car un petit mot de Cicéron n'o-
blige point à ne pas parler de ce qu'on ne sait pas. Mais
ce qu'ils disent de plus offensant, de plus calomnieux, et
en même temps de plus stupide, c'est qu'à cause que le
P. Malebranche soutient que l'essence divine contient
éminemment la réalité de tous les êtres, ils insinuent
qu'il est douteux s'il attribue à la divinité une réalité
propre; c'est-à-dire, s'il ne la confond pas avec l'assemblage de tous les êtres; calomnie non seulement noire,
mais folle ;

5° En attaquant le système des lois générales, par où

l'on explique si naturellement pourquoi il y a dans l'u-
nivers tant de monstres et de désordres, ils lui attribuent
cette proposition extravagante, que la sagesse de Dieu
lui a dicté d'employer des principes très simples pour
la création du monde, et de n'en point interrompre le
cours, qui amène ces inconvénients dont nous nous plai-
gnons. Autant de paroles, autant d'erreurs : proposition
néanmoins dans laquelle, encore qu'ils la croient du
P. Malebranche, ils reconnaissent du vrai par un esprit
d'équité admirable;

6ᵒ A la fin de leur critique, ils font entendre que le
philosophe chinois n'expose son système qu'après avoir
entendu tout ce que le philosophe chrétien avait à lui
dire, quoiqu'en effet ce soit lui qui ouvre la conversation,
en exposant d'abord sa doctrine; mais on est bien dé-
dommagé de ce renversement d'ordre par un petit mot
qu'ils lâchent en finissant, à l'honneur de leur Compagnie: c'est que les contradictions qui paraissent dans le
système des philosophes chinois sur la divinité, autorisent
les jésuites, missionnaires de la Chine, à soutenir que la
philosophie de la nation condamne l'athéisme, et enseigne l'existence de Dieu créateur et roi du ciel et de la
terre.

Cette critique, à laquelle on s'est un peu arrêté, non
pas, comme on le voit assez, pour le mérite de la pièce,
mais à cause qu'elle part d'un corps qui a quelque réputation de science, parut, ainsi que nous l'avons dit, en
1708, dans le journal du mois de juillet. Il n'est pas
difficile de deviner quels furent les jugements qu'on
en porta dans le monde. On était surpris que les journalistes n'entendissent pas mieux les auteurs dont ils rendent compte au public; que des religieux fussent si
prompts à calomnier; que des jésuites qui jugent si favorablement des philosophes idolâtres jugeassent au con-

traire si malignement d'un philosophe chrétien; enfin,
que des gens qui venaient d'être si humiliés, ne fussent
pas plus humbles. On trouvait encore à redire que, devant être neutres par leur profession de journaliste, ils
se déclarassent parties contre les auteurs, et que, promettant par le titre de leur journal des mémoires pour
l'histoire des sciences, ils ne donnassent que de fausses
idées des livres qu'ils entreprenaient de faire connaître.
Comme ils n'ont pas le bonheur d'être fort aimés, cela
produisait, par rapport à eux, un très mauvais effet. On
était indigné de voir que les plus gens de bien ne pouvaient échapper à leurs soupçons téméraires, en matière
de religion. Tous les cartésiens en frémissaient; les amis
du P Malebranche en étaient outrés; il s'en tint lui-
même fort offensé. Car ce sont là de ces injures qu'il
n'est pas permis à un bon chrétien de souffrir patiemment Une chose augmentait encore sa peine : il avait
toujours considéré les Pères jésuites, on peut dire même
qu'il les avait quelquefois flattés, en citant leurs auteurs,
et, quoiqu'il fût très bien informé de leurs mauvaises
dispositions à son égard, il ne leur avait jamais rendu
que des honnêtetés pour leurs outrages secrets; mais il
ne put dissimuler celui qu'il recevait à la face du public.
Il ne le devait pas. Il fit donc une espèce d'apologie, en
forme d'avis au lecteur. Car il n'en fallait pas davantage
pour un homme qui ne voulait que se défendre sans récriminer.

Il expose d'abord l'occasion qui avait fait naître son
Entretien, mais sans nommer M. de Lyonne, pour épargner à ses agresseurs l'idée d'un nom qui leur est fort
odieux, quoiqu'en tout sens très respectable. Il rapporte
ensuite le système de la philosophie chinoise, tel que ce
saint et savant évêque l'avait appris dans les livres et
dans les entretiens des Chinois mêmes. Il découvre les

motifs qui le déterminèrent à consentir enfin à l'impression de son traité. C'est en partie pour étouffer le faux bruit qu'il écrivait contre les jésuites. Il ajoute le motif de son avis. C'est pour détruire certains soupçons, que ces Pères charitables semblent vouloir inspirer contre lui : soupçons trop cruels, pour lui permettre de se taire.

Après ce préambule, qui est fort court, vu la quantité des choses qu'il renferme, le P. Malebranche transcrit tout du long la critique de son *Entretien,* mais par articles, afin de rendre ses réponses plus claires, en les rapprochant des endroits qu'elles combattent. En effet, elles sont assommantes, et pour en donner le vrai caractère en deux mots, elles font voir, avec la dernière politesse, que la critique, dans tous ses articles, est une impertinence achevée. Le détail où nous allons entrer, quoique imparfait, en sera une preuve suffisante.

1º A ce que l'auteur de la critique dit avec tant de confiance que le P. Malebranche met l'athéisme sur le compte d'un philosophe chinois, on répond que cela n'est pas vrai; si ce n'est que par l'athéisme on entende le refus de reconnaître le vrai Dieu, c'est-à-dire dans le sens que saint Paul donne le nom d'athées à ceux qui adorent les fausses divinités du paganisme. A l'égard de l'empereur de la Chine, on veut bien croire sur la parole de l'auteur qu'il reconnaît et adore le vrai Dieu; mais cela ne fait rien à la question. Les Peres jésuites sont ici fort ménagés; car on sait très certainement que ce prétendu adorateur du vrai Dieu, offre tous les ans des sacrifices au ciel et à la terre : ce qui démontre qu'il est aussi parfaitement idolâtre, que l'étaient parmi les Grecs et les Romains les adorateurs de Jupiter et de Cybèle;

2º Le P. Malebranche fait voir à son critique, ou du moins à tout autre, qu'en attaquant la notion de Dieu

donnée par le philosophe chrétien, il attaque manifestement la définition que Dieu donne de lui-même, en plusieurs endroits de l'Écriture. Car dire Celui qui est, ou
l'Être par excellence, ou simplement l'Être, ou plus au
long Celui qui existe si pleinement qu'il contient dans sa
divine essence toutes les perfections, tout ce qu'il y a de
veritable réalité dans tous les êtres, et créés et possibles,
n'est-ce pas dire la même chose en différents termes?
Voilà pour montrer dans son plein la courte intelligence du critique; mais de plus, on découvre en lui une
infidélité criante et une espèce d'hypocrisie, qui fait horreur. L'infidélité consiste en ce qu'il éclipse de la définition du P. Malebranche ces paroles: *toutes les perfections*, qui déterminent le sens des suivantes, afin de
pouvoir insinuer que son sentiment pourrait bien être:
que Dieu contient formellement la réalité propre des
créatures, et, par conséquent, leurs imperfections, et par
conséquent que Dieu n'est que l'assemblage de tous les
êtres: ce qui est l'impiété de Spinosa, impiété qu'on réfute, sans exagérer, à toutes les pages de l'*Entretien*.
Mais l'hypocrisie du critique est encore plus étonnante:
après avoir fait disparaître le mot de *perfections* du passage cité, il prend tout à coup l'air d'un homme équitable, pour dire qu'il faut pourtant croire que le mot de
réalité est ici mis pour celui de perfections. Je serais bien
fâché que ce fait parût vraisemblable; mais il est évident
par la confrontation des pièces;

3º Parce que le P. Malebranche avoue que l'infini ou
son idée ne nous touche point de perceptions sensibles
comme les choses finies ou leurs idées, l'auteur de la
critique demande plaisamment quelle peut donc être la
solidité de la preuve qu'on en tire de l'existence de Dieu?
La réponse, assurément, n'est pas difficile. C'est, dit le
P. Malebranche, qu'il ne faut pas juger de la réalité des

idées, ni même de leur efficace, par le plus ou le moins
de vivacité des perceptions dont elles nous touchent,
mais par le plus ou le moins de réalité que l'esprit découvre en elles; maxime cent fois démontrée. Donc, encore que l'infini ne nous touche en cette vie que d'une
perception très légère, ou si peu sensible qu'il semble que
quand on y pense on ne pense à rien, il est contre la
raison de s'imaginer qu'il a moins de réalité que le fini,
à cause que l'idée du fini, du soleil, par exemple, nous
touche de perceptions plus vives et plus intéressantes;

4° Comme l'auteur de la critique avait parlé de la matière des idées d'un style à faire sentir qu'il n'y entendait au plus que le son des mots, le P. Malebranche,
après avoir transcrit tout son discours, prie le lecteur de
le plaindre d'avoir à répondre à un si étrange galimatias; à ce qu'il ajoute pour se consoler dans ces ténèbres,
qu'il n'est pas toujours d'un bon esprit de comprendre
tout auteur, on lui répond que cela peut être, mais
qu'apparemment ce bon esprit n'en portera point son jugement. Pour son petit mot de Cicéron, cité avec tout le
sel d'une raillerie de collège, le P. Malebranche lui demande la permission de lui répondre un petit mot de
saint Augustin : ce petit mot veut dire, en bon français,
qu'on se rend ridicule quand on rit mal à propos, et sans
savoir de quoi. Enfin, sur ce qu'il avait révoqué en
doute si au sentiment du P. Malebranche l'essence divine a sa propre réalité, c'est-à-dire qui le distingue de
l'assemblage de tous les êtres, doute calomnieux, s'il en
fut jamais, ce Père, outré d'une si mortelle offense, lui
demande à la face de tout l'univers comment, après avoir
lu son *Entretien*, ou seulement les endroits cités dans le
journal même, il a pu former, et qui pis est, publier un
soupçon si cruel. « Je prie Dieu, dit-il ensuite, qu'il lui
pardonne sa faute; et l'auteur, qu'il tâche de la réparer,

en faisant imprimer dans les Mémoires de Trévoux ma
réponse à sa critique, afin que l'une et l'autre aient les
mêmes lecteurs, ou du moins qu'il la répare par ses
prières, afin que Jésus-Christ me donne les secours nécessaires pour régler les mouvements de mon cœur, sur le
précepte qu'il nous a fait, d'aimer ceux qui nous ont offensés. » On sent avec plaisir, en lisant la suite, que.
Dieu lui en avait accordé la grâce. Car, au lieu de récriminer contre son critique sur la matière des idées, il en
parle en termes fort charitables, et même fort respectueux. « Cependant, continue-t-il, l'auteur me permettra
de lui représenter que, de soutenir que les idées ne sont
point distinguées de nos perceptions, c'est, si je ne me
trompe, établir invinciblement le pyrrhonisme et le libertinage dans la morale. C'est soutenir, ce qui sans
doute est fort éloigné de la pensée de l'auteur, c'est, dis-
je, soutenir indirectement, mais par des conséquences
qui me paraissent évidentes, soutenir qu'il n'y a point de
vérités éternelles, immuables, nécessaires, communes à
tous les esprits, ni par conséquent des lois qui aient ces
mêmes propriétés. » Le P. Malebranche démontre évidemment sa proposition, mais sans en rien conclure
contre la religion de son adversaire. On doit sans doute
être fort édifié, de voir une telle modération dans un
Père de l'Oratoire, horriblement calomnié par un Père
jésuite;

5° Sur l'article des lois générales, l'auteur de la critique fait si bien, que dans son discours on ne peut
ni deviner le sentiment du P. Malebranche, ni s'assurer
du sien propre. Tantôt il semble qu'il les nie, puisqu'il
entreprend de les combattre, et tantôt qu'il les accorde,
puisqu'il avoue que Dieu ne fait pas perpétuellement des
miracles, pour arrêter le cours des causes naturelles.
Mais surtout il expose le sentiment du P. Malebranche

d'une manière tout à fait extravagante. Ce sentiment est
dans la vérité, que Dieu a créé le monde par une volonté
particulière, mais qu'il le gouverne ordinairement par des
volontés générales, ou par des lois très simples qu'il s'est
imposées, pour exécuter ses desseins par des voies dignes
de lui. Dans l'auteur de la critique, c'est au contraire que
la sagesse de Dieu lui a dicté d'employer des principes très
simples pour la création du monde, et de n'en pas interrompre le cours qui amène des inconvénients ; en quoi,
dit-il, il y a du vrai. Le P. Malebranche déclare que s'il
y en a, il ne peut le découvrir dans ces paroles. Car que
veulent dire ces principes très simples employés pour la
création du monde ? Sont-ce les causes naturelles ? Il n'y
en avait point encore. Les lois de la nature étaient portées, mais il n'y avait point encore de causes occasionnelles, qui en déterminassent l'efficace. Donc la création
ne peut avoir de cours, bien moins de cours fâcheux qui
amène des inconvénients, c'est-à-dire des monstres et des
désordres. En vérité, il devrait y avoir une loi de l'État,
pour défendre aux auteurs de parler des matières qu'ils
n'entendent pas ;

6° Le Père journaliste ne paraît guère plus sensé dans
ce qu'il dit en faveur de sa Compagnie, à la fin de sa
critique. C'est que les contradictions du philosophe chinois sur la nature du Ly autorisent les jésuites missionnaires de la Chine à soutenir que la philosophie chinoise
condamne l'athéisme, et enseigne l'existence de Dieu,
créateur et roi du ciel et de la terre. Assurément, la société a de plus beaux endroits que celui-là. Mais, quoi
qu'il en soit de la bonté de ce raisonnement, le P. Malebranche déclare qu'il a cru ne choquer personne, en
réfutant les étranges paradoxes de son philosophe chinois ; qu'il s'est imaginé, au contraire, qu'il y aurait des
chrétiens qui liraient avec plaisir la réfutation qu'il en

donne dans son *Entretien*, et que cela pourrait être utile
aux missionnaires de la Chine et aux jésuites mêmes,
qui de leur propre aveu, se servent de ses livres dans
leurs missions

L'avis du P. Malebranche fut très bien reçu dans le
monde. La modération plaît toujours, et on y en remarquait
un exemple rare. On voyait que le P. Malebranche aurait
pu, avec raison, s'en prendre à tout le corps des jésuites,
de l'énorme affront qu'on lui faisait dans un ouvrage
avoué de leur Compagnie, bien informé d'ailleurs de la
manière indigne dont ils le décriaient au dehors, et dont
ils persécutaient chez eux le peu d'amis qu'il y avait;
qu'il aurait pu fort naturellement faire entrer dans sa
défense tout ce qu'il y a d'odieux dans leur grande affaire
de la Chine; qu'il aurait du moins pu découvrir tout le
ridicule de ce qu'ils avançaient par rapport à la religion
présente et ancienne des Chinois. Dans la mauvaise posture où ils étaient alors, décriés à Paris, foudroyés à
Rome, tout cela eût été applaudi. Cependant on l'en estima davantage de n'en avoir rien fait; on loua sa modestie, on admira sa retenue; on reconnaissait dans sa
conduite ce profond christianisme qui paraît dans ses
livres. En un mot, on le trouvait d'autant plus fort, qu'il
ne profitait pas de tous ses avantages. Le public y sup-
pléa par ses gloses, qui furent, comme elles sont de coutume, fort injurieuses à tous les jésuites en corps. Ils en
eurent bientôt nouvelles : aussitôt grande rumeur dans
leur collège de Paris; on s'attroupe, on consulte, on lit
l'avis en question, la calomnie et le peu d'intelligence de
l'auteur de la critique y sont démontrées sous des termes
plus doux. On convint assez du premier; l'auteur n'eût
garde de convenir du second : il se tint même fort offensé que le P. Malebranche osât mettre en problème la
pénétration de son esprit. Mais, après tout, il fallut se ré-

soudre à lui faire quelque espèce de satisfaction : l'honneur de leur Compagnie le demandait absolument, le
public s'y attendait, la justice l'ordonnait. Il semble que
dans les conjonctures la plus naturelle était de lui accorder celle qu'il souhaitait lui-même : je veux dire de
faire imprimer son avis, qui est fort court, dans leur
journal, afin qu'on y pût trouver également le pour et
le contre. Assurément, c'était le moins qu'on put exiger
d'eux. Mais ce n'était pas là le compte de l'auteur de la
critique; on aurait vu les choses trop à découvert. Il crut
donc qu'il était plus à propos pour lui et pour le journal
de faire à sa mode un extrait abrégé de l'avis du P. Malebranche, de lui dire ensuite un petit mot d'honnêteté
en passant pour la forme; et enfin, de justifier sa critique
du moins par rapport à la matière des idées : c'est le
parti qu'il embrassa. Il donna sur cette matière quelques
réflexions, qui n'ont pas dû lui coûter beaucoup. Car,
outre qu'elles ne sont pas d'un grand prix, ce n'est qu'un
réchauffé des objections de M. Arnauld. Mais ce qui était
passable du temps de ce docteur, avait cessé de l'être depuis que les réponses du P. Malebranche avaient rendu
le monde plus attentif et plus pénétrant. Ainsi, la réplique du journaliste eut le sort qu'elle méritait; on
trouva ses réflexions stupides, son extrait abrégé infidèle, sa faute mal réparée, ou plutôt aggravée par de
nouvelles critiques. Un seul trait de la pièce peut suffire
pour convaincre toute la terre de la vérité de ce jugement: c'est que l'auteur prête au P. Malebranche de soutenir que nos connaissances ne sont pas des modifications
de notre âme, dans le même temps qu'il lui attribue de
dire que la perception des objets en est une. Voilà la chimère de la troisième réflexion. Ceux qui en voudront savoir davantage, liront s'il leur plaît le *Journal de Trévoux*, du mois de décembre 1708. Car on ne prend nul

plaisir à citer des impertinences qui n'apprennent rien,
sinon que l'homme est un étrange composé.

Quoique la nouvelle critique donnât tant de prise en
toute manière, les choses en demeurèrent pourtant là. Le
P. Malebranche ne voulut point prendre fait et cause
pour le fantôme qu'elle attaquait; il se contenta que
l'auteur eût déclaré en termes exprès qu'il se déportait
absolument de l'accusation de M. Arnauld, quant à sa
personne; quant à sa doctrine, il s'en rapporta au jugement de tous les esprits équitables. Il en était sûr autant
qu'on le peut être, car il lui revenait sans cesse que tous
les lecteurs non prévenus ne trouvaient dans ses livres
que la foi la plus pure, avec la raison la plus éclairée.
Néanmoins, pour s'en assurer davantage, il prit la résolution de consulter encore une fois le public, avant que
de mourir. Pour cela, il n'entreprit point de nouvel ouvrage; il était vieux, il était infirme, il ne songeait qu'à
se préparer à la mort; et, de plus, on ne venait de lui
faire que de vieilles objections, cent fois réfutées. Il se
contenta d'y opposer ses anciennes solutions; il rassembla
dans un seul corps d'ouvrage toutes ses réponses à M. Arnauld, qui, par une assez bizarre aventure, étaient deve-
nues des réponses aux jésuites. Elles parurent en 1709,
divisées en quatre volumes. En effet, on y trouve non
seulement la réponse à tout ce que ces Pères lui avaient
objecté dans leurs *Mémoires de Trévoux*, mais encore une
réplique anticipée à tout ce qu'ils ont dit depuis contre
sa doctrine, et, selon toutes les apparences, à tout ce
qu'ils diront dans la suite; car on sait bien que leurs auteurs, soit en bien, soit en mal, ne font ordinairement
que se copier les uns les autres.

CHAPITRE X

Après ce petit combat, le P. Malebranche eut, avec
tous ses adversaires, une espèce de paix, ou plutôt de
suspension d'armes; il en profita, il retoucha un peu ses
Entretiens sur la métaphysique et sur la mort. C'est encore
une réponse générale à tous ses critiques. Il les fit réim-
primer en 1711. Les cinq éditions de Paris de sa *Recherche de la vérité* se trouvant épuisées dans le même temps,
on lui en demanda une nouvelle. Il y travailla, et en
1712, il en donna une plus ample et plus exacte que
toutes les précédentes. Quoique ce soit un chef-d'œuvre,
du goût de la plupart des savants, le P. Malebranche
était si peu idolâtre de ses productions, qu'il disait à ses
amis que, s'il était à recommencer, il ferait sur le même
plan quelque chose de meilleur; mais il n'était plus
temps d'y penser : il avait alors soixante-quinze ans. Ce
qu'il ajouta néanmoins à cette nouvelle édition de sa
Recherche porte encore dans toute sa force le caractère
de ses premières années : même profondeur, même élé-

vation, même justesse, même étendue d'esprit. On en jugera par les deux nouveaux éclaircissements qu'il y a
mis tout à la fin de son ouvrage. Ils me paraissent trop
importants pour n'en pas donner l'analyse, ou du moins
quelque idée.

Le premier fournit un nouveau système pour expliquer
les effets les plus généraux de la nature, par la connaissance exacte de la matière subtile, qui est évidemment le
grand mobile de l'univers.

Le second est un petit traité d'optique, pour faciliter
l'intelligence de ce qu'on lit, au commencement de la
Recherche, des erreurs de la vue. Entrons un peu dans le
détail, et surtout remarquons, ce qui est préférable à
toute la science du monde, le soin que prend l'auteur de
christianiser la philosophie dans les points mêmes qui
semblent avoir moins de rapport à la religion[1].

Il n'est pas besoin de dire quel fut le succès de cette
édition. Il y a des livres qui ne vieillissent point. On
peut assurer, après quarante ans d'expérience, que la
Recherche de la vérité est de ce nombre. On en fit, dans le
temps où je parle, deux éditions à la fois . l'une in-4°, en
deux tomes, c'est la plus belle; l'autre in-12, en quatre
volumes assez gros, toutes deux chez David, quai des
Augustins, à la Providence. Le *Journal de Paris,* 1712,
rendit compte au public de l'une et de l'autre; on y fait
magnifiquement l'éloge de l'auteur[2], ce qui le venge
plus que sa modestie ne l'eût souhaité des derniers

---

[1] L'analyse de ces supplements va de la page 915 à la page 931
[2] L'auteur, dit le journaliste en parlant des deux Éclaircissements, n'excelle pas moins dans l'art de donner a ces sortes de
réflexions metaphysiques toute la force et toute la dignité qui
peuvent les rendre plus persuasives et plus respectables qu'à re-
pandre sur les sujets de physique toute la clarté et toute l'évidence dont ils sont susceptibles

coups que lui venait de porter celui de Trévoux ; mais
son plus grand éloge, c'est que l'édition fut aussi bien
débitée que si c'eût été la première.

Cette obstination du public à admirer le P. Malebranche, ne put vaincre celle des jésuites à le décrier. Ils
n'omettaient rien pour y réussir ; leurs savants et leurs
ignorants qui chez eux, comme partout ailleurs, sont
toujours le plus grand nombre ; supérieurs et inférieurs,
tous s'y employaient avec leur zèle ordinaire contre tout
ce qui n'entre point dans leurs idées : en un mot, ils en
dirent et ils en firent tant, que l'homme du monde le
plus pacifique perdit enfin patience. Le P. Malebranche
fut contraint d'éclater. Mais il est à propos de raconter
plus en détail par quels degrés ils le forcèrent à un
éclat si contraire à son humeur, surtout dans un temps
où leur crédit à la cour les rendait si fiers et si redoutables à tout le monde. Si je suis un peu long dans ce
narré, je prie qu'on me le pardonne : la suite fera voir
que cela est nécessaire pour l'intérêt de la vérité.

On a vu dans le second livre de cette histoire, qu'un
des premiers adversaires du P. Malebranche fut un jésuite, masqué sous le nom de Louis de la Ville. On le
convainquit évidemment de calomnie et d'ignorance ; on
le rendit même si ridicule, que ses confrères furent plusieurs années sans oser écrire contre un auteur qui savait si bien se défendre. Mais s'ils n'écrivaient pas, ils
parlaient. Avant sa dispute contre M. Arnauld, ils le décriaient comme un janséniste ; pendant qu'elle dura, ils
le ménagèrent un peu. Le P. le Tellier, dès lors chef du
parti moliniste, l'anima même au combat. J'en ai preuve
en main. Le P. Daniel célébra ses victoires dans un écart
de son *Voyage du monde cartésien*. Plusieurs autres de
leurs Pères eurent avec lui un assez grand commerce de
lettres et de visites. Mais M. Arnauld est-il mort, le

P. Malebranche ne leur étant plus bon à rien, ils ne gardèrent plus de mesures. Ils le traitèrent plus mal que jamais dans leurs conversations, dans leurs classes, dans les conférences mêmes qui se tenaient à Paris pour l'examen de sa doctrine. Ils y allaient, non pas comme les autres, pour s'instruire de ses véritables sentiments, qu'ils n'ont jamais bien approfondis, mais pour les combattre à outrance, ou plutôt pour combattre les fantômes qu'ils leur substituaient par des difficultés imaginaires, par des équivoques, par des chicanes, par des sophismes de collège, d'où ils tiraient quelquefois avec de grandes clameurs, et sans vouloir rien entendre, les conséquences les plus odieuses. Tout cela revenait au P. Malebranche. On peut bien juger par sa vertu solide qu'il en avait beaucoup de peine, comme il aimait sincèrement les Pères jésuites, autant pour eux que pour lui-même. Ce n'était pourtant rien en comparaison des discours qu'ils tenaient de lui, dans ce qu'on appelle récréations dans les communautés. C'est là que l'homme paraît homme dans les maisons les plus religieuses, mais c'est là aussi qu'on cesse quelquefois de l'être à l'égard de ceux qu'il plaît à la communauté de regarder comme ses adversaires; on y oublie à leur égard les lois les plus communes de l'humanité. La raison de ce désordre est que, pour le malheur de l'Église, toute communauté y ait secte par les sentiments particuliers qu'on y adopte, et dont on forme comme une religion particulière : après, l ne faut plus s'étonner de la furieuse antipathie qui règne entre certains ordres, d'ailleurs très saints, si tant est qu'ils puissent l'être sans la charité. Quoi qu'il en soit, le P. Malebranche savait, à n'en pouvoir douter, que la salle des jésuites était un théâtre, où il se passait ses dépens des scènes fort sanglantes : je dis sanglantes, par l'atrocité des injures qu'ils y vomissaient

contre lui. Car elles étaient fort comiques par les pauvretés qui leur échappaient, soit en expliquant ses opinions, soit en les réfutant. Mais la comédie finissait d'ordinaire par un événement tragique, surtout lorsque le
P. Malebranche y trouvait quelque défenseur. Il faut
leur rendre justice, il s'y en trouvait quelquefois ; mais
c'était alors que la cohue s'élevait avec force contre le téméraire qui osait appeler du jugement de la Compagnie
au tribunal de la raison. Les vieux Pères en grondaient
comme d'un attentat ; les jeunes s'en moquaient comme
d'une impertinence. Enfin on ne pouvait, surtout dans leur
collège de Paris, plaider la cause du P. Malebranche sans
perdre la sienne. Un certain P. André[1] qui, en 1704, y
faisait sa théologie avec plusieurs autres de ses confrères,
en fit souvent la triste épreuve. Comme il avait pour principe
que la sincérité, ni la charité, ne pouvaient aller trop loin,
il crut en diverses rencontres, où ils attribuaient au P. Malebranche des erreurs capitales en matière de religion, ne
pouvoir se taire en conscience. Il prit donc souvent la
liberté de leur dire sans détour qu'il était fort étonnant
que des hommes, que des chrétiens, que des religieux,
parlassent ainsi d'un auteur dont tous les livres ne respiraient que la piété, d'un auteur notoirement catholique, d'un auteur qu'il savait très bien que la plupart
de ceux qui le maltraitaient si fort n'avaient point lu, ou
qu'ils n'avaient lu qu'avec une prévention seule capable
de les empêcher de l'entendre. Le fait était constant.
Plusieurs de leurs Pères, même des plus zélés contre le
P. Malebranche, avouaient dans leur bonne foi qu'ils ne

---

[1] Yves-Marie André, né le 22 mai 1675 à Châteaulin, petite
ville de Bretagne, proche de Quimper-Corentin. *En se rappelant*
que c'est celui qui se plaint dont on lit la version, les esprits
justes adouciront les teintes et feront de légitimes réserves,
dit M. Blampignon en citant ce passage. (*Op. cit.*, p. 19.)

l'avaient point lu, et d'autres, qu'ils ne l'avaient lu que
dans le dessein de le combattre. Les remontrances du
P. André n'en furent que plus mal reçues. On lui en fit
un crime ; il ne laissa point de les continuer, d'autant
plus qu'ayant fait, en 1705, connaissance avec le P. Malebranche, il l'avait trouvé tel que ses livres le dépei-
gnent : plein de foi, de raison, de christianisme ; et,
qu'ayant souvent assisté aux conférences de M. l'abbé de
Cordemoi[1], où l'on examinait ses principes, il n'y avait
rien vu, ni rien entendu, qui ne l'eût édifié. Mais quel fut
le fruit de ses charitables remontrances ? On le dénonça
à ses supérieurs, on le condamna sans le vouloir entendre, on l'exila de Paris, ce qui mortifia beaucoup le
P. Malebranche. Mais ce qui dut l'irriter, le voici. Les
jésuites, en 1707, entreprirent de le faire condamner par
quelques évêques du royaume. Ils n'en trouvèrent pourtant qu'un seul, qui fut assez dupe pour entrer dans leur
sens. Je supprime son nom, par respect pour sa dignité[2].

---

[1] Chez Mlle Vailly, nièce du P. Malebranche, qui entendait,
dit-on, très bien les ouvrages de son oncle sans affecter de le
faire paraître Elle se trouvait quelquefois aux conférences avec
M. de Grimarest ; on y rencontrait M. Sylva, premier médecin
de la reine, M. Sauveur, M. Miron, conseiller au Châtelet celui-ci disait qu'avec les livres du P. Malebranche il prêcherait
bien un Avent et un Carême. Il s'y trouvait aussi de célèbres
anatomistes qui disséquaient tantôt un œil, tantôt une oreille et
d'autres parties, etc Le P André y allait aussi avec le P. Aubert, homme d'esprit et de mémoire, et parlant avec une grande
facilité.

Le P. André et le P. Aubert étant voir un jour le P. Malebranche,
ils lui demandent pourquoi on ne le voyait jamais aux conférences
de M. de Cordemoi. « Eh ! quoi, répondit le P Malebranche, que
voulez-vous que j'y aille faire ? apparemment pour faire dire à
mon arrivée : Voila la bête ! » M Sorin venait aussi aux confe-
rences il avait été ministre protestant. C'est lui qui eut cette
fameuse affaire avec Rousseau a l'occasion de l'épître à Uranie.
Rousseau eut le crédit de le faire mettre en prison

[2] C'était M. Bargede, évêque de Nevers.

D'ailleurs, qu'eût-il pu faire ? Il était leur créature; on
dit même que ses mandements l'étaient. Il en fit donc un
le 3 août 1707, pour la publication de la bulle *Vineam
Domini sabaoth*, contre le silence respectueux, ou plutôt
(car on ne peut le croire capable d'un écrit si calomnieux),
il en signa un qui, d'un style tout propre à persuader l'i-
gnorance de son auteur, interdisait dans son diocèse ces
philosophies nouvelles, comme celle de M. Descartes et
plusieurs autres qui en approchent, ou qui vont encore
plus loin, dont le système, assurait-il, est entièrement
opposé à la doctrine de saint Thomas, et tend à saper les
premiers fondements de la religion; lesquelles philosophies on ne doit point tolérer, surtout depuis les défenses expresses que le roi a eu la bonté d'en faire, etc ,
et après les règlements et statuts de plusieurs universités
sur ce sujet Voilà peut-être la plus sotte calomnie qu'on
ait jamais inventée M. Descartes, en démontrant d'une
manière si évidente l'existence de Dieu et l'immortalité
de l'âme, rend inébranlables les premiers fondements de
de la religion naturelle. Le P. Malebranche, en prouvant
la nécessité de la divine incarnation, pour rendre l'ouvrage de Dieu digne de lui, appuie de toutes ses forces le
premier fondement de la religion chrétienne, qui est le
mystère d'un Homme-Dieu L'autorité de saint Thomas,
très grande en théologie, dans les écoles, n'est en matière
de philosophie d'aucun poids dans l'Église; encore moins
celle du roi Louis XIV, que l'on cite pourtant comme la
principale, contre les nouveaux philosophes. A ce seul
trait, il fut aisé de reconnaître les auteurs de la pièce,
gens accoutumés à ériger en affaires d'État ou de religion
tout ce qui est contraire à leurs idées ou à leurs intérêts.
Le P. Malebranche les reconnut comme les autres : il en
fut même très offensé, il devait l'être. Mais parce que
leur mandement, qui après tout ne le nommait pas,

n'eut de succès que parmi les jésuites, il prit son parti
ordinaire de dissimuler les injures.

En 1708, il ne tint pas à un abbé [1], sorti de leur Compagnie depuis peu, que le P. Malebranche ne rompît le
silence. Car cet abbé, autrefois grand ennemi de sa doctrine, contre laquelle même, étant jésuite, il avait composé plus de mille vers, lui apprit des choses capables
d'aigrir les âmes les plus modérées. Il lui dit principalement que le P. Hardouin, si fameux parmi les savants
de mémoire et parmi les déchiffreurs d'anciennes mé-
dailles [2], parlait de lui comme d'un impie; qu'il lui

---

[1] La Pilonière, prêtre, d'abord grand hardouiniste, mais quitta
les jésuites, à cause du malebranchisme, persuadé qu'il ne pouvait rester en conscience dans une société où l'on ne pouvait
librement soutenir la vérité; il en consulta même la Sorbonne,
vint trouver le P. Malebranche et lui apprit qu'il était sorti de
sa compagnie à cause de sa doctrine. Le P. Malebranche répondit
que s'il avait pensé que ses ouvrages eussent dû produire d'aussi
mauvais effets, il n'eût jamais mis la main à la plume.

La Pilonière était bel esprit, d'une imagination brillante, édifiait sa compagnie par une rare piété qui allait même jusqu'à la
plus grande spiritualité, fut envoyé à La Flèche à cause de son
hardouinisme (on força alors le P. Hardouin de se rétracter), y
trouva le P. André, voulut lire le P. Malebranche qu'il trouva
fort différent de ce qu'il s'était imaginé, il lut ensuite Descartes
qu'il trouva encore meilleur. Le P. André fut étonné qu'un esprit de cette trempe-là eut fait cette réflexion. Enfin il devint
calviniste, se retira en Hollande où il fit quelques écrits, y présenta une pièce de vers au roi Georges Ier, qui allait en Angleterre, où La Pilonière se retira ensuite. Il avait dit autrefois:

... Les Sirmonds, les Petaux
Ont-ils donc enfanté des faiseurs de journaux?

[2] En 1717, il avait expliqué une médaille où il découvrit de
très belles histoires de l'antiquité. Le grand czar arriva à Paris
Comme il se mêlait de toutes les sciences on lui montra la médaille, qui était une pièce de monnaie de son pays. Le P. Hardouin fut bien confus de cette aventure Le P. André a connu à
Paris le P. Hardouin, qui y était bibliothécaire Le P. Hardouin
lui communiqua en manuscrit plusieurs de ses commentaires sur

attribuait un dessein formé de ruiner la foi; qu'à la
vérité, il tombait d'accord que le P. Malebranche avait
bien pris le sens de la philosophie de saint Augustin,
mais que c'était par là même qu'il le tenait pour un
athée. Ce fait paraîtra peut-être incroyable. Il est pourtant notoire dans la société que le P. Hardouin a écrit
pour prouver l'athéisme de saint Augustin, c'est-à-dire
l'auteur que l'Église appelle ainsi, mais que le P. Hardouin croit dans sa critique montrer n'être pas le véritable. Le P. Malebranche ne se consola point de se
voir donner un tel complice dans le plus horrible des for-
faits. Il en fut doublement outré; mais le moyen d'écrire
contre des calomnies verbales, ou seulement manuscrites, que leurs auteurs peuvent nier avec aussi peu de
scrupule, qu'ils en ont à les avancer. Il fallut donc encore se taire, d'autant plus que l'abbé ajoutait que le
P. Hardouin traitait les autres savants jésuites, même
ceux de son espèce, d'ânes à courtes oreilles. Il n'y avait
pas lieu de croire que ses folles accusations d'athéisme
fussent avouées dans son corps. Les ignorantes et calom-

---

le Nouveau Testament. Les jésuites font grand cas de ces commentaires, qui ne sont pas bons, selon le P. André, à cause d'interprétations arbitraires. Le P. André cite un raisonnement singulier du P. Hardouin quand on lui demandait des raisons : *Sic
bene, aliter male, ergo sic optime.* On lui répondait que ce raisonnement n'était guère en forme et qu'il ne prouvait rien, surtout quand il est question de faits. Cette résistance du P. André
déplut au P. Hardouin, qui lui disait très sérieusement : Vous
vous raidissez contre la vérité. Le P. André lui ayant demandé,
en parlant de Descartes et du P. Malebranche, qui avait plus
d'esprit que ces deux auteurs? c'est le diable, répondit le P. Hardouin, qui s'imaginait que le diable leur avait inspiré leur philosophie, et il donna à lire au P. André les Méditations du
P. Malebranche pour voir, disait-il, comment ces gens-là pensent. Le P. André y trouva la solution d'une difficulté qui l'avait
toujours arrêté sur la distinction des idées d'avec nos perceptions.

nieuses critiques des journalistes de Trévoux survinrent
là-dessus. Elles firent comprendre au P. Malebranche
qu'il était encore plus gâté qu'il ne pensait dans l'esprit
des bons Pères; car, à l'occasion de son entretien contre
le système des lettrés chinois, qui est évidemment une
manière de spinosisme, ils avaient eu (je voudrais
pouvoir trouver des termes plus doux pour dire la vérité)
l'impertinence de le rendre suspect de l'impiété même
qu'il y combat certainement avec toutes les forces de la
raison. La calomnie était énorme; le P. Malebranche la
confondit, mais avec une modération qui étonne. Il ne
voulut ni récriminer, ce qui était alors facile, par l'intérêt que les jésuites prenaient à la défense de Confucius,
que leurs auteurs même appellent l'athée des athées;
ni profiter de l'avantage que lui pouvait donner le nouveau décret de Rome, qui condamnait les noms dont ils
se servaient à la Chine pour exprimer la divinité · ce qui
entrait naturellement dans la guerre qu'il avait à soutenir contre eux; ni enfin, joindre ses troupes à l'armée
victorieuse de Messieurs des Missions étrangères, pour
achever leur défaite, ce qui apparemment l'eût fort
avancée. En un mot, il aima mieux se défendre avec une
charité scrupuleuse, que de se faire une justice trop
exacte, aux dépens même de ses plus injustes ennemis.

Tout le fruit que le P. Malebranche tira d'une modération si étonnante, fut que les jésuites laissèrent passer trois ou quatre ans sans lui faire publiquement la
guerre. Je dis *publiquement*, car ils la lui faisaient toujours dans leur société d'une manière très violente. Le
P. André, dont nous parlions tout à l'heure, en fut d'a-
bord le principal objet. Comme son exil, bien loin de
l'ébranler, n'avait servi qu'à le confirmer dans ses sentiments, ils entreprirent de le pousser. Qu'on se figure ici
tout ce que l'entêtement déguisé en zèle peut produire

dans un corps contre un membre qui refuse d'en prendre
l'esprit, ou d'en épouser les fureurs. C'est ce qu'ils lui
firent essuyer, mais, par la grâce de Dieu, fort inutilement. Ils ne purent lui ôter ni son estime pour le
P. Malebranche, ni son amour pour la vérité, ni même
son attachement pour leur Compagnie : ce qui était le
plus difficile à conserver. Sa fermeté les irrita, leur opiniâtreté redoubla ses coups[1]. Le P. Malebranche y fut
très sensible ; il dissimula néanmoins encore. Mais les jésuites, outrés de voir le peu de succès de leurs persécutions secrètes, firent, en 1712, des éclats qui ne lui per-
mirent plus de se taire[2].

Le P. le Tellier, alors confesseur du roi, si connu par
les troubles qu'il a causés dans l'Église, sur la malheureuse fin du dernier règne, venait en ce temps-là de leur
donner un provincial de sa main, nommé le P. Dauchetz,
tiré comme lui de la faction qu'on appelle, parmi eux,
des bien intentionnés. Tous ces gens de faction et de
cabale sont impétueux, durs, extrêmes, visionnaires, fa-
natiques. Le P. Dauchetz en donna des preuves signalées
dès le commencement de son provincialat. Ayant ouï
dire qu'en divers collèges de sa province, il y avait des
professeurs de philosophie qui abandonnaient le train
commun du péripatétisme, il s'alla mettre dans l'esprit
qu'ils agissaient de concert ; il n'en était rien, mais il se
l'imagina. Il le crut, il agit en conséquence. Que fit-il ?
Pour rompre ce prétendu complot, il tomba tout d'un

---

[1] Ils lui refusèrent les grâces les plus communes, ils lui donnèrent les emplois les plus rudes et les plus humiliants. Il fut
envoyé à Arras ministre des pensionnaires.

[2] Ils firent une guerre ouverte à tous ces chercheurs de vérités. C'est ainsi qu'ils appelaient par dérision ceux qui ne croyaient
pas devoir se rendre esclaves ni de leurs préjugés ni de leurs
auteurs.

coup sur ces pauvres philosophes, avec tout le poids de
l'autorité que lui donnaient sa charge et le crédit de son
protecteur, d'une manière si éclatante, que le monde en
fut bientôt informé. Voici les principaux faits qu'on en a
pu apprendre.

Il tomba d'abord sur un professeur d'Amiens [1] nommé
le P. Lebrun [2], dont on fit censurer une thèse dans une
espèce d'inquisition, que les jésuites avaient alors à
Paris, contre ce qu'ils appellent Malebranchisme. On dit
que la censure était forte. En effet, la thèse donnait
quelque atteinte à la forme substantielle ou à l'âme des
bêtes, pour laquelle on sait que les bons Pères s'intéressent tendrement, comme s'il était question de la leur
propre. Le parti que prit le P. Lebrun, d'aller aux missions étrangères, le tira heureusement des mains de ses
persécuteurs. Mais le P. Dauchetz ne manqua point de
victimes en France.

D'Amiens, son zèle vint fondre à la Flèche, sur le

[1] A Amiens, le préfet des hautes études, bon esprit, et qui
passait dans la société pour profond metaphysicien, disait au
P. André : Vous dites les mêmes choses que nous disions autrefois, mais vous parlez autrement et d'une manière plus claire

[2] Eustache Lebrun, fils d'un bourgeois de Paris, avait quatre
ou cinq frères aussi jésuites, homme d'esprit et aimable, professa les basses classes à Paris, eut pour écoliers deux princes
de Lorraine, ce qui lui donna occasion de voir le grand monde,
où il rencontrait Rousseau qui venait lire ses pièces et paraissait
fort modeste, se défendant bien de les faire imprimer Boileau
lui avait appris à faire des vers. Étant professeur de philosophie, il se servit des cahiers de son frère dont il n'était nullement content. Il pria le P. André, son ami, de lui prêter les
siens (Le P. André professait la physique dans le même temps
à Amiens.) Le P. Lebrun fut ravi de sa morale et de ses explications sur la liberté. Le P. André eut la mortification de voir
les écoliers du P. Lebrun faire beaucoup mieux que les siens.
Le P. Lebrun fut envoyé à la Martinique ; il avait eu envie d'aller
au Canada, parce qu'il était d'un tempérament à souffrir beaucoup de la chaleur

P. du Tertre [1]. C'est le premier que je sache, et même le
seul, qui ait enseigné dans leurs classes les opinions les
plus paradoxales du P. Malebranche, sur la nature des
idées. Aussi la persécution qu'on lui suscita fut-elle des
plus violentes. On ne lui épargna ni censures, ni avis, ni
reproches, ni affronts même, à ce qu'on dit, jusque dans
les thèses publiques; mais tout cela ne l'ébranla point.
Il était si convaincu des principes du P. Malebranche,
qu'il ne croyait pas que ceux qui pouvaient les abandonner, les eussent jamais entendus; si persuadé que
c'était une voie sûre, qu'il y voulait faire entrer tout
le monde; si certain, au contraire, que les opinions
scholastiques où l'on élève les enfants, ne servent qu'à
leur gâter l'esprit, qu'il osa déclarer en face au P. Dauchetz, qu'en honneur et en conscience, il ne pouvait se
résoudre à les enseigner. Sur quoi on lui ôta sa chaire de
philosophie, pour lui en donner une de basse classe, à
Compiègne. Cet argument démonta le philosophe: toutes
ses convictions, toutes ses persuasions, toutes ses certi-
tudes s'évanouirent; il passa tout à coup d'une extrémité
à l'autre. En un mot, il changea d'opinion si promptement, qu'on disait de lui, qu'en arrivant à Compiègne, il
se coucha malebranchiste, et que le lendemain, il se
leva péripatéticien. D'autres disaient plus sincèrement

---

[1] Le P. du Tertre, mort à Paris en janvier 1762, avait fait sa
théologie avec grand succès, et le P. Guymon admirait sa subtilité lors même qu'il était en rhétorique. Après le noviciat, où
il entra en même temps que le P. André, il fit son juvénat à
Paris. Le P. André fut bien étonné un jour qu'il lui manda qu'il
avait pris pour sujet de poème la dispute de saint Cyrille contre
Nestorius: il jugea que c'était un homme qui perdait la tête.
Lorsqu'il eut abjuré le malebranchisme, on ne s'y fiait pas trop,
et il fut envoyé exprès à Paris pour écrire contre. Pressé par le
provincial à La Flèche: « Vous ne dites rien à celui de Rouen. »
(Le P. André.) On rapporta au P. André ce mot du P. du Tertre,
qui était assez déplacé.

que la nouvelle lumière qui l'avait éclairé n'avait été
que la fortune qu'il espérait de faire par là dans leur
Compagnie; petite fortune, mais assez grande pour remplir des cœurs bas, qui ont d'autres intérêts que ceux de
la vérité [1].

Cette burlesque métamorphose, qui passa pour une
conversion parmi les jésuites, anima leur provincial à
poursuivre le reste de la ligue prétendue Il y avait dans
le collège de Caen deux professeurs, l'un de mathématiques, l'autre de philosophie, qui avaient trop d'esprit
pour s'accommoder du péripatétisme. Le P. Dauchetz les
attaqua tous deux. Il commença par les séparer; il trans-
planta le mathématicien à Bourges, où il en fit un procu-
reur, emploi fort dégoûtant pour un homme de lettres,
surtout pour un philosophe, mais qui néanmoins ne
parut pas au P. Aubert [2] (c'est le nom du mathématicien)
une raison suffisante pour lui faire changer de sentiment. Le P. Dauchetz fit plus à l'égard du P. Merlin,

---

[1] Le P. André étant retourné préfet à Amiens y trouva un professeur de philosophie (ce professeur se nommait de Saint-Malon,
faisant des objections au P. André qui l'embarrassaient souvent,
et le P. André demandait du temps pour y répondre. Ce P de
Saint-Malon était sujet aux attaques épileptiques.), le plus bel
esprit qu'il ait connu, esprit fort Ce professeur soutenait sur la
liberté la prémotion morale; dégoûté du concours qui lui paraissait insoutenable, système, en effet, qui expose à toutes les dif-
ficultes de la prémotion physique, et ne donne aucun avantage.
Les Pères d'Amiens ne s'aperçurent pas du changement ou du
moins n'en dirent rien On ne se défiait pas du professeur qui
déclamait comme les autres contre les jansénistes Le P. André
regardait aussi le jansénisme comme un mauvais parti, mais
ne pouvait prendre sur lui de déclamer, surtout quand il était
question des intentions et autres personnalités

[2] Le P. Aubert, ami du P. André Il parlait très facilement,
mais il ne passait pas pour être aussi foncier que son ami. On
le regardait comme un peu superficiel, ce qui lui attira moins
d'affaires qu'au P. André

quoique beaucoup moins coupable, car dans le fond il
avait assez suivi le train ordinaire des collèges [1]; mais il
était ami du P. Aubert. Il s'était avisé de soutenir qu'A-
dam n'avait point eu la philosophie infuse; il avait défini
l'âme une substance qui se connaît elle-même : *sub-
stantia sui conscia*, pour la distinguer du corps par un attribut indubitable. Aussitôt le voilà malebranchiste. On
le dénonce : on le censure, on lui envoie une rétractation
en forme des sentiments du P. Malebranche, avec ordre
absolu de la dicter publiquement à ses écoliers. Malgré
toutes ses répugnances, il fallut obéir. Le P. Merlin
dicta la rétractation non seulement pour lui, mais encore
pour le P. Aubert; et on ne peut y trouver à redire,
pourvu qu'en pratiquant l'obéissance religieuse, il ait
sauvé les droits de la sincérité chrétienne.

Tout ce que je viens de rapporter fut comme un orage
qui passa, en un instant, de province en province, et de
ville en ville. De Caen, la tempête vint se décharger à
Rouen, sur le P. André [2]. Comme cette affaire éclata plus
que les autres, et d'une manière si offensante pour le
P. Malebranche que sa modération en fut ébranlée,

---

[1] Il avait dicté la physique du P. André, mais estropiée.

[2] Il était à Rouen pour le troisième an de noviciat en octobre
1707 jusqu'à la fin de 1708; de là il fut à Amiens, depuis octobre 1709, professeur de philosophie jusqu'à la fin de 1711, et
à Rouen depuis octobre 1711 jusqu'à la fin de 1713, à Alençon à
la fin de 1713, 1714, 1715, 1716, 1717.
Après son cours d'Amiens, les autres Pères demandaient qu'il
fût continué professeur, mais le provincial ne le voulut pas. « Ils
ne savent que faire de moi », disait le P. André. Il eut dessein
d'écrire une histoire suivie du peuple de Dieu : on lui dit qu'un
autre l'avait entrepris. Il offrit aussi d'écrire contre les jansénistes : il était persuadé qu'on pouvait les combattre avec avantage en traitant la manière à fond, sans questions personnelles
où il déclara qu'il n'entrerait en aucune manière. Cela ne fut point
accepté : on était persuadé qu'il n'y avait que les questions personnelles qui faisaient lire ces sortes de livres.

nous nous y arrêterons un peu davantage. On sait assez
que, pour le malheur de la jeunesse chrétienne, il n'y a
pas encore un seul cours de philosophie qui soit propre
à former l'esprit des enfants, ni pour la vérité, ni pour la
vertu[1]. Celui de Gassendi n'a nulle solidité; celui de
Régis, passable pour la physique, est dans tout le reste
plus que mauvais; celui de Pourchat, bien écrit, est superficiel; celui du vieux Duhamel, n'a presque rien de
bon que le titre; ceux des philosophes péripatéticiens,
qui, en dépit de la raison, règnent toujours dans les collèges, sont tous plus impertinents les uns que les autres,
tous pleins encore de l'ancienne barbarie, non seulement
dans les termes, mais bien plus dans les questions qu'on
y agite sans esprit, sans goût, sans style, sans méthode.
Ce n'est, en un mot, qu'un jargon perpétuel, dépourvu
de sens, mais surtout où il ne paraît nul sentiment de
piété. Ce fut principalement pour corriger ce dernier défaut de la philosophie de collège, que le P. André avait
bien voulu, malgré tous les malheurs que lui présa-
geaient ses traverses passées, accepter l'emploi de l'enseigner. Il en forma donc un nouveau plan, qu'il intitula : *Philosophie chrétienne*. Bien résolu néanmoins de
n'y rien avancer qui pût donner prise; car, pour observer à la lettre le règlement que les jésuites venaient
de porter à Rome pour leurs collèges de France, il se fit
une loi de n'enseigner aucune des trente propositions[2]

---

[1] Le P. André apprit un jour d'un écolier de leur collège de
Paris qu'on disait dans les compagnies : « Cela est mauvais comme
la philosophie des jésuites. » Le P. André répondit : « Que ne
dit-on également . mauvais comme la philosophie de l'université,
puisque l'une et l'autre est à peu près la même. »

[2] MM. Charma et Mancel ont publié (Op. cit., I, 213) ces propositions avec les remarques du P. André. D'après une lettre du
29 juillet 1708, du P. Malebranche (Corresp. inéd., p. 24), c'est
le P. Letellier qui défend à Rome . impose propred n .

qu'ils y condamnaient. Il choisit dans la philosophie ancienne toutes les opinions qui lui parurent capables d'un
sens vrai ; il n'adopta de la moderne que les vérités qu'il
ne croyait pas proscrites par le nouveau règlement de sa
Compagnie. Il réfuta même assez souvent M. Descartes
et le P. Malebranche, dont il semble par ses écrits qu'il
a plus suivi la méthode que les sentiments. Mais il n'y a
point de précautions à l'épreuve des soupçons du faux
zèle. On le chicana sur tout, même sur le titre qu'il
avait donné à sa philosophie, même sur des opinions qui
favorisent manifestement le système de son ordre touchant la grâce et la liberté, même sur des notions communes. Tout parut malebranchisme, et dans ses écrits et
dans ses thèses; de là, que d'orages vinrent fondre sur le
P. André. Je ne parle que de ceux de 1712. On tira de
ses écrits un assez grand nombre de passages, pour le
convaincre de ce nouveau crime. Mais le P. Dauchetz, en
ayant lui-même fait la lecture à l'accusé, il en fallut bien
rabattre [1]. Il se trouva que, les fausses imputations mises
à part, tout son malebranchisme se réduisait à ces deux
propositions :

La première, que dans l'état même de pure nature,
Dieu serait la béatitude objective de l'homme, non seulement Dieu vu et goûté dans ses créatures, ce qui n'est
pas capable de contenter pleinement le cœur humain,
mais Dieu vu et goûté en lui-même, par une possession
immédiate, quoique infiniment inférieure à celle qui nous
est promise, dans l'état surnaturel où nous sommes.

---

[1] Dans l'écrit répandu dans les collèges de la province contre
les opinions du P. Malebranche, soutenues par le P. André, on
se servait du terme d'*hétérodoxe*. Le P. André écrivit à Paris une
lettre très ferme et demandait ce qu'il avait soutenu contre
l'orthodoxie Nos inquisiteurs se rabattirent dans leur réponse
en disant qu'ils n'avaient point entendu l'expression d'*hétérodoxe*
dans le sens ordinaire.

La seconde, que la béatitude formelle ne consistait ni dans la vision intuitive de Dieu, ni dans l'amour qu'on lui porte, mais dans les plaisirs et dans la joie qu'il imprime dans le cœur de ceux qui le possèdent; qu'elle ne consiste pas dans une action de l'âme, mais dans une passion très agréable, c'est-à-dire dans un sentiment très doux, que les bienheureux reçoivent, et qu'ils ne se donnent pas à eux-mêmes.

Il faut sans doute avoir l'esprit bien pénétrant pour découvrir le malebranchisme dans ces deux propositions. La première n'est du P. Malebranche ni dans le sens, ni dans les termes; tout le monde sait que la seconde ne lui est pas propre. Les savants jésuites qui en firent la censure ne laissèrent pourtant pas de les qualifier de malebranchistes. La conclusion était naturelle : ce fut que le P. André[1] en ferait une rétractation publique.

---

[1] Au commencement de 1709, la profession du P. André fut retardée. Il n'y fut admis qu'au commencement de 1712 ou de 1711. Les jésuites envoyèrent un volume contre les opinions du P. Malebranche soutenues par le P. André dans tous les collèges de la province, ce qui donna la curiosité à tous leurs jeunes Pères de faire la philosophie du P. André. Elle fut dictée tout entière à Caen et se répandit ailleurs.

Les jésuites firent leur possible pour dégoûter le P. André de la philosophie du P. Malebranche. De Rouen, ils l'envoyèrent préfet à Amiens, ensuite à Arras; puis ils l'établirent père spirituel à Alençon, où il comptait passer le reste de ses jours avec un de ses amis, lorsque le P. Richebourg, provincial, qui était à Rouen recteur lors de la formule, lui proposa la chaire de mathématiques de Caen, en lui disant que c'était la pure nécessité qui l'obligeait de s'adresser à lui. Le P. Richebourg disait au P. André qu'il ferait des miracles qu'on n'y croirait pas.

Le P. André disait au provincial : « Je ne vous ai jamais fait d'affaires et vous m'en faites. Bien d'autres vous en font tous les jours et vous ne leur en faites point. Ma philosophie a été dictée à Caen et ailleurs, à Amiens, à Quimper-Corentin, à Alençon, vous ne pouvez pas l'ignorer, et vous n'en dites mot. Mes écrits n'ont fait des affaires qu'à moi. S'en est-on plaint ailleurs que chez vous ? » Tout au contraire, deux professeurs la dictaient en

10

C'est peu; ils voulurent que cette rétractation fût une ab-
juration générale de la doctrine du P. Malebranche. Mais
comme le P. André avait eu soin de n'en pas enseigner
les opinions particulières, il fallut chercher un prétexte
pour colorer la bizarrerie de ce violent procédé. Ils en
trouvèrent un : ils feignirent que les deux propositions
ci-dessus rapportées avaient rendu le P. André suspect
de malebranchisme. Sur ce plan, ils lui dressent à Paris
une formule, qui lui fut envoyée avec ordre de la dicter
en pleine classe. La pièce est si barbare, tant pour le
style que pour le fond, que je ne puis me résoudre à la
rapporter tout entière. En voici l'essentiel.

D'abord, on y fait dire au P. André que ce qu'il avait
avancé imprudemment au sujet de la béatitude formelle,

même temps à Paris; mais l'un, disait-on, n'est qu'un moine et
l'autre est un bel esprit.

La philosophie du P. André fut bien défigurée par les professeurs qui ne l'entendaient pas. C'est une marque de distinction
chez les jésuites d'être nommé professeur de philosophie. Certain Père, esprit médiocre, choisi pour régenter à Alençon, se
trouvait fort embarrassé : il demanda les cahiers du P. André et
les dicta à ses écoliers; on ne s'en aperçut point dans la maison.

Le P. André avait dessein de donner à sa compagnie une philosophie et une théologie; il le dit un jour au P. Martineau, alors
provincial, autrefois confesseur des Princes, et qui s'était bien
conservé à la cour pendant la Régence. Le provincial était fâché
de voir le P. André sans occupation et avait envie de l'employer.
Le P. André lui répondit que c'avait toujours été son dessein de
leur donner une philosophie et une théologie, qu'il n'abandonnerait jamais les dogmes décidés par l'Église, qu'il avait horreur du jansénisme; mais aussi qu'il n'adopterait point tout ce
qui ne lui paraîtrait fondé en vrais principes. Le P. Martineau
n'insista pas davantage.

Les jésuites avaient encore un P. Guimon, d'Orléans, bel esprit, d'une rare piété, qui lui faisait pratiquer de très grandes
mortifications. Il ne fut point employé en théologie, parce que le
molinisme ne lui plaisait pas et qu'il goûtait davantage les principes perthomistes. Le P. André l'avait eu pour son maître des
novices.

soit de l'état surnaturel, soit de l'état de pure nature,
l'ayant rendu suspect des sentiments du P. Malebranche,
il est nécessaire qu'il déclare combien il a horreur des
opinions particulières de cet écrivain.

Or ces opinions sont de deux sortes, ajoute l'auteur de
la formule ; il y en a qui lui sont communes avec
M. Descartes : par exemple, de rejeter les accidents absolus, les formes substantielles, etc.; il y en a d'autres
qui lui sont propres, comme de soutenir que c'est en
Dieu que notre âme voit immédiatement les idées des
choses qu'elle connaît; que toutes les idées que nos esprits aperçoivent sont claires en elles-mêmes; que le nom
et la qualité de cause efficiente, ne convient proprement
qu'à Dieu, etc. On ne sait pourquoi l'auteur du nouveau
formulaire met au nombre des opinions singulières du
P. Malebranche, la dernière de ces trois propositions.
Car elle lui est commune avec tous les cartésiens. Quoi
qu'il en soit, à l'égard des premières, le P. André devait
faire profession de croire que dans tout corps il y a deux
espèces d'êtres réellement distinguées, l'une substance,
l'autre accident, et que, dans les bêtes, il y a de plus une
troisième espèce d'être, qui est une substance corporelle
sans être corps, qui a la faculté de sentir quoique substance corporelle.

A l'égard des opinions particulières du P. Malebranche,
le P. André avait ordre de qualifier celle qui regarde la
nature des idées d'absurde et de perabsurde, de fausse,
de téméraire, d'erronée, ou plutôt, ce qui est bien pis,
d'erreur depuis longtemps proscrite par l'Église. Dans
quel concile ? Ou par quel pape? C'est ce qu'on n'a garde
de dire. En un mot il semble, en comparant cette formule
avec l'ordre qui l'accompagnait, que les auteurs eussent
voulu donner au public acte de leur ignorance : néanmoins, cet acte ne parut pas sitôt. Le P. André, qui en

voyait les conséquences, en suspendit longtemps la publication. Ses raisons furent que l'honneur ne lui permettait pas de porter faux témoignage contre lui-même,
ni le bon sens de rétracter des opinions qu'il n'avait
point enseignées ou qu'il avait même réfutées, ni la sincérité chrétienne de faire profession de croire ce qu'il tenait pour évidemment faux, ni la justice de rendre suspects, en matière de foi, des auteurs qui n'avaient erré
qu'en matière de philosophie, ni la charité enfin de les
flétrir en aucune sorte. Il s'en déclara fortement et de
vive voix, et par écrit, ajoutant toutefois qu'à l'égard de
son honneur, il en ferait volontiers le sacrifice, pourvu
qu'on voulût bien changer tellement la formule qu'on lui
présentait, qu'il la pût dicter sans trahir ni blesser sa
conscience. Mais que servent les raisons contre l'autorité? Le fougueux[1] P. Dauchetz ne voulut rien entendre. Les auteurs de la formule s'irritèrent; tout le
collège de Paris (car c'était de là que partaient tous les
coups) se révolta contre le P. André. Ils s'abandonnèrent contre lui aux plus ridicules emportements, jusqu'à le traiter de visionnaire, d'hétérodoxe, de huguenot,
d'athée, et même jusqu'à comparer, par une espèce de
fanatisme, la soumission qu'il devait au jugement de sa
Compagnie à celle qu'on doit aux décisions de l'Église.
Tout cela revenait au P. André, tantôt par le canal de ses
amis, tantôt par celui de ses adversaires. On lui donnait
là-dessus les avis les plus effrayants. Mais quand on ne
craint que Dieu, on est trop fort contre les hommes. Il
attendit tranquillement ce qu'il plairait au ciel qu'ils or-
donnassent de lui.

Cependant les jésuites, qui avaient résolu à quelque

---

[1] Le P. André dit plus tard que cette épithète ne lui convenait
point : il n'agissait ainsi que parce qu'il était poussé.

prix que ce pût être, que le P. André dît publiquement
anathème au P. Malebranche, réformèrent quelques
termes de leur nouveau formulaire. On en ôta ces paroles : *Je fais profession de croire,* qui sont en effet extravagantes dans des matières physiques. On se contenta de
lui faire dire à la tête de chaque article qu'il avait enseigné contre le P. Malebranche, ou qu'il enseignerait
dans la suite de son cours telles et telles opinions. Du
reste, on laissa dans son entier tout le fond de la pièce,
les faussetés, les injures; on la renvoya ainsi au P. André, avec nouvel ordre de la dicter incessamment. Nouvel
embarras pour sa conscience. Car enfin, il fallait toujours rejeter une doctrine qui lui paraissait vraie, et
noter une personne qu'il tenait pour très orthodoxe. Il
était d'avis de n'en rien faire. Il ne voulut pourtant pas
s'en rapporter à son propre sens; il consulta diverses
personnes, tant jésuites qu'autres; il consulta même un
ami intime du P. Malebranche [1]; tous décidèrent que
dans les circonstances il fallait obéir : les uns, qu'il le
devait pour ne pas irriter la Compagnie; et les autres,
qu'il le pouvait sans offenser Dieu. La raison de ceux-ci
était que tout le monde entend bien [2] ce que veulent dire
ces rétractations de collège : qu'elles signifient seulement

---

[1] Le P. Lamy, de l'Oratoire, mort le 29 janvier 1715, à soixante-
quatorze ans. Le P. André l'allait voir et en recevait visite.
*Voici ce qu'écrivit le P. Lamy à André « Il n'y a ni raison
ni autorité qui puisse faire revenir ceux avec qui vous avez
affaire Il n'est jamais permis de dire que l'on croit vrai ce que
l'on croit faux, mais tous les jours un professeur qui supplée
pour un autre dicte ses cahiers quoiqu'il n'en approuve pas les
sentiments Ainsi je dicterais quelque rétractation qu'on ait
composée, et je le ferais* extra locum, *c'est-à-dire sans la lier
avec ce qui précède ou ce qui suit, afin qu'on conçut que c'est
parce qu'on le veut, etc.* (Charma et Mancel, *Op. cit.,* I, 73.)

[2] Et nous autres, gens à équivoques, encore mieux que les
autres, disait à peu près le P. André en plaisantant.

que la Compagnie ou l'Université dont on est membre
n'approuve pas l'opinion que l'on rétracte ou que l'on
condamne; qu'ainsi le Père ne pécherait pas plus en dictant l'écrit de son provincial, qu'un préfet de collège qui
supplée pour un professeur, en dictant ses cahiers, quoiqu'il n'en approuve pas les sentiments. Mais parce qu'on
ne peut être trop scrupuleux sur la bonne foi et sur la
charité, le P. André déclara à ses supérieurs qu'en obéissant il ne prétendait que dicter les sentiments de la
Compagnie, et à ses écoliers, que ce n'était pas lui qui
parlait dans l'écrit en question[1].

Le P. Malebranche n'ignora pas longtemps l'affront
que les jésuites lui venaient de faire. Ses amis de Rouen
l'en instruisirent à fond; ils lui mandèrent leur déchaînement, ils lui envoyèrent leur écrit. Il y en eut même qui
voulaient qu'il prît feu et qu'il répondît à leur attaque;
mais ils ne purent l'y résoudre : l'amour de la paix le
rendit inébranlable dans son ancienne maxime, de ne se
défendre qu'à la dernière extrémité. D'ailleurs, il ne
manquait pas de raisons pour justifier son inclination pacifique. Il ne croyait pas devoir attaquer en général tout
le corps des jésuites, et les particuliers auteurs de l'écrit
lui étaient inconnus. Le P. André ne lui paraissait pas
coupable pour l'avoir dicté. A qui donc adresser sa défense? Ainsi, plutôt que de se battre en l'air ou contre

---

[1] Après cette affaire, un des écoliers du P. André lui rapporta
que quelqu'un avait dit en ville : « Voyez-vous ces jésuites, ils
sont ennemis de tout bien. » Plusieurs écoliers s'en moquèrent,
d'autres l'insérèrent bonnement à la suite de leurs cahiers. Un
certain Goden, qui avait de l'esprit, dit à ses camarades en suivant le P. André : *Eamus et nos et moriamur cum eo.* Un certain l'Archevêque, répétiteur de philosophie, excellent argumen-
tant, proposait au P. André de très bonnes difficultés; il se moquait
aussi très fort de l'impertinent écrit. Cependant cet écrit excita
peu de sensation dans la ville de Rouen.

un corps qu'il ne voulait pas choquer, le parti qu'il embrassa fut de se taire, en attendant une occasion de parler tout à fait indispensable On ne tarda guère à lui en fournir une. Voici à quel sujet.

Dans le temps même que les jésuites pressaient le P. André de rétracter publiquement ce qu'ils appelaient malebranchisme, il parut un ouvrage d'un illustre auteur de leurs amis, qui en admettait clairement les deux grands principes : c'était le livre du célèbre M. de Fénelon, archevêque de Cambrai, sur l'*Existence de Dieu*. On lui en avait, disait-on, dérobé le manuscrit; on l'avait imprimé à son insu [1]; et, en effet, ce n'est qu'une ébauche, mais où il ne laisse pas d'y avoir de forts beaux traits. Afin qu'on entende mieux la suite, il faut que nous en donnions une idée plus étendue.

M. de Cambrai avoue d'abord que les preuves métaphysiques de l'existence de Dieu, c'est-à-dire celles qu'on tire de son idée, sont les plus excellentes pour ceux qui en sont capables. Rapportons ses propres paroles [2] : « Que les hommes accoutumés à méditer les vérités abstraites, et à remonter aux premiers principes, connaissent la divinité par son idée, c'est, dit-il, un chemin sûr pour arriver à la source de toute vérité. Mais plus ce chemin est droit et court, plus il est rude et inaccessible au commun des hommes, qui dépendent de leur imagination. C'est une démonstration si simple, qu'elle échappe par sa simplicité aux esprits incapables des questions purement intellectuelles. Plus cette voie de trouver le premier être est parfaite, moins il y a d'esprits capables de la suivre.

---

[1] *Est-ce bien sûr? Il est permis d'en douter quand on se souvient que pareil bruit courut au sujet du* Télémaque, *que cependant Fénelon fit bien imprimer lui-même.*
[2] *C'est le commencement même du traité.*

Mais il y a une autre voie moins parfaite, qui est propor-
tionnée aux hommes les plus médiocres. »

C'est celle que prend M. de Cambrai au commencement de son livre. Il cherche et il trouve sensiblement
Dieu dans toutes les merveilles de la nature, dont il démontre que le simple coup d'œil suffit pour le rendre visible à tous les esprits attentifs. Mais, après avoir bien
rebattu ces preuves sensibles de l'existence de Dieu, il
vient aux plus abstraites, comme aux plus lumineuses
pour ceux qui les peuvent comprendre. Je ne m'arrête
qu'à deux principales, qu'il a manifestement puisées dans
les nouveaux philosophes, ou plutôt, si l'on veut, dans
saint Augustin. Car c'est le seul auteur que cite M. de
Cambrai, en les rapportant.

La première est tirée de l'inefficacité des causes secondes; elle est conçue en ces termes [1] : « L'âme, qui
gouverne la machine du corps humain, en meut à propos tous les ressorts, sans les voir, sans les discerner,
sans en savoir ni la figure, ni la situation, ni la force.
Quel prodige! Mon esprit commande à ce qu'il ne connaît
pas et qu'il ne peut voir, à ce qui ne connaît point et qui
est incapable de connaissance, et il est infailliblement
obéi. Que d'aveuglement! que de puissance! L'aveuglement est de l'homme; mais la puissance, de qui est-elle?
A qui l'attribuerons-nous, si ce n'est à Celui qui voit ce
que l'homme ne voit pas, et qui fait en lui ce qui le sur-
passe. »

M. de Cambrai prouve fort au long cette proposition
contradictoire à l'écrit des Pères jésuites, qui veulent
que l'âme ait la puissance de remuer son corps par une
réelle efficace. Il appuie même sa pensée de l'autorité de
saint Augustin, dont il cite un long passage, pour faire

[1] Article 47.

taire apparemment ceux qui la taxent de nouveauté.
Mais il va plus loin[1], car il y prouve qu'un être supérieur à nous est la cause réelle et immédiate de toutes les
modifications de l'âme et du corps. Ce qui, néanmoins,
ne doit pas s'entendre des actes libres dans le même
sens que des autres actes, soit de l'entendement, soit de
la volonté. C'est sa première démonstration métaphysique de l'existence de Dieu.

La seconde est prise de la nature des idées; ce qui
nous conduit tout droit à l'existence d'une raison supérieure à nos esprits, d'une vérité éternelle dans laquelle
nous voyons tout ce que nous connaissons d'immuablement vrai, d'un maître intérieur qui nous instruit, qui
nous reprend, qui nous menace, qui nous corrige par des
leçons intimes, que nous sommes contraints d'écouter
malgré nous, quoique nous puissions ne les pas suivre.
Ici un détail me paraît nécessaire. Mais, pour abréger, on
ne fera ordinairement qu'indiquer les titres des articles
où les matières sont traitées. Or M. de Cambrai entreprend de prouver :

1º Que notre esprit a l'idée de l'infini ;

2º Que l'esprit ne connaît le fini que par l'idée de l'infini, ou, comme il parle ailleurs, que dans l'infini même,
article 31 ;

3º Que les idées de l'esprit sont universelles, éternelles et immuables, sur quoi il allègue encore l'autorité
de saint Augustin, livre II du *Libre arbitre* ;

4º Que les idées de l'homme sont les règles immuables
de ses jugements, d'où il conclut que c'est là proprement
ce que nous appelons notre raison ;

5º Que la raison supérieure, qui me corrige dans le
besoin, n'est point à moi, et qu'elle ne fait point partie

---

[1] Article 6

de moi-même. Car voici comme raisonne M. de Cambrai :
« Cette règle est parfaite et immuable ; je suis changeant
et imparfait ; quand je me trompe, elle ne perd point sa
droiture ; quand je me détrompe, ce n'est pas elle qui revient au but. C'est elle qui, sans s'être jamais écartée a
l'autorité sur moi de m'y rappeler et de m'y faire revenir. C'est un maître intérieur qui me fait taire, qui me
fait parler, qui me fait croire, qui me fait douter, qui me
fait avouer mes erreurs, ou confirmer mes jugements ;
en l'écoutant je m'instruis, en m'écoutant moi-même je
m'égare ; »

6° Que la raison est la même dans tous les hommes
de tous les siècles et de tous les pays. Leur accord unanime dans les premiers principes du bon sens, dans les
vérités de géométrie, dans celles d'arithmétique, même
dans certains points de morale, comme dans l'estime de
la sincérité, de la justice, de la modération, de la bonté,
en est la preuve démonstrative. Ainsi, conclut M. de
Cambrai, ce qui paraît le plus à nous, et être le fond de
nous-mêmes, est ce qui nous est le moins propre, et ce
qu'on doit croire le plus emprunté. Nous recevons sans
cesse, et à tout moment, une raison supérieure à nous,
comme nous respirons sans cesse l'air, qui est un corps
étranger, ou comme nous voyons sans cesse tous les
objets voisins de nous à la lumière du soleil, dont les
rayons sont des corps étrangers à nos yeux ;

7° Que la raison est en l'homme indépendante de
l'homme, et au-dessus de lui ; d'où il s'ensuit encore,
que cette raison est fort différente de mon âme. C'est la
conclusion qu'en tire M. de Cambrai ;

8° Que c'est la vérité primitive elle-même qui éclaire
tous les esprits, en se communiquant à eux. Où est-elle,
cette raison ? Où est-elle, cette lumière ? demande M. de
Cambrai : tout œil la voit, et il ne verrait rien, s'il ne la

voyait pas, puisque c'est par elle, et à la faveur de ses
rayons, qu'il voit toutes choses. Comme le soleil sensible
éclaire tous les corps, de même ce soleil d'intelligence
éclaire tous les esprits. La substance de l'œil de l'homme
n'est point la lumière : au contraire, l'œil emprunte à
chaque moment la lumière des rayons du soleil. Tout de
même, mon esprit n'est point la raison primitive, la
vérité universelle et immuable ; il est seulement l'organe
par où passe cette lumière originale, et qui en est éclairé.
La comparaison est de saint Augustin : *Dic quia tu tibi
lumen non es : ut multum oculus es ;*

9° Que c'est par la lumière de la vérité primitive, que
l'homme juge si ce qu'on lui dit est vrai ou faux, c'est-
à-dire, comme parle M. de Cambrai, en consultant le
maître intérieur ;

10° Que la raison supérieure qui réside dans l'homme
est Dieu même. La chose est par avance déjà toute
prouvée. Cette raison n'est pas nous, car elle nous est
supérieure ; elle n'appartient à aucun esprit borné, car
elle est parfaite. Cependant il faut, dit M. de Cambrai,
qu'elle soit quelque chose de réel, car le néant ne peut
être parfait. La conclusion saute aux yeux. Donc, etc. ;

11° Que nous avons l'idée de l'unité : que cette idée
prouve qu'il y a des substances qui ne sont point matérielles ; qu'elle prouve même qu'il y a un être parfaitement un, qui est Dieu. Le raisonnement du prélat est en
ces deux mots : j'ai l'idée de l'unité parfaite ou parfaitement simple, c'est-à-dire qui n'admet ni composition de
parties, ni de succession de modes ou de manières d'être ;
donc elle existe ; en un mot, je la vois, donc elle est.
Mais où est-elle ? Il est évident que ce ne peut-être qu'en
Dieu. M. de Cambrai allègue encore ici l'autorité de saint
Augustin.

Enfin, tout son livre de l'*Existence de Dieu* est rempli

de ces raisonnements, fondés sur les principes de M. Descartes et du P. Malebranche, principes non seulement qu'il suppose, mais qu'il prouve, qu'il étend et qu'il appuie presque toujours de saint Augustin, son grand auteur. Mais ce que nous en avons rapporté suffit pour notre dessein. Venons aux faits qui en furent les suites.

A la première lecture du livre de M. de Cambrai, tout le public vit bien que l'auteur était dans les sentiments du P. Malebranche. Les jésuites même le sentirent; ils en furent très embarrassés. Car, depuis l'affaire du quiétisme, tout le monde sait ou peut savoir qu'il y avait entre eux et le prélat une liaison fort étroite; ils avaient embrassé son parti contre M. de Meaux. Il avait pris le leur contre les jansénistes, contre lesquels il a écrit assez bien, quoique longuement. Le prélat avait besoin d'eux pour se relever; les jésuites n'en avaient pas moins du prélat pour se soutenir. On peut même dire qu'alors ils en avaient un extrême besoin. La raison en est connue. M. de Cambrai, qui leur était nécessaire, ne pouvait donc être que fort orthodoxe, et quoiqu'il soutînt des opinions que leur écrit de Rouen censurait comme des erreurs, la censure n'était pas pour lui. Mais d'ailleurs, parce qu'il était à craindre qu'on ne se prévalût de son autorité pour défendre le P. Malebranche contre leurs calomnies, il fallait de loin se préparer une défaite. Les savants de collège n'en manquèrent jamais : les jésuites en trouvèrent une.

Ce fut de composer pour le livre de M. de Cambrai une préface, où l'on irait au-devant de la difficulté. Le P. de Tournemine [1], homme d'un savoir assez médiocre, mais d'une hardiesse qui supplée à tout, fut choisi, ou se

---

[1] René-Joseph, né à Rennes le 26 avril 1661, mort à Paris le 16 mai 1739, à soixante-dix-huit ans.

choisit lui-même pour ce dessein. La première édition du
livre était déjà épuisée; on en préparait une seconde; il
profita de la conjoncture; il fit sa préface, dans laquelle,
après avoir lui-même fort vanté l'ouvrage, il le fait critiquer par d'autres, pour avoir lieu de le défendre aux dépens des nouveaux philosophes.

La critique prétendue tombe sur deux points : premièrement, sur ce que M. de Cambrai s'est servi des principes de M. Descartes et du P. Malebranche, pour démontrer l'existence de Dieu; secondement, sur ce qu'il n'a
pas expressément réfuté l'impie système de Spinosa.
Nous ne parlerons que de la première; mais elle est trop
curieuse, pour en passer rien : la voici en propres termes,
avec la réponse que la préface y donne :

« On a fait cependant deux remarques qui méritent
qu'on les examine. L'auteur, dit-on, s'appuie quelquefois
sur des opinions nouvelles, fort contestées et fort éloignées de la certitude des principes. La réponse à cette
objection n'est pas difficile (c'est principalement des articles 58 et 65 qu'il s'agit), et l'on peut dire que l'auteur,
ayant proposé dans les articles précédents des preuves
universelles et propres à tout le monde, en propose dans
cet article de particulières, de respectives, de ces arguments qu'on nomme *ad hominem*, fondés sur les principes
reçus par les adversaires contre qui on dispute. Ce sont
des démonstrations pour les cartésiens et pour les malebranchistes. L'auteur n'a pas dû les oublier, etc. »

Le sens de ces paroles n'était pas équivoque; elles
mettent clairement les cartésiens et les malebranchistes
au rang des impies, qui ont besoin qu'on leur prouve
qu'il y a un Dieu. La calomnie est, en tout sens, extravagante. Car, suivant ces philosophes, il est plus évident
qu'il y a un Dieu, qu'il n'est évident qu'il y a des corps ;
vérité néanmoins dont personne n'a jamais douté sérieu-

sement. De plus, il était certain que M. de Cambrai, sans
parler des autres principes, était, sur la matière des idées,
du sentiment du P. Malebranche. Mais la malignité de
l'auteur de la préface, pour n'être ni ingénieuse ni bien
concertée, n'en était pas moins offensante.

Le P. Malebranche en fut blessé jusqu'au vif. Il compara ce qu'il voyait dans un livre public avec ce qu'il
entendait dire, que les jésuites avaient résolu sa perte. En
effet, depuis quelque temps ils y procédaient d'une manière qui marquait un dessein formé. D'abord ils se
contentaient de le décrier dans leurs maisons, pour prévenir leurs jeunes pères. Bientôt la médisance passa au
dehors parmi les personnes qui leur étaient attachées,
pour les armer contre lui des mêmes préventions. La
vive voix fut ensuite accompagnée d'écrits; on en fit
courir quelques-uns de collège en collège, pour y établir
une tradition secrète contre sa doctrine. On en fit dicter
d'autres par des professeurs, comme pour pressentir le
monde. Enfin, ce qu'on ne disait autrefois qu'à l'oreille,
ou dans des manuscrits obscurs, on le jette maintenant
dans la préface d'un livre imprimé, comme pour voir
s'il est temps de le faire éclore dans quelque ouvrage
plus étendu.

Le P. Malebranche n'était pas défiant, surtout en matière de charité. Ne voulant que du bien à tout le monde,
il ne croyait qu'avec peine qu'on lui voulût du mal. Mais
tant de preuves de la mauvaise volonté des jésuites à son
égard, ne lui permettaient plus d'en douter, ni de se
taire. Il songea donc à se défendre. Sa première pensée
fut d'attaquer leur préface par un ouvrage public. Il
trouvait dans ce parti de grands avantages; il était facile
de montrer, par tout le texte de M. de Cambrai, le faux
et le ridicule de l'échappatoire du P. de Tournemine. Ce
qu'il savait d'ailleurs des sentiments du prélat, lui don-

nait un beau champ contre son adversaire. L'embarras
des jésuites, qui, dans le temps même qu'ils entreprenaient de le perdre, le voyaient sauvé de leurs mains par
un de leurs amis, lui fournissait encore une scène assez
plaisante. Il en pouvait faire une autre, qui n'eût pas été
moins agréable, de la liberté qu'ils prenaient alors, d'accorder ou de refuser à qui bon leur semblait, des lettres
de catholicité, ou même de christianisme. Ces moyens de
défense, qui naissaient du fond même de sa cause, lui
auraient sans doute gagné tous les suffrages du public.
Après y avoir bien pensé, le P. Malebranche ne crut pas
devoir encore porter son affaire à ce tribunal ; son humeur pacifique lui faisait craindre une guerre déclarée ;
il craignait de plus d'attirer de nouvelles persécutions à
ses confrères de la part des jésuites, en ce temps-là si redoutables, et qui avaient, disait-on, juré la ruine de
l'Oratoire, comme ils avaient déjà exécuté celle de Port-
Royal [1]. Cette raison de charité l'arrêta tout court ; il prit
donc un autre parti, qui lui parut plus doux et moins
dangereux : ce fut d'écrire à M. de Cambrai, pour l'engager sans éclat à faire supprimer la calomnie qu'on
avait insérée dans la préface de son nouveau livre.
Quoique la lettre du P. Malebranche, n'étant pas destinée à voir le jour, soit peu exacte et pour le style
et pour la méthode, on croit obliger le public, en lui en
donnant ici la substance ; car c'est principalement dans
ces sortes d'écrits, qui ne sont point faits pour la montre,
que le fond de l'homme se découvre sans affectation [2].

[1] *C'est bien, en effet, de cette époque que date la fameuse
lettre du P. le Tellier, plaidant auprès du roi la destruction
de l'Oratoire, lettre dont ce passage du P. André vient confirmer l'authenticité.*

[2] *Cette analyse est d'autant plus intéressante que cette lettre
de Malebranche à Fénelon qui ne fut du reste pas remise à ce
dernier, on le verra plus bas, n'a jamais été publiée.*

L'auteur se propose, en général, trois causes à défendre : celle de la vérité, surtout en ce qui regarde les
idées; la sienne propre, en ce qui regarde la religion, et
celle du P. André, en ce qui regarde la philosophie. Venons au détail.

Après un exorde fort obligeant pour M. de Cambrai,
sur le grand succès de son livre de l'*Existence de Dieu*,
le P. Malebranche se plaint de la calomnie avouée dans
la préface qu'on avait mise dans la seconde édition. Il
la rapporte mot pour mot et tout entière, telle que nous
l'avons nous-mêmes transcrite sur la préface même. Le
fait ainsi exposé, il entre en matière. Il démontre, mais
avec une pleine évidence, qu'il n'y a point de sens commun dans le dessein qu'on attribue à M. de Cambrai,
c'est-à-dire de n'avoir appuyé dans son livre, sur les
principes de M. Descartes et du P. Malebranche, que
pour prouver l'existence de Dieu aux cartésiens et aux
malebranchistes, par des arguments *ad hominem*. Car ce
prélat, ayant déclaré dès le premier article de son ouvrage, que les preuves métaphysiques de l'existence de
Dieu sont excellentes pour ceux qui en sont capables, il
faut qu'il les croie telles; et puisqu'il ne donne dans le
corps de son livre que celles du P. Malebranche, sans
avertir nulle part qu'il raisonne *ad hominem*, appuyant
au contraire ces preuves de toute son éloquence, et par
l'autorité de saint Augustin, c'est une nécessité qu'il les
juge en elles-mêmes, non seulement fort bonnes, mais
les meilleures de toutes. Or de là le P. Malebranche
conclut que les adversaires contre qui dispute M. de
Cambrai ne sont pas les malebranchistes, à qui il n'est
pas besoin de prouver leurs propres sentiments, mais les
antimalebranchistes, ceux à qui il faut prouver que les
idées sont universelles, nécessaires, ceux qui ne veulent
pas qu'elles subsistent en Dieu, et, par conséquent, l'au-

teur de la préface. La conclusion paraîtra évidente à
quiconque lira un peu attentivement le livre en question,
depuis la page 154 jusqu'à la 222, ou seulement les
titres des articles.

Ici le P. Malebranche, qui ne connaissait pas encore
l'auteur de la préface, ouvre son cœur à M. de Cambrai
sur les divers sujets de plaintes qu'il avait des jésuites,
sans leur en avoir lui-même jamais donné aucun. Il ne
s'amuse pourtant point à déclamer en l'air, ce que la charité ne permet pas ; il appuie toutes ses plaintes sur des
faits avérés, sur les calomnieuses critiques de leur *Journal de Trévoux,* sur la persécution actuelle qu'ils faisaient
à Rouen au P. André, quoique, de leur propre aveu, il
n'eût point d'autre crime que d'être de ses amis [1], et dans
quelques-uns de ses sentiments ; sur l'injurieux formulaire, qu'ils avaient obligé ce professeur de dicter contre
sa doctrine ; enfin sur des lettres que de leurs Pères
avaient écrites à diverses personnes pour décrier sa religion, et qu'il avait lui-même vues. Il en cite quelques
traits fort emportés ; voici un fait qui les renferme tous.
Ce n'est pas au reste quelque jésuite obscur et d'autant
plus zélé qu'il est plus ignorant, qui le fournit au P. Malebranche ; c'est un de leurs savants du premier ordre : en
un mot le P. Hardouin, qui a, dit-on, dans sa mémoire,
une bibliothèque tout entière, mais dont on va voir
que la science ne pénètre pas jusqu'à l'esprit. Le fait est
que ce grand polymathe disait hautement et impunément, dans leur collège de Clermont, que le malebranchisme était le pur athéisme. La proposition est violente.
La preuve qu'il en donnait à ses disciples est tout
à fait curieuse. Car, supposant d'abord comme des

---

[1] Le P. André écrivait tous les ans au P. Malebranche et en
recevait réponse.

articles de foi les sentiments des philosophes péripatéticiens, et, par ce principe, croyant de tout son cœur que
notre entendement produit ses intellections par des actes
vitaux (c'était son terme, plus savant que lumineux), il
raisonnait ainsi : les idées qu'admet le P. Malebranche
ne sont, en effet, rien de distingué des perceptions de
l'esprit. Ce ne sont que de pures chimères, que des êtres
de raison, que les universaux de l'école, qui ne sont rien
a parte rei. Son infini par conséquent, son idée de l'être
en général, ou son être qui renferme les perceptions de
tous les êtres, sa raison souveraine et commune à tous
les esprits, en un mot, le Dieu du P. Malebranche n'est
pas le vrai Dieu.

Le P. Malebranche rapporte ce raisonnement sur la foi
d'un ancien disciple du P. Hardouin ; mais on sait d'ailleurs, à n'en pouvoir douter, que si ce ne sont point
là ses propres paroles, c'est le sens de ce qu'il a dit mille
fois. La circonstance que la lettre ajoute est encore plus
surprenante. Ce même disciple ayant répliqué un jour à
son maître que le P. Malebranche prouvait son sentiment
par saint Augustin : « Il est vrai, lui répondit-il, le
P. Malebranche a raison, mais nos Pères, ajouta-t-il aussitôt, en levant les yeux au ciel, nos Pères n'y entendent
rien ; ce ne sont que des ignorants, que des ânes à
courtes oreilles. » C'est, en propres termes, le nom qu'il
donnait à ses confrères, parce qu'en attaquant la religion
du P. Malebranche, ils épargnaient celle de l'auteur où
il avait, disait-il, puisé son athéisme. Tel était l'emporte-
ment du P. Hardouin.

Mais, reprend avec douceur le P. Malebranche, quand
la preuve métaphysique de l'existence de Dieu, appuyée
sur l'autorité de saint Augustin, ne serait pas solide ;
quand les idées ne seraient point préalables aux perceptions de l'esprit ; en un mot, quand je me serais trompé

dans une preuve de l'existence de Dieu, quel sujet cela peut-il donner de me faire soupçonner d'un tel crime? Quel danger y aurait-il dans ma preuve? De plus, j'en ai donné tant d'autres dans tous mes livres.

Le P. Malebranche marque principalement son nouveau *Traité d'optique,* où en effet, il démontre d'une manière sensible non seulement l'existence du souverain Être, mais la sagesse infinie de sa providence dans la construction de nos yeux, dans les merveilleux rapports de toutes leurs parties, soit essentielles, soit avec l'action de la lumière dans les règles invariables qu'il observe, en nous faisant voir les objets selon leur grandeur, leur figure, leur distance, leur mouvement ou leur repos, et en nombre infini d'un seul coup d'œil, dans le moment que nous ouvrons les yeux dans une vaste campagne.

Après avoir indiqué, en passant, ce petit ouvrage à M de Cambrai, le P. Malebranche découvre assez au long les mauvaises conséquences du nouvel article de foi du P. Hardouin : savoir que nos idées ne sont rien de véritablement distingué de nos perceptions, et que notre entendement les produit par des actes vitaux. Cet endroit de la lettre est trop beau, pour le supprimer :

« Vous voyez, Monseigneur, dit-il, où peut aller ce que j'ai l'honneur de vous écrire. Si l'âme forme ses idées par un acte vital, c'est le terme dont on se sert, et que nos idées distinguées de nos perceptions ne soient que des chimères, le pyrrhonisme s'établira. Hobbes et Locke, auteurs fort estimés par bien des gens, auront raison ; il n'y aura plus ni vrai ni faux immuablement tel, ni juste ni injuste, ni science ni morale; saint Augustin passera pour un platonicien fanatique, et il aurait enseigné au P. Malebranche son subtil athéisme, si ces livres que vous avez cités vous-même, Monseigneur, n'étaient point supposés; athéisme dont le savant P. Har-

douin a découvert le poison; de sorte que ce Père, et
quelques-uns de ses disciples, se croiront désormais les
seuls adorateurs du vrai Dieu. J'outre un peu mes pro-
phéties. Car Dieu ne permettra pas qu'elles s'accomplis-
sent; mais ce sont des suites naturelles de ce principe,
que les idées ne sont point distinguées des perceptions. »
Avant que de finir sa lettre, le P. Malebranche fait
encore trois choses :

1° Il fait remarquer à M. de Cambrai la contradiction
de la calomnie des jésuites, et le changement de leur
conduite à son égard. La contradiction est que, dans le
temps même qu'ils le traduisent comme un visionnaire
qui croit voir Dieu et en lui toutes choses, ils le représentent comme un homme qui a besoin que M. de Cambrai
lui prouve qu'il y a un Dieu. Le changement de leur
conduite n'est pas moins bizarre. Lorsque M. Arnauld
vivait, le P. Malebranche était un fort bon catholique,
qui défendait avec eux la cause de l'Église, contre ce
fameux défenseur de Jansénius. M. Arnauld est-il mort,
ce n'est plus cela. Le P. Malebranche n'est plus lui-même
qu'un vrai janséniste, et tout ce qui s'ensuit.

Mais encore, sur quel fondement? Leur a-t-il donné
quelque sujet de le traiter de la sorte? Il a beau, dit-il,
faire des recherches sur le passé, sa mémoire ne lui en
fournit point. Il ajoute pourtant, qu'il s'imagine que ce
pourrait bien être son *Entretien d'un philosophe chrétien
et d'un philosophe chinois;* car c'est principalement depuis
ce temps-là qu'ils se déchaînaient contre lui avec tant
de violence. Mais il proteste devant Dieu à M. de Cambrai qu'en le composant il ne pensait seulement pas
aux jésuites, ni à leurs différents avec Messieurs des
Missions étrangères; qu'il ne l'avait entrepris que pour
satisfaire aux sollicitations réitérées de M. l'évêque de
Rosalie; que, ne l'ayant composé que pour ce prélat, il

n'en avait permis l'impression, dont on avait à son insu
obtenu le privilège, que dans la persuasion qu'il pourrait
servir à détromper les spinosistes cachés, et à désabuser
ceux qui pensaient qu'il avait écrit contre les Pères
jésuites ;

2° Il fait voir à l'œil, à M. de Cambrai, le faux goût
qui règne encore dans la philosophie des jésuites, au
grand préjudice de la jeunesse qu'ils élèvent, en lui rapportant un article tout entier de la formule péripaté-
ticienne que le P. André venait de dicter à Rouen, par
ordre de ses supérieurs : « Mais avant que de le transcrire, vous savez, Monseigneur, lui dit-il, que dans la
philosophie de l'école fondée sur Aristote et sur Averroës,
son impie commentateur, on enseigne que la vision des
objets se fait par le moyen des espèces impresses, par
des espèces expresses, tirées des impresses, par la vertu
d'un intellect agent qui le présente à l'intellect patient ;
fiction de gens qui voulaient parler de ce qu'ils ne savaient pas. C'est ce qu'ont appris les vieux jésuites étant
jeunes, et ce que j'ai appris moi-même. Apparemment,
c'est ce qu'on veut que le P. André enseigne, car voici ce
qu'on lui a fait dicter à Rouen. » Le P. Malebranche ne
rapporte que l'article qui regarde M. de Cambrai ; cet
article dit, en latin de philosophie, que notre âme produit
comme cause véritablement efficiente, non seulement ses
volitions libres, mais tout ce que les philosophes de l'é-
cole appellent actes vitaux : ses intellections, ses imaginations, ses sensations mêmes ; qu'en les produisant, elle
se change physiquement elle-même ; qu'elle remue son
corps par une efficace proprement dite, etc., d'où il s'en
suit qu'elle produit ce qui se passe en elle, malgré elle...
Après quelques remarques sur cette belle décision, « vous
n'ignorez pas, Monseigneur, dit le P. Malebranche, le
souverain mépris que l'on a dans le monde pour la phi-

losophie de l'école qu'enseignent les jésuites, et le tort
que cela leur fait. Ce serait certainement un grand service qu'on leur rendrait, si on les désabusait de leurs
préventions, et si on arrêtait leur zèle aveugle pour des
opinions ridicules et païennes, qui ne servent qu'à les
rendre eux-mêmes méprisables et odieux. Ce serait rendre
service à l'Église et à leurs écoliers, qu'ils préoccupent de
faux sentiments contraires à ceux que vous exposez dans
votre ouvrage, lesquels sont propres à élever l'esprit du
lecteur, et à le porter à rendre à Dieu seul la gloire qui
lui est due. »

Le P. Malebranche représente à M. de Cambrai que
son zèle pour la religion, que son amour pour la vérité,
que son respect pour les sentiments de saint Augustin,
que sa charité pour les jésuites mêmes, pour la jeunesse
qu'ils élèvent et pour le bon P. André, ajoutait-il, dont
on trouble la paix par des écrits injurieux; enfin, que son
propre honneur, auquel sa qualité d'archevêque ne permettait pas de laisser donner atteinte, l'obligeait de
parler dans la conjoncture, et de soutenir fortement que
le sentiment de saint Augustin sur les idées éternelles,
immuables, distinguées des perceptions passagères que
nous en avons, est non seulement très certain, mais le
principe de la certitude des sciences; ou du moins de se
plaindre, dans les journaux de Paris ou de Trévoux, de
la témérité qu'on a eue de mettre sans sa participation,
à la tête de son ouvrage, une remarque où il n'y a pas
de sens : maligne et injurieuse contre le P. Malebranche,
et dont la malignité retombait sur lui-même.

« Pardonnez-moi, Monseigneur, dit-il en finissant, la
franchise et la simplicité avec laquelle je vous écris ce
que je pense; c'est la confiance que je prends en vous,
c'est l'amitié sincère (souffrez cette expression de mon

cœur), amitié que j'ai conservée très chèrement et sans
la moindre interruption depuis plus de trente ans, qui
me fait parler de la sorte et qui, nonobstant le respect
que je vous dois, fait que j'ose encore vous prier de relire
avec attention une longue et désagréable lettre, pour
mieux comprendre ce que vous pourriez faire pour paci-
fier toutes choses et pour défendre la vérité, sans blesser
la charité.

« Je suis, etc. »

La lettre est datée du mois de juin 1713. Il ne s'agissait plus que de la faire tenir à M. de Cambrai par une
voie qui l'obligeât d'y rendre une réponse convenable.
Dans ce dessein, le P. Malebranche, craignant peut-être
que son *Traité de l'amour de Dieu* n'eût un peu refroidi le
prélat à son égard, crut devoir s'adresser à des amis
communs. Mais la terreur des jésuites qui, disait-on,
avaient partout alors des rapporteurs en titre d'office,
était si répandue, que pas un ne s'en voulut charger. On
s'étonna même qu'un simple prêtre osât se plaindre si
fortement d'une puissance qui faisait trembler un cardi-
nal-archevêque jusque sur le trône de l'Église de Paris.
Le P. Malebranche, quoique pacifique, était intrépide; il
n'abandonna pas son dessein La persécution qu'il pouvait s'attirer, telle qu'elle pût être, lui parut un moindre
mal que la calomnie sur ce qu'il avait de plus cher au
monde, qui était sa religion. Dans cette pensée, il lut sa
lettre à un magistrat de ses amis, qui voyait souvent le
cardinal de Polignac[1]. Cette éminence, bel esprit et ha-

---

[1] Melchior, né au Puy en Velay le 11 octobre 1661, archevêque d'Auch en 1726, auditeur de rote en 1706, plénipotentiaire
en Hollande en 1710, 1712 et 1713, cardinal en 1713, mort à Paris
le 10 novembre 1741 à quatre-vingts ans, reçu de l'Académie

bile, avait plusieurs sentiments du P. Malebranche; il
considérait même sa personne. Le magistrat lui parla de
son affaire avec les jésuites, et de sa lettre à M. de Cambrai. Le cardinal, frappé de la justice de ses plaintes,
promit de l'envoyer au prélat bien accompagnée. On la
lui porta; il la reçut avec cet air grand et poli qui lui est
naturel. Mais après l'avoir lue, on dit que la frayeur le
saisit comme les autres. En effet, les premières personnes du royaume craignaient, en ce temps-là, l'exorbitant pouvoir du P. le Tellier, confesseur du roi, qui
faisait faire tout ce qu'il voulait à son auguste pénitent.
Quoi qu'il en soit, son Éminence, accoutumée aux traités
de paix, jugea plus à propos de mettre l'affaire en négociation. Il en écrivit lui-même à M. de Cambrai, pour savoir, avant toutes choses, quel était son sentiment sur la
préface ajoutée à son livre de l'*Existence de Dieu*. La réponse du prélat fut courte, mais substantielle; il déclara
qu'il désapprouvait la préface; qu'il ne l'avait point vue
avant l'impression; que les preuves de l'existence de
Dieu qu'il avait puisées dans la *Recherche de la vérité* lui
paraissaient solides et qu'il ne s'en était servi que parce
qu'il les croyait telles. M. de Polignac n'en demanda
point davantage. Il alla voir le P. le Tellier. Il n'arrive
guère qu'on se fasse craindre des hommes, sans les
craindre beaucoup soi-même. C'est l'état où il le trouva.
Car, surtout depuis que la fameuse lettre de l'abbé Bochart[1] eut éventé la plupart de ses mines, il était dans

---

française en 1704, des sciences en 1715, et des belles-lettres en
1717, auteur de l'*Anti-Lucrèce*.

[1] M. l'abbé Bochart de Saron, de bonne noblesse, trésorier de
la Sainte-Chapelle, écrivait contre le livre de Quesnel avant la
Constitution; il avait de l'esprit et aurait été évêque sans un
malheur qui lui arriva. Étant en faveur auprès du P. le Tellier,
il savait ce qui se passait à la cour. Il écrivit à son oncle, évêque

de cruelles appréhensions. Il avait pour lui le roi, mais
il avait contre lui tout le public, ennemi toujours formi-
dable aux rois mêmes. Craignant donc d'ajouter de nouveaux ennemis à ceux qu'il avait déjà faits à la société,
il écouta favorablement les plaintes du P. Malebranche;
il entra dans ses raisons; il condamna le procédé du
P. de Tournemine; car on venait d'apprendre qu'il était
l'auteur de la préface. Il conclut à une prompte satisfaction.

Le P. le Tellier était dans sa Compagnie presque aussi
redouté qu'à la cour. Il fallut que le P. de Tournemine
pliât. Il écrivit au P. Malebranche une espèce de lettre
d'excuse, dans laquelle il lui marque en deux mots qu'il
n'avait point eu dessein de le blesser, ni de rendre sa religion suspecte. La réparation ainsi conçue ne parut pas
sincère; car il n'était pas question de son dessein, qui ne
pouvait nuire à personne, mais de ses paroles, qui étaient
manifestement injurieuses à tous les cartésiens et en
particulier au P. Malebranche. Elle parut encore insuffi-
sante par un autre endroit : elle était secrète, et l'affront
avait été public. Ainsi, ni M. le cardinal de Polignac ni
le P. Malebranche n'avaient lieu d'en être contents.
Pour les satisfaire, il fallait une déclaration plus solennelle et plus nettement conçue. Le P. de Tournemine fut
obligé d'en passer par là. Il en mit une plus ample dans
son *Journal de Trévoux*, mois de novembre 1713. En
voici la substance : il y déclare publiquement qu'il n'a

---

de Valence, combien il y avait de mouvement pour parvenir à
la condamnation de Quesnel; il lui découvrit toutes les intrigues
du cabinet du roi et que déjà l'on avait gagné quatre ou cinq
évêques : de Gap, de la Rochelle, etc.. L'abbé Bochard donna sa
lettre à un prêtre pour la mettre à la poste. Celui-ci la porta au
cardinal de Noailles qui la fit imprimer aussitôt. Elle fit beaucoup de bruit et les jansénistes en triomphèrent.

jamais pensé à jeter un soupçon d'athéisme sur le P. Malebranche, lequel il reconnaît pour un vertueux prêtre et
qui aime la religion ; qu'il a seulement voulu dire dans
sa préface qu'il y a de prétendus athées cartésiens et malebranchistes ; que c'est un fait, et que le dire ce n'est
pas attaquer le P. Malebranche. Bien des personnes
trouvèrent cette nouvelle satisfaction aussi peu sincère
que la précédente. En effet, on y remarque un procédé
qui n'était point net. Le P. de Tournemine disait, contre
toutes les règles de la logique et du bon sens, que par les
cartésiens et les malebranchistes en général, il n'avait
entendu que certains cartésiens et certains malebranchistes en particulier. D'ailleurs, il ne séparait la calomnie de sa préface que par une autre calomnie, qu'il
avançait en l'air contre quelques-uns de ces philosophes.
Car on est bien sûr, disait-on, que les vrais cartésiens
n'ont pas besoin qu'on leur prouve l'existence de Dieu,
qui est dans leur philosophie en premier principe, ni les
vrais malebranchistes la vérité de la religion chrétienne,
qui entre essentiellement dans leur système. Ce qu'a-
joute cavalièrement le P. Tournemine, que c'est un fait,
pour toute preuve de ce qu'il assure, ne fut pas trouvé
plus judicieux ; car on avance tous les jours des faits
faux, et il n'est certainement ni de l'intérêt du public, ni
de celui des particuliers, surtout des Pères jésuites, qu'en
les avançant on en soit quitte pour dire que ce sont des
faits. Ainsi raisonnait le monde.

Le P. Malebranche voyait aussi bien que personne que
la satisfaction qu'on lui faisait n'était pas dans les formes.
Cependant, comme il avait une partie de ce qu'il souhaitait, et que M. de Cambrai, ce qui était l'essentiel, désavouait l'auteur de la préface, il crut devoir, ou du moins
pouvoir en conscience se tenir en repos ; peut-être qu'il
espéra que ce prélat ne manquerait pas de s'expliquer

publiquement dans une troisième édition qu'il donnerait
lui-même de son livre. Car les deux premières n'étaient
pas de lui. Mais si M. de Cambrai ne fit point la démarche qu'on en pouvait attendre, soit qu'il n'estimât pas
assez son ouvrage pour le présenter au public de sa
propre main, soit qu'il fût alors trop occupé contre les
jansénistes, ou par quelque autre motif que nous igno-
rons, il en faisait d'équivalentes; car dans les lettres
qu'il écrivait à diverses personnes, et que ses illustres
héritiers ont publiées après sa mort, nous voyons qu'il
adopte ouvertement les principes fondamentaux de la philosophie de M. Descartes et du P. Malebranche : savoir :
la notion de Dieu sans l'idée de l'Etre universel; je dis de
l'Être universel[1] par opposition même aux êtres particuliers; la preuve de l'immortalité de l'âme, par la distinction évidente de l'être pensant, qui est l'esprit, et de
l'être étendu, qui est le corps; l'union de ces deux substances dans l'homme, par les seuls décrets de la volonté
de Dieu, sans les secours de ces modes imaginaires ou
péripatétiques; et surtout le grand principe du P. Malebranche, que la raison qui nous éclaire intérieurement,
que tous les hommes consultent, et qui leur répond en
tous lieux, à la Chine comme en France, en un mot,
dans laquelle nous puisons la lumière, la vérité, la sagesse, est le Dieu même que nous adorons. Ce dernier
fait est trop important, par rapport à tout ce qu'on vient
de dire, pour n'en pas donner la preuve. La voici.

M. de Cambrai, dans sa dernière lettre posthume[2],
marquant à un homme de qualité les principaux points
de la religion, qu'il est facile de se démontrer à soi-

---

[1] Cette expression du P. Malebranche ne convenait point au
P André qui ne s'en servait qu'en y ajoutant *l'être pur*.

[2] *Lettres sur la religion*, lettre VII, § 1. (Page 143 de l'edi-
tion Outhenin-Chalandre.

même, lui parle en ces termes, qu'il faut rapprocher des principes de son livre de l'*Existence de Dieu*, pour en comprendre tout le sens.

« Par exemple, dit-il, il est facile de voir que notre faible raison est à tout moment redressée au dedans de nous par une autre raison supérieure, que nous consultons et qui nous corrige. Raison, continue-t-il, que nous ne pouvons changer, parce qu'elle est immuable, et qui nous change, parce que nous en avons besoin. Tous la consultent en tous lieux; elle répond à la Chine, comme en France et dans l'Amérique. Elle ne se divise point en se communiquant; ce qu'elle me donne de sa lumière n'ôte rien à ceux qui en étaient déjà remplis; elle se prête à tout moment sans mesure, et ne s'épuise jamais. C'est un soleil dont la lumière éclaire les esprits, comme le soleil éclaire les corps. Cette lumière est éternelle et immense; elle comprend tous les temps, comme tous les lieux; elle n'est point moi, puisqu'elle me reprend et me corrige moi-même; elle est donc au-dessus de moi et au-dessus de tous les hommes faibles et imparfaits, comme[1] je le suis. Cette raison suprême, qui est la règle de la mienne; cette sagesse, de laquelle tout sage reçoit tout ce qu'il a; cette source supérieure de lumières, où nous puisons tout, est le Dieu que nous cherchons. Il est par lui-même, et nous ne sommes que par lui; il nous a faits semblables à lui, c'est-à-dire raisonnables, afin que nous puissions le connaître, comme la vérité infinie, et l'aimer, comme l'immense bonté : voilà la religion. »

On me pardonnera cet écart, qui a paru nécessaire pour faire voir dans son plein le ridicule de la calomnie. Je reviens au P. Malebranche.

---

[1] *C'est à ce mot que se termine la page* 160 *et dernière du* Mss. de Troyes.

CHAPITRE XI

Boursier publie son livre de l'*Action de Dieu* (1713). — Malebranche répond par des *Réflexions* (1715). — Sa dernière maladie. — Sa mort. — Lettre du P André au P. Lelong.

Le P. Malebranche était encore aux prises avec les jésuites, lorsqu'un nouvel ennemi le vint attaquer. C'est l'auteur inconnu[1] du fameux livre de l'*Action de Dieu sur les créatures, ou de la prémotion physique :* adversaire, il faut l'avouer, le plus redoutable qu'ait eu le P. Malebranche, depuis M. Arnauld ; bel esprit, élégant écrivain, véhément orateur, plus pénétrant même que le commun des philosophes, et plus savant que la plupart des théologiens de l'école. Venons à son ouvrage, qui a fait tant de bruit, et qui attaque le P. Malebranche avec tant de feu

On y distingue aisément deux desseins · celui de l'auteur et celui du livre. L'un et l'autre méritent d'être connus.

Le dessein de l'auteur, c'est lui-même qui nous l'apprend dans sa préface. On ne s'étendra point, dit-il, à rendre raison pourquoi on fait maintenant paraître cet ouvrage. La circonstance du temps et la situation des

[1] C'est Boursier.

affaires parlent sur cela assez hautement. Ces affaires
étaient qu'alors le roi Louis XIV, à l'instigation du P. le
Tellier, son confesseur, et de quelques prélats du royaume,
sourdement animés par ce rusé personnage, demandait à
Rome la condamnation du livre composé par le P. Quesnel, approuvé par M. le cardinal de Noailles, admiré par
tous ceux qu'on appelle jansénistes. Entre autres propositions qu'on en avait extraites pour être censurées, il y
en avait plusieurs qui regardaient l'efficacité de la grâce.
On en fut bientôt informé en France A cette nouvelle,
tous les défenseurs de la grâce efficace par elle-même
prirent l'alarme, d'autant plus qu'ils savaient parfaitement bien que les promoteurs de la censure, qui étaient
notoirement les jésuites, avaient fort souhaité d'établir
le système de leur Molina sur la ruine de celui des thomistes, leurs anciens adversaires. Voilà la circonstance
du temps qui nous découvre le dessein de l'auteur du
livre de l'*Action de Dieu*. Pendant qu'on examinait à
Rome les propositions dénoncées, il entreprit en France
de si bien appuyer la grâce efficace par elle-même. que la
constitution future n'y peut donner atteinte. Aussi, on
peut regarder son ouvrage comme un préservatif. Mais il
y a deux manières d'expliquer la grâce efficace par elle-
même :

1º Par la supériorité actuelle de ses attraits sur ceux
de la concupiscence, de sorte qu'elle entraîne invinciblement le consentement de la volonté au bien ;

2º Par la prémotion physique, c'est-à-dire par une
opération toute puissante de Dieu, surajoutée aux attraits : opération qui est telle, que non seulement elle
prévient l'action de la créature, dont elle ne dépend en
aucune façon, mais encore qu'étant une fois posée, il y a
contradiction que la créature n'agisse pas.

Le premier système est celui des deux délectations

victorieuses, et même invincibles. C'est proprement ce
qu'on appelle jansénisme sur la grâce.

Le second système est celui des thomistes et celui
qu'embrasse l'auteur, sans néanmoins tout à fait abandonner le premier. Car il prétend que dans le conflit des
deux mouvements inégaux, l'un de la grâce, et l'autre de
concupiscence, la prémotion sera toujours du côté le plus
fort. Ce qui le fait paraître assez souvent plus ami du
jansénisme qu'il ne semble le vouloir. Quoi qu'il en soit,
le dessein manifeste de son livre est de prouver, par le
raisonnement, la nécessité de la prémotion physique
pour toutes sortes d'actions, bonnes ou mauvaises. Là-
dessus il forme un plan d'ouvrage fort vaste et fort
éblouissant. Tout y entre, tout y prouve la prémotion
physique : corps, esprits, nos connaissances, nos amours,
nos vertus, nos péchés même, etc. Mais il n'est pas besoin de nous arrêter au détail de ses preuves prétendues.
Pour en donner une idée complète, il suffira de celle qui
lui est particulière, qu'il appelle une démonstration, et
sur laquelle il appuie plus que sur toutes les autres, qui,
en effet, ne sont d'aucune force. Quelle est donc cette
preuve tranchante, invincible, péremptoire, de la prémotion physique, aujourd'hui si nécessaire pour sauver la
catholicité de certaines gens ?

L'auteur la tire de la différence qu'il établit au commencement de son ouvrage, entre les modifications des
esprits et celles des corps. Son raisonnement est curieux :
il avoue d'abord, avec les cartésiens, que les modifications
des corps ne sont que des manières d'être, qui n'ajoutent
rien à leur substance. Car il est évident que les corps
n'en ont pas plus de réalité pour être en mouvement ou
en repos, pour avoir telle ou telle figure. En un mot, il
anéantit toutes les formes péripatéticiennes, qualités
occultes, accidents absolus, tous ces petits êtres ou enti-

tatules qui servent à remplir le vide de la philosophie de
l'école ; mais ce n'est que pour les reproduire dans les
esprits avec un profit tout clair pour la nature.

Car il prétend que les modifications des esprits sont de
nouveaux degrés d'être, surajoutés à leur substance par
une espèce de création. Ainsi, une connaissance que j'ac-
quiers, un amour qui naît dans mon cœur, un acte que
je forme, une sensation, un plaisir, une douleur qui me
survient, sont autant de réalités nouvelles qui augmen-
tent véritablement, qui étendent, qui amplifient l'être de
mon âme. C'est ce que l'auteur appelle une vérité riche
et féconde, et qui donne le jour à tant d'autres. La raison qu'il en donne lui paraît évidente : c'est que la matière ayant des parties réellement distinctes, les divers
arrangements de ces parties y peuvent causer des chan-
gements réels, sans y introduire aucun être nouveau.
Mais il n'en est pas de même de notre âme. Étant une et
simple, elle ne peut recevoir aucun changement, sans
acquérir ou perdre quelque réalité, quelque degré d'être
Or, si cela est vrai, la prémotion physique est démontrée,
car certainement il n'y a que Dieu qui puisse créer dans
la nature de ces nouveaux degrés d'être, qui augmen-
tent, qui amplifient la réalité des substances.

La suite du système répond au commencement. C'est
Dieu qui fait tout, et même le consentement libre de nos
volontés, par une opération invincible. En un mot, il
semble que l'auteur ne reconnaisse qu'un seul attribut
régnant, qui est la toute-puissance, quoiqu'il retienne
fort exactement les noms de tous les autres ; mais ne
nous arrêtons plus qu'à ce qu'il dit par rapport au
P. Malebranche. Voyons en quoi il convient avec lui, et
en quoi il en diffère.

Il convient avec le P. Malebranche que nous voyons en
Dieu les idées de toutes les choses, que nous connaissons

l'idée même de la matière ou des corps, qu'il appelle, comme lui, l'étendue intelligible. Mais il va plus loin : il prétend que nous avons aussi une idée claire de notre âme, et par conséquent que nous la voyons aussi en Dieu ; ce qui lui était nécessaire pour justifier le ton décisif, avec lequel il parle de sa nature et de ses opérations.

Il convient avec le P Malebranche que Dieu renferme dans son essence infinie les vérités spéculatives, qui sont les règles éternelles de ses jugements comme des nôtres; les vérités de géométrie, par exemple, dans l'étendue intelligible. Mais il en demeure là. Il ne reconnaît point, par rapport à Dieu, des vérités éternelles pratiques, ou qui soient les règles de ses volontés. Il soutient, au contraire, que tout ce que Dieu veut est saint, précisément parce qu'il le veut ; sage, parce qu'il le veut ; juste, parce qu'il le veut. Point d'ordre immuable, point de loi éternelle qui le dirige dans sa conduite; point de raison qui détermine sa volonté, ni dans ses desseins, ni dans ses voies. Ainsi, quand on nous demande pourquoi Dieu a voulu telle ou telle chose, il faut répondre hardiment qu'il l'a voulu, parce qu'il l'a voulu.

Il convient avec le P. Malebranche que les créatures ne sont que des causes purement occasionnelles à l'égard des effets qu'elles semblent produire hors d'elles-mêmes: l'âme sur le corps, par exemple, et les corps les uns sur les autres. Mais il l'abandonne sur les lois générales, soit dans l'ordre de la nature, soit dans l'ordre de la grâce. Il dit que Dieu fait tout par des volontés particulières, les monstres les plus difformes, comme les animaux les plus régulièrement formés. Il veut en Dieu des décrets absolus pour tout ce qui arrive, pour la réprobation de Judas comme pour la prédestination de saint Pierre; pour refuser à une partie des anges la prémotion qui leur était

nécessaire pour persévérer dans la justice, comme pour
la donner aux autres ; pour opérer le consentement au
péché dans un impie, comme pour produire dans l'humanité sainte du Verbe les actes les plus sublimes d'une
vertu plus qu'humaine.

Enfin, l'auteur du livre de l'*Action de Dieu* combat le
P. Malebranche sur bien d'autres chefs, ainsi qu'on le
verra dans la suite, mais principalement sur la nécessité
de l'Incarnation, sur la manière dont l'âme sainte de
Jésus-Christ, le vrai Salomon, est déterminée dans le
choix des matériaux qu'elle emploie dans la construction
du temple éternel. sur les lois générales que Dieu suit
ordinairement dans l'ordre de la grâce, comme dans celui
de la nature. C'est là-dessus que l'auteur sonne vigoureu-
sement le tocsin sur le P. Malebranche, à l'exemple de
M. Arnauld, dont il copie les critiques avec tant de fidélité qu'il en imite jusqu'aux brouilleries, et qu'il en
combat jusqu'aux fantômes avec la contenance la plus
triomphante. Voilà pour la matière de son ouvrage.

La forme qu'il y a donnée contient deux choses remarquables, on peut dire même extraordinaires : la méthode
et le style. Comme il ne vise à rien moins qu'à démontrer la prémotion physique, il affecte fort sérieusement la
méthode des géomètres. On ne voit à l'entrée des questions que demandes, axiomes, lemmes, théorèmes, corol-
laires, qui aboutissent enfin à une démonstration en
forme, où il emploie même souvent, pour comble d'érudition mathématique, des expressions d'algèbre. L'étalage
est sans doute fort beau à l'œil ; mais quand on ne juge
pas de la pièce pour la décoration, il paraît que cette
méthode ne convient ni à la matière ni à la personne de
l'auteur, pour des raisons qu'on laissera dire au P. Malebranche.

A l'égard de son style, on lui doit rendre cette justice

qu'à tout prendre il est parfaitement beau , d'une imagination vive, d'un goût fort brillant, d'un goût exquis ,
neuf dans ses tours, pur dans son langage, aisé, rond,
.ferme, nerveux, assez varié, fort travaillé, plein d'éloquence dans tous les endroits qui en sont, ou qu'il a su,
par son adresse, en rendre susceptibles.

Tant de qualités brillantes, réunies dans un ouvrage ,
ne pouvaient manquer de lui donner succès. Mais il y
avait plus. L'auteur défendait la grâce efficace par elle-
même, nom seul capable de le faire applaudir par une
foule de théologiens. Il combattait à outrance le nouveau
pélagianisme de Molina, ce qui n'était pas un titre moins
favorable pour avoir les suffrages du public. Il employait
un moyen encore plus sûr . il s'appuyait partout de saint
Augustin, autorité si respectable, si respectée par tous les
bons catholiques. Enfin, cet ouvrage venait tout à propos
pour être applaudi et vanté; car il parut vers la fin de
1713, dans le temps même que la fameuse bulle *Unigenitus,* obtenue par les molinistes, arrivait en France[1]. On
en fit deux éditions à la fois[2]: l'une in-4°, l'autre in-12,
en six volumes, qui furent en moins de rien débitées
par tout le royaume. Les thomistes le vantèrent comme
le boucher de leur école; les jansénistes l'admiraient
comme un livre envoyé du ciel pour sauver leur grâce
efficace par elle-même: c'était, en un mot, à qui le ferait
plus valoir. La disposition des esprits lui était d'ailleurs
fort avantageuse. Le P le Tellier, qui passait alors pour
le chef des molinistes, avait irrité toute la terre par ses

---

[1] Le P. André était à Rouen , ou il finissait son cours de philosophie, lorsque la Constitution arriva

[2] Le P. Fouquet de l'Oratoire avait envoyé le manuscrit au
P. Quesnel en Hollande pour l'y faire imprimer. Le P. Quesnel
le donna à examiner à M.-Petitpied, qui voulut bien se charger
de l'édition L'ouvrage parut avec approbation et privilège.

violences, par la barbare exécution de Port-Royal, par les coups terribles qu'il avait portés au cardinal de Noailles, par les rigueurs exercées contre tant d'autres personnes, par les exils, par les emprisonnements, par les proscriptions les plus odieuses, et en dernier lieu, par la dernière Constitution qui causa d'abord en France un soulèvement presque général. Cette aversion du public pour le chef des molinistes, n'avançait pas les affaires du molinisme. En un mot, on fut ravi de voir paraître un ouvrage qui battait les jésuites, ou plutôt le système qu'ils semblaient vouloir établir, par autorité du roi et du pape, sur la ruine de tous les autres.

Le P. Malebranche se ressentit bientôt du grand succès qu'on donnait au livre de l'*Action de Dieu*. On se souvenait encore que M. Arnauld l'appelait autrefois le nouveau protecteur de la grâce molinienne; on voyait que l'auteur le mettait sans façon, avec les molinistes, au nombre des partisans de la grâce versatile. C'est son terme favori pour donner un air de ridicule aux sentiments qu'il attaque. Les jansénistes, qui ne lui avaient jamais pardonné ni son *Traité de la nature et de la grâce*, ni ses réponses à M. Arnauld, si fortes contre leur doctrine, crurent la conjoncture favorable pour lui témoigner leur ressentiment. Ils remarquèrent, et ils firent remarquer tous les endroits du livre qui le regardaient, principalement l'article des lois générales. Comme il y a peu de personnes qui aient assez d'esprit ou de pénétration, pour embrasser ce grand système dans toute son étendue, cela ne manqua point de produire son effet. M. Arnauld, dont l'auteur ne fait qu'abréger les critiques, triompha donc encore une fois du P. Malebranche; mais son triomphe ne dura pas longtemps. On fit voir que le copiste, un peu trop fidèle, ne prenait pas mieux que son original les sentiments de son adversaire. On n'en de-

meura point là. Les amis du P. Malebranche entreprirent de le déterminer à une réponse par écrit. Il n'y
a sorte de motifs qu'on ne lui apportât pour l'y résoudre :
mais il avait toujours mille excuses pour ne pas écrire ;
et en ce temps-là il faut avouer qu'il en avait de fort
bonnes raisons : une santé faible, un âge fort avancé, une
mort prochaine. Il sentait son juge à sa porte, et il ne songeait plus qu'à lui répondre. D'ailleurs, le livre qui lui
déclarait la guerre ne se soutenait que par la beauté du
style, par la nouveauté de l'entreprise, et par le mouvement extraordinaire que la nouvelle bulle avait excité
dans les esprits. Le P. Malebranche ne l'ignorait pas. Il
savait de plus que l'auteur, quoique élégant écrivain,
était fort ennuyeux par bien des endroits, par sa matière
qui est abstraite, par sa méthode qui est sèche, par ses
sentiments qui sont durs, par ses preuves qui sont faibles, par ses écarts qui sont trop fréquents, par son obscurité lorsqu'il pose ses principes, par son embarras
lorsqu'il répond aux difficultés, et surtout par la longueur de son ouvrage, qui est énorme, par rapport à son
dessein. Enfin, l'auteur ne faisant que répéter de vieilles
objections, qu'était-il besoin de lui opposer de nouvelles
réponses ?

Nonobstant toutes ces raisons, les amis du P. Malebranche lui firent tant d'instances réitérées, qu'il se
rendit à leurs désirs. Mais, comme il se sentait trop
infirme pour entreprendre un ouvrage de longue haleine,
il se contenta de faire quelques réflexions sur divers endroits du livre de la *Prémotion physique*. C'eût encore été
une grande affaire de suivre l'auteur dans toutes les obscurités où il s'enveloppe. C'est pourquoi le P. Malebranche ne s'arrête qu'aux points capitaux de sa doctrine, à le combattre dans ses principes, et à éclairer les
matières plutôt qu'à réfuter, pied à pied, son nouvel

11

agresseur : en un mot, il observe constamment jusqu'à
la fin sa belle maxime, qui est, en se défendant, de songer
moins à son honneur qu'à l'utilité publique. On sera
sans doute bien aisé d'avoir ici l'analyse de ce dernier
ouvrage du P. Malebranche, quoiqu'il ne soit pas, du
moins pour le style, de la force des premiers. C'est
comme son testament sur presque toutes les grandes matières qu'il a traitées, principalement sur la grâce. Mais
avant que d'en rapporter les articles, il me paraît à propos d'exposer les plus fameux systèmes qui aient eu
cours dans l'Église depuis le concile de Trente, sur cette
importante matière, de peur que par ignorance ou par
malice on n'aille confondre celui du P. Malebranche avec
aucun des autres. Or il y en a trois principaux, que voici
en abrégé :

1º Celui de Jansénius, qui veut que la grâce nécessaire
pour faire le bien soit invincible, et même irrésistible :
c'est-à-dire, qu'elle nous ôte le pouvoir actuel et prochain d'y résister. On en a parlé ailleurs assez au long ;

2º Celui des thomistes ou d'Alvarès, qui soutient la
nécessité d'une grâce physiquement prédominante, pour
nous faire faire le bien : c'est-à-dire, qui est telle que,
lorsqu'elle est donnée, il y a contradiction que la volonté n'y consente pas, parce qu'elle donne l'acte même
du consentement, mais sans nous ôter néanmoins le plein
pouvoir de n'y pas consentir. On en parlera dans la suite
plus amplement ;

3º Celui de Molina, dont les principes sont que nous
avons dans l'état de péché, où nous sommes, les mêmes
forces naturelles pour faire le bien que nous aurions dans
l'état de pure nature, où nous naîtrions sans péché : que
par conséquent nous pouvons, par les seules forces de
notre libre arbitre, produire, quant à la substance, les
actes des plus héroïques vertus: croire en Dieu, espérer

en lui, l'aimer par-dessus toutes choses, vaincre les ten-
tations les plus violentes, etc. Que cependant la grâce
nous est nécessaire, non pas, comme on le voit assez,
pour produire ces actes vertueux, mais pour les produire
plus facilement, plus constamment, et surtout pour leur
donner la surnaturalité requise, afin qu'ils aient une
juste proportion avec notre fin, qui est surnaturelle :
que la grâce dépend du libre arbitre, non seulement pour
être efficace, lorsqu'on l'a, mais encore pour être donnée,
lorsqu'on ne l'a point; ce qui arrive, dit-il, en vertu
d'une loi passée entre le Père éternel et Jésus-Christ,
notre médiateur, par laquelle il est arrêté que Dieu donnerait sa grâce à quiconque s'y disposerait, par le bon
usage de son libre arbitre, et avec ses forces naturelles :
enfin, que notre libre arbitre est si fort, qu'il peut de
lui même désirer la grâce, la demander à Dieu, s'y rendre
propre en quelque manière et s'y préparer, de sorte
qu'elle nous soit donnée plus facilement, selon le cours
ordinaire de la Providence. Mais ce qu'il y a d'essentiel
dans le système de Molina, par rapport à la matière
dont il s'agit, c'est que la grâce ne détermine pas la volonté, qu'il n'est pas même besoin qu'elle prévienne
d'aucun instant réel notre consentement, et que son efficace, et, comme parlent quelques-uns de ses disciples, sa
congruité ne vient pas de la grandeur de sa force intrin-
sèque, mais seulement des circonstances favorables où
elle est donnée, et dans lesquelles Dieu a prévu qu'elle
aurait son effet.

Ainsi, le premier système donne visiblement atteinte
au libre arbitre; le second ne semble en retenir que
le nom; le troisième retient la chose et au delà, mais aux
dépens de la grâce. Il en faut donc un quatrième, qui ne
blesse ni l'un ni l'autre, selon la sage règle de saint Augustin : *Ne sic defendamus gratiam ut liberum arbitrium*

*auferre videamur : rursus ne liberum sic asseramus arbitrium,
ut superba impietate ingrati Dei gratiæ judicemur.*

Les *Réflexions* [1] du P. Malebranche sur le livre de l'*Action de Dieu* commencent d'abord d'un style qui sent
un peu son vieillard ; mais peu à peu sa plume s'anime
sous sa main, et lui fournit souvent des traits qui font
reconnaître encore l'auteur de la *Recherche de la vérité*.
Mais à quoi on le reconnaît beaucoup mieux, c'est à la
force de son esprit, qui ne se dément jamais; à la profondeur de ses pensées, qui vont toujours aux premiers
principes; à la justesse de son bon sens, qui sait à propos
s'arrêter aux barrières que Dieu a mises à notre raison;
à la précision théologique, avec laquelle il discerne, en
matière de foi, ce qui appartient au dogme de ce qui
n'est qu'opinion; à sa modestie enfin, et surtout à l'é-
quité, à la modération, à la charité de sa conduite è
l'égard de son adversaire : car, quoiqu'il infère assez
clairement bien des hérésies du livre de l'*Action de Dieu,*
il déclare partout que son intention n'est pas de faire passer
l'auteur pour hérétique, ni même de rendre sa foi suspecte.
Ainsi la charité adoucit ce que la nécessité oblige de dire.

Tel est le caractère des *Réflexions* du P. Malebranche.
Il douta longtemps [2] s'il les ferait imprimer, car il était
arrivé au livre de l'*Action de Dieu,* ce qui arrive d'ordinaire à tous les ouvrages bien écrits que la raison ne
soutient pas; il avait d'abord ébloui par son éloquence;
il était tombé ensuite par la faiblesse de ses raisonne-

----

[1] *L'analyse de ce dernier ouvrage de Malebranche s'étend de
la page 951 à la page 992 du manuscrit d'André.*

[2] *Mon écrit sur la prémotion physique n'avance guère, écrivait-il à son ami M. Berrand, et quand même il serait fait je
ne croirais pas le devoir faire imprimer.* (Corresp. inéd., p. 2).
— *Voir aussi la lettre XVe au P. André.* (Charma et Mancel,
I, 81.)

ments. Un livre ainsi réfuté, n'avait donc plus besoin de
l'être. D'ailleurs le P. Malebranche ne trouvait pas le
sien assez travaillé, pour mériter l'attention du public.
Un de ses amis en porta un jugement plus favorable : il
lui emprunta son manuscrit; il le donna aux reviseurs;
l'imprimeur fit le reste. Les *Réflexions* parurent au mois
de mai 1715; elles arrivèrent fort à propos. Le livre de la
Prémotion physique s'était relevé par un effet assez ordinaire de la bizarrerie de l'esprit humain. Le roi, pressé
par les molinistes, ou par leurs fauteurs alors en grand
nombre, s'avisa d'en interdire le débit. On en venait de
faire une seconde édition, dont le libraire était fort embarrassé; mais la défense du roi raccommoda tout. La curiosité du public se réveilla, on enleva l'édition, et les
molinistes eurent le chagrin d'avoir commis l'autorité
royale aux dépens de Molina. Car l'endroit du livre qui
regarde cet auteur fut le plus goûté de tous. Mais ce
vain succès ne dura pas longtemps. La *Prémotion physique* retomba : et on la vit contrainte, pour se relever, de
rentrer dans les écoles, d'où elle était imprudemment
sortie. On ne douta pas que les *Réflexions* du P. Malebranche n'aient beaucoup contribué à ce nouveau décri
où tomba l'ouvrage de son adversaire : quoi qu'il en soit,
elles furent bien vendues; mais elles produisirent des
effets fort différents, selon la différence des lecteurs
qu'elles rencontrèrent. Là-dessus voici un fait qui m'a
paru digne d'être rapporté. Un janséniste les ayant lues,
y voyant sa doctrine réfutée, y crut voir des hérésies Il
montra même à M. l'abbé de Marbeuf[1], ami du P. Malebranche, une moitié de phrase qu'il prétendait être une

---

[1] *On sait peu de chose sur cet ami de Malebranche des derniers temps. Il était breton et avait fait ses études à Saint-Magloire; mais il ne semble pas qu'il soit jamais entré à l'Oratoire.*

erreur pire que pélagienne, en disant qu'il n'y avait pas
de jésuite au monde qui l'osât soutenir. On eut beau lui
dire qu'il ne fallait pas mutiler les auteurs, pour les
rendre difformes : il s'obstina, il cria, il s'agita; il ne
voulut rien entendre. M. de Marbœuf, un peu chagrin,
alla le même jour aux Pères de l'Oratoire. Il y trouva de
quoi se consoler. Un jésuite, à qui le P. Lelong avait
envoyé un exemplaire des *Réflexions* de la part de l'auteur, l'en étant venu remercier, lui avait dit que le sentiment qu'enseigne le P. Malebranche sur la grâce lui
aurait paru calviniste, s'il n'y avait trouvé une proposition qu'il marqua. C'était justement l'erreur pire que
pélagienne, que le janséniste avait prétendu qu'aucun
jésuite au monde n'oserait soutenir.

Voilà comme on lit les auteurs, chacun avec ses préventions, et déterminé à proscrire tout ce qui n'y est
pas conforme. Je ne doute pas même que le fait qu'on
vient de rapporter ne soit interprété diversement par divers lecteurs. Les uns en concluront qu'il faut que le
P. Malebranche se contredise, puisqu'on y trouve des
opinions contradictoires ; d'autres, qu'il faut du moins
qu'il ait parlé bien obscurément, puisqu'on lui fait dire
tout ce qu'on veut. Mais les esprits justes, attentifs, pénétrants, verront peut-être que c'est qu'il a rencontré le
milieu catholique entre le jansénisme et le molinisme :
deux partis, dont on sait que le propre caractère est de qualifier d'hérétiques toutes les vérités qui les combattent[1].

---

[1] Le P. Malebranche voulut engager le P. André à écrire contre
le livre *De l'action de Dieu* pour faire sa paix avec sa compagnie, ajoutant que cela n'était pas difficile. Celui-ci répondit qu'il
n'avait point de temps à perdre à de pareils ouvrages. Qu'il n'aimait point assez les réfutations, et que c'était tout ce qu'il pourrait faire pour se défendre s'il était attaqué. — *Voir la XIV° lettre
du P. Malebranche à André*. (Charma et Mancel, I, p. 80.)

On sera sans doute bien aise de savoir quel fut le sentiment du P. Malebranche sur la fameuse Constitution qui trouble aujourd'hui l'Église. Quoique dans son particulier fort mécontent du P. Quesnel, qui avait eu tant de part au méchant procès que lui fit M. Arnauld, il entra un peu d'abord dans le soulèvement presque général qu'elle causa en France; mais sitôt qu'il la vit acceptée par le plus grand nombre des évêques, il se rendit sans peine à la plus grande autorité; il regarda cette acceptation comme le sceau de l'Église, qu'on ne peut rompre sans se perdre.

Le P. Malebranche ne survécut guère à l'impression de son dernier ouvrage. Il y avait longtemps que ses infirmités l'avertissaient de penser à la mort. Son grand âge était encore un autre moniteur qui la lui mettait sans cesse devant les yeux, et sans parler de ses conversations, je trouve dans ses lettres qu'il était docile à la voix de ces prédicateurs domestiques. Un des motifs qui l'avait porté à faire ses *Entretiens sur la mort*, était de s'en rendre la pensée familière. « J'y veux penser, disait-il, et y faire penser. » Mais surtout les dernières années de sa vie en furent une méditation continuelle. C'est une des raisons qu'il apportait à ses amis, pour se dispenser d'écrire; ayant appris sur la fin de 1714, que les jésuites avaient engagé un de leurs Pères [1], autrefois de

---

[1] Le P du Tertre avait connu autrefois le P. Malebranche et lui faisait des visites, avait-on dit au P. André Il écrivit contre lui la *Réfutation d'un nouveau système de métaphysique proposé par le P. Malebranche, auteur de la* Recherche de la vérité, chez la veuve de Raymond Mazières, libraire à Paris Voir le *Journal de Trévoux*, juillet 1715, après l'errata Ce Père envoya son livre au P. André, le priant de lui dire ce qu'il en pensait, l'autre répondit à peu près : « Je vous remercie de m'avoir envoyé votre ouvrage; vous me demandez mon avis, vous m'en dispenserez s'il vous plaît, de peur de commettre la vérité avec la sincérité. » Le livre ne lui fit aucun honneur, même dans sa

ses défenseurs, à le combattre par un livre public, et
qu'ils en triomphaient déjà par avance avec leurs confidents : « Qu'ils triomphent, répondit-il, je ne leur envie
point cet honneur, pourvu que la vérité triomphe avec
eux : mais à l'âge où je suis, mon temps ne doit pas
être employé à des disputes. » C'est aussi la raison pourquoi il ne s'était point amusé à relever toutes les chicanes de l'auteur de la *Prémotion physique*. Et, afin de se
moins détourner de la pensée qui faisait alors sa principale occupation, il avait pris le parti de ne plus rendre
de visites. « Il faut en tout temps, disait-il en écrivant à
un ami de cinquante années, penser à mourir *in osculo
Domini;* mais bien plus lorsqu'on est à mon âge. Priez
le Seigneur, mon cher et ancien ami, qu'il rende éternelle, notre amitié et notre union en Jésus-Christ, dont
il a eu la bonté de nous faire membres. »

C'étaient les sentiments où se trouvait le P. Malebranche, lorsqu'il fut atteint de la maladie dont il
mourut. Ce fut à la campagne [1] où il était allé, tant pour
se remettre d'une indisposition, qui l'avait fort travaillé
pendant l'hiver, que pour se délivrer du tumulte de

compagnie; on en estima davantage le P. André. Tous les Pères
qui passaient par Alençon le complimentaient beaucoup en l'assurant qu'on faisait beaucoup plus d'estime dans la compagnie
de sa fermeté que de l'instabilité du P. du Tertre. On le plaignait seulement d'être dans l'erreur. Mais plusieurs d'entre eux,
gens d'esprit, lui faisaient entendre qu'il pourrait bien avoir
raison. Le P. du Tertre se fâcha de la lettre du P. André; il lui
répondit en le traitant d'opiniâtre. Le P. André ne répondit pas.
Le style du P. du Tertre paraissait bien médiocre en comparaison
de celui du P. Malebranche dont il avait cité mal à propos des
passages entiers. Il n'en usa pas de même en répondant au livre
De la prémotion physique. Le P. du Tertre n'a brillé nulle part.
Il était cependant bon métaphysique, mais un peu pointilleux au
commencement.

[1] A *Villeneuve-Saint-Georges (Seine-et-Oise, canton de Boissy-
Saint-Léger* , chez son ami le président de *Metz*.

Paris, qui lui donnait toujours plus de distraction qu'il
n'eût souhaité. Il ne faisait que languir depuis quelques
années. « *Labor et dolor,* disait-il dans une lettre . c'est
tout ce qui me reste de la vie, » avouant néanmoins qu'il
se portait toujours assez bien, eu égard au peu d'usage
qu'il faisait de la santé. Cette langueur, qui le minait
depuis longtemps, se tourna tout d'un coup en maladie
sérieuse, le 20 juin 1715, jour du Saint-Sacrement. Il
célébrait actuellement les saints Mystères, car il n'écoutait
point ses infirmités, lorsqu'il s'agissait de satisfaire sa dévotion. Mais au commencement du canon de la messe il fut
saisi d'une défaillance qui l'obligea de discontinuer. Il ne
put jamais se résoudre à laisser passer un si bon jour,
sans recevoir le corps adorable de son divin Maître. Ne
pouvant continuer la sainte messe, il voulut entendre
celle qui se dit aussitôt dans la même église, et il y
communia avec une piété qui édifia tous les assistants.
Trois jours après, on le transporta à Paris. Le R. P. de
la Tour, général de l'Oratoire, en fit avertir incontinent
M. l'abbé de Marbeuf. Cet abbé, qui avait un attachement particulier pour la personne du P. Malebranche, se
rendit à Saint-Honoré. Il le trouva dans les ardeurs de
la fièvre. Mais son esprit n'en étant que plus vif et plus
gai, le P. Malebranche parla une heure durant sur divers
sujets de philosophie qui tombèrent dans le discours, et
même avec plus d'enjouement qu'il ne faisait en pleine
santé. Le R. P. général étant survenu, et le voyant en si
belle humeur, lui demanda son avis sur quelques nouvelles opinions de physique dont on disputait alors. Le
P. Malebranche y répondit, et traita la matière avec
toute l'étendue et la méthode qu'il aurait pu faire dans
une assemblée de l'Académie royale. On fut même obligé
de l'avertir qu'il ne se souvenait plus qu'il était malade.
La force qu'on lui voyait donna quelque espérance à ses

confrères. Mais il ne se flatta point : il songea à se
mettre en état de paraître devant Dieu. Il demanda son
confesseur. M. l'abbé de Marbeuf l'étant revenu voir le
lendemain, le P. Malebranche lui dit positivement qu'on
avait beau le flatter, qu'il ne relèverait point de cette
maladie, et qu'il songeait à paraître devant son juge.
L'abbé lui répliqua qu'un homme comme lui ne devait
pas s'attendre qu'on l'avertît du danger où il était, parce
qu'on était persuadé qu'il le connaîtrait mieux que personne. « Oui, dit-il encore une fois, j'en suis convaincu :
ma fin approche, il faut s'y préparer. » M. de Marbeuf,
lui ayant répondu que la vie innocente qu'il avait menée
dès sa plus tendre jeunesse, et l'emploi si utile qu'il
avait fait de son temps pour l'intérêt de la vérité, lui devait être un grand sujet de confiance en Dieu : « Ah !
Monsieur, dit-il aussitôt en levant les yeux au ciel, que
de négligences dans la vie ! que de négligences ! » L'abbé
lui ayant ensuite parlé de la beauté de ses ouvrages et
de leur utilité. « Hélas ! Monsieur, reprit le P. Malebranche en l'interrompant, quand nous faisons quelque
chose de bien, le démon est toujours le premier à nous le
dire. » On voit assez le sens de sa réponse, mais je crois
devoir ajouter que je sais, par mon expérience, qu'il se
fâchait tout de bon, lorsqu'on lui donnait les éloges qu'il
méritait le plus[1].

[1] Voir, *Lettre sur le P Malebranche*, année 1715, *Journal des
savants*, in-4°, p. 656 « Jamais, dit un homme qui l'avait bien
connu (le P Malebranche), il n'y eut un savant plus accommodant, moins critique et moins jaloux. Cet auteur, si profond et
si élevé dans ses méditations, était dans la conversation d'une
simplicité charmante, agréable, ouvert, ingénu, familier, modeste, ne s'apercevant ni de son mérite ni de sa réputation, regardant l'estime qu'on lui témoignait comme une pure faveur,
supportant les défauts de ses amis, écoutant leurs moindres
difficultés sans leur en faire sentir le faible autrement que par
la raison. »

Après cet entretien, il demanda avec empressement
les sacrements de l'Église, et il les reçut avec une présence d'esprit, une tranquillité d'âme, un recueillement
profond ; en un mot, disait un Père de l'Oratoire qui en
avait été témoin, avec cette piété vive et tendre qu'on lui
voyait en célébrant les divins mystères.

Aussitôt que sa maladie fut connue dans Paris, plusieurs personnes de distinction envoyèrent demander de
ses nouvelles. D'autres le vinrent voir : ses amis principalement ne l'abandonnaient pas. Mais, se trouvant importuné d'un si grand nombre de visites, il pria qu'on ne
laissât plus entrer dans sa chambre que ceux dont les
discours le pourraient édifier. Car il était dans un état
accablant : un épuisement général, avec des douleurs
fort aiguës, ne lui laissait pas un moment de relâche.
Dès qu'il se vit en liberté, il ne s'occupa plus que de l'éternité : ses entretiens ordinaires étaient avec Dieu et avec
Notre-Seigneur Jésus-Christ. Toutes les vérités de la religion dont il s'était rempli par une méditation continuelle,
lui revenaient sans cesse dans l'esprit et le consolaient.
Mais sa plus grande consolation dans ses vives douleurs
était la vue de son crucifix, qu'il avait toujours eu dans
les mains, ou auprès de lui, pour se fortifier par l'exemple
d'un Dieu mourant, contre les frayeurs de la mort.
Comme il ne pouvait presque plus s'appliquer, cette vue
lui tenait lieu de méditation. Un jour, que M. l'abbé de
Marbeuf l'était allé voir, pour s'informer de l'état où il
se trouvait : « Hélas ! dit-il, je ne pense plus . et, lui
montrant son crucifix, tout ce que je puis faire, c'est de
m'adresser au Sauveur des pécheurs Je lui dis · Vous
êtes le Sauveur des pécheurs, je suis un grand pécheur.
Vous êtes donc mon Sauveur » L'abbé admira la force
des habitudes, qui faisait conserver au P. Malebranche
l'esprit de raisonnement jusqu'à la mort. On en fit la

même remarque en plusieurs autres rencontres. Comme ses douleurs aiguës attiraient malgré lui son attention sur l'état de son corps, on l'entendait souvent raisonner sur les dérangements des ressorts qui composent le corps humain, sur le cours des humeurs qui en entretiennent l'harmonie et le concert, sur la cause de sa maladie, et sur les remèdes qu'on y pouvait appliquer. Mais il revenait bientôt à ses deux grands objets : Dieu et l'Homme-Dieu. Pour suppléer à la méditation, qui avait été autrefois ses délices, il se faisait faire de bonnes lectures, autant que son attention le pouvait permettre. Il dura près de quatre mois dans cet état, toujours souffrant, et toujours patient. Car, quoique livré aux plus cruelles douleurs, il ne souhaitait pas tant de mourir que de souffrir, afin, disait-il, de prolonger son sacrifice, et de n'avoir plus rien à expier dans l'autre monde.

Il eut le bonheur d'avoir des amis qui entrèrent dans ses vues, sans parler de ses confrères dont on connaît l'esprit de piété. M. de Marbœuf avait soin de le faire souvenir de tout ce qu'on lui avait reproché pendant sa vie, afin qu'il l'expiât par la pénitence. Il répondit à tout en détestant ses véritables péchés, qu'il avouait être en grand nombre, et en pardonnant ceux qu'on lui avait imposés, à ses calomniateurs, qui étaient peut-être encore en plus grand nombre. L'amitié chrétienne est plus hardie que les amitiés du monde. L'abbé ne se contenta pas de lui parler en général, il entra dans le détail, et comme il avait souvent ouï dire aux jansénistes que le P. Malebranche avait écrit trop vivement contre M. Arnauld, il demanda au malade s'il ne sentait aucune peine là-dessus? A cette question, le P. Malebranche garda un instant le silence, pour se rappeler toute sa conduite : après quoi, levant les yeux au ciel vers le témoin de son innocence, il répondit que non; mais qu'il croyait qu'il était

avantageux que M. Arnauld l'eût attaqué, parce que
cette dispute lui avait donné lieu d'éclaircir bien des
vérités, qu'il était important qui fussent connues.

L'abbé de Marbeuf n'avait point attendu à voir le
P. Malebranche au lit de mort, pour lui dire la vérité; il
lui fait avait la même demande quelque temps avant sa
maladie, et le P Malebranche lui avait fait la même réponse,
ajoutant qu'il ne convient pas de faire les stoïciens lorsqu'on
nous attaque sur la religion. Ainsi l'abbé ne l'importuna
plus. Le P. Malebranche continua de donner chaque jour
et presque sans interruption des marques de sa profonde
piété, jusqu'au dix ou onzième d'octobre, qu'il demeura
immobile, mais ayant toujours un parfait usage de la raison. Il fut deux jours dans cet état; après quoi il passa de
cette vie à une meilleure, sans fièvre, sans fluxion, sans
obstruction, sans agonie, par pure défaillance de nature [1].

Ainsi mourut Nicolas Malebranche, le 13 octobre 1715,
dans la soixante-dix-huitième année de son âge, la cin-
quante-cinquième depuis son entrée à l'Oratoire, la qua-
rante-deuxième depuis la première édition de la *Recherche
de la vérité*. Il avait eu diverses fortunes dans sa Congrégation   infiniment estimé jusqu'à sa dispute contre
M. Arnauld, persécuté [1] ensuite plusieurs années durant,
honoré enfin sur la fin de ses jours, mais toujours plus
honoré que suivi, car il y a peu de gens qui méditent [2].

---

[1] *On ne voit pas, dans tout ce récit, où il y aurait place pour
l'anecdote courante qui fait mourir Malebranche pour s'être
trop échauffé dans une discussion avec Berkeley. Il paraît donc
bien qu'il faut la reléguer dans le domaine de la légende, avec
bien d'autres historiettes où souvent le grand méditatif joue
un rôle ridicule et qui ne méritent pas d'être citées.*

[2] *Voir la note de la page 96.*

[3] *Il était .., continue encore le manuscrit, mais le portrait
final de Malebranche, qui commençait par ces mots, manque
Nous avons pensé y suppléer en reproduisant, bien qu'elle ait
été déjà publiée, la belle lettre qu'écrivit le P. André au P. Lelong
en apprenant la mort de Malebranche   Voir II parti*

LETTRE DU P. ANDRÉ

SUR LA MORT DE MALEBRANCHE

« Monsieur,

« La mort du R. P. Malebranche m'a plongé dans la
dernière affliction ; et si lui-même avant de nous quitter
ne m'eût procuré l'honneur de votre connaissance, je
vous avoue que je serais tout à fait inconsolable. Mais si
je suis extrêmement touché de la perte que j'y fais, je ne
le suis pas moins de celle du public qui nous doit être
particulière par le zèle que nous devons tous avoir pour
l'intérêt commun.

« En effet, Monsieur, pourvu que l'on soit homme,
peut-on sans la plus vive douleur se voir enlever un
mérite si rare et si généralement utile ? Pour moi, de
quelque côté que je le regarde, je n'y aperçois que matière de regret. Dans ses écrits, quelle aimable simplicité, jointe à la profondeur et à la sublimité la plus
étonnante ! Soit qu'il entreprenne de confondre l'erreur,
ou d'établir la vérité, quelle force dans ses raisonnements ! quelle politesse dans ses tours ! quelle pureté,
quelle noblesse dans son langage ! quelle pénétration dans
ses découvertes ! quelle netteté dans ses expositions !
partout quelle droiture de sens, quelle étendue d'esprit,
quelle suite, quelle méthode, quelle unité de principes !
Si peu qu'on ait d'ouverture pour les matières qu'il traite,
n'en est-on pas charmé ? Quelle justesse de goût dans le
discernement du vrai et du faux, dans les jugements
qu'il porte des sciences frivoles et des solides, dans les

différences qu'il apprend à mettre entre les bons et les mauvais auteurs, et enfin dans le choix qu'il fait lui-même des termes les plus propres pour répandre la lumière dans tous les esprits attentifs!

« Oui, Monsieur, je le demande à toute la terre, fut-il jamais un écrivain qui sut si parfaitement que le P. Malebranche l'art de rendre sensibles les vérités les plus élevées au-dessus des sens, de mettre les matières les plus abstraites à la portée des génies les plus communs, de répandre des couleurs agréables sur les objets les plus rebutants à l'homme corrompu, et d'intéresser le cœur même aux choses qui lui sont les plus naturellement indifférentes? Tout semble changer de nature en passant par ses mains. L'intelligible devient presque visible : les vérités les plus anciennes y acquièrent une grâce nouvelle et les plus communes un agrément tout singulier; si j'en dis trop, je veux bien que l'on me contredise. Mais une des choses que j'admire le plus dans ses livres, c'est le talent qu'il a de former l'esprit et de l'étendre, d'élever l'âme de ses lecteurs et de la tourner vers Dieu; en un mot de communiquer aux autres une partie des grandes qualités qui le font si généralement estimer des connaisseurs. Car, Monsieur, permettez-moi de me consoler avec vous de notre perte en lui rendant une justice que tout le monde ne lui rend pas.

Peut-on lire sa *Recherche* sans se sentir éclairé des plus pures lumières de la raison? ses *Entretiens* et ses *Conversations* sans y apprendre sensiblement que le bon sens et la politesse ne sont incompatibles qu'avec une certaine philosophie? ses *Traités* et ses *Méditations* mêmes, quoique nous en veuillent dire quelques fades railleurs, sans y prendre le véritable goût de la piété chrétienne? Voilà, Monsieur, je vous l'avoue, ce qui me charme le plus dans les ouvrages de ce grand homme; c'est qu'à l'exemple de saint Augustin, son héros et celui de tous les bons philosophes, il a, si j'ose m'exprimer ainsi, *christianisé* la philosophie; c'est que dans ses écrits tout mène à Dieu, comme à sa fin unique; c'est que la force extraordinaire de son esprit ne lui sert que pour abattre le cœur humain aux pieds de son Créateur. Quelque éloigné qu'il paraisse en certains endroits de ce terme essentiel de toutes choses, c'est là néanmoins qu'il aboutit toujours; quelque sujet qu'il traite, c'est toujours par là ou qu'il y entre ou qu'il y en sort.

« Cependant, Monsieur, vous le savez, vous l'avez connu particulièrement, ce n'était là que la moindre partie du P. Malebranche. Tous ceux qui ont eu le bonheur de le voir de plus près, grands seigneurs et autres, le pourront dire : sa qualité d'auteur excellent et peut-être inimitable, n'était pas sa plus belle qualité. Son bel endroit, c'est qu'il était en sa personne tel qu'il paraît dans ses ouvrages : même douceur, même politesse, même vertu, même religion. Nous avons beau nous déguiser dans le monde, il y a deux choses qui nous manifestent infailliblement : la vie privée et la persécution. Dans l'une et dans l'autre, quel a été le P. Malebranche? C'est à toutes les personnes qui l'ont pratiqué autant que vous, Monsieur, à le faire connaître au public, qui en sera sans doute édifié. Vit-on jamais dans le commerce de la vie un homme plus accommodant, plus raisonnable, moins critique et moins jaloux? qualités si rares dans les savants de nos jours. Cet homme si profond et si élevé dans ses écrits était dans la conversation d'une simplicité d'enfant; ouvert, ingénu, modeste, humble, familier, ne s'apercevant ni de son mérite, ni de sa réputation, regardant l'estime qu'on lui témoignait comme une pure faveur, supportant avec bonté les défauts de ses amis, écoutant leurs moindres difficultés avec pa-

tience et sans leur faire sentir le faible autrement que
par la raison.

« Je ne dis rien au reste que je n'aie souvent éprouvé.
La plupart des auteurs ne sont de grands hommes que
dans leurs livres Ils se déguisent pour le théâtre, et pour
l'ordinaire ils n'empruntent leur grandeur que de l'art
ou de la décoration qu'ils se donnent. Mais j'oserai bien
défier tous ceux qui ont le plus approfondi le P. Malebranche d'avoir de lui la même pensée. Non, ce grand
homme n'avait pas besoin de cothurne pour s'élever; il
était grand dans son naturel, et on le voyait dans sa
chambre, à Saint-Honoré, aussi bel esprit [1], aussi bon
cœur, aussi chrétien, aussi saint que sur le théâtre et
aux yeux du public.

« C'est un caractère uniforme, qu'il a soutenu dans
l'orage comme dans le calme. Ayant un mérite si rare et
si éblouissant, il était bien difficile qu'il n'eût des jaloux, et, par conséquent, des adversaires dans la république des lettres; car c'est, dit-on, l'empire de la jalousie. Mais surtout ayant attaqué d'un seul coup tous les
préjugés humains, particulièrement ceux de l'école, si
vénérables par leur antiquité, il était impossible qu'il ne
s'attirât les clameurs des scholastiques, gens de feu et de
salpêtre qui n'entendent point qu'on les vienne inquiéter
dans la possession où ils sont de vivre au dépens du sens
commun. Cela ne manqua point d'arriver. L'envie joua
son jeu, le feu prit à la poudre du collège [2]; chacun
s'arma pour ses préjugés comme pour sa foi et sa religion. Dieu sait quel fracas, quelle rumeur dans les esprits
faibles! Vous êtes à Paris, vous ne pouvez l'ignorer;
aussi, Monsieur, ne vous en parlé-je pas pour vous l'ap-

[1] *Ce titre n'avait pas la même acception qu'il a aujourd'hui.*
(Adry.)
[2] *Expressions qui ne sont pas ... nobles.* (Adry)

prendre, mais pour me rappeler moi-même l'agréable souvenir de la vertu de notre illustre Père. Pendant que tous ses amis, disons mieux, tous les honnêtes gens étaient indignés pour lui du procédé atroce d'un Louis de la Ville, le P. Malebranche regardait l'orage d'un œil tranquille, et laissait la calomnie tomber d'elle-même. On sait aussi avec quelle peine il prenait la plume pour se défendre. Il appréhendait toujours de blesser la charité en combattant pour la vérité ; et si l'on voulait bien y faire attention en lisant ses défenses, chacun sentirait dans son cœur le contrecoup de la peine qu'il a lui-même de se voir dans la triste nécessité de montrer à ses adversaires qu'ils n'ont pas raison.

« Accusez-moi, Monsieur, tant qu'il vous plaira, de passer les bornes d'une lettre ; mais je ne puis m'empêcher de vous dire que cette modération et cette manière si admirable de se défendre en honnête homme, est une des plus belles choses que notre siècle ait vues. Pour en être bien persuadé, il faudrait connaître à fond la sensibilité de notre amour-propre, la délicatesse naturelle du P. Malebranche, les emportements du sieur de la Ville et la vivacité du grand Arnauld qui sans doute eût été plus grand, (on me permettra de le dire), s'il eût été plus maître de son humeur un peu extrême.

« Certainement c'est une grande louange de conserver tout son sang-froid contre de pareils attaquants, et si le P. Malebranche eut besoin d'un courage héroïque pour entreprendre de combattre à la fois tous les préjugés des hommes, il est visible qu'il lui en fallut bien davantage pour se défendre lui-même contre ses deux redoutables ennemis ; oui, Monsieur, redoutables, je ne dis pas par leurs raisons, mais l'un par l'autorité d'un corps célèbre qui n'avait alors qu'à crier bien haut pour se faire écouter, et l'autre par le crédit d'un parti aussi fameux que ce corps était puissant.

« Le P. Malebranche ne les craignait pourtant pas. Il répondit, mais de quel air et de quel ton ! Tout le public en est encore témoin ; il ne parla jamais que le langage de la raison ; il combat ses ennemis sans les insulter. Ce n'est pas lui qui triomphe, c'est la vérité et la charité : la vérité de ses adversaires, et la charité de ses plus justes ressentiments.

« C'est l'impression générale qui m'est restée de la lecture des ouvrages du P. Malebranche et du commerce que j'ai eu l'honneur d'avoir avec sa personne. *Veritatem dico in Christo : non mentior.* Je n'y aperçus jamais qu'amour de la vérité, que tendresse de piété, qu'attachement inviolable à la religion et que charité inaltérable pour les personnes mêmes qui s'étaient rendues les plus indignes de son amitié. Enfin, pour se former du P. Malebranche une juste idée, il faut concevoir un bel esprit chrétien et un philosophe bon cœur. Voilà, Monsieur, ce que nous avons perdu du moins pour quelque temps, et ce que vous aurez à me remplacer. Souvenez-vous, je vous prie, que vous êtes le dernier présent, comme le plus agréable qu'il m'ait jamais fait. Vous lui avez succédé dans mon estime ; que j'aie le bonheur de lui succéder dans votre amitié ! Je suis avec respect et de tout mon cœur, comme je l'aimais, en Notre-Seigneur Jésus-Christ, *in veritate*, votre très humble et très obéissant serviteur,

« ANDRÉ, Jésuite »

CHAPITRE XII

VIE PRIVÉE DU P. MALEBRANCHE

PAR LE P. ADRY [1]

Sa méthode pour méditer et pour composer. — Sa conversation
et ses amusements. — Sa piété. — Sa modestie et ses autres
qualités. — Portrait du P. Malebranche et sa complexion. —
Ses maladies et sa manière de se guérir. — Sa dernière maladie. — Jugement qui a été porté de son éloge par M. de Fontenelle.

On rapporte qu'un homme de beaucoup d'esprit, frappé
de tout ce qu'il avait vu dans les ouvrages du P. Malebranche, eut bien de la peine à se persuader qu'il eût,
en effet, autant de vertu et autant de zèle pour la religion qu'il semblait l'annoncer dans tout ce qu'il avait
composé. Il lui rendit plusieurs visites afin de s'en assurer
davantage et s'en retourna persuadé que chez le P. Malebranche l'homme était encore plus admirable que l'auteur. La même chose est arrivée à plusieurs autres personnes, et nous ajoutons qu'un homme qui voulait
passer pour un esprit fort, lui ayant demandé un jour de

---

[1] *Le P. Adry termine sa vie de Malebranche, souvent citée
dans les notes de ce volume, par ce chapitre qui complète bien,
avons-nous pensé, l'ouvrage du P. André. L'auteur reproduit la
plupart du temps les* Mémoires *du P. Lelong.*

sang-froid s'il croyait tout ce qu'il disait dans ses livres, le P Malebranche, qui reconnut dans la conversation que cet homme n'avait point de religion, non seulement lui assura qu'il croyait tout ce qu'il avait avancé touchant la religion, mais que lui, qui lui faisait cette demande, devait s'en instruire incessamment et qu'il n'y avait pas de temps à perdre, tant la chose lui paraissait de conséquence.

Ce que cet homme faisait pour une mauvaise raison, qu'il nous soit permis de le faire dans un dessein bien différent. Descendons pour ainsi dire dans l'intérieur du P. Malebranche, et prouvons qu'on ne pourra jamais lui faire ce reproche : *Quare tu enarras justitias meas... tu vero odisti disciplinam* [1].

Sa méthode pour méditer et pour composer. — Lorsqu'il voulait méditer ou composer quelque ouvrage, il voulait être seul [2]. Le bruit du dehors ne l'interrompait point, mais il était inquiété par la présence de ceux qui étaient avec lui et dont il appréhendait d'être interrompu. Aussi il s'est retiré plusieurs fois à la campagne, afin d'y travailler plus librement et pour y jouir d'un repos plus tranquille. Comme il puisait pour ainsi dire à la source les vérités dont il voulait traiter, en rentrant en lui-même et en consultant la sagesse éternelle, il n'avait pas besoin de beaucoup de livres [3]. La Bible et surtout le

---

[1] *Psaume* XLIX, 16.

[2] *Pendant ses méditations philosophiques il fermait les fenêtres de son cabinet et rêvait ainsi dans l'obscurité.* (Lettre de l'Enfant à de Sauzet, *Corresp. inéd.,* p 44.)

[3] « *Il y a peu ou point de livres qui me plaisent. Si l'on faisait tous les ans un petit volume in-douze qui me contentât, je serais satisfait des savants Quand je n'avais que vingt-cinq ans j'entendais ce que je lisais dans les livres; mais à présent je n'y entends plus rien dans la plupart.* » (Lettre du P Malebranche a M Barand, *Ibid ,* p. 4)

Nouveau Testament faisait sa lecture principale. Il supposait toujours les dogmes reçus dans l'Église catholique, surtout ceux de la grâce, qu'il avait bien étudiés
dans le concile de Trente et dans saint Augustin. Il
avait beaucoup lu ce Père, malgré ce qu'en ont pensé et
même dit ses adversaires [1]; mais comme il n'avait pas
de certaines préventions, il n'y voyait point ce qu'ils
voulaient qu'il y vît, et il y trouvait ce qu'ils appréhendaient d'y rencontrer, ne s'écartant jamais de ce qui
était de foi; il se bornait à concilier les contradictions
apparentes et qui semblent se trouver dans la conduite
de Dieu.

Comme il remontait aux premiers principes dans nos
connaissances qui sont métaphysiques et par conséquent
fort abstraites, il se trouvait obligé de les répéter souvent, mais en les mettant dans un nouveau jour et en
les rendant plus lumineux. « Il savait, dit Fontenelle,
que la vérité sous une certaine forme frappera tel
esprit qu'elle n'aurait pas touché sans une autre. C'est
ainsi, à peu près, que la nature est si prodigue en se-
mences de plantes; il lui suffit que sur un grand nombre
de perdues, il y en ait quelques-unes qui viennent à
bien. »

Sa peine était d'écrire d'une manière nette et sans
équivoque et à se mettre à la portée des lecteurs en qui
il supposait facilement quelque lumière, du bon sens
et de l'équité, et surtout une entière exemption de préventions et de préjugés. Aussi disait-il qu'il trouvait
souvent plus de facilité à faire comprendre ses sentiments à des femmes, pourvu qu'elles fussent capables
de quelques applications, et cela parce qu'elles ne sont
point remplies de préjugés de l'école, qu'à des docteurs

---

[1] *Les jansénistes.*

dont la tête était remplie de quantité de faits et de sentiments qu'ils avaient reçus sans examen et sur la seule autorité des auteurs qu'ils avaient lus. Aussi comptait-on parmi les plus illustres disciples du P. Malebranche plusieurs dames encore plus distinguées par leur mérite que par leur naissance. Nous ne nommerons ici que Mlle de Verthamont, Mme la marquise de l'Hôpital et l'illustre Élisabeth, princesse palatine, qui témoigna toujours la plus grande estime pour les ouvrages et pour la personne du P. Malebranche. Elle lui écrivit même pour lui témoigner le plaisir que lui avait donné la lecture de la *Recherche de la vérité*. Le P. Malebranche lui fit en 1678 une réponse qui n'est point imprimée, qui mérite de l'être, à ce qu'on assure, mais que nous n'avons pu découvrir [1].

Le savant Ménage dit que ni lui ni Mme de Lafayette n'ont jamais pu entendre le P. Malebranche et qu'il n'a jamais pu le goûter. C'est une preuve, pour ce qui le regarde, de la vérité de ce que nous venons de dire ; quant à cette illustre romancière, peut-être s'était-elle plus accoutumée à chercher des situations intéressantes pour les ouvrages qu'elle composait, qu'à réfléchir sur des vérités abstraites. Le P. Malebranche avait peut-être pour le moins autant d'imagination qu'elle, mais il avait su la dompter et diriger toute la force de son esprit vers des objets de la plus grande importance. La beauté et la justesse de ses expressions annonçaient la beauté et la justesse de son imagination. Il s'exprimait toujours nettement et éclaircissait les termes équivoques, et ainsi ce n'est pas sa faute si on ne l'a pas toujours compris.

Sa conversation et ses amusements. — Nous distinguerons

[1] *Voir page* 27.

ici la conversation ordinaire des entretiens qu'il avait
souvent sur la philosophie.

Il avait la conversation agréable avec ses amis, il savait se rabaisser et se mettre même à la portée des enfants [1], avec lesquels on l'a surpris souvent se divertissant sans qu'il en rougît. Il préférait cet amusement à
tout autre. « Il ne laisse, disait-il, dans l'esprit aucune
trace désagréable et rien qui puisse troubler dans le travail qui lui succède. »

Son imagination était si fertile qu'il disait quelquefois
que s'il avait voulu faire des contes, il en aurait fait de
plus plaisants que la plupart de ceux qu'on nous a
donnés. Il en donnait même souvent des échantillons. Il
raillait quelquefois, mais jamais jusqu'à offenser; il était
ordinairement doux et affable; il montrait cependant un
peu de vivacité lorsqu'il croyait qu'on le combattait sans
l'entendre; il paraissait alors fâché, mais il ne l'était
point, car aussitôt que la dispute était terminée, le calme
renaissait sur son visage, et même il faisait des excuses
à ceux qu'il s'imaginait avoir choqués par sa manière et
par ses discours.

En général les conversations ordinaires l'ennuyaient,
au lieu qu'il a dit une infinité de fois qu'il ne s'ennuyait
jamais lorsqu'il était seul. Le peu d'intérêt qu'il mettait
aux nouvelles et aux sujets que l'on traite d'ordinaire,
faisait qu'il ne contait pas bien une histoire et qu'il cherchait même ses mots; mais lorsqu'on le mettait sur des
matières qu'il avait méditées, alors il s'expliquait aussi
noblement que dans ses livres et il n'hésitait nulle part.
Dans les discussions de morale qui ne dépendent que
du sens commun et non pas des lois, il prenait toujours

[1] *On l'a surpris plus d'une fois s'amusant avec les enfants
de la sacristie de Saint-Honoré.* (BATTEREL, *Op. cit.*, p. 324.)

le bon parti, sans être ni trop relâché ni trop sévère ; car il condamnait l'un et l'autre : il penchait quelquefois un peu plus pour la sévérité que pour le relâchement.

Il aimait surtout à *philosopher;* c'était son terme, et à
s'entretenir sur la physique, les mathématiques, la morale et la métaphysique ; et il ne plaignait point son
temps quand il trouvait des esprits assez attentifs pour le
suivre ou pour converser avec lui. Il se croyait alors le
débiteur de tous ceux qui cherchaient à s'instruire et ne
refusait jamais les éclaircissements qu'on lui demandait
Il découvrait bientôt le degré de capacité de ceux qui
voulaient le consulter. L'habitude qu'il avait de réfléchir
lui faisait saisir sur-le-champ le vrai point de la difficulté,
et alors son esprit paraissait s'y appliquer tout entier. Il
s'agissait de l'expliquer aux autres; ce qui n'était pas toujours aisé. Possédant bien tous les principes et les ayant
présents à l'esprit, il envisageait toutes les circonstances.
Or il n'était pas toujours facile de mettre les autres dans
la même situation que lui ; il avait du moins la ressource
de les interroger de nouveau et de pouvoir revenir sur
des choses dont il les avait supposés parfaitement instruits.
La raison contraire lui rendait désagréable le commerce
de lettres pour philosopher, parce qu'avant d'expliquer
les premiers principes il fallait faire beaucoup d'écritures
inutiles. Dans la conversation, au contraire, on voit ce
que l'on pense de part et d'autre, on voit ce que son
adversaire accorde et on s'assure de ce qui reste à lui
prouver.

Sa piété. — Le P. Malebranche a eu toute sa vie un
grand fond de religion ; mais on peut dire qu'elle a augmente avec ses lumières. Bien différent de ces philosophes
orgueilleux qui semblent n'avoir fait de progrès dans les
sciences que pour s'élever un temple à eux-mêmes, qui

se regardent comme les auteurs de leur propre science,
et qui, bien loin que les cieux et tout ce que leur globe
enserre leur annoncent un Dieu Créateur [1], ne font au
contraire que se rendre coupables d'une plus grande
ingratitude que les autres hommes, puisque ceux-ci
n'ayant point les mêmes connaissances sont peut-être
moins coupables qu'eux, s'ils n'ont pas entendu aussi
parfaitement ce langage merveilleux de toutes les créatures.

Il n'en était pas ainsi du P. Malebranche; comme il
avait beaucoup médité sur les attributs divins, il en avait
aussi plus de connaissance que les autres. Cette connaissance n'était point stérile chez lui; elle lui donnait un
plus grand respect pour la divinité. Il l'a fait paraître
dans tous ses ouvrages, mais encore bien plus par la situation où il se mettait devant le Sacrement de nos autels. Son recueillement en la présence de Dieu était si
grand, qu'il inspirait les mêmes sentiments à ceux qui
en étaient témoins. Des personnes même du monde et
qui étaient peu touchées des pratiques de piété ont
convenu qu'elles avaient été frappées de la disposition
humble et respectueuse où on le voyait en présence
du Seigneur. On voit par ses lettres qu'il était persuadé
que la religion et la connaissance de nous-mêmes
doivent être notre unique étude. Sa grande dévotion
était envers Jésus-Christ qu'il considérait toujours
comme son sauveur, son chef et son médiateur. Tous les
jours, il lisait l'Écriture sainte et y cherchait plus Jésus-
Christ et tout ce qui lui a rapport que toute autre chose,
étant persuadé que cela seul pouvait être utile à notre
salut, auquel il rapportait tout [2]. Il a fait plusieurs fois

---

[1] *Psaume* xxi.

[2] *Il avait aussi de la devotion pour la sainte Vierge, récitant*

des retraites à la Trappe, dont le pieux réformateur était pénétré de respect et rempli d'estime pour lui.

Ayant été consulté plusieurs fois par un disciple de Spinosa, il voulut examiner les ouvrages de cet impie; il les trouva si peu raisonnés et si remplis de contradictions, l'auteur accordant dans un endroit ce qu'il nie dans l'autre et quelquefois dans la même page, qu'il aima mieux laisser à d'autres le soin de réfuter dans les formes tant de contradictions et d'impiétés qui, selon lui, ne venaient pour la plupart que de ce que l'auteur croyait la création absolument impossible.

Le respect qu'il avait pour les choses saintes l'empêchait de regarder comme au-dessous de lui les moindres fonctions du service divin. Il a fait longtemps dans l'église de Saint-Honoré les fonctions de maître de cérémonies [1], et il s'acquittait de tout le détail où cet emploi l'engageait avec autant de présence d'esprit, d'attention et de dignité que s'il n'en eût pas eu d'autre ou que la philosophie, ou les mathématiques ne rendaient pas ordinairement abstrait [2].

Enfin c'est avec raison que le Nécrologe de l'Oratoire fait son éloge en deux mots : *Il a été un des plus grands philosophes de son siècle et il a su allier l'étude des sciences les plus abstraites avec une solide piété.*

---

souvent son chapelet, surtout dans certains temps de la journée où il ne pouvait pas s'appliquer. (Lelong.)

[1] *C'est en cette qualité qu'il fut, en juin 1689, chargé, de concert avec les PP. Héron et Rainssant, « de dresser un mémoire ou état de tous les offices, messes et charges de la sacristie, et de tous les usages qui s'observent dans notre église »* (Archives nat., MM 583, p 369.) *Il fut aussi un certain temps bibliothécaire. « Je me suis défait à mon retour, écrivait-il le 23 novembre 1680, de la clef et de la charge, véritablement charge, du soin de la bibliothèque. (Corresp. inéd., p. 10.)*

[2] *Adry cite ici les Mémoires de Batterel, t. II, p. 324.*

Nous venons d'en donner la preuve et sa dernière maladie le prouva encore davantage.

Sa modestie et ses autres qualités. — Le P. Lelong se
plaint de ce que la modestie [1] du P. Malebranche nous a
privés de la connaissance d'une infinité de faits qui auraient pu entrer dans son éloge. Ce célèbre bibliothécaire,
qui était son ami depuis longtemps, lui faisait des questions à ce sujet lorsqu'il le vit avancé en âge. Le P. Malebranche, qui s'aperçut de son dessein, refusa de se
prêter à ses vues ou ne s'y prêtait que pour ne pas toujours refuser son ami. Le P. Lelong se vit même obligé
de cesser ces questions de peur de lui faire de la peine
La même chose était arrivée à M. d'Allemans. Cet ami
intime n'a su du P. Malebranche que les faits dont il
avait été témoin ou que ceux qu'il apprit par d'autres.
Lorsqu'il lui en demandait la continuation avec quelque
espèce de reproches, le P. Malebranche la donnait à la
fin, et encore, ajoute M. d'Allemans, « avec quelle modestie, quelle discrétion et quelle peine les a-t-il avoués !
Il changeait bientôt après de discours. » Rien n'était
plus admirable que sa simplicité d'enfant, son humilité,
sa droiture, sa sincérité, son affabilité. Il était très cha-
ritable, excellent ami, d'une patience admirable et d'un
désintéressement parfait; il en a donné plusieurs exemples.
Nous avons déjà vu qu'il se défit d'un bénéfice que le

---

[1] *Voici un trait que rapporte Batterel* (Loc. cit, p. 324) :
« *Me trouvant un jour dans la sacristie de Saint-Honoré où
tous les Pères étaient assemblés en attendant vépres, je priai
quelqu'un de me le montrer. Le P. Malebranche, qui était der-
rière moi, l'entendit, et en me retournant pour le regarder :
« Oui, le voilà, ce grand nigaud, » me dit-il Il était, en effet,
d'une taille haute, maigre et sec » Le P. Lelong rapporte « qu'il
n'y a aucune pratique d'humilité (à l'Oratoire) dont il s'exempta.
Il servit à son rang au refectoire, autant que ses forces lui ont
permis. »*

prince de Condé venait de lui donner [1]. En 1673, il donna
à l'hôpital général une maison qui lui appartenait rue
Saint-Honoré, ne se réservant dessus qu'une pension de
1,600 livres [2] qui éprouva dans la suite une réduction
considérable. On voit par une de ses lettres qu'il était
si désintéressé et si ennemi des procès qu'il offrit de renoncer à une succession un peu embarrassée. Un de ses
frères, qui était fort estimé au Parlement, où il était
conseiller de grande chambre, mourut sans enfants
en 1703 et lui laissa tout son bien. Le P. Malebranche
remit le plus tôt qu'il le put [3] toute la succession à ses
neveux qui l'étaient aussi de son frère, mais à qui celui-ci
n'avait rien laissé.

La modestie du P. Malebranche l'engagea plusieurs
fois à se refuser aux sollicitations de ses amis qui voulaient avoir son portrait. On ne put l'avoir en 1695
qu'en employant la ruse suivante : un père de l'Oratoire
qui était son ami lui demanda une conférence pour une
personne de sa connaissance qui voulait le consulter sur
quelques problèmes de géométrie. Le P. Malebranche,
qui était très communicatif, s'y prêta volontiers. Cet ami
prétendu était un peintre, comme on s'en doute bien, et
il joua très bien son rôle. Pendant que le P. Malebranche
était occupé à résoudre les difficultés qu'on lui proposa,
le peintre l'envisagea avec tant d'effort qu'il pensa se
trouver mal, mais il saisit très bien son air. Le P. Malebranche, après la conversation, dit au Pere de l'Oratoire,
son ami, que jamais personne ne l'avait envisagé comme
l'avait fait le mathématicien qu'il lui avait envoyé. Il

---

[1] *Page 108, note.*

[2] *Sur laquelle, nous l'avons déjà dit, il payait à l'Oratoire
une pension de cinq cents livres.*

[3] *Corresp. inéd , p. 23. « J'ai assez de viatique, y dit-il,
pour le chemin qui me reste à faire. »*

fallut alors avouer tout, et pour achever le portrait on
obtint de lui, avec bien de la peine, qu'il accordât au
peintre non pas des séances en forme, mais une ou
deux entrevues pour corriger ce qu'il avait commencé.
Pendant le séjour de deux ans que Milord Quadrington
fit en France, il voyait souvent le P. Malebranche; il
avait fait tirer une copie du premier portrait, et obtint
aussi de ce Père qu'il se prêtât à quelques corrections
qu'on voulait y faire. Enfin deux ans avant sa mort,
M. le maître des requêtes, ami intime du P. Malebranche,
obtint avec les plus grandes difficultés qu'il se laisserait
tirer par le fameux Santerre, excellent peintre de portrait. Ce tableau a passé depuis à M. Chauvin, qui le
légua par testament à la bibliothèque de l'Oratoire. Tout
le monde convenait alors qu'il était parlant et il a été
toujours très estimé [1]. Il a été gravé in-4º par Édelink,
c'est la meilleure gravure que nous ayons [2]. On en trouve

---

[1] *Une dernière erreur de M. Blampignon à signaler. D'après
lui (Op. cit, p. 29) l'original de ce portrait serait encore aujourd'hui conservé à Juilly. C'est inexact : la toile de Juilly
n'est qu'une copie, ancienne il est vrai, mais assez médiocre.
Une expertise faite récemment par M Duplessis, le savant
conservateur de la Bibliothèque nationale, que nous sommes
heureux de pouvoir remercier ici publiquement, ne laisse aucun
doute à ce sujet On ne sait ce qu'est devenue la peinture originale de Santerre et si elle n'a pas été détruite pendant la
Révolution.*

[2] *C'est cette gravure que j'ai fait reproduire en tête de ce
volume. — On trouvera de plus amples détails que ceux que
donne Adry sur l'iconographie de Malebranche dans l'Essai
d'iconographie oratorienne, qui est en préparation Mentionnons
seulement ici la statue de Malebranche qui, au milieu d'autres
Parisiens illustres, orne le nouvel hôtel de ville de Paris, et
qui est due a l'habile ciseau de M. G. Debrie. Une réduction de
cette statue surmontera un jour le tombeau de Malebranche à
Juilly si, comme je l'espère, je réussis à ramener, dans cette
maison qu'il aimait tant, les restes précieux de notre grand philosophe, en ce moment oubliés dans l'ancienne église de l'Ora-*

une aussi de Rochefort, faite en 1707, in-folio. Il y a
aussi un portrait du P. Malebranche dans la collection
Desrochers et dans celle d'Odieuvre, et on en trouve un
très exact dans les *Philosophes modernes* de Savérien. Il
est gravé in-folio et in-12 d'après le dessin de Bachelier,
par M. François, en manière de crayon.

Portrait [1] *du P. Malebranche et sa complexion.* — Le

*toire où il fut enterre. — Enfin signalons encore un petit
monument élevé en l'honneur de Malebranche dans le cimetière
de la commune de Mesnil-Simon (canton d'Anet, arrondisse-
ment de Dreux), terre qui était la propriété de la famille de
Malebranche. Sur un marbre commémoratif érigé dans l'église
de Notre-Dame-des-Vertus (Aubervilliers, près Paris) est également rappelé le souvenir du grand métaphysicien.*

[1] *A côté de ce portrait du P. Malebranche, par le P. Adry,
donnons celui qu'en a tracé le P. Lelong, dont M. Blampignon
n'a publié qu'une partie. « Le P. Malebranche avait près de
six pieds de haut. Il n'était pas gros à proportion, il était, au
contraire, si maigre, qu'on sentait (voyait) sous ses habits les
battements de son cœur... Il était fort agile et fort adroit de
son corps, dont il faisait tout ce qu'il voulait : il passait la
jambe par-dessus son cou sans se faire violence Il était fort
adroit de la main. Il a été de son temps un des meilleurs
joueurs de billard. Pour la paume, il n'y jouait pas volontiers, car les grands mouvements de ce jeu ne l'accommodaient
pas. Il avait la tête grosse, le visage long et étroit, à la pari-
sienne; le front fort découvert, le nez long, les yeux assez
petits et un peu enfoncés, de couleur bleue tirant un peu sur
le gris, fort vifs c'était la partie de son visage qui marquait
le plus d'esprit. Il avait la bouche grande et fort fendue, le
menton un peu pointu, le col haut et long. La couleur du visage avait été de blanc pâle dans sa jeunesse, mais il était
devenu fort rouge, et même il avait le nez violet en hiver. Il
avait la propriété de fermer le conduit qui va du palais au
nez, en sorte que quand il voulait il ne sentait pas les mauvaises odeurs, aussi n'en avait-il pas d'aversion. Il avait la
voix grêle, les poumons faibles, c'est ce qui l'obligeait d'élever
la voix dans la dispute, surtout lorsqu'il avait à faire à des
personnes qui avaient de bons poumons. Il paraissait même
quelquefois en colère à cause de son son de voix; mais à peine
avait-on fini la dispute qu'il se retrouvait sans aucune émotion.*

P. Malebranche était trop grand : il avait près de six
pieds. Sa complexion était trop faible; elle venait en
partie de la conformation particulière de son corps.
L'épine du dos est ordinairement un peu convexe dans
le haut et commence vers le sternum à se recourber en
dedans. Chez lui cette épine était tortueuse dans toute sa
longueur et très enfoncée dans le bas, de sorte que, pour
me servir des expressions de l'anatomie, depuis l'épine
du dos jusqu'au cartilage xiphoïde, il n'y avait pas deux
travers de doigts Les clavicules étaient fort larges et
laissaient un espace libre aux poumons qui sans cela
n'auraient pas eu assez de place dans la poitrine. Ils
étaient cependant encore assez serrés, et dès qu'il avait
une fluxion de poitrine, il avait beaucoup de peine à
respirer. Ses bras n'étaient point attachés à l'ordinaire.
Comme son corps était fort large par en haut, ses bras
n'étaient pas en avant, mais comme pendants au milieu
entre les deux côtés de la charpente. On a dit que sur la
fin de sa vie, son extrême maigreur avait rendu son
corps comme diaphane. Les mémoires manuscrits que
j'ai consultés n'en disent rien. Le P. Giraud, frère du
traducteur de la Fontaine, m'a dit tenir du P. de la
Valette, général de l'Oratoire, que le corps du P. Malebranche ayant été ouvert après sa mort, on trouva dans
sa tête une quantité de cervelle beaucoup plus grande
qu'on avait lieu d'en attendre. Je ne fais cette remarque,
que je crois d'ailleurs très indifférente, que parce que
je sais que plusieurs personnes ont cherché à vérifier
l'assertion, que je crois si peu fondée, de nos philosophes modernes, sur la quantité plus ou moins grande

Il avait la demarche grande; mais elle n'était pas majestueuse
à cause qu'il paraissait tout d'une venue, tant il était maigre. »
(Lettre du P. Lelong au P André, Adry.)

de cervelle que l'on trouve dans quelques individus et
dont ils tirent pour le moral ou plutôt pour l'esprit
de l'homme des conséquences qu'il ne s'agit pas de relever ici.

Ses maladies et sa manière de les guérir. — Cette conformation singulière, jointe à un acide violent qu'il avait
dans l'estomac était la cause de la plupart de ses infirmités. Cet acide était si fort, que pendant plus de vingt
ans, depuis l'âge de vingt-cinq ans, jusqu'à quarante-
cinq, il ne pouvait presque rien garder de ce qu'il avait
sur l'estomac, et son gosier était presque déchiré des
efforts qu'il faisait pour le rendre par la bouche. Pour
adoucir cet acide, il buvait une fort grande quantité d'eau
et il évitait tous les aliments qui pouvaient augmenter
cette âcreté [1].

Dès l'âge de trois ans il avait rendu plusieurs pierres;
et on avait été obligé de le tailler. Il fut longtemps sujet
à la fièvre. Ses infirmités, dont on ne s'apercevait que
lorsqu'il ne pouvait plus les cacher, lui avaient donné
occasion de s'instruire des aliments qui lui convenaient
le plus. Il ne consultait pas pour cela les médecins; ils ne
venaient le voir qu'à titre d'amis et pour prendre part à
ses maux et pour savoir de lui ce qu'il faisait pour s'en
guérir.

Il a eu plusieurs maladies dangereuses; il les a sup-
portées avec une patience toute chrétienne. Il était toujours las, à moins qu'il ne fût couché, et il sentait une

---

[1] *Le P. Lelong donne encore ces détails: « L'aigre de la pomme
de cerises l'incommodait. Le vin, à moins qu'il ne fût doux et
fort vieux, s'aigrissait dans son estomac, à plus forte raison
le vinaigre et presque tous les acides. Il ne pouvait souffrir
l'oignon, aussi prenait-il fort garde d'en avaler, ce qui lui
rendait les jours maigres fort incommodes. » (Mémoires, dans*
Cousin *Op. cit., page 448.)*

douleur très vive dans le dos lorsqu'il avait été longtemps
sur pied ; cependant il assistait exactement aux offices de
l'Église, pendant lesquels on se tient debout dans l'Oratoire, ce qu'il croyait devoir à l'édification du prochain.
La messe, qu'il disait presque tous les jours, le fatiguait
à un point qu'aussitôt qu'il était rentré dans la sacristie
et avant même de se déshabiller, il était obligé de s'as-
seoir un moment pour se reposer.

Son principal remède était l'eau. Étant un jour à la
campagne très malade et abandonné du médecin, il lui
vint dans l'esprit de boire de l'eau froide lorsqu'il sentait la plus grande ardeur de la fièvre dans sa poitrine,
quoique les extrémités de ses pieds et de ses mains fussent froides ; il en but et sentait alors que la chaleur se
répandait dans tout le corps. Il voulut redoubler. Celui
qui le veillait craignant qu'il ne fût incommodé de tant
de boisson, alla consulter ses maîtres. On lui dit que
puisque le malade était abandonné des médecins, il fallait lui donner tout ce qu'il demandait. En effet, on mit
auprès de lui une grande quantité d'eau qu'il but en
entier pendant la nuit, et deux jours après il fut en état
de se lever. Le médecin n'avait pas osé venir le lendemain parce qu'il appréhendait d'apprendre des nouvelles
de sa mort. Depuis ce temps-là, le P. Malebranche regarda l'eau commune, dont on néglige l'usage par cela
même qu'elle est commune et qu'elle ne coûte rien,
comme un excellent remède, surtout dans les ardeurs de
la fièvre et dans les inflammations de poitrine. Il en con-
seilla l'usage à tout le monde, excepté à ceux qui avaient
découvert par expérience que l'eau relâchait les fibres
de leur estomac.

Pour les médecines et les purgations, quoiqu'il usât
quelquefois de manne, de rhubarbe et de séné, il croyait
qu'on risquait beaucoup à s'en servir et plus encore des

autres purgatifs. Il en exceptait l'émétique, dont il faisait
quelquefois usage, mais en petite quantité Il disait qu'on savait bien ce qu'on mettait dans son corps, lorsqu'on prenait
des remèdes, mais qu'on ne savait pas s'ils en sortiraient
et qu'ils y faisaient souvent beaucoup de ravages. Nous
avons déjà dit qu'il s'était fait un herbier [1] plutôt par
curiosité que pour toute autre chose.

Il se servait depuis longtemps de tabac en mastication,
ce qui n'a peu contribué à le rendre aussi sec qu'il était
Il fut un des premiers qui se servirent du café à Paris;
il en a fait usage pendant plus de cinquante ans; souvent
il le prenait avec un petit morceau de pain trempé,
quelquefois il y mettait du beurre; il le prenait aussi au
lait, mais le plus ordinairement à l'eau. Il n'était guère
en état de s'appliquer avant de l'avoir pris, ce qui lui
rendait le carême très pénible [2] · son estomac ne pouvant
d'ailleurs souffrir certains légumes

Comme il avait le tempérament sanguin, il ne faisait
point de difficulté de se faire tirer du sang. Il était persuadé que cette liqueur se réparait bientôt par la nourriture, surtout par le pain de froment qui selon lui en
formait davantage que tout autre aliment. Cette opinion
qui a été reçue très longtemps ne l'est plus aujourd'hui
de la plupart des médecins. Ce n'est pas à nous à décider
si c'est avec raison.

Cet article et le précédent pourront paraître peu intéressants pour bien des lecteurs, nous croyons que les
philosophes et plusieurs médecins les regarderont d'un
autre œil, et c'est ce qui nous a déterminé à ne point les
retrancher de la vie du P. Malebranche.

---

[1] *Un droguier,* dit Lelong.
[2] *Pendant lequel, par mortification, il ne le prenait que lorsqu'on sonnait le dîner* (Lelong)

Sa dernière maladie. — Il n'y avait guère de parties dans son corps où il n'eût à souffrir, mais il le faisait avec une si grande résignation à la volonté de Dieu, qu'on ne l'a jamais vu se plaindre. Sa dernière maladie qui a duré près de quatre mois, a servi comme d'une dernière épreuve à sa patience.

Il commença à se trouver mal le 18 juin 1715, deux jours avant la Fête-Dieu; il était alors à la campagne à quatre lieues de Paris, chez un de ses amis. Il voulut dire la messe le jour de la fête; mais l'ayant commencée il essaya vainement par deux fois de l'achever et se contenta de communier à celle qui fut dite par un autre prêtre. Sa maladie était une faiblesse extrême qui ne lui permettait pas de changer de situation et de se mettre sur son séant dans le cas qu'il était couché. Il ne voyait plus rien; du reste il conservait toute sa connaissance et il entendait tout ce qu'on disait.

On le transporta deux jours après à Paris, sans aucun accident. Le mardi dans l'octave, sentant sa faiblesse augmenter, il demanda les sacrements et les reçut avec beaucoup de dévotion. Les forces lui revinrent un peu, il se leva, mais comme sa maladie dura longtemps, il se fit transporter à l'infirmerie, où il y a un autel, afin de pouvoir communier les fêtes et dimanches.

Il survint plusieurs médecins pendant sa maladie. L'acide de son estomac causait perpétuellement des douleurs très aiguës et il sentait dans les entrailles des déchirements violents lorsque la digestion se faisait. Il fit alors plusieurs expériences pour connaître ce qui convenait le mieux à son corps dans cet état. Un de ses amis[1] prit la

---

[1] *C'était le P. Lelong qui le raconte ainsi lui-même dans la lettre au P. André qui a déjà été citée : «Comme il paraissait un peu trop occupé de son mal, tant ses douleurs étaient aiguës,*

liberté de lui dire qu'il devait s'occuper uniquement de son salut, et se servir de sa religion et de sa raison afin de ne point tant s'occuper de sa maladie qui pourrait même augmenter par là ; il lui répondit avec autant de douceur que d'édification, que s'il se croyait et suivait les sentiments de son amour-propre, il demanderait à Dieu la mort plutôt que la vie, afin d'être délivré des maux incroyables qu'il souffrait, mais qu'il jugeait plus à propos de les supporter et de conserver pour cela son corps que Dieu lui avait donné en dépôt, pour lui en faire un sacrifice continuel.

Il eut quelques accès de fièvre, et il prenait alors peu de nourriture. Quelques jours avant de mourir, il se fit tirer un peu de sang, ce qui ne servit qu'à diminuer ses forces. Les deux derniers jours, il se trouva plus tranquille, mais si faible qu'il pouvait à peine remuer la jambe ; il avait toujours le crucifix devant les yeux et le baisait souvent.

Pendant toute sa maladie, il fit paraître de grands sentiments de piété ; il se consolait avec Notre-Seigneur aux souffrances duquel il unissait les siennes, reconnaissant que comme pécheur il ne méritait que le châtiment. Il espérait en même temps que Dieu agréerait ses souffrances ainsi unies à celles de son Fils et qu'il lui épargnerait quelques-unes de celles qu'il aurait mérité de souffrir dans l'autre vie.

Pendant la nuit du 13 octobre, on eût dit qu'il respirait à son ordinaire pendant son sommeil. La personne qui le veillait s'endormit, et, s'étant réveillée sur les quatre heures, elle trouva qu'il avait rendu l'âme. Ainsi il mou-

---

je pris la liberté de lui représenter que ces pensées ne pouvaient qu'augmenter sa maladie, et qu'il valait mieux se contenter de les offrir à Notre-Seigneur que d'en parler si souvent. Il n'en parla plus depuis ce temps-là (Adry)

rut sans fièvre, sans obstruction, sans inflammation, et
par la seule nécessité de mourir, n'ayant plus les forces
de vivre. Il était âgé de soixante-dix-sept ans, deux mois
et sept jours.

Il payait une pension de 500 francs à la maison de
Saint-Honoré. Lorsque l'hôpital général eut diminué la
rente qu'il lui devait, il ne paya plus que 400, et pour
suppléer à ce retranchement, il laissa par son testament [1]
ses meubles, l'argent qu'il pouvait avoir, et sa bibliothèque à cette même maison de Saint-Honoré, où il demeurait depuis environ cinquante ans. Sa bibliothèque [2]
était composée de douze cents volumes : elle consistait
en un certain nombre de livres de théologie; si on en
excepte quelques voyageurs, il n'y avait d'autres livres
d'histoire que les *Hommes illustres* de Plutarque [3]; il n'a-
vait presque point de poètes; la physique, l'histoire naturelle et les mathématiques étaient la partie dominante.
On y trouvait surtout un grand nombre de livres
d'anatomie, plusieurs livres sur les insectes, quelques-
uns sur la métaphysique et sur la morale, et pas un seul
livre de médecine. On y trouvait une traduction espagnole
de quelques-uns de ses ouvrages, mais de toutes celles
qui ont été faites de la *Recherche de la vérité,* on n'y voit
que la traduction latine de M. Lenfant, ministre de
Berlin.

*Jugement qui a été porté de son éloge par M. de Fonte-
nelle.* — En qualité de secrétaire de l'Académie des

---

[1] *J'ai trouvé et publié ce testament page* 11 *et suiv. de* Là
mort, le testament et l'héritage de Malebranche, *Poussielgue,*
1884, *in-8°.*

[2] *La brochure citée dans la note précédente contient* (p. 13)
*des détails curieux sur la bibliothèque de Malebranche, d'après
l'inventaire qui en fut dressé après sa mort.*

[3] *Ceci est une erreur : sa bibliothèque renfermait plus de cent
volumes d'histoire.* (Voir *ibid.,* p. 14.)

sciences, M. de Fontenelle fut chargé de faire l'éloge du
P. Malebranche. L'éloge d'un grand métaphysicien par
un homme qui se piquait ouvertement de mépriser la
métaphysique, attira beaucoup de monde à la séance de
l'Académie. Parmi les spectateurs et même parmi les
académiciens, il se trouvait un grand nombre de disciples
du P. Malebranche. L'enthousiasme pour ce grand
homme était alors presque général. On jugea alors,
comme on le juge aujourd'hui, que tout ce que Fontenelle avait touché de la vie du P. Malebranche, il l'avait
fait avec la plus grande délicatesse. On y trouva un grand
nombre de réflexions fines et ingénieuses. Le fond de
l'ouvrage ne fut pas applaudi aussi généralement. Le
panégyriste n'était pas entré assez dans les qualités personnelles du P. Malebranche; il était peint seulement
comme un illustre académicien dont les lumières et les
connaissances n'étaient pas communes, et comme un
disciple de Descartes qui n'avait pas été entêté du mérite
de son maître, et qui avait su mettre en pratique ce beau
précepte de ce grand philosophe, de ne se rendre qu'à la
raison dans les choses qui sont de son ressort. On y
parlait même un peu de son mérite en qualité de métaphysicien, et le peu qu'on en disait devenait plus flatteur
dans la bouche de Fontenelle, mais celui-ci n'avait pu
s'empêcher de laisser percer un peu sa manière de penser sur les métaphysiciens. Il le fit assez voir par plusieurs réflexions qu'on l'engagea à supprimer dans
l'éloge imprimé et parmi lesquelles il ne laissa sub-
sister que la suivante : « Les idées métaphysiques seront
toujours pour la plupart du monde comme la flamme
de l'esprit de vin qui est trop subtile pour brûler du
bois. »

Plusieurs traités du P. Malebranche, celui de la
Nature et de la grâce surtout, n'étaient point placés sous

leur vrai point de vue et n'étaient présentés que par les
endroits qui étaient plus susceptibles de difficultés, et
sur lesquels en effet on en avait proposé davantage.

On aurait désiré que M. de Fontenelle eût spécifié particulièrement en quoi le P. Malebranche avait suivi
Descartes et en quoi il avait été plus loin que lui, soit
en ajoutant à ses systèmes, soit en les mettant dans un
nouveau jour, soit en les réfutant dans quelques parties;
ce qu'il fallait faire voir dans la métaphysique, dans la
physique et même dans la morale.

Mais le plus grand reproche que l'on fit à Fontenelle
fut de n'avoir pas bien suivi, ou du moins de n'avoir pas
bien montré l'enchaînement admirable qui se trouve
dans tous les ouvrages du P. Malebranche et dans toutes
les vérités qu'il a fait connaître. Une analyse de chacun
de ses ouvrages, et que Fontenelle n'a pas même toujours faite, ne suffisait pas encore; il fallait placer, sous
un point de vue général, ce système si bien lié de toutes
les connaissances utiles à l'homme et ne point se borner
à quelques vérités éparses que la critique a moins épar-
gnées que les auteurs [1]. Ce défaut, au reste, n'est point
particulier à Fontenelle; il lui est commun avec presque
tous ceux qui donnent la vie d'un auteur. Le compte
qu'on y rend de leurs ouvrages est assez semblable à
l'extrait d'une procédure où l'on ne rapporte que les faits
qui sont contestés par la partie adverse. Il s'en fallait donc
de beaucoup que M. de Fontenelle eût épuisé la matière
dans son éloge du P. Malebranche. Tous ceux qui ont
donné après lui la vie de cet illustre philosophe n'ont
cependant fait qu'abréger l'éloge qu'il en a fait. On peut
s'en convaincre en consultant les dictionnaires de Moréri,

---

[1] *Ce travail a été fait pour la première fois par M. Ollé-
Laprune.* (Op. laud.)

de l'abbé Barral et de Ladvocat. Le P. Niceron ne donne
que la liste de ses ouvrages avec quelques reflexions
tirées d'un éloge fort court du P. Malebranche qui parut
en 1715 dans le *Journal des savants*. Ce dernier éloge paraît composé par un ami du P. Malebranche qui se hâta
de satisfaire l'empressement que le public témoignait de
connaître quelque chose de la vie de ce grand homme
que l'on venait de perdre. On trouve bien quelques
anecdotes inconnues dans les mémoires que l'abbé Hublet a compilés sur la vie de M. de Fontenelle et qui
regardent le P. Malebranche. L'abbé Hublet dit les avoir
apprises de Fontenelle, mais quelques-unes sont très peu
intéressantes et d'autres me paraissent même plus que
suspectes.

FIN

TABLE DES MATIÈRES

CHAPITRE IV

CHAPITRE V

CHAPITRE VI

CHAPITRE VII

CHAPITRE XII

16541. — Tours, impr Mame